Uwe Johnson

Eine Reise wegwohin
und andere kurze Prosa

Uwe Johnson

Eine Reise wegwohin

und andere kurze Prosa

Aufbau-Verlag

Ausgewählt und mit einem Nachwort
von Jürgen Grambow

Wir sind mißtrauisch geworden gegen Erfindungen über das Innenleben unserer Mitmenschen.

Christa Wolf

I. Themen

Marthas Ferien

Der erste Versuch

Im frühen Sommer 1932 wollte Martha Klünder mit Peter Niebuhr auf dem Wasser reisen, zum fünften Mal. Sie waren verabredet für den dritten Donnerstag im Mai auf dem Bahnhof von Fürstenberg an der Havel, von da geht eine Nebenbahn nach Lychen.

Guten Tag, Pietja. – Ja, es soll Marthas Geschichte sein. Aber fürs erste haben wir nur dich bekommen mit dem Nachmittagszug von der Küste. Der aus Berlin hat keine Martha abgesetzt. Das kannst du, drei Bahnsteige absuchen nach ihr mit einem Blick, die Enttäuschung macht dir das Herz hohl, darin fehlt sie. Wenn der Schmerz da ist, gesteh ihn dir ein; so naturwissenschaftlich sie dich erzogen haben, was schert dich die Mode mit den Worten. Dann wird die abgeschabte Ziegelfront der Station Fürstenberg ein wenig kahler, als die Vorfreude es wollte. Und ein von der Sonne streng versengter Güterwagen zeigt dir, wie Einer es anfangen soll mit dem Warten.

Eine Erinnerung. Peter Niebuhr, 1926: Du, was ich schlecht abkann, das ist warten. Ich nehm dir das geradezu als einen Anschlag auf mein Leben. Was kann Einer tun in der Zeit, die er fest angespart hat für den anderen.

Martha Klünder, auch vor sechs Jahren: Aber auf mich warten, das tust du.

Peter N.: Mit dir, lieber.

Martha K.: Dich kenn ich, du willst mir eine Uhr schenken. Brauch keine Uhr.

19. Mai 1932. Für diesen Tag hat Herr Dr. Niebuhr sein blaues Maschinistenzeug angezogen und die Bootsschuhe. Hochaufgeschossen und kräftig in den Schultern ist er auch. Da darf eine oll' Fru ihm ihren Korb dicht vor die Füße setzen, gehorsam greift er zu und geht hinter ihr her und kann ihr wahrhaftig antworten, als fehlte ihm nichts. Durch die offenen Fenster der Bahnhofswirtschaft sieht er: keine Martha. Wenn am Gepäckschalter Stücke auf den Namen Klünder abgegeben wäre, er hätte sie gleich erkannt. Er ist wahrhaftig imstand zu reden mit dieser Oma Labahn: über die Maihitze seit Pfingsten, die ganze letzte Woche ohne Gewitter, ohne Abkühlung. – Bei so trockenem Boden wie hier, es is ja manchmal das Getreide nich aufgelaufen. Er spricht ein so südliches Mecklenburgisch wie Grotmudding Labahn, sie hält ihn für einen Jungen aus der Gegend, vom Lande. Dann war er lange in der Stadt, die Hände sind ihm schmal geblieben. Nach der Art, in der er den Kopf herunterbeugt im Sprechen, ist er das gewöhnt mit einer Person, die ist einen Kopf kleiner als er.

Ob das Küken sind in diesem zugenähten Korb?

Das sind Küken, die sollen zum Postauto nach Bredereiche. Und was is sie dem jungen Herrn nun schuldig?

Er kommt im nächsten Jahr vorbei, da holt er sich ein Ei.

Das will Grotmudding zufrieden sein. Und das Fräulein in der Post von Fürstenberg sieht ihn an für einen aus Berlin, weil er „Einmal Ortsporto" verlangt. Für Elli Korbjuhn, Schreibwaren und Schreibbüro, ist er gewiß ein Student, wer denn sonst hat so anschlägige Wünsche.

Fürstenberg, viereinhalbtausend Einwohner. In der Drogerie Inhahn halten sie ihn für einen Touristen, der will da fotografieren. Ein gebildeter Tourist ist das, er geht stracks quer über den Markt auf die gelbe Kirche zu. Die Angler auf der Baalenseebrücke meinen: Der hat seinen Dampfer verpaßt, wozu kehrt der um auf dem Fuß. Wozu soll er ihnen sagen, daß auf diesem Steg eine Martha Klünder hätte sitzen können. Mit diesem Reisenden ist es ungewiß, der hat nur einen abgewetzten Beutel aus Segeltuch bei sich, das ist keine Empfehlung für die Hotels von Fürstenberg. Und richtig geht er zurück zum Bahnhof.

Wenn man Friedrich Dusenschön fragt, so hat er die Welt gesehen und weiß Bescheid: Ein Arbeitsloser issas, da ssahlen wir unsre Steuern für. Friedrich Dusenschön zahlt keine Steuern. Friedrich ist ein Mann um die Sechzig, schrumplig im Gesicht, der sitzt in einer Drillichjacke und Knautschhosen auf der Bank unter den Fenstern der Bahnhofswirtschaft, und ist seines Zeichens ein Hoteldiener Ehren halber. Er heißt ganz anders als Dusenschön; aber Peter hat solche schon an vielen Ecken warten sehen, zapplig vor Neugier, jibbrig aufs Reden, der kuckt ihm noch den Kaffee aus der Tasse, dem wird er wohl einen Namen geben. Das fuchst Friedrichen am meisten: Der junge Mann lebt von der Stütze, und bestellt sich eine Kanne Kaffee, das macht mit Bedienungsgeld und Getränkesteuer so seine fünfundsiebzig Pfennige! Oma Labahn hat genauer hingesehen. Leider ist es Friedrich, der uns noch eine Weile an den Hacken bleibt.

Frau Lowise Labahn hat wenigstens gegrient in ihrer Gewißheit, daß Peters blauer Kittel gebügelt ist und das weiße Hemd darunter auch. Seine leinenen Schuhe hat er weißer gemacht als weiß, und beim Friseur ist er auch erst gestern gewesen. Die Haare sind ihm erst gestern geschnitten worden zu einer Bürste, da kannst du einen Schlips tragen. Der junge Mann hat sich fein gemacht, der wartet auf ein Mädchen, der will er gefallen.

Guten Tag, Martha. Denn du bist auch da, in Peters unverwandtem Blick und seiner Erinnerung. Nach seinem Steckbrief fänden sie dich bald, Du bist 1,64 m groß, Augenfarbe braun, brünett, runde Kopfform, regelmäßig gebildet im Gesicht, lockeren, leicht hängenden Busens, schmal in den Hüften, gedrungen im Becken, schönbeinig, geschickt mit den Worten, mecklenburgischer Akzent, klingt wie eine Nachahmung, eine Altstimme, fünfundzwanzig Jahre und zweieinhalb Monate alt, Studentin der deutschen Sprache und Psychologie, wohnhaft im Sächsischen, zweiundsiebzig Minuten überfällig. Nur daß du nicht in Wörter aufgestückelt bist in Peters Bewußtsein. Du wohnst darin als eine ganze Person, mit allem, was er gesehen und gehört hat von dir, alles in einer gleichen Zeit anwesend, wenngleich er jetzt in einem fort denkt und überlegt: ob sie wohl die Haare aufgesteckt trägt? Das wäre ihm ganz recht. Und bisweilen vergißt er darüber, daß er auf dich wartet. Du bist, wo Peter ist.

Der zweite Versuch

Seit den Gärten von Oranienburg – so wird sie es Peter erzählen – grübelt Martha Klünder daran, warum sie ankommen wird mit einem anderen Zug als versprochen. Eine Entschuldigung geht ihr über den Stolz; sie sieht auch voraus, wie Peter sich die verbittet. Der mit seinen grauen Augen, mit seinen vollen Lippen, wie der schweigt.

Löwenberg. Gransee. Zu Marthas Leidwesen ist Pünktlichkeit eine der ersten Sachen, die sie mit Peter verabredet hat, schon 1926. Sie wußte ihm vorzuhalten, daß man beim Warten auf den anderen immerhin an ihn denken kann, aber sie wollte ihm zugeben, daß solche Erinnerung gestört ist, weil der andere fehlt in einer unabmeßbaren Zeit. Peter hält die Zeit ohne sie schlecht aus. So soll es sein, es gefällt ihr, ein Vergnügen daran kann sie verleugnen. Die Verspätung bleibt falsch; beide werden sie es wissen und verstecken, sie ihre Reue und Peter seinen Kummer. So ist schief anfangen.

Wie kann sie anfangen mit dem Schaufenster am Stettiner Bahnhof, das sie angehalten hat mit dem Wort auf einem Kärtchen: „Bootsanzug", so daß sie den mitnehmen mußte, aus reiner Vorfreude. Bei solchem Einkaufen kann man aber treffen auf eine Freundin von früher. – Rat mal, Peter, die Tante Margot war es, die ist jetzt katholisch geworden und verheiratet. Der ist der Umgang mit Leuten wie dir und mir verboten. Und als der Kaffee serviert wurde, war der Zug entwischt. Ein günstiger Handel ist das gewesen, Tante Margot sagt das auch, Polostoff mit weißer Bluse, fünf Mark fünfundneunzig. Wie kann das taugen als erstes Wort für Peter.

Dannenwalde. Drögen. Sie wird sich kämmen für ihn. Ihm zuliebe hat sie sich das Haar wieder lang wachsen lassen seit sechs Jahren, längst kann sie es dicht aufstekken, weil er sehen will, wie rund ihr Kopf ist und wie schmal ihr Nacken. Das ist, wie er sagt, und verschwiegen hat er, daß sie sich so verwandelt aus einem Mädchen in eine Frau.

Nun kriecht die Havel zum zweiten Mal hindurch unter dem Zug. Sie glitzert vor Ferien. Hier ist Fürstenberg. „Hier is Fürstenberch!" Sie sieht Peter gleich, wo der Packwagen zum Halten gekommen ist. Aber er lehnt am Zaun, ohne jede Eile. Fremd und neugierig sieht er sie an, obwohl er doch denkt an den Satz in ihrem Brief: „Ich hab auch 'ne neue Bluse, die zeig ich dir." Sofort weiß sie das Spiel und hat es erfunden seit Oranienburg: Wir sind einander fremd, wir lernen einander kennen. Dies wird die halbe Stunde für Friedrich Dusenschön. Höflich und gemessen tritt er näher zu dieser jungen Dame aus der Reichshauptstadt. Dort mag sie sich auskennen, aber in Fürstenberg wird sie seiner Dienste bedürfen. Er ist ein Mann in den besten Jahren. Vorurteile gegen Weibsleute in Hosen ertrinken in seinem Blick für das Elegante. Er hat die Welt gesehen. Und wahrhaftig fragt sie ihn: ob er ihr wohl eine Liebe tun kann?

Gnädige Frau, gnädiges Frollein, bei Friedrichen sind Sie vor der rechten Schmiede.

So verwirrt, so hilfsbedürftig hält sie ihm den Gepäckzettel hin, er läuft vor ihr her und hebt in einem fort Stabtaschen und Bootswagen und Zeltsack auf den Bahnsteig, auf einen Plattenwagen und fährt der jungen Person die Sachen an den Zug nach Lychen und packt sie abermals um und läßt sich, eine Ehre ist es ihm, einladen in ihr Abteil, denn, *busy*, hat er zu tun in Lychen.

Zu seinem Verdruß kommt nach einer Weile dieser junge Kerl in seinem blauen Kittel angeschlendert und steigt zu, ohne Sinn und Achtung für die älteren Rechte Herrn Dusenschöns. Und als einziges spricht für ihn, daß er sich bescheiden in die Ecke am anderen Fenster drückt, fremd wie er ist.

Tach auch: sagt der. Und unwirsch, in Vertretung der Dame, antwortet Friedrich: Tach. Denn er muß doch über das Wetter nachdenken, damit er ihr etwas über das Wetter mitteilen kann. Konversation heißt das, wenn man Erfahrung hat im Hotelwesen.

Denn hab ich ja nun Gesellschaft: schlägt die junge Frau vor. Und Friedrich macht ihre Stimme Spaß, so klar und fest an den Rändern klingt sie mecklenburgisch. Scheint es wohl, daß Herrn Dusenschöns Begleiterin zu dem Eindringling hinübergesehen hat, ernst und forschend? Das scheint gewiß nur so: Leider hat sie etwas so Offensichtliches ausgesprochen, daß Friedrich nur die Frage einfällt: ob er wohl rauchen darf? Das Rauchen ist ausdrücklich gestattet durch das rote Umklappschild an der Wand, aber Friedrich weiß, was sich schickt in Damengesellschaft.

Zu aller Lust und Zeitvertreib: sagt sie fröhlich. Ein wenig rätselhaft ist es ja, aber Friedrich will es denn für eine Erlaubnis nehmen und holt seine angerauchte Zigarre aus der Tasche. Leider steckt sich der Andere nun eine Pfeife an, als wäre er auch gemeint. Herr Dusenschön muß sich so ärgern, er hustet noch, als der Zug anfährt. Und erst hinter Ravensbrück, erst beim Regensteinbach ist er gefestigt genug, der Dame zu erklären, daß dieses Gewässer auch Thymenbach genannt wird nach dem hierorts gelegenen Thymensee und der Forst Neu Thymen, die wir nunmehr durchqueren, gnädiges Frollein. Er kennt sich da aus, das tut Friedrich. Wenn man das Wetter versäumt hat, kann man auch noch über Anblicke reden, Landschaft etwa.

Ja: sagt sein Gegenüber, was man denn nun doch, nich, für eine beträchtliche Zustimmung nehmen darf. Aber die Dame hebt das Kinn an mit einem Ruck, als sei sie bestürzt, als fürchte sie, ihren eigenen Augen zu trauen. Aufgeregt ruft sie: – Hier sind ja auch Beete!

Beete. Beete? Im Wald? Das gnädige Frollein wird die Wege zwischen den Jagen meinen: stellt Friedrich fest in seiner besonnenen Art. Was er weiß, das weiß er.

Jagen, das sind so die Felder in der Forst. Und die Wege, müssen Sie wissen, die heißen Schneisen. Welche sagen da auch Gestelle zu, da fahren sie das Holz ab auf. Ja.

Friedrichs Gesprächspartnerin beharrt auf ihren Beeten. Und für einen Moment verwandelt sie sich in Friedrichs Augen in eine von jenen weiblichen Hotelgästen, die zäh und zänkisch bestehen auf dem, was sie einmal gesagt haben, mag man ihnen auch zehnmal auf das bestimmteste Auskunft geben. So um die fünfzig sind die meist. Oh, was hat Friedrich seine Not mit denen. Diese junge Dame ist doch man knapp halb so alt. Aber so unerbittlich hartnäckig wie nur so eine alleinreisende Matrone zeigt sie ihm entlang der Strecke abgeteilte Stücke Wald, kurz und mit Rändern wie Gartenbeete oder die Wege eingetreten wie ein Gartensteig, und leider sieht Friedrich es nun auch. Die Wege sind wenig breiter als die zwischen Beeten, da kommt kein Fuhrwerk durch. Wie dreht sich ein aufrechter Mann aus seinem Wort? Jedoch ist er undankbar, als der Dritte im Abteil, dieser pfeiferauchende, dieser kaffeetrinkende Tunichtgut, sich einmischt in die Unterhaltung zwischen ihm und der Dame. Der sagt mit einer tiefen, langsamen Stimme, so wie Friedrich Leute im Radio hat sprechen hören: Feuerschneisen sind das, wegen der Funken von der Kohlenfeuerung in der Lokomotive. Eine Unverschämtheit ist das von der Reichsbahn, im Jahr 1932!

Zu Friedrichs Schmerz wendet sich seine Schülerin dem Fremden zu, diesem jungen Bescheidwisser, obwohl der ebenmäßig vor sich hingesprochen hat, ohne Blick für sie. Viel zu eifrig für Friedrich wendet sie ein, daß das Feuer doch überspringen könne über solch enge Abstände.

S-timmt's? sagt sie, unangemessen vertraulich, und: Orre schnitt min Seis nich?

Se ehr Seis schnitt nich: sagt der Kerl. Bloß zugestiegen ist der, und fast ist Friedrich zumute, sich zu empören: einer Dame zu sagen, ihre Sense sei stumpf! Und obendrein hat sie nun ein gedrücktes, ein demütiges Wesen angenommen, ganz gefügig läßt sie diesen jungen Schnösel sagen: Es sind weniger die Bäume, die da anbrennen, das ist das Untergras, der Nadelabfall, das Wurzelgewebe, der Wasen. Kennen Sie ja wohl vom Moor, Schwelbrände, eklig.

Das war eure Versöhnung. Und nun bekommt Friedrich Dusenschön von Martha eine krumme, krumme Geschichte erzählt. Darin sollen der Berliner Stadtbahnring und der Berliner Gepäckträger herhalten dafür, wie leicht man sich verspäten kann auf Reisen. Friedrich nickt gewichtig ab und an, denn die Reichshauptstadt mit ihren vielen Fernbahnhöfen war bisher außerhalb von seiner Kenntnis der Welt, geschweige daß er dort je umgestiegen wäre. Peter hingegen hütet sich, sein Gesicht abzuwenden von der Betrachtung des Waldes. Denn Dusenschön würde es ungehörig finden, daß Einer lacht während seiner Beratungen mit Fräulein Klünder. Denn keines von ihren Worten ist wahr. Wenn jemand von auswärts sich auskennt mit der Stadtbahn von Berlin, so ist es Martha. Seit fast zwei Jahren, an jedem zweiten Montagmorgen, hat sie den Weg gefunden aus Peters Bett zum Anhalter Bahnhof und dem FD-Zug nach Leipzig. Kurswagen nach Ventimiglia. Vermittels der S-Bahn hat er sie ausgiebig spazierengeführt zwischen Wannsee und Tegel. An der Haltestelle Himmelpfort hat sie die Stirn, Friedrichen beizupflichten mit einem Seufzer: Was haben Sie das waldicht hier! und ist doch mit Peter zugang gewesen in der Rostocker Heide wie am Heidberg von Güstrow und noch in der Zehdenicker Forst. Sie ist gewöhnt an ausgedehnte Waldungen. Als der Zug ins Offne gekommen ist und die Ufer des Großen Lychen-Sees erreicht, wendet Peter sich zum zweiten Mal an die Reisegefährtin des Herrn Dusenschön, in zweiflerischem, eher mißbilligendem Ton: Sie sind ja mit allerhand Gepäck unterwegens.

Wenn man so allein steht wie ich in der Welt: antwortet sie. Und da Friedrich firm ist in der Etikette, erwartet er ein mitfühlendes Schweigen. Sein Urteil über die Manieren großstädtischer Jugend bekommt abermals Auftrieb, denn Peter erkundigt sich rasch und beiläufig: Dann würden Sie nicht glauben, daß ich Ihnen mit allen Ihren Sachen an den See helfe?

Dessen bin ich mir sicher: sagt Martha, finster, aufrichtig.

Friedrich Dusenschön hätte nach Hause gehen können mit einem Dreimarkstück und einem Beweis dafür, daß es sie noch gibt, die Liebe auf den ersten Blick. Aber es juckt ihn zu sehr, als daß er die beiden allein lassen könnte, und er wird noch oft erzählen, wie schändlich ihm alten Manne mitgespielt worden sei. Denn erst nachdem er nach Marthas strammen Anweisungen aus einer Gummihaut und verwirrenden Stäben ein Faltboot aufgebaut hat, sieht er Peter in einem zweiten Boot neben dem Steg warten, und obendrein holt dieser Arbeitslose aus seinem schäbigen Beutel eine Kleinbildkamera, die blitzt nur so vor Geld. Endlich gibt Dusenschön das Wundern auf und läßt sich fotografieren: ratlos, mit hängenden Armen, die spärlichen grauen Haare durcheinander über seinem vom vielen Nachdenken zusammengedrückten Gesicht. Nun nimmt er die drei Mark und ruft: Dafför hebb ick dat nich dauhn! Und Glück auf den Weg, Friedrich Dusenschön.

Erst als ihr euch außer Sicht gebracht habt hinter dem dichten Schilf, fahrt ihr in Bögen aufeinander zu, bis Boot neben Boot liegt und du neben ihr bist wie sie dir gegenüber. Denn so sind eure Begrüßungen seit sechs Jahren: die Hand gebt ihr anderen, einander nehmt ihr in die Arme.

Kannst mich noch riechen, Pietja?

Gut riechst du, nach Brennesseln riechst du.

Dritter Versuch

Wie hell das Zelt ist, das leinene Haus, du mußt die Augen öffnen. Aber aufgewacht bist du, weil dein Arm leicht und leer geworden ist. Sie hat dich verlassen, deine Martha. Mit Glück findest du den flimmernden Umriß ihres Kopfes im Morgenwasser östlich der Insel. Endlich zieht sie ihren linken Arm hoch gegen die Sonne, guten Morgen.

20. Mai 1932. Der Hohe Werder im Lychen-See fällt steil ab zum Wasser. Auf der Höhe ist euer Zelt versteckt in einer Lichtung inmitten verflochtenen Laubgesträuchs und Nadelholzes. Nur nach Osten ist eine Schneise offen, abgesenkt, aber der See muß ganz frei gewesen sein von Fischerbooten, und auf der Insel seid ihr allein. Ganz nackt bis auf die Badekappe kommt Martha dir entgegengestiegen.

Wenn nun Einer, und er hätte mich gestohlen: sagt sie vorwurfsvoll und läßt sich fallen in das Frottéetuch, das du ihr ausstreckst wie ein Diener.

Wer nicht wiederkommt, soll auch kein Frühstück kriegen: sagt der Diener.

Die zweite Aufnahme dieses Tages bedeutet einen Abschied. Sie zeigt Martha im Boot, dicht am Ufer, hinter ihr den glitzernd gekräuselten See und das aufsteigende Festland hinter einer ungleich dichten Reihe von Erlen. Die Schilfblätter vor ihr stehen still, und nur winzige Wellen sind ins Wasser gekritzelt, so faul geht der Wind. Das Boot liegt hoch auf dem Wasser, ein schmaler, langer Pfeil, gespannt wie zum Abschießen, und Martha hält das Paddel schon mit beiden Händen vor sich, wartend. Dies Foto hast du vergrößern lassen auf das Format 10 mal 15 cm. Du hast gesucht, was das Gegenlicht, die Schatten in ihrem Gesicht verbergen. Und erst innerhalb von 18 mal 24 cm hast du deine Erinnerung gefunden. Nicht nur die halbe Wendung ihres Kopfes zu dir, auch ihr fragender Blick sind erhalten. Wenn du diesen letzten Blick aufbewahren willst, sie wird sich so still halten wie sie nur kann.

Du könntest auch was singen für mein Geld: verlangt

sie, während sie sich mit dem Boot in einem halben Kreis zurücksetzt. Und schon steht Peter auf dem märkischen Sand, reif für eine Bühne, die Hand an der Brust, schmerzlich deklamierend: „Martha, Martha, du entschwandest ..." – und mit mir dein Portemonnaie: ergänzt sie in ihrem schadenfrohen Alt, während sie davonzieht, hinter dem Schilf Richtung Lychen, Martha fährt einkaufen. Sie hat aber gesungen in einer Manier, die nennt sie die einer Gewesenen, wild schwankend in der Tonbildung, und ihr letztes Wort ist herausgekommen als Porchtmonneh. So wiederholt sich ihre Stimme in deinen Gedanken den ganzen Vormittag beim Verkleben der Kielstreifen, und manchmal singst du ihr geradezu nach.

Du hast es mit den Namen. Auch noch ihres Namens wegen bist du ihr nachgelaufen, hast du erklärt, am Teetisch der Studentin Klünder vor sechs Jahren. Damals war Martha ihres Namens längst müde. Zu oft war sie geneckt worden mit der häuslichen Geschäftigkeit der biblischen Martha, deren Schwester das bessere Teil erwählt hat, zu oft war sie angepfiffen worden mit jenem Zitat aus Flotows Oper. Peter aber konnte ihr beweisen, daß die Martha des Singspiels eine verkleidete Ehrendame der Königin war, ungeschickt beim Spinnen, aber ungemein anstellig beim Vorsingen des Liedes „The last rose of summer". Dir kam es an auf eine andere Zeile aus Lukas 10,38: „Da war ein Weib mit Namen Martha", auf die Identität, die Wirklichkeit, die in einem Namen enthalten ist, und es hat dir dann gefallen, daß diese Wissenschaft so alt ist wie Babylonien. Der Eigenname, *nomen proprium*, ist in Aussagen ein Ausdruck, der steht an der Stelle der Person oder Sache, von der die Aussage handelt. Kraft solcher Magie war sie in ihrem Namen die unverwechselbare neunzehnjährige Martha für dich, – und nur sie wolltest du meinen mit der

Martha, die entschwindet, und jeden 29. Juli seitdem hast du begangen als ihren eigenen Tag. Unter der heißen Sonne singst du leise ihren Namen, aber mit dem ursprünglichen Text: „Gib mir wieder, was du fandest / Oder teile es mit mir."

Eine Erinnerung. Martha Klünder, Herbst 1926: Tust du das immer, andern Leuten was in die Gedanken sehen, und dann haben sie plötzlich was Neues im Garten?

Peter Niebuhr, auch vor sechs Jahren: Was sollen mir die ander Leuts.

Martha K.: Ich habe es jetzt nachgelesen, und so heißt das: „Da war ein Weib mit Namen Martha, die nahm ihn auf in ihr Haus." Bin ich ein Weib?

Peter N.: Hast du mich aufgenommen?

Martha: Ich glaub, dich behalt ich.

Und mit ihr dein Portemonnaie mit wahrhaftig Geld darin. Ganze zweihundert Mark hast du ihr gestern abgeliefert für die Reisekasse. Im Deutschland dieses Sommers sind mehr als sechs Millionen Leute außer Arbeit, ohne Aussicht auf Arbeit, und nur der Hälfte von ihnen zahlt der Staat eine Unterstützung. Friedrich Dusenschön, stolz wie er sich gibt, hat seinen Lohn am Ende doch gern hingenommen. Von einer Million Menschen in Deutschland bringen 260 sich um in einem Jahr, aus Hunger, Entbehrung, Verzweiflung, mehr als in einem anderen Land der Welt. Ihr habt Geld, zum Wechseln. Frag du Martha, geborgt wird sie es nennen. Geborgt von der Zukunft: sagt diese Person, die weder sich hat verdingen müssen als Zugehfrau noch um das Geld für Nachhilfestunden betteln. Schon vor ihrem Examen war sie angeheuert von einem Professor mit Vermögen. Der will etwas so Grundsätzliches beweisen in der Kunstgeschichte, der wird ihr noch mal fünf Jahre ein Gehalt zahlen für Besorgungen in den Bibliotheken und ihre Künste an der Schreibmaschine. Den hat sie sich längst so handzahm gezogen, er gibt ihr in der Woche einen Tag frei für ihre Arbeit über den Dichter Mörike. Diesen Tag benötigt sie für das Wochenende, wenn sie nach Berlin reist zu einem Herrn Niebuhr.

Aber es hat doch schon einen von uns erwischt: beweist ihr der. Fast zweieinhalb Jahre wollte keiner dich anstellen, und wenn Einer dich fragt, so hast du die Jahre überstanden mit der Schreibmaschine, die Martha dir auf den Tisch stellte im Herbst vor fünf Jahren, ein fabrikneues, schwarzes, blitzendes Ding, auf dessen weiß eingelegten Tasten du dich durchgearbeitet hast mit dem Schreiben für andere Leute, bis deine Dissertation fertig war und der Niebuhr ein Name in der Erforschung der mecklenburgischen Felderwirtschaft seit dem Dreißigjährigen Krieg, gut genug für einen Posten als Redakteur. Und wenn in diesem Herbst dein zweites Buch auf den Markt kommt, kannst du dir gut und gern ein Frauenzimmer kaufen, die Einrichtung für das Zimmer einer Frau, sie muß nur wollen.

Und dann kommste in die Zeitung und heiratest reich, und ich verlassenes Mädchen am Herd kann sehen, wo ich abbleibe: hat sie gesagt in erbittertem Ton. „Plötzlich, da kommt es mir, / Treuloser Knabe, / Daß ich die Nacht von dir / Geträumet habe . . .“

Siehst du: hast du geantwortet, so kühl wie sie wollte: bleib man bei mir.

Das war dein dritter Versuch in fünf Jahren, sie zum Heiraten zu kriegen. 1927 hast du dafür gehalten, sie sei die vernünftigere von euch beiden; jeder hattet ihr nur ein möbliertes Zimmer. 1930 konntest du sie einladen in eine Wohnung unter dem Dach in Berlin-Friedenau. Damals und heute morgen sollte dir gefallen, wie unabhängig sie bleiben will und lieber leben mit dir als Martha

Klünder, die will sich ihren Doktortitel selber verdienen statt durch eine Eheschließung. – Niebuhr, was ist denn das schon für ein Name: hat sie gesagt. Martha Niebuhr, Martha Neubauer, du siehst es denn ein.

Aber nun sieht das Licht in den Bäumen aus nach Mittag. Du kommst dir immer einzelner vor in der Lichtung; nun sollte sie kommen. Und gerade noch zur rechten Zeit stehst du am Ufer und läßt ihr den Steven ihres Bootes in die Hand laufen.

Als du ankamst, waren sie alle schon da? fragst du, denn so soll gefragt werden nach eurem Vertrag.

Als ich ankam, waren sie alle schon da: sagt sie, und sie ahmt die Empörung so kräftig nach, daß ihr die Stimme hart wird: Oh, was bin ich verworfen. Da ging eine Ollsch achter mich, das war wohl deine Oma Labahn. Geh mir doch vom Acker mit Bredereiche, denn war es eben die Schwester von Friedrich Dusenschön. De keek mi so an, als wär ich aus dem Film über Sodom. Alles wissen sie von mir: einen jungen Mann lach ich mir an auf der Bahn, so aufs Geratewohl, und einen Schlafsack hab ich auch mit für ihn, von einem Pyjama und Rasierzeug ganz zu schweigen, mit dem fahr ich auf den Hohen Werder im Lychen-See und bleib da bei ihm die ganze Nacht. So verworfen bin ich bei den anständigen Leuten von Lychen, so tragen wir Frauen für euch die Last der Emanzipation. „Golddollar"-Zigaretten hat sie sich gekauft, die Person, das Stück, das Stück zu zwei Pfennig. Traut sich auf den Markt von Lychen.

Dafür, sagt Peter, dafür ziehst du nu einen Rock an, der geht dir über die Knie, und eine Bluse, die reicht dir bis an den Hals.

Ja, das ist erwiesen, die haste mir geschenkt, man weiß ja warum: du möchtest, daß ich hübsch ausseh.

etwa 1978

Osterwasser

Im Frühjahr nach dem Krieg sah Cresspahls Tochter in dem mannshohen Spiegel neben der Küchentür eine dürre langbeinige Gestalt vorbeistaken. Da fiel ihr das Osterwasser ein.

Sie ging in den Spiegel hinein, bis sie den Rahmen mit beiden Händen halten konnte, und näherte ihren besorgten Blick dem Sattel Sommersprossen, der auf ihrer Nase den Winter überstanden hatte. Sie suchte mit dem einen Auge im andern zu lesen, ob man mit dreizehn Jahren zu erwachsen war für Osterwasser. Ihr Kopf rutschte schräg, bis sie mit langer Zungenspitze deren Bild hinter dem Glas anstoßen konnte so behutsam wie die Katze, die ihr eben durch den Sinn schlich.

Mitten im Sprung durchs Fenster kam ihr Zweifel. Osterwasser mußte man holen am ersten Feiertag vor Sonnenaufgang, aus einer Quelle, und sprechen durfte man kein Sterbenswort, sonst verlor es die Wirkung. Die Wirkung versprach Schönheit für die Haut, die damit gewaschen war.

Eine Quelle bei Jerichow wußte sie aber nicht. Die schwächlichen Grabenflüsse kamen alle tief aus Mecklenburg. Sie zog ein Bein hoch und überlegte mit den Zehen, ob auch gehendes Wasser zu Ostern kräftig wurde. Zu ihrer Freundin Inge mochte sie deswegen nicht gehen, nachdem sie neulich von Inges Großmutter ein

Marmeladenbrot angenommen hatte und beide ihr beim Essen so aufmerksam zusahen. Wenn Gesine still saß wie jetzt auf dem Fensterbrett, und die Gedanken blieben stehen und hielten die baumelnden Beine an, fühlte sie sich leer in der Mitte. Sie schluckte eben, als sie Schritte hinterm Haus kommen hörte. Sie sprang hinaus. Ihr Vater hielt mehr von Türen.

Aber wer heutzutage in Cresspahls Haus durch die Türen ging, konnte nicht in Ruhe überlegen, ob vielleicht die Ostsee auch eine Quelle war. Vor den Türen mußte heutzutage angeklopft werden, weil hinter ihnen die Flüchtlinge kochten, wuschen, halbnackt waren, schliefen, und noch beim Durchqueren der Küche mußte die Tochter des Hauses ein Wort abgeben, damit die Vertriebenen sich nicht angefeindet fühlten. Sie mochte auch nicht angeredet werden oder fremde Hände auf dem Kopf, außer von Jakobs Mutter, die das Mädchen aber nicht anrührte. Die Tochter des Hauses lief aufwärts durch den toten Garten hinter den Trockenschuppen der Ziegelei und kletterte nach oben auf die Stufen der halb abgetragenen Mauer. Über den Spitzen des Holunders sah sie den blassen Jungwuchs der Wiesen mit Altgras verfilzt. Hinter den Koppelzäunen wischte die Luft das kahle Bruch in eins. Fingerschmal standen im Westen die Schloßwälder, durch die Gräben gingen mit dem Wasser von den Seen.

Am Sonnabend vor dem Fest war Jakob von den Bauern zurückgekommen und packte in der Küche aus der schwarzledernen Kastentasche langsam auf den Kacheltisch. Sie kam mit dem Holzkorb herein, warf ihn an den Herd und wartete gebückt halb umgewandten Kopfes, weil er sechs Jahre älter war und erwachsen. Er sagte na und du. Sie packte ihre Beine auf den Schemel und schaukelte in den Knien, stützte sich zum Tisch hinüber. Er hatte ein abgezogenes, ausgenommenes Kaninchen mitgebracht, einen Klumpen Butter, einen ungleichmäßigen Kristall roten Viehzuckers, Eier. Ein Ei rollte abseits zu ihrer Tischecke, fing sich in ihrer rasch aufgestellten Hand, die es zurückschickte. Jakob drehte es mit dem Finger wieder in Bewegung zu ihr und sagte: Mit Zucker, kennst du das? Gesine setzte das Ei auf die Spitze, ließ es stehen, polkte mit fünf Fingern am oberen Schalenende und fragte Jakob, wie sie zu Hause Osterwasser geholt hätten.

Jakob saß krumm da. Er war zwei Stunden zu Fuß gegangen. Er hatte Staub im Gesicht. Er war so alt, daß er für seine Mutter das Essen verdienen konnte und für ein fremdes Mädchen noch ein Ei. Mit Zucker hatte sie noch nie eins gegessen. Sie schloß die Augen, legte den Kopf zurück und ließ sich das Ei in den Hals laufen, während Jakob erzählte, daß das Osterwasser in Pommern aus einer Quelle oder fließendem Wasser geholt worden war. Man mußte es trinken oder sich damit gewaschen haben, bevor der Osten heller war. Man durfte kein Wort sprechen, und es hatte für Gesundheit und Schönheit gegolten. – Soll ich dich wecken? fragte er.

Sie hatte im vorigen Jahr verschlafen, schwenkte aber leicht den Kopf, der an dem schmutzigfleckigen Ei sog, und sah aus spaltoffenen Augen zu ihm hin. Er hatte den Blick gar nicht gewandt. – Sprich ja nicht: sagte er. Er sah etwas neben ihren Augen. Dann kam die Lehrerin aus Westpreußen in die Küche und fragte nach Cresspahl, während sie öfter zu dem blutstreifigen Kaninchenkörper und zu den Eiern hinblickte. Gesine mochte nicht zusehen wie er der Frau nichts abgab und ging mit dem leeren Korb zurück zum Holzplatz.

In der schwarzen Nacht lag sie wach und zählte die Stundenschläge aus ihres Vaters Zimmer. Vom offenen Fenster kam es kalt. Einmal fuhr sie auf, weil die Katze am Fußende des Bettes heftig den Kopf gehoben hatte.

Das einjährige Russenkind der Lehrerin weinte im Schlaf, und die Wände redeten unruhig. Nach Mitternacht fing der Wind an und rüttelte die Fensterhakenaugen in den Zapfen. Eine Dachpfanne klirrte kurz an der Wand des Ziegeleischuppens herunter. In Pommern war Osterwasser auch für Gesundheit. Wenn der Hunger weh tat, hört er auf gesund zu sein. Hoffentlich machte Jakobs Mutter die Eier nicht zum Verstecken, sondern briet sie richtig in der Pfanne, die so heiß und fettig war, daß der Rand die Schalen schnitt wie ein Messer. Als sie aufwachte, war es draußen grau.

Sie tat alles auf Zehenspitzen, weil Cresspahl ihr verboten hatte, in einem Kleid aus dem Haus zu gehen. Sie nahm das grünsamtene, mit dem ihre Tante Papenbrock vor vierzig Jahren zum Konfirmandenunterricht gegangen war. Aus den Holzpantoffeln stieg sie leise wieder aus. Vor dem Spiegel griff sie sich mit beiden Händen die Haare hoch und versuchte, am Gesicht entlang sich in den Nacken zu blicken. Das ins Sandgraue verschossene Kleid hing in breiten Falten zu einer Glocke an ihr herunter, der Kragen flappte lumpig, und mit dem schwer verschatteten Gesicht auf dem mageren Hals kam sie sich fremd vor wie ein Gespenst. Schnell ließ sie das Haar fallen, behielt die Hände oben und gab sich mit beiden abgespreizten Daumen das Zeichen: Nicht sprechen. Keine Angst.

Als sie unbemerkt zwischen Koppelzaun und Ziegelei auf den Feldweg gekommen war, fing sie an zu laufen mit dem bauchigen Eimer in der Hand. Neben der Karrenspur hatten die Kühe sich einen Steig getrampelt, der war so breit wie ihr Fuß lang, und sie konnte laufen wie die Kühe, ein Bein vor das andere schwingen und die Füße setzen. Die Pfadränder waren noch nicht abgetreten, das dickbetaute Gras wischte ihr die Beine naß bis unter die Knie.

Nicht lange, und ihr Arm wurde den Eimer müde, fiel und schlug ihr die scharfe Standkante ans Bein. Sie hielt fast augenblicklich an und sah sich um. Sie war kaum vorangekommen. Die Stadt ließ sich noch nicht in einem Blick umfassen, Cresspahls Haus stand deutlich, von der Villa dahinter kam Fensterlicht. Am Ziegeleischuppen bewegte sich etwas Langes, das lebte, kroch auf den Koppelweg vor, glitt weg. Sehr langsam wandte sie den Kopf wieder nach vorn. Das fahle Licht schien immer stärker, nahm den Wiesen, den Weiden, den fernen Wäldern, dem Himmel, ihren Füßen im Gras, allem die Farbe. Osten war hinter ihr.

Die Sonne lief ihr nach, sie mußte schneller sein. Eine Zeit lang war es lustig, den Eimer im vollen Lauf von einem Arm zum andern zu schwingen. Nur über die Koppelschleete kam sie langsam, und erst beim letzten hatte sie begriffen, daß der Eimer zum Werfen war. Da war sie schon um das Bruch herum. Es gab einen Weg hindurch, aber im Bruch hatte sich eine alte Frau mit drei Kindern ertränkt, als die russischen Truppen für den nächsten Tag angesagt waren. Auch Neugeborene wurden dahin gebracht. Kurz, sie hätte da jemanden treffen können, und sie durfte doch nicht sprechen.

Nach einer Stunde war sie anderthalb Stunden von Jerichow entfernt und stand mit halbnassem Kleid, sandbespritzten Beinen vor dem Eingang zum Schloßwald. Sie ging auf Zehenspitzen hinein. Die Kiefern standen so starr. Die Kronen verdunkelten den stillen Raum zwischen den Stämmen. Der Fußweg lag voller Nadeln, rostgelb und grün, Zapfen, dünnem Astbruch, als sei da niemand gegangen. Die Schritte donnerten in ihren Ohren. Sie nahm den Eimer unter einen Arm und hielt mit der anderen Hand den Henkel fest, damit er nicht mehr klapperte.

Die Schneeschmelzen und Regen aller Jahre hatten tiefe Mulden in den Weg gewühlt, er ging auf und ab,

Gebüsch wuchs ihn zu an den Seiten, und der Stern schien ihr wieder dunkel wie die Nacht. Der Stern war eine Kreuzung von drei Fahrwegen und zwei Fußwegen. Der Försterweg stieg so steil an, daß er auf den freien Himmel führte. Sie nahm den schrägen Steig zum Wehr, überhängende Äste schlugen zu, Büsche jagten sie. Später wußte sie nicht mehr, ob sie den Rauch eher gesehen oder eher gerochen hatte. Er war so plötzlich vor ihr, als sei sie in die Russen hineingelaufen. Hohe kantige Tarnzelte standen vor ihr, verstellt durch blattloses Unterholz. Atemlos steif setzte sie einen Fuß hinter den andern rückwärts. Die Wache saß über ihr auf dem Hochstand. Es war ein Soldat allein. Er legte den Karabiner quer, damit er sich vorbeugen konnte über das Mädchen mit dem riesigen Eimer, das sich jetzt langsam in den Hüften wegdrehte, das Biwak im Blick hielt, die nackten Füße mit den Zehen zuerst aufsetzte, Astzeug umtrat, endlich völlig umgewandt starrstand, Atem holte, lief. Der Soldat fingerte den Zigarettenstummel aus der hohlen Hand, führte ihn zum Mund, sog so schwer als seufzte er. Jetzt hätte man unter ihm durchgehen können, ohne daß die verkniffenen Augen unter den verkniffenen Brauen sich gerührt hätten.

Das brachte ihr den Umweg über die Försterei ein, der bog fast ganz um die Hügelkuppe, und im Tal des Gräfinnenwalds zwischen den Buchen erwischte sie einen Blaubeerensteig, der am dritten Graben aufhörte. Über die ersten beiden hatte sie springen können. Hier war noch der Abdruck des Rundholzes zu erkennen, das quergelegen hatte. Das Wasser roch faulig, stand still. Sie schleuderte den Eimer in die lichteste Stelle des Gesträuchs auf der anderen Seite, lief ein paar Schritte zurück und sprang. Ein Fuß sackte ihr sehr lange weg in den morastigen Grabenrand, und als sie sich hochgerobbt hatte, wäre sie am liebsten so liegengeblieben. Und sie hatte so viel Zeit verloren. Sie dachte ein Schimpfwort so herzlich, daß sie einen Augenblick lang fürchtete, gesprochen zu haben.

Sie saß eben halb und hatte einen Arm zum Eimer hingestreckt, als sie den Mann sah. Seine große hängende Hand zuckte. Die schweren Soldatenhosen standen dicht bei ihren Händen, an ihrer Schulter, über dem grasfleckigen Hemd sah sie harte Bartstoppeln einzeln. Das Gesicht war sanft, unbewegt, nicht einmal ihr zugeneigt. Krumm gebogene Finger strichen Haar aus der Stirn, kreideweiche Stimme sagte etwas.

Sie schüttelte nicht einmal den Kopf, wirbelte auf den Rücken, stand, ging rückwärts, die Lippen fest verschlossen. Als ihre Fersen den Grabenrand spürten, war sie versucht hinter sich zu sehen. Der Mann hatte seinen Stand nicht gerührt, hielt sie mit den Augen fest, sein Mund hing verzogen.

Er stand im Weg. Die Wegmündung, sechs Schritt breiter Grasflecken, ließ ihr nicht Platz für einen Anlauf nach drüben. Das Erlenholz stand zu dicht und würde sie abprellen, wenn sie ausbrach. Sie trat einen halben Schritt seitwärts. Der Mann trat einen halben Schritt seitwärts.

Sie warf sich mit dem Rücken gegen seine Knie, als er ansetzte, aber im Fallen griff er sie, zog sie über sich, legte sich behaglich zurecht unter ihr und fing an, ihr an den Ohren entlang zu streichen, als spürte er ihre stoßenden Knie nicht. – Mädchen: sagte er, – Mädchen, wie ein Überraschter, staunend. Sie merkte Jakob schon auf der anderen Seite aus den Büschen treten, als sie den Kopf halb aus dem breithändigen Griff zwängen und zubeißen konnte. Sie kam nicht frei. Der Sprung drückte Jakob neben ihnen in die Knie, er federte hoch, stieß den Liegenden mit steifem Fuß gegen den Hals, riß sie hoch und warf sie mit einer Hand rücklings in die Erlen.

Vorgebeugt mit hängenden Armen sagte er etwas. Sie verstand nicht. Der andere lag, blickte starr, stemmte die Ellenbogen auf, stieß im Aufsprung Jakob von den Füßen, bückte sich über ihn, bekam Jakobs Knie ans Kinn, riß ihn im Fallen über sich, würgte Jakobs Hals, stöhnte unter ihrem Fußtritt, hatte losgelassen. Jakob stand wieder. Der andere griff sich mühsam hoch an den dünnen Stämmen, richtete sich krumm auf. Diesmal schlug Jakob zuerst, gegen Kinn, Hals, Schläfe, Augen, bis die torkelnden Bewegungen des anderen zusammenfielen. Jakob zog ihm die Hände unter dem Körper hervor, band sie zusammen mit Peitschenriemen aus der Hosentasche, riß den Eimer aus dem Gebüsch und hielt eben die Fingergabel vor die Lippen, als Gesine den Mund aufmachen wollte.

Er ging voran. Nach ein paar Metern wandte er den Kopf und winkte sie vorwärts um die Wegbiegung. Sie kamen an eine tote Feuerstelle, neben der eine Aktentasche lag, ein Kochgeschirr, offene Konservendosen, Dekken der Luftwaffe. Jakob ging einmal um die schwarzgraue Asche herum, nahm eine Dose in die Hand, stellte sie zurück. Er atmete schwer. Dann sah er die Maschinenpistole, griff sie am zerkerbten Schaft hoch, schwenkte fragend das Gesicht. Gesine fing an zu gehen.

Als sie anfing zu weinen, nahm er sie an der Hand und zwang sie zum Laufen. Der gleichmäßige Trab brachte ihren Atem in Ordnung, im Vorholz hat sie (glaubt sie) nicht mehr geweint. Dann kamen sie auf die Schilfwiese, sahen über Knickstufen, Zäune, ausgebleichte Wiesen die graue See und grau den großen Graben darauf zukriechen. Jakob blieb stehen.

Vom Wehr aus sah sie ihn auf einem Koppelpfahl hokken, mit ausgestreckten Beinen, das Gesicht gekehrt gegen das Vorholz, hinter dem Jerichow war. Die Kälte des rostigen Eisenstegs brannte ihre Sohlen. Über die Wiesen kam harter Wind herangefegt. Sie zog sich das Kleid über den Kopf und hangelte sich am Steggeländer in das schwarzklare Wasser bis an die Schultern. An einem Arm hängend wischte sie sich eine Handvoll Wasser ins Gesicht, stemmte sich zitternd hoch mit den Beinen, kroch keuchend zurück ins Kleid, dem rasch dunkelgrüne Flecken durchschlugen. Als sie mit dem leeren Eimer an der Hand neben Jakob ankam, wurde das verwischte Meerende haarbreit kantig, scharf, hell. Als sie um das Vorholz herumgelaufen waren, zitterte der Bischofsmützenturm schon im Tageslicht.

Sie waren vor dem Frühstück am Haus. Sie lag schon im Bett, als Cresspahl durch die Tür sagte, wach, mürrisch: Zieh dir ja Hosen an, du. Er ließ sie aber schlafen, bis Inge kam.

Inge kam, mit der sie vor Zeiten einmal befreundet gewesen war, und erzählte vom Kirchgang. Sie hatte auch Osterwasser holen wollen, aus dem Bruch, aber schon vor dem Haus hatte ihr Heini Lang aufgelauert und Fratzen geschnitten, bis sie gelacht hatte. Lachen bedeutet ja noch nichts, aber Reden bedeutet, und sie hatte Heini Lang ja angeschrien, den.

In der Woche nach Ostern wurde in die sowjetische Kommandantur gegenüber Cresspahls Haus ein deutscher Soldat gefahren, den die Russen westlich vom Gräfinnenwald aufgegriffen hatten. In der Stadt wurde erzählt, er sei aus der Gefangenschaft gelaufen. Er war so kaputt vom Krieg, daß er sich nicht in sein Dorf traute und Wochen lang im Wald davor kampiert hatte. Der war durcheinander, den haben sie weggebracht, hat wirr geredet.

Den vergaß sie. Aber lange später noch trieb das Datum von Ostern, ein geöffnetes Fenster, davor rasch ins Frühjahr laufende Luft ihr Herz so schnell wie das des

Mädchens, das bei Cresspahl am Tisch saß, mit einer Hand im wassersträhnigen Haar den Widerschein des Blicks in Jakobs Gesicht las und sich gesagt sein ließ, daß Weinen gegen Osterwasser nicht bedeutet, damit du schön wirst, gut zu sehen.

Es hatte Spiegeleier gegeben mit Speck und Bratkartoffeln. Sie war so satt, die Augen fielen ihr zu.

etwa 1964

*Schach von Wuthenow**

Ein jedes Kind, das sich erinnert an die Deutschstunden der Elf A Zwei 1950/51 in Gneez, unausweichlich wird es rufen: Schach! Schach!

Mit dem thüringischen Praktikanten, dem Herrn Weserich, war die Arbeitsgemeinschaft Cresspahl/Pagenkopf schon gegen Ende der Ferien ein wenig bekannt geworden. Sie betrafen ihn auf einer Bank vor den Badehütten am Stadtsee zu einer frühen Zeit, da glaubte er sich allein und schraubte ein alumines Gestell zurecht an seinem linken Knie, unterhalb dessen das Bein fehlte. Wieder hielt er den Mund viereckig, nach Schmerzen sah er aus; wie sind wir erschrocken.

Jedoch war er es, der anfing mit einer Entschuldigung. – Das wäre das: sagte er gelassen, als er sich von der Bank ins Stehen drückte. – Für Führer und Reich; geglaubt hab ich's auch: fügte er hinzu, anheim stellend, voll Vertrauen auf unsere diplomatischen Künste. So war er schon ausgestattet mit einem Leumund, als die abgesetzte Frau Direktor Selbich ihn einführte bei uns, in ihrer versäuerten Art. – Wir lesen „Schach von Wuthenow": kündigte er an; hatte uns klipp und klar seine Absichten dargelegt. Wie beängstigt wären wir gewesen, hätten wir sie begriffen.

Deutsch hatten wir vier Stunden in der Woche; Weserich erzählte uns vom 5. Mai 1789 an das Lebensjahrhundert Theodor Fontanes. Er begann mit dem Grafen Mirabeau, dem Abgeordneten des Dritten Standes, er stellte seine Fallen öffentlich aus; wir übersahen sie. Er erzählte uns aus Fontanes Kinderjahren, seinen Zeiten in England und Frankreich, las vor aus Briefen an die Familie, car tel est notre plaisir. Sauberes Hochdeutsch, bei abwesendem Blick aus dem Gedächtnis zusammengesucht. Am 11. September leistete er sich die Stirn, uns zu ersuchen um unsere ersten Eindrücke von der Lektüre des erwähnten Werkes von Th. Fontane. Aus dem Blauen heraus, von einer Woche auf die andere, blanken vorfreudigen Blicks!

Anita meldete sich, die wollte sich opfern; er übersah sie, lächelte ihr aber zu, ihr allein. Wir anderen, an die dreißig Mann hoch, durften ihm vorhalten, einen Abdruck davon gebe es nur einmal in der Bibliothek des Kulturbunds, in den häuslichen Bücherschränken seien bloß Sachen wie „Effi Briest" zu finden; versuchten ihm sein Vorhaben auszureden. Das Ende von diesem Lied war, er machte uns Komplimente, pries unsere Findigkeit; versprach einen wiederholten Auftritt seiner Erkundigung für den 18. September. – Wir werden uns ja des öfteren sehen: versprach er.

Den uns geneigt zu halten, sammelten wir in dreißig Anteilen, was eine Abschrift von einhundertdreißig Druckseiten eben kostete bei Elise Bock; die Matrizen besorgte Pius bei einem Besuch in der Jugendkreisleitung. (– Du sollst dem Ochsen, der da drischt . . .: gestand er, aber nur innerhalb seiner Arbeitsgemeinschaft.) Bevor aber sie abgezogen werden durften, mußte Anita für uns auf dem Rathaus eine Ermächtigung und Bescheinigung von Unbedenklichkeit erwirken, zwecks Vervielfältigung eines Textes. Am 18. saßen wir da mit unseren Stößen rauhen fleckigen Papiers, und Saitschik der Haase genoß seinen Auftritt im voraus.

– Das' man ne olle Kamelle: sagte Saitschik: Wer schwängert, der soll auch schwören!

Der Gast bedankte sich für die Unterweisung in mecklenburgischer Volksweisheit. So war es, aus Saitschik sprach der Geist der Ackerbürgerei von Gneez (und des vertriebenen Adels); ohne daß er sich bewußt war, was er damit an Mutmaßungen herausgefordert hatte über die Ehe seiner Eltern oder seinen Umgang mit Eva Matschinsky. Die duckte sich, die war errötet.

Dagobert Haase stand da in seinem leicht dicklichen und treuherzigen Wuchs, nölig und in einem Trotz benahm er sich wie jemand, der bloß gehorcht; könnte zwar anders. Und sprach: Das is so ungefähr hunnertfünfzig Jåhr her. Da hat ein Rittmeister eine Freundin, die will er vleich heirådn. Mit eins verkuckt er sich in ihre Tochter, zwanzig Jåhr jünger, aber weil die Leute Witze machen über die Blatternarben in ihr Gesicht, will er sich vor den Folgen drücken. Der König befiehlt ihm die Heirat, macht er denn auch; aber erschießt sich nach dem Mittagessen. Den Namen und das Kind, das läßt er ihr.

Saitschik machte eine gefällige Halbwendung, so daß wir ihm ansehen könnten, was er meinte: Ist doch wahr, oder?

Herr Weserich dankte ihm für die Zusammenfassung der Handlung. Ob der Schüler Haase noch bereit sei für eine zusätzliche Frage?

Saitschik ließ den Kopf nach vorn fallen, machte den stillen Dulder; nannte auf Verlangen: die Hauptperson wie die Überschrift, die Tochter jemand namens Victoire, die Mutter eine Geborene . . . Familienname unbekannt.

Die Wohnanschrift der Familie von Carayon? fragte dieser Deutschlehrer an Saitschik vorbei, ausdrücklich um ihn zu schonen, und als die Schülerin Cresspahl bloß die Stadt Berlin zu nennen wußte, durften wir die Geschichte noch einmal von vorn beginnen:

„In dem Salon der in der Behrenstraße wohnenden Frau von Carayon [und ihrer Tochter Victoire] waren an ihrem gewöhnlichen Empfangsabend einige Freunde versammelt . . ."

Wir wurden belehrt, daß Personen von Stande zu jener Zeit . . . aber es sei wohl wenig ergiebig, nach dem Jahr zu fragen?

– 1806: meinte Anita, und sollte gestehen, wieso. – Weil die Leute da die Dreikaiserschlacht von Austerlitz besprechen wie ganz was Neues, die war im vorigen Dezember am 2.

. . . zu jener Zeit ihre Anschriften aussuchten, mit der Lage ihrer Wohnung auf sich hielten, auf sich wiesen. So sei es, leider! unumgänglich, uns mit der Auskunft zu versehen, daß die Behrenstraße einen Block südwärts von Unter den Linden sich erstrecke, die Carayons mit der Ecklage an der Charlottenstraße sich eines Glücksfalles erfreuten, wenige Zeit Fußwegs von der Oper, dem Lustgarten, dem Schloß. Behrenstraße benannt nach dem berliner Bären, diese Meinung sei verbreitet; in Wahrheit dem Ingenieur Johann Heinrich Beer zu Ehren, dem Berlin die Französische Straße verdankt, 1701 die Jerusalemer und die Leipziger. Jedem verbrieften Berliner wohlvertraut, der Lebenserfahrung nach auch den Angehörigen einer Elf A Zwei, die erst am 11. September davon hätten läuten hören, wenn auch von einer anderen Glocke. Und wenn man einmal erwägen wolle, daß der Verfasser jener Erzählung einem bloßen Zufall aus dem Wege gehe, warum habe er den Namen eines Baumeisters aus dem siebzehnten/achtzehnten Jahrhundert gleich in die erste Zeile gezogen? vielleicht, um der Vergangenheit der Geschichte einen Hauch von einer noch älteren anzuziehen. Faßlich? Und seien wir geneigt, uns vernehmen zu lassen über den Untertitel? „Erzählung aus der Zeit des Regiments Gensdarmes"? Dafür, für ein so entschlossenes Schweigen habe ein junger Praktikant sich Schulstunden lang verbreitet über die namentliche Abkunft dieses Kürassierregimentes, an Stelle der Lanze den geraden Degen führend, von der Reitertruppe Karls IV. von Frankreich. Angedenk der Herkunft des Verfassers aus dem Französischen? Gens d'armes, au Mayon Âge, soldats, cavaliers du roi? Da die Stunde, für deren faszinierenden Elemente er uns verpflichtet sei, ihrem Ende entgegensehe, dürfe er uns nunmehr bitten, bis zum Mittwoch die ersten zwei Seiten wenigstens versuchen zu *lesen*.

Die Elf A Zwei benötigte für die ersten sechs Seiten der Erzählung an die drei Wochen; sah man Herrn Weserich an wegen der Verschwendung von Zeit, so ließ der sich keine grauen Haare wachsen. Wir begannen uns zu freuen auf seine Ausbrüche heiterer Verzweiflung, wenn wir es denn tatsächlich unterlassen hatten, uns unter den klaren Worten „in England und den Unionsstaaten" auch die Vereinigten Staaten von Amerika vorzustellen, damit wir über die Herkunft des Herrn Bülow, Adam Heinrich Dietrich v. B., noch mehr wußten als seine Verhaftung wegen Schriftstellerei. War es denn denkbar, daß es in der ganzen Stadt Gneez nur ein einziges Konversationslexikon aufzutreiben gebe, und das sei auf Jahre hinaus verliehen?

Kleinlichkeit konnte ihm keiner vorwerfen, dem Weserich. Guten Willen zeigten wir ihm; für die lateinischen Zitate waren wir durch Kliefoth gerüstet und übersetzten auch einmal eines selber (hic haeret). Nach einer Weile sah Weserich ein, daß die Kenntnis von Latein zwar behilflich sein kann beim Erlernen des Französischen, eines Unterrichts in der Sprache jedoch keines Weges zu entbehren vermöge. Es verwunderte ihn, er ergab sich ungern; sollte er deswegen sich anlegen mit den geistigen Vätern der Schulreform, die das Französische ersetzt hatten durch das Russische? Fortan ließ er sich Aussprüche in Fontanes zweiter Sprache zwecks Verdeutschung vorlegen; immer mindestens drei, darauf bestand er. – Uns läuft die Zeit davon! rief er aus, und es war später Oktober, und wir standen im zweiten Kapitel. Dafür sahen wir schon einmal im Lexikon nach, was das ist: ein Embonpoint und eine Nonchalance, worin ein Gourmand excelliert und worin ein Gourmet; fragten bei alten Leuten, ob sie noch so eine Sinumbralampe gesehen hatten, so eine kranzförmige Öllampe mit nur geringem Schatten. Wenn dann den Mathias Weserich unsere Kenntnis erfreute, so daß er überrascht tat und ungläubig, das sollte uns Spaß machen, den Gefallen taten wir ihm.

Zwei Wochenstunden über das Rätsel: Warum setzt Fontane hier Kapitel-Überschriften, anders als in „Unterm Birnbaum" nur drei Jahre früher, als im „Graf Petöfy" ein Jahr nach „Schach"? Was ist eine Überschrift. Sie steht oben (aber warum tragen Gemälde ihre Namen unten oder seitwärts?); sie verweist auf das, was folgt. Sie ist eine Höflichkeit gegenüber dem Leser; am Ende eines Kapitels soll er Luft holen und dann vorher wissen, wohin die Reise geht, zu Sala Tarone, nach Tempelhof oder Wuthenow. Ja, und soll sie uns den Mund wäßrig machen? solche Schriftsteller gibt's auch; wir haben es mit Fontane zu tun. Eine Überschrift ist ein Meilenstein am Wege: Wanderer, nach neunzehn Kilometern kommst du nach Jerichow. Eine Ortstafel; der Fremde liest da „Gneez i. M." und ist anfangs wenig beraten; betritt er die Stadt, weiß er wo er ist. Eine Überschrift als Warnung. Als ein Ornament, die alten Moden im Berlin von 1806 zu begleiten. Das mag sein; was jedoch ist das: eine Überschrift?

Bei der „Italiener Wein- und Delikatessenhandlung von Sala Tarone" in der Charlottenstraße bekamen wir ein Malheur. Denn die Herren müssen durch eine Reihe eng stehender Fässer sich wenden, und der Küfer mahnt zu Vorsicht. – Is hier allens voll Pinnen und Nägel: sagt er. In unserer Klasse war ein Kind, das hieß Nagel. Wir hätten erwachsen tun können; am nächsten Tag hieß er Pinne Nagel. Hat es tapfer hingenommen. War im Grunde froh, daß er nun auch so etwas Eigenes hatte, einen Spitznamen. Seine künftige Redensart bei kniffligen Rechengängen, unbequemen Unterkünften: Is hier allens voll Pinnen und Nägel. Hat es überlebt, Pinne Nagel, lebt heute als Kieferchirurg in Flensburg.

Was aber eine Pinne ist, darüber wollte unser Herr Weserich belehrt werden. Den Unterschied zum Nagel begriff er erst, als wir ihm die Geschichte von Klein Erna im Sarg und der Pinne in der Baskenmütze verkasematukkelt hatten, wegen Pietät und Takt. Ebenso, bei dem Besuch Schachs in seiner Heimat, mit dem Platt. Er tat wahrhaftig, als sei ihm das böhmisch. Wir übersetzten ihm, warum de oll Zick immer Mudding Krepsch dahin stößt, wo sie ihre Wehdage hat; schriftlich, da er darum bat. Eines Tages kam er mit Vorwürfen. Wir hätten ihm ein Wort unterschlagen, gleich zu Anfang, im vierten Kapitel schon. Wir waren zerknirscht, wir versprachen Buße. Da war es wegen der Tante Marguerite in der Erzählung, „Die das damalige, sich fast ausschließlich im Dativ bewegende Berlinisch mit gepröntem Munde sprach“, ohne daß das anstößige Verb mit einem Anführungszeichen gekennzeichnet sei. Wir hätten getan, als sei das ein jedermann verständliches Wort! das war es, und er bat, es vorgemacht zu bekommen, stellte sich vor eine Schülerin nach der anderen (wir hatten ihm weisgemacht, daß nur Mädchen prünen) und sah ihr auf die vorgewölbt bewegten Lippen; bedankte sich. Wir knicksten, seitlich die Röcke raffend, die damals übers Knie gingen. We curtseyed.

Wir waren schon in Wuthenow, Seite 122 unserer Abschrift, Kapitel 14, wir hatten genug von Schach (der Person, weil er uns mit seiner larmoyanten Drückebergerei die Bootsfahrt auf dem See verdarb), da waren wir eingeladen von Weserich zu einem Vortrag, wie wir denn mit ihm bekannt geworden waren (auswendig!). Eine Beratung von fünfundvierzig Minuten, bis zur Klingel. Dann erwiesen sich die auf den Anfang vertanen Wochen als lohnende Anlage: wir fanden die letzte Zeile im ersten Absatz, in dem er abwesend vorkommt, auch namenlos. Die Herren Bülow, sein Verleger Sander, von Alvensleben unterhalten sich mit ihren Gastgebern, den Damen Carayon. Bülow möchte streiten. Er zitiert seinen Mirabeau mit dem Wort von dem Staate Friedrichs des Großen als einer Frucht, die schon faul sei, bevor sie noch reif geworden. In seinem Sermon spreizt er sich, wie von ungefähr mit dem Leitsatze: nomen et omen. Nicht das est, das uns die Schule beigebracht hatte, sondern das et, das den Namen und seine Bedeutung in dichtere und schwangere Bedeutung, Nachbarschaft bringe. Nach Bülows emphatischer Bekundung, „Europa hätt ein bißchen mehr von Serail- oder Haremswirtschaft ohne großen Schaden ertragen ...“, wer läßt sich melden mitten in seinem Satz? der Rittmeister von Schach, der Schah zwischen zwei Frauen; sein Widersacher ist schon da, der wird ein letztes Wort haben bis zum Ende. Fontane und die Wissenschaft von den Namen. Fontane und die Kunst, jemanden einzuführen.

Eine Personenliste: Josephine, Victoire, Schach, Tante Marguerite, der König, seine viel beseufzte Luise, Prinz Louis, General Köckritz, der Wirt in Tempelhof ...

Eine Liste der Orte, der Schauplätze: der Salon der Carayons, der Keller mit den Pinnen, die Kutschenfahrt, die (erfundene) Kirche in Tempelhof, die Villa an der moabiter Spree, gegenüber der Westlisière des Tiergartens (wir sollten mit dem Nachschlagen mittlerweile angelangt sein, wo ein Grund für die Wahl solchen Wortes zu suchen war), die Parade in Tempelhof, die Bettszene, Wuthenow am See, Schloß und Park Paretz, Tod in der Wilhelmstraße. Faßlich? Schriftliche, anonyme Abstimmung über die Vorzüge der Orte. Der See kam an die erste Stelle, wir waren zumeist wieder aus Mecklenburg, die Kinder vom Njemen oder aus Schlesien, sie nahmen vorlieb. Pius zeigte mir, daß er Paretz angekreuzt hatte. Der Schülerin Cresspahl war das liebste Bild das der Schwäne, die in langer Front vom Charlottenburger Park her angeschwommen kamen.

Wiederum ein häßlicher Zwischenfall: Schach läßt sich aus über den Prinzen, seinen gnädigen Herrn, den liebt er de tout mon cœur: teilt er Victoire mit. Aber Louis sei mit all seinen Abenteuern in Krieg und Liebe doch ein „Licht, das mit einem Räuber brennt". Wir hatten unserem Lehrer für Deutsch ein Wort unterschoben! Nun stand er da ganz unbewußt, was denn ein Räuber sei am Licht in diesem Norddeutschland! Wir sehen ein, wie wir eine Strafe verdient haben, und bitten um eine gehörige solche. Es ist ein Licht mit einem stark rußenden Docht, der stiehlt das Kerzenwachs. Als die Kerzen noch aus Wachs gewesen sind . . .

Anita hatte sich den Knicks erspart, mit dem wir alle den Mathias Weserich hatten necken wollen. Sie war versehen; sie hatte sich versehen. Es war in der Klasse allmählich Gewohnheit, sich zur linken hinteren Ecke umzuwenden, wenn Dieter Lockenvitz an der Reihe war; auch Anita wollte gern sehen, wie er redete. Aufständisch; ihre Brauen hoben sich in Besorgnis. Dem Schüler Lokkenvitz mißfielen Einzelheiten an einer Erzählung aus der Zeit des Regiments Gensdarmes. Im vierten Kapitel und auf dem Kirchhof Tempelhof stehen Haselnuß- und Hagebuttensträucher so reichlich, daß sie eine dichte Hecke bilden, „trotzdem sie noch kahl waren“. Für dieses „trotzdem“ bekäme ein Schüler einen Rotstrich. Im Kapitel „Le choix du Schach“ heiße es „nach Festsetzungen wie diese trennte man sich“; sei da ein Druckfehler oder etwas Mangelhaftes in der Grammatik vorgefallen? Am meisten ärgerte (aigrierte: konnten wir inzwischen denken) diesen Schüler die Gewohnheit Fontanes, Äußerungen direkter Rede sowohl im Konjunktiv als auch zwischen Anführungsstrichen zu bringen; Weserich hielt den Knaben mit Zwischenfragen bei Laune, obwohl er ihm regelmäßig recht gab. Aber in ihre Arbeitsgemeinschaft, wie auch Anita nun eine haben mußte von Amtes wegen, wo sie diesen Lockenvitz über Stunden hätte betrachten können und von dichte bei, nahm sie statt seiner solche Mädchen wie Peter (Monika), die sich schwer taten in Chemie und Mathe.

Stand Weserich einmal still vor Lise Wollenbergs Tisch, statt seine zerstreuten Wanderungen zwischen uns zu betreiben, bekamen wir einen Anblick von dem Wort: sie hängt an seinen Lippen. Das tat sie, und wär wenig verblüfft gewesen, hätte er sie förmlich aus der Klasse gebeten und ihr angetragen sein Herz und seine Hand. Aber Weserich hatte wohl zu tun bekommen mit solchen Mädchen, die reißen den Kopf beim Lachen wiehernd hoch wie ein Fohlen; der hielt ihr erst im siebenten Monat unserer Kooperation über jemand aus dem Regimente Gensdarmes eine Rede, für sie allein.

– Sehr geehrtes Fräulein Wollenberg! sagte er.

– Sie blicken mir auf den Mund, als fehlte mir da etwas. Sie erwähnen die Farbe meiner Zähne in einer Lautstärke, die mich erreichen muß. Ich habe die Ehre, Ihnen anzuvertrauen, daß mir um den Mund kein Haar wächst, weil das transplantierte Haut ist. Meine Zähne haben ein unnatürliches Aussehen, weil sie aus einer Fabrik sind. Sind das alle Ihre Fragen? Möchten Sie mir mitteilen, wo

Sie in dieser Erzählung über einen Rittmeister von Schach (Sie erinnern sich) denjenigen vermuten, der sie vorträgt?

– Nö: sagte Lise, bemüht patzig. Sie tat uns leid, das große blonde Kind, ertappt bei der Versuchung, mit einem Erwachsenen leichtfertig umzugehen (und treibet mit Entsetzen Scherz). Aber die Gegenwehr, wir gestanden sie dem Weserich zu nach den Verlegenheiten, die Lise dem Kollegen Hg. Knick angerichtet hatte.

Mal ganz was Neues. Wer ist der Erzähler? Wie benimmt er sich in seiner Tätigkeit? Ist er bei allen Vorgängen zugegen gewesen? Hätten die Beteiligten das gewünscht, oder auch nur geduldet? Wann einmal sind sie außer Beobachtung? wenn sie Briefe schreiben. Sind diese fertig, teilt der Erzähler sie mit. Was unterläßt er mitzuteilen? Warum erfahren wir von der geklauten Liebesstunde nur durch zweimalige Verwendung des Pronomens der zweiten Person? Geschmack oder Takt; oder Lebenstüchtigkeit? Lockenvitz, für Ihre Sammlung stiften wir Ihnen ein apartes Wort, das wird Sie auf Flügeln tragen bis hinaus übers Abitur: der auktoriale Erzähler.

Glatteis erkannte er, unser Herr Weserich; da stand er beiseite. Bülow, Stabskapitän aber auch politischer Schriftsteller, bekennt sich zu einem Abscheu gegen Lokale, im zitierenden Konjunktiv dem Schüler Lockenvitz zum Verdruß: darin ihm „Aufpasser und Kellner die Kehle zuschnürten". Solche Lokale gab es in Gneez; längst wurden kaum noch Geburtstagsfeiern außerhalb gerichtet. Da konnte Mathias Weserich unbefangen tun; er kam aus Thüringen. In seinem ersten Auftritt mit Schach spricht Bülow von der unausweichlichen Ehe zwischen dem Staat und der Kirche; Weserich durfte uns leichthin auffordern, stets im zeitlichen Rahmen der Erzählung zu verbleiben. Wenn Victoire ihrer Lisette einen Brief stiftet, darin ist „Deine neue masurische Heimat" erwähnt; so wußte er zwar vor sich ein Kind, das hatte in jener Gegend eine Heimat verloren; besprochen wurde Victoires Anspruch an ihren Lebenslauf, wie er sich aus dem Brief ergibt; wie konnte der Lehrer ahnen, daß auch Anita sich vorkam als „auf ein bloßes Pflichtteil des Glücks gesetzte“ Person. Das Schweigen bei dem Auftreten eines Infanterieregimentes namens „Möllendorf“, es darf ihm überhaupt entgangen sein.

Wenn wir als einen Antrieb des Erzählens die Vielfalt und Energie der Beziehungen zwischen den handelnden Personen annehmen, was beginnen wir, nachdem wir Tante Marguerite in einen Mittelpunkt gesetzt haben?

Auf das Sozialkritische, wie der Lehrplan der Neuen Schule es von unserem Herrn Weserich verlangte, hatte er ein Augenmerk. Zwei Stunden Aussprache über den Begriff der Ehre, die Haltung dazu; unehrenhafte Handlungen. Faßlich? Ein ideologischer Revisor auf Durchreise hätte gut und gern bei uns hospitieren dürfen, oder uns vernehmen in Weserichs Abwesenheit; seine Laufbahn wäre davongekommen ohne Schaden. Fontane hatte der Erzählung Salz geliefert, auf dem das Regiment Gensdarmes eine Schlittenfahrt Unter den Linden veranstaltet, mitten im Sommer, dazu was die Herrschaften hernach anzufangen gedenken mit dem beschmutzten, dem kostbaren Gewürz, der Adel im Bewußtsein seiner Vollmacht: Erstens darf es nicht regnen. Nachher ist es noch gut genug pour les domestiques.

– Et pour la canaille: sagt einer; für das Volk, genannt der Pöbel. Weserich prägte uns ein, daß dieser Einfall vom jüngsten Kornett kam; mit Siebzehnjährigen dachten wir uns auszukennen.

Inzwischen gingen die Israeliten ins Land; Marlene Timm, unausweichlich „Tiny Tim“ benamst trotz durchschnittlichen Wuchses, bekam eine amtliche Erlaubnis für die Ausreise zu Tantenverwandtschaft in Dänemark, viel bestaunt, und saß bei uns wie ein Gast nur; Axel Ohr wurde versorgt mit seinen fünf Jahren Zet; Jakob hatte in der Tat nur noch ein paar Lokomotiven bewegt, war strafversetzt gewesen auf Blockstellen zwischen Gneez und Ludwigslust, diente sich inzwischen hoch auf Lehrgängen in Dresden, an der Verkehrstechnischen Hochschule, die hätten ihn gut und gern annehmen dürfen als Vollstudenten; Jakobs Mutter bekam im März die westdeutsche Reise verweigert; Heinrich Cresspahl, Ziegeleiweg in Jerichow, wurde die Rente beschnitten, wegen treulich angemeldeter Einkünfte aus der Heilung von Truhen und sideboards; seine Tochter fuhr wahrhaftig nach Westberlin, ihm Schnitzmesser zu besorgen, solche mit ausfahrbarer Klinge; Oskar Tannebaum sandte einen „Petticoat" aus Paddington, was Cresspahl zufolge ein Bahnhof in London war; im Rathaus Richmond, in Cresspahls zugedachter Stadt war im November 1950 Picassos Friedenstaube in zweiter Fassung zu besichtigen; die Amerikaner wurden in Korea auf die Nase geschlagen; die Jahreszeiten gingen ihren Gang; immer noch lasen wir „Schach". Schach!

Wir hatten herausgefunden, daß er unsichtbar blieb über einhundertdreißig Seiten hinweg; mit Absicht, wie wir zu Fontanes Gunsten annehmen wollten. „Schön" nennen ihn fast alle, deswegen eitel: befindet Josephine de Carayon. Bülow verhöhnt ihn als seine Majestät den Rittmeister von Schach. Victoire sieht an ihm etwas „konsistorialrätlich Feierliches". In Haltungen wird er gelegentlich kenntlich: wenn er sich aufspielt als Mentor seines Regimentes und es abstreitet, wenn er beim Prinzen eine unnötig häßliche Auskunft gibt über Victoire, sich feige verkriecht im Treppenhaus vor der Mama, in Wuthenow vor der Pflicht; überhaupt sich beträgt, daß Josephine de Carayon die eigene Familie gegen seinen eingebildeten Obotritenadel zu halten versucht ist. Uns allen war sein Kneifen einsichtig und unerfindlich; Anita hatte das letzte Wort. Sie stotterte anfangs, über ein Wort stolperte sie; wir glaubten da Befangenheit zu hören, wie sie unter Siebzehnjährigen geläufig war. – Das mit dem Sch-schwängern: sagte Anita: das wolle sie sich gefallen lassen. An was sollten wir glauben als ein sprachliches Mißgeschick? Anita konnte beim Sprechen so allein vor sich hin denken wie sie war. – Aber daß er sich so wenig Mühe gibt (und muß sich von seinem König befehlen lassen, und von der Königin), daß er ein guter Mensch soll sein!

Es war ihr unterlaufen gegen ihren Willen und Wunsch; sie machte sich gefaßt auf unser Gelächter über das altmodische Wort. Wir genierten uns für sie; wir waren stolz auf sie. Wer weiß, bei Eva Matschinsky hätten wir gelacht; wegen Anita sahen wir vor uns hin, einverstandenes Nicken hab ich gesehen; und nie hat jemand außerhalb der Klasse erfahren, was Anitas Auffassung war von der Ehre eines Menschen.

– Es ist das Regiment Gensdarmes bei der Heeresreform zwei Jahre später auch aufgelöst worden: sagte Saitschik, um das Schweigen zu kürzen. Der hatte bereuen gelernt, unser Dagobert mit seinen ollen Kamellen.

Eine Stunde Beratung über die beauté du diable, coquette, triviale, céleste und endlich fünftens die beauté, qui inspire seul du vrai sentiment. (Das einzig verlegene Mädchen hierbei: Lise). Nach wem der Alexanderplatz in Berlin heißt, und wie ein Adelsmensch etwas anfängt mit einem blatternarbigen Mädchen, nachdem sein Prinz und hoher Herr sie ihm verklärt hat, so daß er eine beauté diable erblicken kann in ihr.

Und spricht jener von Bülow am Ende das Urteil des Autors? Das ist doch bloß ein Knallkopp. (Bitte, möchte die Klasse ihren Lehrer aufklären über Knallköppe?) Um des Raisonnierens willen. Das hatten wir schon: der Erzähler Allwissend. Hier fand Lise Wollenberg, wieso Bülow abgetrennt von seinem Erfinder zu bewerten sei: wegen der feinsten weißen Wäsche, „worin Bülow keineswegs exzellierte".

Wir kommen zum Ende. Wir sahen es daran, daß Weserich uns wieder an den Anfang führte, mit festlicher Miene: zum Titel. Grundsätzlich war es untersagt, die Briefe Fontanes zu konsultieren (– Erklärungen einer Absicht sind keine Auskunft über das Werk); einen zitierte er uns, den vom 5. November 1882, der Erwägungen über den Titel der Erzählung anstellt: „1806; Vor Jena; Et dissipati sunt; Gezählt, gewogen und hinweggetan; Vor dem Niedergang (Fall, Sturz)." Was hatte die Elf A Zwei im April 1951 dem Herrn Weserich für die Wahl des endgültigen Titels anzuführen?

– Weil ein Personenname immer die ehrlichste Ankündigung ist: Lockenvitz (hatte er von Th. Mann).

– Weil die anderen fast alle ein Urteil enthalten, dem Leser sein eigenes vorwegnehmen. Fontane wünschte seine Leser unabhängig! unterrichtete uns Weserich, und nun sollte es anfangen mit dem Genuß und der Freude, eine Erzählung von Th. Fontane aus dem Jahre 1806 noch einmal und wieder zu lesen.

Das verdarben wir uns. Lockenvitz, der vermasselte es. Wir waren mitschuldig. Lockenvitz, nunmehr Mitglied der Arbeitsgemeinschaft Pagenkopf/Cresspahl, fragte uns nebenbei, ob Herr Weserich wohl selber eine Prüfung aushalte. Es ist wahr, wir gaben ihm die Erlaubnis; sahen aber lediglich voraus, dieser Schüler werde noch einmal sich über Fontane beschweren, den ersten Satz zum Beispiel, den Schluckauf, den man da bekommen konnte von einem Partizip des Präsens.

Was Lockenvitz anbrachte, gleich nach den Osterlämmern, war eine Zeitschrift aus der halben Hauptstadt, mit farbiger Bauchbinde, Form hieß sie, oder Sinn, die Botschaft der ostdeutschen Staatskultur an den Rest der Welt, darin schrieb der amtierende Fachmann für sozialistische Theorie in der Literatur, Heft 2, Seite 44–93 über Fontanes „Schach von Wuthenow“: die Erzählung sei ein „Geschenk des Zufalls“. Die darin geübte Kritik am preußischen Wert sei „absichtslos“, sei „unbewußt“.

Lockenvitz hatte die Genehmigung zur Verlesung gegen Ende der Deutschstunde erbeten, seinem Herrn Weserich ja eine Verlegenheit vor der Klasse zu ersparen. Der hörte zu, den Mund viereckig geöffnet, als horche er einem Schmerz nach. Bedankte sich, lieh das kostbar gedruckte Heft aus, stakte aus dem Raum auf seinem einen Bein. (Wenn der Rest des anderen ihn aigrierte, hatte er schon mal jenen Vers ausgesprochen von einem Knie, das geht einsam durch die Welt, es ist ein Knie, sonst nichts.)

Eine Woche war er auswärts. Praktikanten dürfen dienstlich verreisen wie andere Lehrer auch: dachte die Elf A Zwei. Der zurückkam, dem waren wir widerlich.

„Schach“ wurde abgesetzt. Den Rest des Mai, den Juni, raste er mit dieser Klasse durch den Roman „Frau Jenny Treibel“, wir hatten zwei Wochen übrig am Ende des Schuljahrs. Der hörte uns noch an, wenn wir ihm zwischen die Rede kamen mit unserer; der nickte wie über Erwartetes. Verbat sich, was er „Scherze“ nannte. Der Ofen war aus; das Ei kaputt; das Gericht gegessen.

Lockenvitz war kleinlaut, geknickt. Ob er in der Tat auf ein Duell gehofft hatte zwischen einer Schulklasse in Mecklenburg und einem Großdialektiker; es war ihm schief geraten. Er gab sich Mühe, er bat etwas nachzutragen über den Grafen Mirabeau, nach dem Victoire de Carayon sich Mirabelle nannte: nach dem Tode dieses Revolutionärs seien die Belege gefunden worden von Zahlungen des französischen Königs; das Verbringen der besudelten Asche aus dem Panthéon müsse doch

1806 bekannt gewesen sein? – Dein Herwegh ist auch so einer: sagte Weserich trocken. (Herwegh wird an Treibels gastlicher Tafel ein wenig ohne Erbarmen behandelt.) – Stellt sich groß an die Spitze der badischen Arbeiteraufstände von 1849; als es aber schiefging, floh er als Tagelöhner verkleidet über die französische Grenze!

An dem du, das in dem „dein" steckte, würgte Lokkenvitz eher, als daß es ihn hätte erfreuen können. Dies Widerspruchskind, wir sahen ihn schlucken. Schlug die Augen nieder, setzte sich wortlos.

Lockenvitz schrieb zwanzig Seiten Aufsatz über „Schach von Wuthenow", unberaten, unbefohlen, und schickte sie dem Deutschlehrer Weserich nach in die Ferien; erst nach Jahren konnte er von neuem darauf stolz sein auf die Entdeckung, daß Fontane dem Schach an keiner Stelle einen Vornamen gibt, gewiß nach adliger Sitte, dennoch Anmerkung zur Person. Unser Weserich studierte noch ein wenig an der Universität von Leipzig, dem ging die Zeit ab für Briefwechsel mit einem Schüler in Mecklenburg. Die Dissertation von Mathias Weserich über „Schach von Wuthenow" wurde in Göttingen gedruckt, jenseits der Grenze.

Daß er uns benutzte wie Biologen ihre Versuchskaninchen, wir hatten es gewußt, ohne Empörung. Wir waren auch mit ihm um die Wette geschwommen, Hundertmeter nach der Stoppuhr; ohne ihn durch mäßiges Tempo zu beschummeln. An seinen Hemden war zu sehen gewesen, daß keine Frau um die sich kümmerte. Und vielleicht waren Erwachsene so: hat einmal ein Schuß sie in den Mund getroffen, gehen sie einem zweiten aus dem Wege. Einen einzigen Anzug (grauen Sommerstoff) hatte er besessen, den trug er mit Tuch in der Brusttasche und täglicher Krawatte; als sei er uns den achtbaren Aufzug schuldig. Und wir hatten bei ihm das Deutsche lesen gelernt. *etwa 1983*

Eine Reise wegwohin, 1960

Karsch, damals nahezu vierzig Jahre alt, fühlte doch Beschwerden. Eindeutig waren sie nicht. Einschlafen konnte er nur mit Mühe, morgens schmerzten die Knochen, er wurde lange nicht wach beim Frühstück. Auch tagsüber liefen ihm manchmal die Gedanken weg, vergaß er Anblicke, hätte gern die Augen geschlossen, und er empfand es lange so, als lebte er neben sich her. Er kam leicht darauf, daß viele kleine Defekte der vergangenen Jahre sich zusammentaten gegen ihn, und schob es aufs Älterwerden.

Demnach hielt er sich mit Vorliebe allein. Dazu tat er etwas außer der Reihe. Mit viel von seinen zurückgelegten Einkünften kaufte er einem Ackerbürger im Norden Hamburgs den Dachboden ab. Der Mann hatte gehört von dem neumodischen Usus, daß Leute Teile von Häusern verkauften oder darauf sparten, aber es wollte ihm zu seiner Ziegelkate nicht passen; am Ende mochte er den Kerl von der Zeitung, der an jedem Wochenende nach Entschlüssen fragen kam, wieder nicht einen Verrückten nennen, er fand geradezu etwas daran, er nahm Geld extra für das Vorkaufsrecht auf das eigentliche Haus und wollte nun so recht im Glauben an ein gutes Geschäft weiterleben unter dem verkauften Dachboden, den sein neuer Hausgenosse leerräumte und mit einem großen Fenster nach Norden öffnete. Davon ließ Karsch nichts auffallen. Heimlich auch kaufte er all die Möbelstücke zusammen, um derentwillen er ab und an in fremden Wohnungen hätte leben mögen, und verbrachte sie unter das himmelweite Oberlicht in dem Appartement, das er dem Bauern auf den Kopf gesetzt hatte. Eines Tages verkaufte er die alte Wohnung mit allen Sachen, die noch aus Westberlin, sogar aus der Studentenzeit mitgekommen waren, und zog um mit nichts als dem Telefon unter das Dach. Die Maschinen und Schränke für seinen Beruf saßen den schrägen Wänden so dicht auf dem Leib, so angewachsen wohnte er gleich da, und so gründlich hatte er seine Rücklagen erschöpft, daß er lange nicht würde umziehen können und übrigens einverstanden war, hier älter zu werden.

Von außen gesehen hatte er wenig mehr geändert als die Adresse. Die meiste Zeit im Jahr war er ohnehin unterwegs in Westdeutschland, in den Nachbarländern, und holte die Reportagen zusammen, die ihm seinen Namen gemacht hatten, und wenn er in Hamburg war, konnte man ihn nachmittags in der Stadt treffen, noch wie immer. Er gab sich unverändert, neugierig, maulfaul, pünktlich bis zur Zuverlässigkeit, nett, manchmal wie ein Hamburger, und vorläufig wollte ihm noch keiner verdenken, daß man seine Wohnung nicht aus dem Telefonbuch, sondern tatsächlich nur vom Ortsamt erfahren konnte. Von Reisen zurück, oder aus der Stadt nach Hause gekommen, fand er den ruhigen grauen Raum unter dem Licht von Tag und Nacht sich eigen wie Haut und Höhle; zu mehr wollte er es nicht bringen. Jeweils in den ersten Tagen zu Hause hielt der lange Tisch ihn fest durch viele Essenszeiten, und die Gänge zwischen Schreibmaschine, Dunkelkammer, Küche paßten ihm angemessen. Dann, bald, saß er doch wieder mit den Händen auf den Knien vor den Tasten, las das Geschriebene mit Unbehagen, zweifelte an seinem Gewerbe und ob die Öffentlichkeit ihn denn zu Recht bezahlte und wirklich aus Gründen der Demokratie, Berichtigung des Staatswesens, Kenntnis von der Verwendung der Steuer, und nämlich für Genauigkeit der Nachrichten; es mochte aber auch das Gefühl sein, er habe schon zu lange geschrieben wie der Karsch, der er vielleicht nicht mehr war. Und abends, wenn er den Telefonhörer abhob und dem Kundendienst der Post die eingegangenen Anrufe abfragte, mochte er doch die wenigsten beantworten; er hatte eher gewartet auf etwas anderes, das ihm zu ungenau war, um überhaupt davon zu reden.

Nachts lief er oft umher in dem Gehäuse, das er sich auf den Leib gebaut hatte, schaltete Musik ab, drehte das Fernsehbild aus, horchte auf Schmerzen hinter der Stirn, legte sich schlafen mit offenen Augen. In Gesprächen mit Freunden vermied er sich, trank dann viel nur, um seine Aufführung bei guter Laune zu halten, lud sie ungern zu sich. Es wunderte ihn, wie selten er das Kind sah, das er seiner Frau gelassen hatte bei der Scheidung, obwohl er vor sechs Jahren um diese Besuche lächerlich unvernünftig gekämpft hatte; er versuchte den Jungen mit übertriebenen Geschenken einzuholen, vergaß dann aber Verabredungen mit ihm. Jetzt war er wie gewünscht allein. Es stimmte zu seinem Befinden. Aber wenn er ein paar Abende lang an seinen eigenen sechs Wänden entlanggelaufen war, krumm, dicklich, zerfahren, fuhr er oft mitten in der Nacht weg aus Hamburg, auf Arbeit, weg von zu Hause.

In diesen heiklen Verhältnissen fand er es nicht unglücklich, daß zufällig ein Anruf aus Ostdeutschland ihn zu Hause traf, und nahm die Einladung zu einem Besuch augenblicks an, um so leichter, als er von Karin F. gern mehr gewußt hätte als sie schrieb auf den Rand von Szenenfotos und er sich überhaupt Neuigkeiten aus einer gemeinsamen Vergangenheit versprach. Er fuhr ab wegen des Balkons, hinter dem in einem baumgrünen Zimmer er vor Jahren gelebt hatte mit ihr in Westberlin, und zwar frühmorgens, weil er ohnehin wach war; aber da er nur der Putzfrau einen Zettel hinterließ und die Freunde vorerst nicht verständigte, gewann sein Verschwinden in Hamburg ein unbestimmtes, fast bedrohliches Aussehen. So hatte er sich das nicht gedacht.

Vorbereitet war er auch nicht auf die Posten hinter der Grenze, die ihn aus dem Wagenstrom nach Westberlin zur Seite rangierten in den inneren Kontrollbezirk, der mit verkümmerten Blumenrabatten zwischen Baracken angestrengt Staat machte, und allmählich kam ihm die Reise so wenig alltäglich und beliebig vor, daß er sich schon Gedanken machte über den ersten Satz einer Reportage: diese Ankunft hätte Vorsorge gebraucht. Seine Verblüffung wuchs beim Anblick von Schriften auf Schildern und Baumwollstreifen, mit denen die Besitzer dieses Landes fast jede ihrer Taten in ein Verhältnis zu denen Westdeutschlands zwangen; der Nachdruck war ihm vom Hörensagen bekannt, es war zu Hause zum Lachen gewesen, es war den Polizisten ernst, und er hielt sich an einen beiläufigen, fast kameradschaftlichen Ton, der dem des Krieges benachbart war, kam so durch. Er hatte aber die Worte nicht verstanden, der Satzbau machte ihm Beschwer, und er war ziemlich kleinlaut, als er in einer Gaststätte in seinem löcherigen Pullover und in ältesten Hosen sogleich erkannt wurde als ein Westdeutscher, so daß er seinem Benehmen hinderlich zusah und darüber den Geschmack des Essens nicht recht wahrnahm. Er hatte auch nicht gewagt, die Kamera mit herein zu nehmen.

Die Ankunft ließ sich privat an. Man umarmt sich nach der langen Zeit. Ein Händedruck hinterher kann ebensogut gelten, die Frage nach dem Ergehen könnte den Grund für die Einladung herausbringen, trinken wollte er vorerst nichts. Aber sie ließ die vergangene Zeit nicht ins Gespräch, bewegte sich munter quer und längs an ihm vorbei, schlug ihm mit dem Handrücken vor den Bauch und fragte: Tennis? und er entgegnete: Ach was, alles und so fort in der raschen, vorschiebenden Art, die offenbar beide nicht vergessen hatten. Nein, sie hatte keinen Grund wie auch immer, den sie zugeben mochte. Nein, es war ihr nur eingefallen, und sie hatte mehr Spaßes halber versucht, die Aufenthaltsgenehmigung an einem einzigen Nachmittag von der Meldestelle bis an die Grenze zu schaffen. Sie kannte da Leute. Sie hatte da Beziehungen. Sie war hier angesehen. Es ging ihr gut. Er lehnte sich endlich zurück, nahm ein Getränk an, beobachtete ihre Bewegungen in dem breiten, dicklehnigen Sessel, den sie auch hier hatte, gegen den sie müde zurücklag in ihren aus der Frisur gleitenden Haaren, langsam trinkend, nebenbei redend, und nach einer Weile saßen sie so unaufmerksam nebeneinander wie in der Zeit, auf die ihre Trennung gefolgt war, gegen seinen Willen. Er entschloß sich, höchstens eine Woche zu bleiben.

Unbehaglich war ihm vor der Begegnung mit dem Radrennfahrer Achim T., denn er konnte sich unter ihrer Liebschaft nichts vorstellen und fürchtete die Verlegenheit des andern vor dem früheren Liebhaber um so mehr, als er ihm ein uninteressiertes Gespräch nicht zutraute, der Art von Beruf wegen. Tatsächlich kam der schon befangen in die Tür, bewegte seine langen Knochen hastig bei der Begrüßung, saß vor lauter Lässigkeit gezwungen und rollte seine Jackenaufschläge. Anfangs vermutete Karsch, der Mensch schäme sich für sein Parteiabzeichen, aber immer wieder ein strahlendes Lächeln kam ihm gutwillig vor, machte ihn irre. Er stellte sich maulfauler als natürlich, um dem Mann auf die Meinung zu kommen, und zu seiner Verdrossenheit stellte sich endlich heraus, daß dieser Achim ihn hoch schätzte, ja verehrte wegen der Artikel, die Karsch nach seiner Auffassung allwöchentlich schrieb im Kampf gegen seine eigene Regierung, und zwar dem Fortschritt der Vernunft zuliebe, und das unter Anfeindungen. Karsch verschluckte sich. Er sah aus den Augenwinkeln zu Karin hin. Sie fand ihren Freund offenbar nur ungeschickt im Ausdruck. Karsch wies, angelegentlich und gesprächig, darauf hin, daß für ihn sein Beruf nur eine leidlich anständige Art des Geldverdienens war. Erläuterungen verkniff er sich, da er auf den Boden sehen mußte vor dem stillen Erröten, das diesem Achim von den Ohren ins Gesicht stieg, wie bei Blonden leicht.

Karsch nahm den Besuch als einen zum Wiedersehen und ging zu denen noch nicht fürs Frühstück zum Kennenlernen. Die Mittagessen, Besuche im Theater und in Sporthallen, Spaziergänge, Besichtigungen und ähnliche Veranstaltungen für den Ortsfremden wollten ihm nicht reichen für sieben ganze Tage Aufenthalt. Er versuchte es mit der Stadt. Der Sandstein der öffentlichen Gebäude kam ihm hessisch, der Himmel über dem kleingärtnerischen Stadtrand vor wie der über Franken, dem Sächsischen konnte er Ostdeutsches nicht anhören; der spärliche Verkehr nicht und nicht Frostaufbrüche im innerstädtischen Asphalt und nicht die gelbweißen Schaumflocken im Parkfluß wollten ihm zusammensetzen, was er hätte weitersagen können. Nicht einmal durch Einkäufe kam er mit der Gegend ins Benehmen. Er fand an Waren nichts mitzunehmen für die Gewohnheiten seiner Freunde, das Spielzeug für Zehnjährige fiel leicht auseinander, die Ansichtenkarten gaben mit Baudenkmälern Nachricht, wo er war, er war da nicht. Nicht mit dem Fuß auf dem Schuhputzerbock, mit Würstchen in der Hand, nicht mit den leichten Münzen in der Hosentasche fand er in den Alltag. Er blieb auf der Durchreise. Er stellte sich mit Befriedigung vor, daß das Laub über seinem Fenster dichter gewachsen sein würde bei der Heimkehr, und setzte sich in der Hotelhalle mit Zögern, weil die Bewegung Bleiben hieß. Er ließ sich übrigens immer langsam, mit vorsichtig hängenden Armen nieder, denn mit einem schwereren Leib beginnt einer leicht zu besorgen, er könne dabei stürzen.

Dann entschloß er sich zu einer Probe, aus der er lernen wollte für einen Bericht über Beherbergungswesen, den er in Westdeutschland vorhatte. Er vermaß sein Hotelzimmer, schrieb die Möbel auf, merkte sich im Badzimmer altertümlich beschriftete Porzellangriffe und den Haken für das Abziehleder, den sein Großvater gebraucht hätte. Unter der Glasplatte ermahnte ein Vordruck den Gast, Gäste nicht mitzuführen hierher. Die Teppiche auf der steif knickenden Treppe waren fadendünn getreten. Er bestellte sich ein Frühstück ans Bett, und dazu Orangensaft, Speck mit Ei, Salami, er ließ sich nur gegen genaue Erklärungen hinunterbitten und sich zu den Brötchen nichts vorsetzen als Butter, weil die Küche morgens nicht warm war. Er gab vor, das Zimmer wechseln zu wollen, besah andere Preisklassen. Er bat ihn zu wecken, verglich die bestellte Zeit mit dem Klopfen an der dünnen Tür. Unberaten gab er Hemden in die Wäsche und sollte auf sie warten vierzehn Tage. Das ältere Personal brachte er leicht auf seine Seite; insbesondere der Oberkellner nahm seine Wünsche mit bitter nickendem Blick zur Kenntnis und ging heimlich über die Straße, dem verwöhnten Gast wenigstens die Wurst zu holen. Die Jüngeren, Zimmermädchen, Verwalter, Lehrlinge, nahmen dem Westdeutschen übel, daß er sie so unbefangen hinwies auf die Mängel der Bedienung und des Vorrats; ihre Zuvorkommenheit wurde aufsässig. Am Ende fand er nur heraus, daß das Hotel vor dem Krieg hatte gelten können als gut und bürgerlich und seit den Bomben wie ein natürliches Wesen hatte älter werden müssen inmitten Standards, die ihm glatte Dielen, Glas und helles Holz in übersichtlichen Flächen hätten einsetzen sollen. Und dies war nur ein Hotel von vielen, so daß er nicht mehr unternahm, seine Preise mit denen eines ähnlichen in Kassel zu vergleichen, da die Währungen nur von Staats wegen einen Nennwert gemeinsam hatten und er die Deckung und den Wert des Ostgeldes nicht eigens errechnen mochte. So gründlich hatte er hier nichts vor.

Er versuchte noch einmal, in der Stadt anzukommen; die deutsche Sprache, die vielen nationalen Ähnlichkeiten der Feuermelder, Telefonzellen, Verkehrszeichen taten so bekannt. Er fuhr zum Leihhaus und versuchte, seinen Rasierapparat zu hinterlegen. Der Angestellte hinter dem Stahldrahtgitter blickte von dem westdeutschen Erzeugnis auf den Kragen und Anzugstoff des kreditsuchenden Bürgers. – Heil? fragte er endlich. – Wie soll ich denn das beweisen: antwortete Karsch schnell. Der andere befingerte sein Kinn, drehte die Maschine in der Hand. Karsch griff sie rasch zurück, ließ Strom anschließen, schnitt mit dem Scherkamm eine Insel in die Haare auf seinem Handgelenk, bügelte die Stoppeln weg. Glatt. Säuglingsweich. Funktioniert. Er bekam Geld genug für ein Paar aus Westdeutschland importierter Schuhe. Vor dem dreieckigen Sandsteinturm noch nicht, weil Passanten das fremdländische Kabriolett umstanden, aber zwei Blocks weiter hielt er an und notierte sich das Gespräch, die drei Leute in der Schlange vor ihm und die Studentin, die er mit einer Schreibmaschine auf dem Treppenabsatz hatte vorbeitreten lassen. Der Vormittag war mitten in der Woche.

Am nächsten Morgen ging er zu den Friseuren im Bahnhof, und wieder überkam ihn Sog in die Vergangenheit inmitten des palastweiten, üppig bestuckten Kellerraums, der herrschaftlichen Sessel, unter der angewärmten Handtuchkompresse, die hier wunderbarer Weise den Bart erweichen sollte. Unter dem langen Messer versuchte er im Kopf auszurechnen, wieso der ostdeutsche Staat zurechtkommen mußte nach Gutdünken seiner Eigentümer. Es kam ihm kein Leihhaus heraus. Wie oft versetzte ein Rentner sein Radio? Das am Telefon wollte der Schuldturm nicht sagen, die Frage wurde jedoch verstanden, sie war dort als Frage bekannt, und Karsch kündigte einen Mitarbeiter westdeutscher Zeitungen an, sah gleich bei der Ankunft sich in den Sessel gedrückt mit Grundsätzen über die gesellschaftliche Funktion eines Leihhauses im Kapitalismus; er fragte nach dem Zinsaufkommen im Sozialismus. Der Mann hatte die Unterarme steif auf dem Schreibtisch, sah Karsch schwer in die Augen, hüpfte unverhofft auf, schwenkte sich locker auf die Schreibtischecke, verfiel vorgebeugt gleich wieder in handstreckende Starre, zwang sich zu lässigem Ausschreiten, redete so langsam als wolle er etwas sagen, stand, wo die Frage des Besuchers im Weg war. Er ließ sich nochmals Karschs Zeitungstitel nennen, bezweifelte ausdrücklich ein ehrliches und friedlich gesinntes westdeutsches Interesse an Zahlen, wollte heute gar keine in den Mappen haben, ich nenne Ihnen hier ein Beispiel, das ist völlig gegriffen, wolln mal sagen zehntausend, mit gleichem Recht hätte ich sagen können eine Million, so gegriffn ist das! und nun entschuldigen Sie mich. Mit der Frau im Vorzimmer hatte Karsch eben zu sprechen angefangen, da trat ihr Direktor ihnen ins Wort, er verzog sich baff in die öffentlichen Räume und löste seine Rasiermaschine aus, fuhr sich gedankenvoll über das gerötete Kinn, das das Unternehmen ihm bisher eingetragen hatte.

Der Vorfall zog ihn an, hinein. Nicht so sehr die verweigerte Auskunft, die Redeweise lud zum Suchen ein.

In den ungetümen Sätzen des Vorstehers dachte Karsch erstmals ostdeutsches Land auszumachen, damit einen Reisebericht zu beginnen. Er meinte nämlich fest, er habe mit der Staatsgewalt gesprochen. Und tatsächlich war er nach wenigen Fragegesprächen dieser Art imstande, die Angestellten des Staates abzusondern mit ihren eigenartigen Fremdworten, Genitivabhängigkeiten, dem formelhaften, zögernden Sprechen, dem auf der Stelle tretenden Blick, den Kinder beim Aufsagen haben, oder mittlere Beamte vor der westdeutschen Fernsehkamera. Es galt nicht nur dem Landfremden, das Verhalten war unabhängig, es machte Staat auch gegen die Einheimischen. Er lernte den veränderten Sinn der Fremdworte, die in seinem Land nicht mehr benutzt wurden oder gar nicht, die zweiten Fälle von Struktur und Perspektive schrieb er auf mit anwachsendem Mitwissen, er lernte diese Sprache nie so gut, daß er sie zur Verständigung hätte benutzen können. Selbst im umgänglichen Reden der gewöhnlichen Leute fand er sich kaum unauffällig zurecht, da ihm zehn Jahre dieser Geschichte fehlten; sie erkannten ihn ohne Mühe. Sie sprachen von Streuung, Engpaß, wo ihm nur die Worte Großhandel und Lieferschwierigkeiten zur Verfügung waren, seine Ratenzahlung nannten sie Sparkaufvertrag, und so deutlich er bald den Abstand bemerkte, den die Leute zu den Ausdrücken der Beamten hielten, er saß doch manchmal da und sprach sich im Kopf vor was er sagen wollte, wie eine fremde Sprache, und hakte an beim Aussprechen. Er war auch bis zum Ende verwundert, mit wie geringfügigen Fetzen Alltagssprache die Einwohner einander ihr Verhältnis zur Regierung abfragten und je nachdem zu Schweigen oder mürrischem Verständigen übergingen. Dies vergaß er nach dem Juni am schnellsten, weil es seiner eigenen Sprache immerhin ähnlich geklungen und getan hatte.

Denn bis zum Juni blieb er. Anfangs eine Woche länger, dann noch eine, anfangs seinen Notizbüchern zuliebe, endlich aus Neugier, auch noch aus privatem Eigennutz. Zur Verlängerung der Aufenthaltserlaubnis verhalf ihm eine politische Überlegung, die die sportlichen Leistungen des Landes in neutralen Staaten, auch in Westdeutschland, auszunutzen dachte für eine Veränderung der weltweiten Meinung von Ostdeutschland, und als Herrn Karsch, einem westdeutschen Journalisten, die Biographie des bekannten Radrennsportlers Joachim T. angetragen wurde, zog er den Auftrag ins trokkene, mit nicht großem Ernst; es war ihm eher angekommen auf Fahrten über die Stadtgrenze hinaus, überhaupt auf Dableiben. Ihm war wie bei einer Entdeckung.

Manchmal. Zu anderen Zeiten ließen Kopfschmerzen, Schlafmangel, Müdigkeit, schwere Muskeln ihm keinen Entschluß durchgehen. Sein Gehirn schien an den Schädelwänden kreisend anzuecken. Das alles hat medizinische Namen, aber schon im Nachdenken darüber verlief ihm die Übersicht, und halbe Stunden später erst merkte er sich liegen wie vorhin, war nicht im Schlaf gewesen, nirgends. Er hätte die Krankheit lieber zu Hause gehabt, er brachte die Rückfahrt nicht über seine Trägheit.

Einmal hielt ihn ein Besuch bei Verwandten, die vom Nachkrieg ins Thüringische verschlagen waren, sie hatten sich das in Westpreußen verlassene Schlafzimmer wieder erarbeitet, auch diese Küche roch nach Kernseife, er hatte mit ihnen nicht soviel Familie gemein wie erforderlich gewesen wäre für die langen Schweigen zwischen den Schlucken Kaffee. Nach einem Tag war er zurück im Hotel, der Tag war aber vergangen. Es mochte auch die Bedienung sein in dem Gartenlokal gerade jenseits der Stadtgrenze, die mit dem Westdeutschen nichts anfangen wollte, da seine sichere Rückfahrt und fremde Herkunft keine Liebschaft hätten natürlich vergehen lassen; das waren lange Vormittage im Kiesgarten, bevor die Essenskunden kamen, und gewundene Gespräche mit dem Mädchen, das neben ihm am Tisch lehnte, manchmal doch lachend, auf dunkelhäutige Arme gestützt, sich hinunterbeugte zu dem Fremden, der wieder etwas nicht verstanden hatte. Dann mochte ihn auch der Zahntechniker aufgehalten haben, der seinem ostdeutschen Auto den verjährten Kühler eines massig schwereren Modells aus Westdeutschland aufgesetzt hatte. Der Maurer, der seit Jahren sich krankschreiben ließ, um bei gegengesetzlichen Eigenheimbauten höhere Löhne herauszuschlagen, dazu die Versicherung, er konnte vor Kraft nicht sitzen. Der Mann in der Lederoljacke, der drei Jahre Haftarbeitslager bekommen hatte für eine witzige Anspielung auf den hiesigen Staatsratsvorsitzenden in einem öffentlichen Lokal, in das war er zurückgekehrt, den Anzeiger zu finden. Ein vierjähriges Kind, das auf dem Boden kriechend und militärisch schreiend unterschied zwischen bösen und lieben Panzerangriffen. Die drei Polizeimonteure, die Karschs Wagen nicht nach aller Untersuchung, Rücklichtprobe, Bremsversuch für tauglich erklären wollten, sondern erst noch dreimal um den Platz karriolen mußten mit Tempo und Schadenfreude wie Kinder. Der fette strenge Jüngling, der Karsch aus einem Tanzcafé wies wegen amerikanischer Führung der Dame. Der Fotograf, dem die Berufslizenz entzogen war, weil seine platzende Blitzlichtbirne ein Mitglied der Regierung in Ohnmacht versetzt hatte, nun beantragte er monatlich neu seine Zulassung mit der Versicherung, die Birne sei im Lande erworben worden. Frau Liebenreuth, in deren Herrenzimmer Karsch umgezogen war, zum ersten Mal in ihrem alten Leben Wirtin, die winzig und schwarz hinter dem Frühstückstablett stehenblieb und ihm die Nachbarschaft erzählte. Eine breite Kutschenallee, die hell zuwuchs mit flirrenden kleinen Blättern. Der Anschein von Bekanntschaft, angeboten vom Wiedersehen der Straßenecke. Nach einiger Zeit glaubte er der Kenntnis des Landes so nahe zu sein, daß er nicht Gefahr laufen mochte, den möglichen Reisebericht zu verpassen.

Unterwegs hörte er mitunter reden über den Radrennfahrer, der vor den Behörden sein Gastgeber war. Die Jüngeren bewunderten ihn unvernünftig. Es war nicht nur seine Fähigkeit, verrückt schnell zu fahren, es waren eher seine mundartliche Redeweise, sein verlegenes Lächeln bei Siegerehrungen, daß er verständlich geblieben war in aller Höhe und Berühmtheit. Daß er eine Schauspielerin im Bett hatte. Manche fanden sein Haar so blond, es griff sie an, wie grau darunter Achims Gesichtshaut geworden war am Ende der Wettfahrt. Es hieß, er sei reich; wollte er alles verkaufen, sei er Millionär. Man sagte ihm Macht und Redlichkeit nach, als könne er sich verwenden für unschuldig Verhaftete, für Gerechtigkeit überhaupt, da waren Beweise nicht nötig; viele hätten ihm in der Not geschrieben um Geld, um Rat, um Fürsprache. Sein Umgang mit der Regierung, in deren Stimmkammer er aufgenommen war, bestätigte seine Unumgänglichkeit, und mit ihm erschienen die Herrschenden einmal auch als vorstellbare Menschen über ein Tischtuch gekrümmt, die den Arm auf den Achims legten, im Gespräch, vielleicht sogar freundlich. Allmählich betraf es Karsch, wie geachtet und geliebt einer werden konnte in diesem Land mit nichts als Radfahren, und daß die Unteren mit den Oberen sich nur an solchen Stellen trafen, wo Skispringer und Schauspieler Erfolg vormachten, öffentlich lebten, zudem noch wie welche von allen. Karsch besann sich auf die Unterhaltung über eine Biographie, er begann Vorauszahlungen anzunehmen, er lieh sich eine Schreibmaschine. Dies war das erste Mal, das einzige, bei dem Karin ihn warnte. Sie fand sonst nichts an seiner Aufführung. In der Stadt war er eingeführt als der Gast der Schauspielerin F., die ihn mitbrachte, mit ihm ging, ihn vorstellte als Westdeutschen (nicht als versetzte Verlobungsbekanntschaft), so daß der Theaterpförtner ihn grüßte wie einen Nachbarn, die Intendanz ihm Karten schickte, Beamte ihr zuliebe ihm ein Interview weniger leicht vorenthielten. Anfangs hatte sie ihn auf die ärgerlichsten westdeutschen Manieren hingewiesen; seitdem verbreitete er sich, etwa, bei der umständlichen Vorbereitung eines Ferngesprächs nicht mehr über den automatischen Verkehr in Westdeutschland, zog überhaupt seine Vergleiche, ohne sie auszudrücken, stellte sein Auto schlichter ab, kleidete sich den Einheimischen ähnlich, ließ kaum ein Gericht noch zurückgehen in die Küche, wollte auch die Küchen nicht noch besichtigen. Mit einem Mal riet sie ihm ab von diesem Plan wie von etwas, das man nicht tut, es ist nicht praktisch, Landes nicht tunlich, sie gab einem Ortsfremden Auskunft.

Er hatte gar nicht hingehört. Im besten Fall verstand er, daß sie einen ihrer Freunde vor der Veröffentlichung schützen wollte. Für ihn aber, Karsch, waren Lebensbeschreibungen gute, unterhaltsame Arbeit. Er fand es regelmäßig lehrreich, eine Person anzusehen auf ihre Entstehung, hinter der Person ihr Leben zu finden. Es machte Spaß, einer bewußten Vergangenheit die tatsächliche zu finden, die Erinnerung einer Person mitzunehmen zurück ins Vergessene, auch sie überrascht zu sehen vor sich selbst. Es stellte ihn zufrieden, daß noch jeder Betroffene jeweils sich ausgedrückt hätte wie Karsch. Es war nicht nur die detektivische Nachforschung, die ihn am Fragen, Suchen, Nachsehen gehalten hatte; ihn erstaunte auch, wie viel eine Person enthielt an Geschichte der gesellschaftlichen Verhältnisse, der Kampfmethoden, des Anstands, an Mitlebenden. Seine Kenntnisse vom Weltzuckermarkt, vom Börsenrecht, Eheleben 1925, Strafvollzug und einiger technischer Zweige verdankte Karsch solchen Aufträgen. Es waren auch zwei solcher Arbeiten in den Buchhandel gekommen, und beide Male hatte er sich eine Kopie aufbewahrt, in der die Beschriebenen ihr Verschwiegenes noch nicht gestrichen hatten; das eine war die Geschichte eines Gewerkschaftsfunktionärs gewesen, das andere der Daseinskampf einer Firma.

Achims anfängliche Gegenwehr hatte Karsch noch erwartet. Achim, der bisher nur mit Jahreszahlen, Fotografien und Siegerkranzschleifen ausgekommen war in seiner berühmten Rolle, wollte für sie nicht einstehen mit einem wirklich getanen Leben, und schon gar nicht in Tonbandsitzungen mit einem sicheren Herrn Karsch, dem Westdeutschen, mit dem Karin fast einmal gegangen wäre zu den Westdeutschen und Einfamilienhaus und Bürgertum, und immerhin bestand er auf Karins Anwesenheit bei solchen Gesprächen, nachdem nämlich der Plan ihm nähergebracht worden war von Angehörigen der Partei, in der auch er war. Er traute Karsch die Arbeit zu, er hatte die gedruckten Beispiele lesbar und verständlich gefunden; Karschs Vorrat an Worten und seine Art, sie zu bewegen, machten ihn manchmal doch mürrisch. Karsch versuchte ertragbar zu sein für den Mann, den er hatte übersehen wollen, Achim hielt den umgänglichen Ton gern für das Angebot einer persönlichen Freundschaft, er gab Karsch die Erlaubnis, andere Zeugen seines Lebens zu fragen. An vielen Stellen der Stadt und auswärts, vornehmlich in einer größeren Industriesiedlung in Südsachsen und einem Marktflecken in Thüringen fand Karsch mit der üblichen Mühe Achims sechsjährige, zehnjährige, sechzehnjährige Lebensalter und schrieb sie auf als Beiträge zur Geschichte des deutschen Stundenplans, zur Verwilderung einer Bevölkerung unterm Bombenkrieg, zur sozialen Stellung der Kinder im Schwarzhandel, zur Aufwertung ländlicher Verwandtschaft in Zeiten städtischer Armut, zur Verschiebung der Pubertät infolge erzieherischer, zufälliger, unausweichlicher Vorfälle. Von einer Großmutter Achims, aus Einwohnerverzeichnissen, von erhaltenen und überlebten Freunden, Lehrern, Vorgesetzten, Maurerkollegen, Zimmervermieterinnen und endlich auch von Achims Vater erfuhr Karsch und bekam heraus, daß Achim doch wohl angefangen hatte mit dem hetzigen Fahren auf dem Rad, als er von hier ein Mädchen besuchen fuhr hundert Kilometer in den Süden an den Wochenenden, als er sechzehn war, bis er das Kind ersetzen lernte durch sportliche Veranstaltungen und Zielbänder. Karsch kam zu seinem Spaß, als Achim T. seine Jahre 1936 bis 1947 in einem Sitz durchblätterte und las, mit vielen zustimmenden Gesten, Nicken mit vorgedrückten Lippen, überraschtem Auflachen, betroffenem Halsscheuern etwa zwei Stunden lang, und ihm schließlich die Blätter zurückgab mit einem Blick von unten und einem schlenkernden Handwerfen, das in der Clique der berühmteren Radrennfahrer neuerdings verstanden wurde als Zeichen für Ebenbürtigkeit, Lob der Leistung. Karsch staunte nicht schlecht, als Achim schon hierfür keine Druckerlaubnis hergab. So frühe Lebenszeit hatte noch keiner zensieren mögen, ja es konnte Manchem das Kapitel Kindheit nicht lang genug anhalten, nicht flüchtig genug, das Kapitel der folgenden Jahre, in denen Einer eher unberaten sein kann oder gezwungen zu Handlungen, deren sich zu schämen er erst imstande ist in großzügigeren Umständen. Zuerst glaubte Karsch an die bekannten Unstimmigkeiten zwischen der natürlichen Zeit eines Vorfalls und der Zeit der persönlichen Erinnerung, aber schon die Vermutung war Achim zu penibel, und dann bereitwillig ließ er sich ein vergessenes Jahr neu herstellen mit den Klassenzimmern, Tanzabenden, Kuchenpreisen und Wetterlagen, die sein Biograph ihm wiedergefunden hatte. Verwandte Mißverständnisse stießen Karsch auf den Verdacht, er habe es hier nicht mit typischen Problemen einer Biographie zu tun. Tatsächlich hatte Achims anerkennendes Handschwenken nur bestätigt, wie vertraut Karschs Maschinenschrift war mit dem Leben des berühmten Radrennfahrers; sein Blick hatte verlangt, diese Kenntnis anders zu benutzen. Nach und nach meinte Karsch zu begreifen, hier wolle einer nicht bloß sein beschriebenes Leben an Anhänger und Verehrer ausliefern, sondern Verehrung und Anhang praktischer verwalten, dazu zensieren, nämlich gut nennen und als Fehler bezeichnen, was in seinem Leben doch wirklich gewesen war und auf Karschs Blättern so stehen sollte, mit allen Zeugen und Zwischenfällen, nicht des Regens vergessen, im Fall es sollte geregnet haben. Karsch lernte den bewertenden Rückblick nicht anwenden, mit dem Achim inzwischen den Anfang seiner vernünftigen Lebensweise begriff im Anblick derselben sowjetischen Armisten, vor denen der fünfzehnjährige Achim noch vom Pflaster gegangen war mit Fäusten in den Hosentaschen, zum Beispiel; Karsch fand nicht Achims Sicht, die den, unrichtigen, Vorfall übersah, und büßte so zwanzig Seiten ein, dazu ein Mädchen aus Ostpreußen. Karsch gewöhnte sich einen Blick an, der kam bei solchen Gesprächen von unten so fern wie der eines Tauben. Er erkundigte sich nach den staatlichen Ausdrücken, die Achim für solche Belehrungen einsetzte, zögernder, verzwickter im Satzbau als in Erzählungen aus seinem Leben, der dritte Grundzug der Dialektik half Karsch so wenig wie das Leitwort Parteilichkeit. Er sträubte sich gegen Achims hoffnungsreiches Zureden, er war mit der eigenen Meinung gut gefahren bis hierher und wollte damit noch weiter; Achim hinwiederum mißfiel der seminaristische, gelangweilte Schwung, mit dem Karsch ausbreitete, wie genau er wieder nicht verstand, etwa wenn Achim von seinen Reisen auf Rennstrecken in Westdeutschland Dinge erinnerte, für die es dort nicht einmal Namen gab. Ein Glück, daß Achim seinen Biographen insgeheim zum Lachen fand, ihm immerhin seine Kenntnisse im Radfahrwesen anrechnen wollte; nicht schlecht auch, daß Karsch nicht vor der Zeit verfiel in gereiztes Antworten, fahriges Widersprechen, was er eigentlich erwartet hatte nach der ermüdenden Schwere in den Gliedern, leichtem Hirnschwindeln, Schmerzen hinter den Augen, die Tage lang sich verkrochen, dann angewachsen wiederkamen.

Die ganze Zeit wurden die Tage länger, die Abende heller; Sächsisch aus den offenen Fenstern der Straßenbahn brachte ihn kaum noch zum Lachen. Einmal auch kam das Mädchen aus der Waldgaststätte mit ihm tanzen, weil er ihr eine Bekanntschaft mit Karin hatte versprechen können. Inzwischen hatte er so viele belichtete Filme in einem Schuhkarton auf Frau Liebenreuths Schrank, daß er seinen Wagen ansah auf Verstecke für die Fahrt über die Grenze. Er verstand, warum die hiesigen Staatsbesitzer eine Briefzensur angebracht glaubten; er mochte nicht selbst daran teilnehmen. Ein junger Arzt, den Karsch drei Abende kannte, bot ihm schon die Dunkelkammer in der Pathologie seiner Klinik an; Karsch hätte gern auch noch die Pathologie angesehen, er mochte seine Negative da nicht zum Trocknen hinhängen. Es kam neuerdings vor, daß er abends im Postamt vom Schalter für Marken zu dem andern ging um ein Ferngespräch mit Hamburg. Kopfschmerzen, keine Kopfschmerzen; er mochte nicht hier eine Behandlung bestellen, er dachte übrigens: es wird zwei Jahre dauern. Er war nicht mehr alle Tage auf Achse; Nachmittage lang mit den Füßen auf Frau Liebenreuths Fensterbrett las er, blickte gelegentlich zur Seite auf die weiße Lichtwolke über staubigem Parkgrün, er las nicht nur Werke der Radsportgeschichte, auch die Nachkriegsjahrgänge liberaler Zeitungen, schöne Literatur dieses Landes, Lehrbücher der Ökonomie, und allmählich war ihm mit vielen Fingern gezeigt, wo es angefangen hatte und weitergegangen war bis dahin, wo ein Herr Karsch aus Hamburg hier nur noch zu Ferien bleiben wollte, länger nicht. Manchmal, etwa wenn er Achim kriegslüsterne Barone in der Ruhrindustrie auszureden versuchte, kam ihm hinderlich bei, daß er von der Ruhrgegend vielleicht nur den Nachtschnellzug genau wußte, der einmal zwischen Dortmund und Köln nach Italien unterwegs war mit Autos und auf einem Gang mit Karsch und einem Mädchen, das schlaflos gegen die novemberschwarze, koksglühende Wagenscheibe rauchte, da wäre jeder ernst dasitzende Junge recht gewesen; Karsch hätte gern nachgesehen in der Gegend, er entbehrte westdeutsche Zeitungen, er wollte das nicht Heimweh nennen, jeder Tag hier wuchs ihm doch an als Vergangenheit. Später erinnerte er sich an die letzte Woche im Osten wie an etwas Alltägliches.

Was ihm einfiel, hatte er besichtigen dürfen (nur nicht die Sperrgebiete der Armee, so daß er mit Phantasie die Kiefernfelder und bekränzten Panzer verdrängen mußte, die die freigegebenen Wochenschauberichte ihm zeigten wie den andern Bürgern; von Gefängnissen war ihm abgeraten). In seiner letzten Woche war er meist unterwegs. Für einen Besuch in einem Lager westdeutscher Flüchtlinge bekam er Stempel, Empfehlungen, angemeldet war er auch, und er hätte also mit den Ankömmlingen vor einer Fernsehkamera sprechen sollen als der angesehene Gast aus dem nämlichen Westen, er erkundigte sich aber auf westdeutsche Art, fragte nach genauen Gründen, benutzte Ausdrücke des täglichen Umgangs, erzählte seine hiesigen Erfahrungen, es wurde gelacht, das wurde nicht gesendet. (Sein einerseits objektivistisches, andererseits subjektivistisches Versöhnlertum verfehlte die parteiliche Perspektive der Nachrichtenerstattung: das wollte er partout schriftlich haben.) Die meisten Übersiedler waren hier schon einmal gewesen; sie waren da nicht zu Rande gekommen mit einem Staat, der von ihnen absah, der sie nicht auf Arbeit schickte, sie nicht versicherte, sie nicht in unverfängliche Geleise drückte mit Gesetzen, Bestimmungen, Zuvorkommenheiten, der von ihnen nichts wissen wollte, als daß sie mit aller möglichen Kühnheit und Tüchtigkeit arbeiteten, anschafften, allein gegen jeden lebten und besser als der; sie kamen zurückgeschickt von gepfändeten Raten, Hinterhofwohnungen, Akkord, Krankheit, die Hoffnungen waren erfunden gewesen: sagten sie. Die ließen Karsch mitschreiben. Die Jüngeren hätten ihn am liebsten stehenlassen und gehen sehen; die waren hier fremd, die kamen aus Gründen, die zu verstehen sie nicht einem zutrauten, der dahin zurückging. Karsch gab bald auf; von den entlaufenen Fremdenlegionären, die ihm versprochen worden waren, wollte ohnehin keiner einer sein. Sie kamen weg von der westdeutschen Wehrpflicht; sie wollten nicht annehmen, was Karsch ihnen mitteilte über die ostdeutsche. Hinter manchen lief ein Haftbefehl her, Anzeigen, Fahndungsersuchen; sehr vielen war gemein, daß sie in einem westlichen Ausland noch zu nahe gewesen wären an den Eltern, Mädchen, Straftaten, die sie zurückließen; hier waren sie ganz und gar nicht mehr erreichbar, abgeschieden, zuverlässig entfernt, und mochte die Gegend eine Strafe sein, sie war doch freiwillig verhängt. Am meisten verschlug Karsch die Sprache, wie steif die Westdeutschen mit ihm ins Gespräch gingen, als hätten sie mit ihm kein

Land, keine Lebensart, kaum Ausdrucksweise gemein. Sie sagten dem Dicken, er möge doch abhauen, sich dünn machen, sich verziehen nach Hamburg, sie kennten es schon. Die ließen sich aber auch von ostdeutschen Reportern nur im Profil fotografieren. Da war auch einer gekommen aus privatem Nachdenken und wollte das erklären. Das Haus stand noch voller Kinderheimmöbel, roch nach ungelüfteter Naßwäsche, die oberen Stockwerke hingen lautlos.

Karsch zählte seine Hemden und fuhr gleich nach Mecklenburg, um die Niebuhrs zu suchen, bei denen er 1945 einen Monat lang gewartet hatte. Vorher war er in Posen aus dem Lazarett nicht in seinen Panzer zurück, sondern nach Danzig in Marsch gesetzt worden und dort mit einem Transport von dickbohligen Kisten westwärts. Sie waren vier Mann, zwei im Führerhaus, zwei auf der Ladepritsche mit nichts als Karabinern, und fuhren Ende März die pommersche Küste entlang bis Greifswald, schwenkten dann vor einem Gerücht nach Süden über Demmin und Malchin, das Benzin hatten sie auf den Kisten, in Städten durften sie nicht halten, im April versperrte ein Trupp Flüchtlinge eine dämmerige Feldwegkreuzung, sie nahmen drei alleinstehende Kinder mit, eine alte Frau mit einem Handwagen, den sie nicht hatte stehenlassen wollen und der nun hinter dem Lastwagen herlief, in Kurven steif auf zwei Rädern ging, Karsch gab den Kindern von seinem Brot und kriegte sie auf den Hals, ein kleines Lumpenmädchen versuchte in seinem Schoß einzuschlafen, er hatte in der Nacht eine Kiste geöffnet, er wollte damit nicht westwärts, sie waren schon wieder seit Hellwerden unterwegs zwischen blühenden Apfelbäumen, Aprilwäldern, über unbefahrene Straßen zweiter Ordnung, auf krummen Bodenbukkeln oberhalb grauer Seetücher, gegen sechs Uhr an einem Büschel Mischwald sprang er in den Graben und sah noch die enttäuschten Gesichter der Kinder, als der Handwagen schon lange um das niedrige Gebüsch getorkelt war. Er lief krumm über das kleinsteinige Pflaster in den jenseitigen Graben, das Motorengeräusch hielt an, hielt nicht an. Hinter frischgesetzten Birken fand er einen mannsbreiten Weg versteckt, der naß und gewunden auf ein Schleusenbecken hinführte. Das ebenerdige Ziegelhaus stand taufeucht in der rötlichen Dämmerung, Laken hatten in halbwachem Wind geschlagen. Hinter der Hausecke hatte er an der Milchbank den alten Niebuhr stehen sehen, aufrecht, mit ausgestreckt hängenden Armen, wie auf Wache, mit dem Rücken zu ihm, er hatte langsam den Kopf gewandt und den Fremden mit einer eben so mäßigen Umkehrung der Kinnbewegung eingeladen heranzukommen, wie jetzt den Zurückkehrenden, als fielen die fünfzehn Jahre zu Pfefferstaub in der Sekunde, die Niebuhr nun brauchte, um den Kopf im Imkerhelm seitlich zu drehen und Karsch heranzuholen so achtsam, daß der Bienenschwarm nicht aufgeregter ihm über Helm und Hals kroch. Er sprach nicht, bis der Schwarm zum Klumpen gekrochen war und behutsam in den Eimer abgewogen werden konnte. Dann schob er den Helm in die Stirn, hielt ihn so mit einer Hand. – Ick hew ümme secht, du kümmst noch: sagte er. Aber es waren nicht Niebuhrs Augen, der Blick aus dem schlaffen, stoppligen Gesicht wischte so um Karsch herum, daß er sich umblickte. Sofort hob die gestauchte Gestalt in dem blauen Maschinistenzeug die Hand in Hüfthöhe so warnend wie immer in dem vergangenen April, wenn Streifen der Feldgendarmerie oder Fremde auf das Haus zugekommen waren und Karsch aus seiner Bodenkammer in den Verschlag unter der Dachkehle kriechen sollte, neun Mal bis zum Waffenstillstand, einmal mitten in der Nacht. Damals war ein zehnjähriger Junge in Pflege auf der Schleuse, der ihm später Steine aufs

Dach warf, wenn die Russen genug nach Uhren und deutschen Soldaten gestöbert hatten, Karsch hob den Ziegel blickbreit, da stand der Junge mit seinem Bruder auf dem Schleusenhof, winkte ihm mit krummem Finger, der Kleine versuchte es nachzumachen, im Haus die Stimmen der alten Niebuhrs riefen ihn durch die Decke nach unten. Jetzt stand das Haus still, kein Dampf bewölkte das Küchenfenster, nirgendwoher klapperten Holzpantoffeln auf den mit Steinplatten ausgelegten Hofplatz. Karsch fragte. Der Alte hielt den Eimer in beiden Händen vor der Brust und folgte mit dem ganzen Kopf dem umherwälzenden Schwarm. Karsch fragte. Niebuhr trottete mit dem Eimer zwischen den Apfelbäumen zu den Bienenstöcken. Karsch rief. Der ausgebleichte blaue Jackenrücken schaukelte beständig weg. Die rückwärtige Haustür war angelehnt. Karsch legte die Hand auf die Stabklinke, trat zurück. Diesmal war es Mittag, Juni, vielfältig zusammenfließende Stille aus Hühnergescharr, Wellentrieb zwischen den Molen, Windgekeuch im Gartenlaub. Auf der anderen Seite des Schleusenbeckens stand unverhofft ein Mann in der Uniform der Grenztruppen breitbeinig, beutelte schwitzende Hände in den Gesäßtaschen, grüßte zurück, spuckte in das halb verschattete Wasser zwischen ihnen. Karsch versuchte sich zurechtzufragen. Der Junge, der damals für ihn den Arzt geholt hatte, war nicht mehr da. Sein knirpskleiner Bruder, der den versteckten Soldaten immer für seinen Vater hatte halten wollen, war nicht mehr da. Karsch und der andere standen so allein in dem weitläufigen Gelände, er war versucht sich umzusehen. Pause. Die Wache spuckte ins Wasser. Karsch fragte nach Niebuhrs Frau, sie hatte ihm damals aus einem Lodenmantel eine Jacke gemacht und aus seiner schwarzen Uniform den Konfirmationsanzug für den älteren Jungen, war sie nun tot? Auf einmal sprach der Soldat lauter, antwortete nicht, verwarnte ihn. Die Schleuse war Sperrgebiet, er war nicht zuständig, der Aufenthalt ist verboten. Er wandte sich ab und ging auf den schwarzgeteerten Schuppen zu. Der grünbunte Mischwald hatte das Kleine Eichholz geheißen. Karsch ging am Haus entlang und blickte in die Fenster, hinter denen damals das Schlafzimmer der Niebuhrs gewesen war. Auf dem Tisch vornan lagen abgegriffene Dienstvorschriften, Zigarettenpapier, ein angerissener Briefumschlag, ein Eisenbett streckte sich unter einer groben Decke, in einem offenen Spind räkelte sich schiefschultrig ein Regenmantel mit Achselklappen, eine Offiziersmütze an der unebenen Kalkwand. Das Schleusenbüro auf der anderen Seite des Flurs sah aus wie vor fünfzehn Jahren, Briefschaften waren auf den Kopf des aufgeklappten Sekretärs getürmt, der Regulator stand still. Karsch drehte sich rasch um, fand aber keinen ihn beobachten. Er ging auf die Mole, saß so zwei Stunden rauchend und betrachtete die Stadt, die an der anderen Seite der flachrunden Seebucht geduckt dasaß, mit niedrigen Hauszeilen am Wasser zu höheren Dächern bis zum rostroten Klumpen des Domturms. Der Wind riß Gischt vom Molenkopf, warf Tropfennetze über ihn. Die Stadt hatte er nicht ein Mal von innen gesehen, sie ließen ihn auch nach der Kapitulation nur nachts aus dem Haus, den Fluß hatte er gar nicht wahrgenommen, immer die Stadt überm See vom Fenster der Bodenkammer aus. Damals konnte Niebuhr reden. Er hatte eine ganze Nacht aufgesessen und versucht zu reden mit den Pionieren, die die Schleuse in den See sprengen sollten; Karsch hörte sie durch die Dielen. Er hatte für den Entlaufenen einen harmlosen Ausweis zusammengeredet. Sein erstes Plattdeutsch lernte Karsch von ihm. Er war damals sechsundvierzig Jahre alt, konnte ein schweres Ruderboot allein über die Beckenmauer hochziehen, konnte

Trab laufen bis in die Stadt und ebenmäßigen Atems zurückkommen. In der Nacht danach hatte er Karsch auf den Weg nach Grevesmühlen geschickt durch die englischen Linien. Die fünfzehn Jahre seitdem fehlten. Als Karsch eine Frau mit einem Kastenkorb über den Schleusentorsteg kommen sah, stand er auf. Er bückte sich noch einmal nach einem Spaten, der verrostet und veralgt im Schilfgras verwuchs, ließ ihn doch liegen. Er stand noch eine Weile am Becken neben Niebuhr, als ein Lastkahn sich nach oben schleusen ließ; Niebuhr ließ den Schiffer die Schotten öffnen, die Tore auffahren, er nahm schweigend die Gebühren und streckte wortlos den Zettel hin, legte zwei unsichere Finger an den Mützenrand, griff nach dem Essenskorb, wollte abziehen. – Auf Wiedersehen: sagte Karsch, schluckend. Der Alte sah die Hand nicht. Aus dem Weggehen zurückgewandt, gesenkten Kopfes, mit kleinen unachtsamen Schüttelbewegungen sagte er leise, entmutigt: Ick hew ümme secht, du kümmst noch . . ., trat hinter die Tür, zog sie ins Schloß. Karsch ging aus dem Gelände auf dem Weg, der ihn damals hineingezogen hatte. Die beiden Birken an der Mündung umging der hartgetretene Steig, sie waren aber ungesund angewachsen, standen halbtrocken, gleich gestorben.

Am nächsten Vormittag bog Karsch in eine kleine Stadt südlich von Ostberlin und stand lange vor dem staatlichen Hotel, mochte doch keinen Wagen mit westdeutschem Kennzeichen an dem Rinnstein übernachten lassen. Öffentliche Garagen fand er nicht; sorgenvoll verließ er das Auto in einer Kieferngegend mit Einfamilienhäusern. Unbehaglich ging er zur Stadtbahn. Denn die Beamten hatten ihm beim Ausschreiben seiner Aufenthaltsgenehmigung gesprochen von der Würde ihrer Staatsgrenzen, die niemand leichthin übertreten sollte, auch ein Gast nicht nach Belieben, schon gar nicht nach

Westberlin hin, der offenen Stelle im Ostdeutschen, dem Loch, der Wunde, der ausländischen Hallig, der Sickerspalte, in die Leute schon zu drei Millionen sich geflüchtet hatten vor den Werbungen der Staatsmacht, ein Flüchtlingslager aber wollte Karsch besichtigen. Er stand noch am Bahnhofskiosk und leckte an Limonade, als ein altmodischer Personenzug den Nebenbahnsteig voller Leute setzte, die den Treppen zur Stadtbahn zustrebten, viele unbehilflich alt und unter Gepäck, besonders merkte er sich alte Frauen, am hellen Wochentag schwarz angetan, die schrägköpfig blinzelnd schon von weitem jeder Art von Uniform aus dem Weg traten, wie witternd. Karsch hatte seine ostdeutschen Papiere in einer Jackentasche, die westdeutschen in der andern, schon fühlte er sich verkleidet. Bei der ersten Kontrolle vergriff er sich beinahe, zeigte doch seine ostdeutsche Legitimation, hörte mit dröhnenden Ohren sich eine falsche Auskunft geben, sah wie träumend den verstellten Karsch, deutlich wie ein Gegenüber zwischen den anderen Passagieren, die mit mühsamer Beiläufigkeit Ostberliner Reiseziele erfanden und als harmlose Bürger sich neben und vor die Leute stellten, die sie wirklich waren mit ihrem tatsächlichen Leben, das bis jetzt und hier weggetaucht war vor dem erfinderischen Ansinnen der Staatsmacht: sie möchten noch andere werden. Nicht nur glaubte Karsch etwas eigentlich Ostdeutsches bemerkt zu haben, er war auch bestürzt über die Ähnlichkeit seines Verhaltens, so daß er die Fahrt über den lichtblitzenden Fluß, geöffnete Bootshäuser, Schleppkähne gar nicht wahrnahm und einer benommenen Frage der Flüchtlinge aufs Geratewohl die Spree zur Antwort gab. Der Kontrolle vor Westberlin reichte er seinen westdeutschen Ausweis, neuerdings verdutzt über den langsamen Herzschlag unter der hochmütigen Miene, die sein Gesicht aus freien Stücken über sich zog als westdeutsche Maske. Er rührte sich kein bißchen, als einige Fahrgäste hinausgeführt wurden. Den übrigen folgend kam er ins Lager ohne zu fragen, trokken im Mund, unerklärlich ermüdet, lahm. Ohne Gedanken sah er der Menge zu, die den Hof überlief, trat ohne Überlegung beiseite, als neben ihm Stadtpolizei Kameras des ostdeutschen Fernsehens auf die Straße abdrängte, er dachte nichts als daß alles unumgänglich vorfiel und daß er es sah. Ohne je ein Wort zu notieren, hielt er sich lediglich in der Nähe eines Reporters vom weststädtischen Rundfunk, wurde gestoßen, vorgedrückt, beiseite geschoben, sah halsreckend immer noch die gesenkten Gesichter verschüchtern vor dem eleganten Mikrofon, das beflissen die Ursachen ihrer Ankunft hören und behalten wollte, sämtliche auf einmal. Da war die ostdeutsche Sprache ins Elend gekommen. Sie lief hier nicht um, galt für nichts als was zurückgeblieben war, ihre Zeichen vermochten das Bezeichnete nicht zu überführen, nur mit der Sprache waren die Fremden gekommen, die verständigte sie nicht, sie konnte auf Mitkenntnis nicht rechnen, kaum auf Hörensagen, und auch Karsch hätte früher nur allgemeine Sturheiten der ostdeutschen Politik, allenfalls der Landwirtschaft, auslaufen sehen, wenn er hörte: Ich hätte noch ausgehalten, aber meine Frau wollte nicht mehr; wir haben uns fünfzehn Jahre nichts gegönnt als für den Hof, umsonst; sie sind mit Lautsprechern, mit Polizei gekommen; wir dachten, sie machen zu; wir haben so lange gewartet auf Besserwerden; ich sollte nicht studieren dürfen; aus unserer Straße sind so viele weg, ich wollte da nicht allein bleiben; ich bin gestern entlassen; wir sollten mit Gewalt in die Armee; ich hab meine Enkelkinder hier; ich wollte vom Leben noch was haben: sagten sie aus, befangen, als verdienten sie Mißtrauen. Inzwischen hatte Karsch gesehen, wovon sie sprachen, er glaubte sich Augenzeuge, dabeigewesen, in nur wenig verengertem Blick setzte das Zuhören ihm das andere Land wirklich zusammen, obwohl es von hier aussah wie überzogen mit einem engmaschigen, hartfaserigen Netz aus Veränderung. Unwillkürlich unterschied sein Ohr Schichten von Sprachentschlüssen, wenn Einer, eilfertig, ängstlich, sich schon versuchte in Westdeutsch. Nicht alle waren recht ehrenwert, tatsächlich nur Manchem wollte er mehr wünschen als eben viel Glück, aber alle zusammen und jeder für sich redeten wie die verlassene Gegend, die ihm auf der Haut saß. Noch half ihnen die Fremde, das Vergangene gegenwärtig zu halten: in der Fremde muß man genau, einfach und ohne Hoffnung reden, vielleicht versteht es doch Einer. Sie waren gekommen, weil das verlassene Land anders war, aber kaum, weil das aufgesuchte so war, sie gehörten hierhin noch nicht wie dorthin nicht mehr, und in diesem unentschiedenen Augenblick war Karsch ihnen näher als ein Westdeutscher, war er von Westdeutschen abgesondert, denn er meinte ja wunder was gemein zu haben mit den Fremden an Kenntnis und Anspielung in Lippenschürzen oder Verstummen aus den neunzig Tagen, die er ihr Gast gewesen war, und es tat ihm leid um die Menge Wirklichkeit und Nachbarschaft, die sie zurücklassen würden im Vergessen, in der westdeutschen Entfernung. Wenige Tage hier, und sie waren nicht mehr ähnlich, schon lange nicht verbündet, und mußten jeder allein die abgeschlossene Lebenszeit vor der Aufnahmekommission einwechseln in die ausländischen Werte der verschiedenen Flüchtlingsscheine, in Aufenthaltserlaubnis, Kleiderschecks, Arbeitsplätze, Kredite, und in das Ticket für den Ausflug über das Land, das inzwischen verloren war. Karsch verließ die Sitzung, in die er sich hatte mitnehmen lassen, und ging über den drangvollen, hitzestaubigen Lagerhof zurück zur Stadtbahn. Auf dem Bahnsteig erkannte er Neuankömmlinge von draußen, schon hatten sie die Vorsicht vergessen und traten harmlos aus den Zugtüren als Leute, die ihre Häuser aufgegeben hatten und nicht mehr besaßen als ihr Gepäck. Ein paar Mal fuhr Karsch zu weit, stieg unachtsam um, bis er an der Siedlung war, in der er früher gewohnt hatte. Viele Kaufleute von damals waren aus dem Geschäft, andere erkannten ihn nicht, und als er an die zweihundert Zigaretten kaufte, große Tüten voll in der Drogerie, im Schreibwarenladen, in der Fischhalle, hielt man ihn fast durchgehends für einen Ostdeutschen, der seine nette Westoma gemopst hatte. Mit Paketen unter beiden Armen ging er lange im Schatten. Wenn er blicklos vor sich hinsah, kippten die Hausfronten. Der Nacken war taub. In der Telefonzelle mußte er sich anlehnen. Er sprach mit einem Bekannten aus der Studienzeit, der mittlerweile als Arzt arbeitete, und fragte ihn um ein geeignetes Medikament. Der wollte auf die Entfernung nicht untersuchen und lud ihn ein. Karsch schützte Eile vor, er mochte seine drei Monate nicht an einem einzigen Nachmittag in Worten ausgeben. Er hätte sein Durcheinander gern entschlossen, und wäre es unüberlegt. Er verzichtete darauf, den Abend hier zuzubringen. An der Grenze nach Ostberlin fielen seine Mitbringsel auf, und er nannte eine ausgesucht unglaubwürdige Adresse in Köpenick als Reiseziel, aber der Zollbeamte hatte auch im Heißen gestanden und mochte sich nicht anlegen mit dem Westdeutschen, der sprach so langsam, dem lag der Schweiß so schwer an den Schläfen. An der äußeren Grenze Ostberlins besann er sich noch eben auf die Jackentasche mit seinem ostdeutschen Papier.

Der Nachmittag hatte ihm die Empfindung von Dazwischen auf den Leib gerückt, die war ihm so unheimlich, er brachte seine ostdeutschen Sachen ins Reine, sich in

Sicherheit, zurück. Mit Achim T. ließ er sich ein auf den Streit, den er eher hätte anfangen dürfen, überließ ihm auch das Manuskript der Biographie, da es ungedruckt billig aufzuwiegen war gegen die Vorschüsse, die er genommen hatte; in der Eile vergaß er, eine Kopie abzuziehen. Auf Abschiedsbesuchen zeigte er sich erstaunlich mit einer Art von Witz, die hierzulande gar nicht Flachs heißt; Frau Liebenreuth lud er ein für eine Woche nach Hamburg, er riet niemandem, dahin zu gehen für immer. Überdies war er gerade noch gedankenlos genug gewesen, auf der Autobahn einen Anhalter mitzunehmen, ohne den Jungen zu fragen, warum der unter seinem Monteurkittel nackt war. Er stritt eine absichtliche Beihilfe zur Gefangenenflucht ab, er wurde doch ausgewiesen, es paßte ihm gerade. (Damit dachte er eine Einreisegenehmigung fürs nächste Jahr gut zu haben.) Zum ersten Mal war er unhöflich genug, die Verkehrsvorschriften seiner Gastgeber nicht zu beachten, auf der vierstündigen Fahrt zur Grenze stoppten sie ihn einmal und noch einmal wegen überhöhter Geschwindigkeit, er wollte sein Ostgeld so oder so loswerden. Er hatte in der Nacht kein Auge zubekommen, in allen Gliedern war er wie zerschlagen, die Müdigkeit ließ ihn den Wagen noch eben halten; jenseits des Schlagbaums ließ er ohne Gegenwehr sich ansaugen von den moderneren Straßen, pfiff immer noch leise, wenn sein schmutzräudiger Karren sich verfing in den glänzenden Kolonnen des Ausflugsverkehrs, kam wie von Entbehrungen heimkehrend durch die nachmittäglichen kleinen Städte, hätte nicht schriftlich geben mögen, was denn nun im Vergleich ihm gefiel an den Mienen, der Kleidung der Spaziergänger, nahm sich unbedenklich für zugehörig, bemerkte in den Geschäftsauslagen nicht ohne Vorfreude all die Gegenstände und Mittel zum bequemeren Leben, atmete noch das anständiger raffinierte Benzin in der

Luft wie etwas Heimatliches, und sagte sich übrigens, wenn er um Zeitungsfarben an Kioskecken rutschte, wie in Antwort auf die Schlagzeilen: Na, wartet! denn bis zum September hatte er nun zwei Monate Zeit, einen Fortsetzungsbericht herzustellen aus der Sensation, die er bei sich zu haben meinte, er sah schon die Drucktype, die Ankündigung über dem Kopf seiner Zeitung, na warte. In der Dämmerung schubste Gedränge ihn über die Hamburger Elbbrücken wie nach Hause, denn er hatte hier ein paar Jahre sich aufgehalten.

Gleich darauf konnte er nicht anfangen. Die stillstehende Wohnung hatte das Bankkonto abgeräumt, auf der Hand hatte er nur genug für acht Wochen, das war ihm zu unruhig, es hielt ihn nicht am Tisch. Seit der Studentenzeit hatte er sich nicht gestattet, Geld zu leihen, einem kleinkaufmännischen Leitsatz zuliebe, dem schon seine Eltern den eigenen Kolonialwarenladen geopfert hatten. Er fing an zu telefonieren. Da er nicht reisen wollte, nur ungern schreiben, bekam er mit einiger Mühe bloß einen italienischen Dokumentarfilm zu übersetzen, überwand sich auch, einige ostdeutsche Fotos zu verkaufen, (er fotografierte nur zu eigenem Spaß), nahm auch Vorschuß auf die geplante Serie über Hotels, bis er sich wieder unbesorgt vor die Maschine setzen und anlehnen konnte. Dazu muß Einer aber unter die Leute, es ist nötig zu reden, wer wird denn da nicht einen mittrinken, im Gespräch ergibt sich, was Einer alles verpaßt hat, seine Abwesenheit kommt heraus, wie denn in Ostdeutschland? Karsch benutzte den Begriff Aufenthaltsgenehmigung. Eine ostdeutsche Aufenthaltsgenehmigung für Leute von Zeitungen war nun erst recht unerfindlich, warum warst du da so lange, man sieht doch alles auf den ersten Blick. Über diesen ersten Blick mochte Karsch sich nicht verbreiten, er erwähnte das Buch über den Radrennfahrer als Beschäftigung. Über einen Radrennfahrer nicht im Ernst! Karsch versuchte, nicht mehr als das zu erklären, er mußte doch antworten mit ostdeutschen Brotpreisen, Wohnverhältnissen, Kulturpolitik. Zum Glück verliefen solche Unterhaltungen bereitwillig in müden Diskussionen über die Aussichten einer Wiedervereinigung, später in Klatsch. Es saßen ihm aber ostdeutsche Sprachgewohnheiten noch so auf der Zunge, daß er etwa riet, man müsse alles im Zusammenhang sehen, wenn er die Meinungen eines anderen zu verworren fand, und die Blicke wandten sich ihm so befremdet zu, daß er nicht mit dem rechten Schwung erklärte, dieser offizielle Lehrausdruck der ostdeutschen Partei werde da unter den Leuten witzig verstanden, andere Druckverhältnisse vorausgesetzt . . . sie ließen ihn ausreden, er nahm sich doch mehr Überlegung vor. (Es war nicht so harmlos, als hätte einer von einer Englandreise immer noch ein paar ausländische Ausdrücke sprechbereit.) Auch der Taxichauffeur, für den Karsch mitunter die Nachtschicht fuhr, hupte vor dem Haus, nun sollte Karsch unter Freunden erklären: wie es denn wirklich gewesen war. Nach und nach erzählte er Achims ganzes Leben mit dem Versuch der Beschreibung, nur um dem geplanten Bericht nicht vorzugreifen. Und noch nachts am Telefon fragte ihn einer: Wistu dich wirklich nicht geirrt haben? Er holte sich auch das Kind, er fuhr mit dem Jungen nach Travemünde, verdarb ihm aber den Spaß am Mittagessen in der Schiffergesellschaft, als er ihm ausreden wollte, daß in Ostdeutschland die Polizei mit Maschinengewehren Jagd auf die Passanten machte, und er wiederholte auch seine belehrenden Auskünfte über comic strips, da wäre der Junge lieber am Strand geblieben, und das aufblasbare Gummitier kaufte er nun zu spät, er hätte doch was mitbringen sollen von der Reise. Er setzte den Jungen in der Stadt ab, zeigte ihm nicht seine neue Wohnung, sah ihn in die

Straßenbahn steigen, überwand sich nicht ihn zurückzurufen. Inzwischen waren die Kopfschmerzen so dumpf verwischt, daß er sie diesem ausgenommenen Sommer zuschrieb, in dem die Hitze so windlos über der Stadt pendelte, und nächtliche Schweißausbrüche auch. Für den Herbst nahm er sich eine klinische Untersuchung vor, erst wollte er fertig sein. So matt und mau läßt einer sich mitnehmen in die Redaktionskonferenz und besinnt sich gar nicht auf die Woge von Dreck und Druckerzeugnissen, die jeden Morgen auch hinter seiner Wohnungstür ausläuft und einen Haufen Leugnungsgebrüll zurückläßt; da setzt er sich auf seinen alten Platz zwischen die Dritte Seite und Sport, die weiße Wucht aus Sonnenlicht preßt so schwer auf die Lukenfenster, dahinter die flirrenden Hafenkräne sind auf seiner Seite, der kalte Schnaps verfugt sich im Magen zu einem kantigen Klumpen, er kennt alle am Tisch seit Jahr und Tag, darauf verläßt er sich, spricht Gedachtes aus wie die Regeln des Denkens es ihm zuschieben, er hat nicht sondiert, nicht getestet, nicht durchblicken lassen, er setzt sich aus, das hätten wenige von dem gedacht.

Sie bestellten, beginnend sofort und auslaufend Ende August, eine Reportage über Ostdeutschland, sie den Abonnenten nachzuschicken in die Ferien. An eine Reportage hatte Karsch nicht gedacht. Sie gaben in Auftrag einen Reisebericht in der lockeren, appetitlichen Manier wie bekannt und gern gelesen. Daran hatte Karsch nicht gedacht. Läßt ein ständiger Mitarbeiter des Blattes mit einem unangemeldeten Urlaub die Dritte Seite zwölf Wochen lang verhungern, wird man allerseits eine Entschuldigung, wenn nicht Einsicht und Anpassung erwarten dürfen. Karsch, ja achso pardon, hatte gedacht an eine Analyse der Verwaltung, einen wirtschaftlichen Report in Hinsicht auf Wiedervereinigung, eine Darstellung ostdeutscher Folgen westdeutscher

Politik, auf Verlangen ausgemalt mit Geschichtchen, die das Auge des Lesers erquicken, viertens. Das war für den August nicht geeignet, da war die Politik im Urlaub. Ja Karsch hatte übrigens auch eher den September in Aussicht genommen. Und viertens sollte die Redaktion wohl die Anerkennung Ostdeutschlands sich vorschlagen lassen. Ja, meinetwegen, ergibt sich ja. Kiebig werden; gleich gewußt; sind Sie bei sich; was versprechen wir uns; was versprechen Sie sich; ich verspreche Ihnen, laßt ihn ausreden; hören Sie zu: Dies war eine unabhängige Wochenzeitung. Ja, deswegen doch. Ein unabhängiges, auf mittelbürgerliche Bezieher eingerichtetes Blatt kann nicht mitten im Juli von einem Tag auf den anderen, ohne Weisung des Vorstands sich entfernen von den Richtlinien der westdeutschen Regierungspolitik. Nach denen mit Ostdeutschland über Wiedervereinigung nicht verhandelt werden kann, da dieser Staat nicht existiert und Schmu bei seinen Wahlen macht, was? Ganz recht. Aber Kinder ich hab es doch selbst gesehen, wie werd ich denn fünf Polizisten meinen Wagen untersuchen lassen auf Verkehrstauglichkeit, wenn nicht von wegen Staat. Dies ist wie jeden Mittwoch keine Leserversammlung, sondern eine Konferenz. Ihr sollt es doch bloß drucken, Leute! Dann nehmen wir also doch den Bericht über die Gartenausstellung, Neuvorlage im September, Aktennotiz für den Vorstand, telefonieren Sie doch mit Ibiza. Gesegnete Mahlzeit. Na denn nicht: sagte Karsch. Mahlzeit.

Zunächst glaubte er sich bloß ungeschickt, schief aufgelegt, mit dem linken Fuß aufgestanden, mit welchen Ausdrücken nämlich er sich eingestand, wie unerklärlich ihm seine Regelverstöße waren, so viele auf einmal. Der gute Verkäufer hält seine Ware nicht auf der flachen Hand, sondern enthebt sie dem Gewöhnlichen durch Verpackung. Der gute Verkäufer läßt seine Ware nicht in

Diskussionen ziehen. Der Versuch zu überreden macht ihn einer Notlage verdächtig. Er hatte auch wieder ostdeutsche Ausdrücke benutzt, nämlich bei dem Gartenschaubericht gefragt „Gegen wen“ wie ein Ostdeutscher mit einer politischen Bildung, die es hier nicht gab. Er hatte gar nicht gedacht bis zu einer Anerkennung, er hatte sich zu Nicken überrumpeln lassen wie von etwas Folgerechtem. Er ging nach der Sitzung nicht allein aus der Tür, Feuilleton lud ihn zum Essen ein und sprach vom Wagnis des Thesenjournalismus, da roch er noch Neugier, Wirtschaft und Sport erklärten ihm die enge Verbindung des Blattes mit ihm aus der Weigerung des Blattes, mit ihm aufzutreten, da schmeckte er Trost, und sah er manchmal über die redenden Köpfe hinweg, merkte er andere ihm mit Blicken Maß nehmen, die er nicht zu deuten wußte, es sei denn mitleidig, und endlich ging ihm auf, daß er überfahren worden war wie vor acht Jahren als Anfänger. Er entschuldigte sich mit Eile und ging langsam den Betonkanal hinunter zum Zimmer von Seite Drei. Seite Drei hatte die Beine auf dem Tisch und beschrieb ihm mit rudernden Armen wie gut und verwertbar der Karsch früherer Gelegenheiten geschrieben hatte, – du warst für uns immer so der Augenzeuge: sagte er, was Karsch hilflos denken ließ an den gleichnamigen Titel der ostdeutschen Wochenschau, und aus immer träger abkippenden Gedankenschleifen holte ihn erst Schweigen. Er hatte nicht zugehört. – Du bist am Ende noch nicht ganz wieder angekommen: sagte Seite Drei. Karsch vermochte seine Aufführung so wenig einzuschätzen, daß er den zweiten Schnaps zur Vorsicht ablehnte, obwohl er ihn wünschte, wenngleich ohne Eis. Zwischen den roten Häusern wälzte sich Tischzeitverkehr wie alle Tage. Auf der Fahrbahn trat ihm jemand so tölplig in den Weg, daß er einen Schritt versäumte und um Jackendicke zwei kreuzenden Wagen entkam, die ihm beide einen rascheren Schritt zugetraut hatten, so bildete er sich immerhin ein.

Vorsorge fiel ihm nicht ein. Anfragen bei einer anderen Zeitung unterließ er, da er doch jahrlang gewöhnt war an diese, an ihr griffestes Papier, die strengen Teilungslinien, den großbürgerlichen Umbruch, kaum je von Kleinanzeigen zertreten, eingerichtet auf den Zeitplan und die Vorurteile der Redakteure, deren Streichungen er inzwischen schon mit Kürzungen entgegenkommen konnte, nichts als Treue ließ ihn den Stoff aufgliedern wie üblich. Für den äußersten Fall stellte er sich seinen Bericht vor als ein Buch, mit ganzseitigen Fotografien, breitem Rand, gebunden in der biegsamen, kunstlosen Pappart, die damals den westdeutschen Markt aufkeilte; so lässig diese Überlegung war, er hatte erst einmal zu tun. Übrigens empfand er die Arbeit anfangs als angenehm. Vormittags fuhr er zur Bibliothek, verließ den Lesesaal nur einmal in der Stunde um zu rauchen, kochte bald sein Mittagessen selbst, schrieb nachmittags seine Notizen auf Karteikarten, aus denen mit der Zeit ein Kasten für die Geschichte politischer Begriffe zusammenkam, abends war er müde genug, er ging noch für eine Stunde in die Dunkelkammer, manchmal um die Ecke zu einem Bier oder in einen Film mit Jungmädchenfleisch in unerhörten Umständen, der den Kopf lahmlegte zum Schlafen. Er schlief aber unruhig, fuhr manchmal vor Hellwerden hoch unter einem Schmerz, dessen er sich nicht erinnern konnte, lief sich wach in den morgendlich leeren Straßen. Mit der Zeit überkam ihn Betretenheit. Je mehr Kenntnisse in der Staatstheorie er zusammenbrachte, desto deutlicher wurde in jeder Versuchsanordnung, daß Ostdeutschland die klassischen Kennzeichen eines Staates aufwies wie Westdeutschland auch, was ein Staat so braucht in den Augen der Wissenschaft: ein eigenes Territorium, eine eigene Verwaltung, zu deren Verfügung Bevölkerung mit besonderer Nationalität, wenn es hoch kam Kultur; fast wurde ihm die Stirn unerfindlich, mit der die regierende Politik die Wissenschaft hinterging; mit einem Mal verblüffte ihn, wie bieder ein an außenpolitische Weisungen gebundenes Land, dessen Wirtschaft übernational integriert war, eben solcher Eigenschaften wegen einem anderen die Existenz absprach; mitunter verlor er die Geduld, sich eine Meinung zu versagen. Mit der ostdeutschen Wirtschaft kam er besser zurecht, obwohl ihre Zahlen geschickter versteckt waren; Ökonomie hatte er ein paar Semester lang mitgehört, und mit allen Lehrmeinungen der Volkswirtschaft kam er doch immer wieder auf verläßliche vier Milliarden Mark, um die sowjetische Reparationen die ostdeutsche Wirtschaft mehr entblößt hatten als westalliierte die westdeutsche vor der Währungsreform und noch danach, dazu Mangel an natürlichen Vorräten, der Neubau einer Schwerindustrie erklärten ihm den ostdeutschen Lebensstandard peinlicher, als er gefürchtet hatte, der Stolz auf den westdeutschen zerlief ihm. Und fast beängstigend fügsam bestätigten ihm Archive, Zeitungen, Dokumentationen seinen Eindruck, der doch wenig mehr als Gedächtnis im Rücken gehabt hatte, er war nicht weit von Verdruß beim Zusammenstellen der Angebote, die die ostdeutsche Seite der abgewandten westdeutschen vorgetragen hatte, bis neuerdings eine deutsche Einheit nicht einmal mehr um Neutralität zu haben war, nicht um Abrüstung, nicht um Kredite, und ob etwa um Anerkennung und Verhandlungen, war nicht versucht worden; er tastete die Schreibmaschine tagelang nicht an, als er daran gehen sollte, die dreizehn Jahre westdeutscher Politik auf seinen Karteikarten zusammenzubringen unter den Hut der Wiedervereinigung, den die westdeutsche Regierung unerschütterlich trug. Das war schon Ende August, er glaubte sich in Eile, das Manuskript war nur zur Hälfte druckfertig, von da an löcherig, und er beschied sich endlich, es zu kürzen auf den unterhaltsamen Reisebericht, den er sich eher zutraute. Überdies hielt er sich vor, gedankenlos einen Plan angefangen zu haben, der allemal beliebig war, da ein Herr Karsch vor der Reise die Wiedervereinigung kaum für das dringlichste Problem deutscher Politik angesehen hatte und nun vielleicht schriebe über Gartenbauausstellungen, wäre ihm nicht in Frau Liebenreuths Korridor der ostdeutsche Mietenstopp so aufschlüssig, die Gegend in dem abgescheuerten Treppenhaus so wirklich geworden, und das durch Zufall.

Er mag denn auch mit seinen Gedanken woanders gewesen sein als bei der lokalen Fernsehsendung, in der fünf Leute an einem krummen Tisch unter den Augen von zwei Kameras einander langweilten mit Anständen wegen der Hamburger Stadtgrenze, schief saß er da und hatte weniger Blick für die Quadratmeterpreise Garstedts als für das beschlagene Wasserglas vor ihm, und er war wohl nicht weit davon, die Stirn auf die lahm hingepackten Hände zu senken, als die muntere Wechselrede auch hier noch eine spätere Wiedervereinigung berücksichtigt haben wollte und Karsch, ohne die Schultern höflicher zu heben und das Objektiv eigentlich anzureden, in nörgelndem Ton und mißmutig wie ein Zuschauer brummte: er könne das Wort nicht mehr hören, seiner unerheblichen Meinung nach, und mit entsprechenden Artigkeiten trug er nun die Rede vor, über die alle spätere Auffassung so sich zerstritt, daß er nämlich einmal es satt habe, mit anständigen Reportagen auf Dritten Seiten sich hochzudienen, und deshalb mit einem umstrittenen Thema den Sprung auf das Spesenkonto der großen Meinungsmacher versuche, oder andererseits seine Laufbahn politisieren wolle, drittens nicht Herr seiner Wahrnehmung, nächstens ostdeutsch bestochen sei, während ihm in seinem Murmeln nur deutlich Stadtränder mit klappernden Arbeiterfrühzügen erschienen, eine Straße mit bunten Giebeln zwischen grauen, das ganze ostdeutsche, aus der zeitlichen Nachbarschaft verlorene, vergessene, lebende Land, das er gesehen hatte, so benutzte er öfter die Worte tatsächlich, Realität, bloß hinsehen, er sprach zu schnell von Zahlen mit drei bis acht Stellen, auffälliger Weise ließ er auch nicht von einer Beschreibung eines eigentümlichen Geruchs schon über der ostdeutschen Autobahn, später Phenol gemischt mit den Ausdünstungen der Küchen, Treppenhäuser, offener Kneipentüren und Straßenbahnen, er gebrauchte das Wort Anerkennung gerade im erkenntniskritischen Sinn, stellte aber den Anwesenden und dem hitzematten Nachmittagspublikum eine diplomatische Anwendung des Ausdrucks frei, kam endlich sehr ordentlich auf Garstedt zurück, so daß der Ton erst mit seinem abschließenden Seitenblick ausfiel, denn die Besatzung des Regieraums war nicht für solche Zwischenfälle ausgewählt und ließ das folgende Geschrei minutenlang stumm zappeln auf dem Schirm, bis wahrscheinlich aus Versehen ein Finger rutschte auf den Knopf für das Einblenddia von der sogenannten Technischen Störung, hinter dem entging den Zuschauern auch noch die ungewohnte Szene, wie einer weggeht von den Kameras, sich hinter die edelgrauen Kulissen verdrückt, und nämlich nicht auffahrend, mit hochgerissenem Kinn und Drohblick, sondern schwergliedrig, in krummer Haltung, mit dem Anschein traumtiefer Müdigkeit, mit anerzogenem Rücknicken über rechte Schulter, das denn doch. Er horchte auf Schulterschmerzen, die sich gewichtig, nicht störend, in seine Nackenmuskeln stemmten, und eine Empfindung von Leere unter der vorderen Schädeldecke ließ ihn fürchten, auch einen gewöhnlichen September werde er nicht bis zum letzten aufrecht durchgehen. Tatsächlich gab er sich vor Dezember nicht genug Zeit, eine Klinik um Erklärungen zu bitten.

Denn gleich am Abend hatten ihm die Mädchen vom Kundendienst der Post eine dreiviertel Stunde lang telefonische Bestellungen auszurichten, darunter solche, die sie ihm lieber aufgeschrieben zuschicken wollten, um sie nicht nachsprechen zu müssen, und sie hatten der Stimme des Auftraggebers solche heiklen Verhältnisse nicht zugetraut. In den folgenden Wochen war er unterwegs zu Jugendgruppen der zugelassenen Parteien, zu Studentenausschüssen, zu Privatleuten, die ihn eingeladen hatten als Redner der Versammlung, Teilnehmer der Diskussion, Partner vertraulicher Erwägung, so daß er ausreichend Hotelzimmer zu sehen bekam, ohne die Serie über Service doch anzufangen, denn nachts an den unzulänglichen Schreibtischen saß er über einzelnen Sätzen seines Reiseberichts und mühte sich, sie mit anderen Worten so vielflächig und szenisch zu machen wie seine Erinnerung war, dabei auch noch nicht ohne das Bewußtsein von Vergeblichkeit, Irrtum, Zeitverschwendung. Denn warum noch versuchen, die beiden deutschen Provinzen miteinander bekannter zu machen, wozu denn sich einlassen auf die kleinliche Niedertracht, mit der sie einander Maß nahmen, als wäre das Jahr 1960 jeweils an der Grenze zu Ende, warum schreiben, Briefe beantworten, Auskunft geben, wenn die Veranstaltungen auslaufen in Beifall und Biertisch wie nach beliebiger Unterhaltung und Genuß von Nachrichten aus fernem Land, wenn der Briefträger der mutmaßlichen Judensau schöne Empfehlungen bringt vom Rollkommando Wandsbek, wenn allmählich die Spaltenschreiber der kleineren Zeitungen dem unbekannten Journalisten so etwas wie Repräsentanz und moralisches Recht absprechen, wenn er dafür fast jeden Abend den Aufruf zu einer parteipolitischen Führung von sich weisen muß und die Verachtung der Neunzehnjährigen für den feigen Bürger anzieht, weil er für nichts einstehen will als für seinen Bericht, nicht für ein Urteil. Bald bekam er regelmäßig Streit auf offener Bühne, weil er neuerdings die Aussprachen eröffnete mit der Frage, warum, aus welchen Gründen, mit welchem Recht, wozu auch die Damen und Herren sich vereinigen wollten mit den Fremden, Brüdern, Schwestern, die seit dem Krieg in ungebrochener Haltung hätten entbehrt werden können, und nach dem lärmlosen Hohlraum seiner Wohnung unter dem blauschiefrigen Dach, dem mehr verdunkelten Himmel verlangte ihn so häufig, daß er gegen Ende Oktober wohl aus freien Stücken seine Rolle hingeschmissen hätte, wäre dem nicht die polizeiliche Haussuchung mit dem Verdachtstitel Landesverrat zuvorgekommen.

Er war nicht am Ort, und die Fahndung hatte seinen Namen nicht gefunden im Bremerhavner Hotelregister, so daß er in der Nacht darauf ohne Verständnis innehielt auf den knackenden Bohlen der Vorderdiele, als rundum im unteren Stockwerk hinter den Türen Stimmen laut wurden mit mäßigen parlamentarischen Beschimpfungen für den Kerl ohne Staatsangehörigkeit, dem der üble Trick mit dem Kauf des oberen Stockwerks nichts nutzen werde gegen Anwälte, die es in Hamburg gebe zum Kündigen von Verträgen. Karsch setzte den Koffer ab und ging die halbe Treppe hinunter zu der Lichtritze über einer Türschwelle, die unter seinem Klopfen aber wegsprang, Antwort bekam er nicht. Die Wohnungstür hing angelehnt, das Schloß war unbeschädigt. Die Sessel standen steif und gradeckig um den Tisch gerückt, wie in einem Schaufenster. Neben der Schreibmaschine war die behördliche Unterrichtung zurückgelassen, auch die Kündigung der Putzfrau. Die Wäscheschränke waren aufgeräumt wie von Militärs, die Matratze gewendet und frisch bezogen wie von Hausmädchen. Aus den Stahlkommoden, die alle wieder verschlossen waren, fehlte der Kasten für unerledigte Briefe, alle Karteien, Negative, vom Schreibtisch die Tinte. Das Verzeichnis der beschlagnahmten Gegenstände ging auf die einzelnen nicht ein, nannte keine Zahlen, hatte aber zum Schluß aufgeführt einen Kellnerblockzettel mit einer Nachricht in Kinderhandschrift. Karsch blieb da eine halbe Stunde ohne sich hinzusetzen, verließ mit zwei Koffern das Haus, fuhr über die Stadtgrenze, verabredete sich mit L. und kam am anderen Vormittag mit der Stadtbahn herein, wartete in der Kantine des Synchronstudios.

Herr L., auf den wir sonst nicht eingehen müssen, hatte das Geld bei sich, nahm die Vollmachten, versuchte aber auch, ihn umzustimmen, denn so wenig er einsehen konnte, wie einer ohne Angehörige in Ostdeutschland Wochen lang bestehen kann auf Gerede von einer Wiedervereinigung, er hielt doch den Zustand von Karschs Wohnung für ein Mißverständnis, – wessen denn? fragte Karsch, und hatte nicht zugehört, hockte vor dem großen Klaren am frühen Morgen, hielt einen Arm mit dem andern vor der Brust wie ein Frierender, schabte manchmal mit dem bartstoppligen Kinn auf der Schulter, dabei fielen ihm die Augen zu. Er wollte nicht reden. Er machte nur einmal geltend, ihm seien mit den Karteien acht Jahre Arbeit weggekommen, ohne Karteien könne er nicht weiterarbeiten; er hielt nur der Höflichkeit zuliebe aus am Tisch, sie gingen nach einer Viertelstunde auseinander. Inzwischen, obwohl die Behörden ihren Einfall weder ausgenutzt noch zurückgenommen haben, zwar mangels Adresse, nach all der Zeit wird auch Karsch eher nach Erklärungen suchen in der ungewöhnlichen Post, die er seit seiner Rückkehr bekommen hatte, nämlich Briefe oder Ansichtenpostkarten aus Ostdeutschland von Leuten, die zufällig auf dem Bahnhof von Jüterbog, im Ratskeller von Erfurt oder sonst wo ins Gespräch gekommen waren mit einem Besucher aus Westdeutschland, der ihnen für alle Fälle, wegen Spaß oder Hilfe, seinen Namen mit Adresse auf Fahrkarten oder Streichholzschachteln gemalt hatte, nun mußte man ihm Andeutungen schreiben, die er vielleicht noch verstand, gewiß nicht aber die ostdeutsche Zensur, und oft hatte Karsch ähnlich rätselhafte Grußworte auf Postkarten zurückgeschickt, wenn er nicht gerade die Tür aufmachte und eine Person davor sah mit Koffern und der etwas umständlichen Erkundigung: wir kennen uns doch; inzwischen ist die Klingel abgeschaltet, hinter der Tür rührt sich kein Schritt, es kommt keine Post mehr mit dem Anschein von Geheimbündelei, wird auch keine beantwortet.

Herr L., der mit Karschs Angelegenheiten wahrlich nicht hausieren geht, macht was her von einem Vorfall, der sich vor seinem Treffen mit Karsch im Studio zugetragen hatte. Sie hatten da eine Bandaufnahme eilig fertigzustellen, und da der Sprecher allein mit den Lampen und Mikrofonen im Aufnahmeraum nicht seinen bestmöglichen Vortrag zustande brachte, fragten sie einen deutlich übernächtigen Herrn, der im Korridor wartend an der Wand lehnte, ob er nicht den Zuhörer machen wolle für zwanzig Minuten, damit sie für ihr Geld genug bekämen von der besonderen Fähigkeit des reizbaren Schauspielers, und der Fremde, wiewohl er den Mund nicht auftat, ließ sich gleichmütig hinter die doppelten Türen führen, ließ sich nieder, blickte der speziellen Charge auf die Lippen. Dabei muß er im Regieraum hinter dem Glas seine Frau gesehen haben am Schneidetisch, an den sie nach der Scheidung zurückgegangen war, jetzt sechs Jahre älter, immer noch mit der Vorliebe für glockige Röcke und gemischte Pulloverfarben, sie trug die Haare kürzer als damals, sie aß gerade mit kleinen Bissen von einer lockeren Kuchenschnitte, hielt eine gewölbte Hand unter die andere, hatte den Kopf schräg zur Tiefe des Raums gewandt und sagte mit ganz geringen Lippenbewegungen, in einer scherzhaft schuldbewußten Art etwas zum Tonmeister, was Karsch nicht gehört haben kann durch die doppelten Scheiben, wenn er es auch vielleicht ebenso im Ohr haben mochte wie das kugelige, dunkle Auflachen, bei dem sie die freie Hand an die Kehle legte, als wolle sie es darin festhalten. Er hat sie wohl nicht stören wollen, wieso dreht denn einer seinen Stuhl und sich mit dem Rücken zur Regie, wenn deswegen die Sprechprobe wiederholt werden muß, und später fiel den Leuten Karschs Gesicht wieder ein, so undeutlich das Foto in der Zeitung auch herauskam. Den Dezember über war er in einer Klinik in Mailand, dann versuchte er in Rom Arbeit zu finden, ging schließlich nach Mailand zurück, die nötigen Leute nahmen ihm seit langem sein Italienisch ab, er hat zwei Zimmer vor der Stadt, nach Westdeutschland kriegt man ihn nur zu den nötigsten Fällen, und so nötig ist es gar nicht. Er hat mehr Eigenheiten seitdem, beantwortet private Briefe gar nicht und geschäftliche nur mit wenigen Zeilen, gibt keine Telefonnummer an, schickt seine Manuskripte ohne Grüße, zahlt seine Steuern in Italien, von dem er Ansichten hat, die wir für verständliche Vorurteile halten, wenn wir manchmal noch über ihn reden, sozusagen beispielmäßig über einen Fall, in dem einer wegen einer fehlberatenen Polizeiaktion sich gleich für immer ausgeschlossen meint von den Bürgern, oder einen anderen, in dem einer Alterserscheinungen für Einsichten hält. Seine Berichte lesen sich wieder wie vordem, und eine annehmbare Zahl von Lesern kaufen die Zeitung wahrscheinlich wegen der Seite Drei, auf der er mit hübschen Einzelheiten, so mit Wind und Sonnenschein auf den Markisen, schreibt über persönliche Verhältnisse der italienischen Politik und Industrie, oder einfach einen sonnendunstigen Morgen in den Westalpen so angenehm, daß Mancher gern und lieber da wäre als alle Tage hier und in der Not der deutschen Teilung, von der öfter mal die Rede ist, mit der wir so leben.

etwa 1964

Skizze eines Verunglückten

In den hunderter Straßen geht ein alter Mann abends in sein Restaurant. Es war mal seines. Jetzt ist es von Puertorikanern geführt; er hat sich von der Räumlichkeit nicht trennen können, reinlich und gut beleuchtet wie sie ist. Die Neuen haben von ihm gelernt, daß er abends immer nur Kaffee und Toast bestellt, aber sie antworten nicht richtig. Überhaupt ist es nicht richtig. Er hat seinen Stammplatz!, mit dem Rücken zum Straßenfenster. Sie wissen es; sie halten ihm den Platz nicht frei. Allabendlich kommt er um sieben; sie müßten es wissen. (Für mehr als Toast und Kaffee reicht das Geld nicht.) Die anderen, die Iren, hatten ihm helfen wollen, immer so lehrhaft seine Bestellung nachgesprochen, damit er sie besser sagt, nicht mit so dickem deutschen Akzent. Wenn man wenig sagen kann den ganzen Tag über, sieht man am Abend krank aus. Mit sich selbst sprechen, damit fängt es an. Manchmal merkt er schon, daß er die Lippen bewegt. Unterhält sich mit Toten. Deutsche dürfen die Toten allerdings nicht sein. – S sänk ju: sagt er schüchtern. 1941, bei der Zeremonie der Einbürgerung, haben die amerikanischen Beamten ihn davor gewarnt, die deutsche Staatsbürgerschaft abzulegen. Es könne sein, daß er Heimweh bekomme nach dem Ende des Krieges. Heimweh.

1971

Herr Dr. J. Hinterhand (1906–1975) gestattete seit Juni 1975 die folgenden Berichtigungen, Ausführungen, Auskünfte und Nachträge.

1

Nach seiner Entlassung aus dem Staatsgefängnis bei Ossining am Hudson, 1957, habe er in New York City als einen Wohnsitz sich fügen müssen, als ihm verbliebene Freunde, bei einem nahezu erzwungenen Besuch in ihrer Wohnung am Riverside Drive, ihn wie beiläufig für die Nacht unterbrachten in einem Gäste-Appartement, an dessen Wänden er gerettete Stücke aus seinem Besitz so aufgestellt fand, daß er einen Vorschlag erkennen mußte, einstweilen hier zu überleben. Was sie aus seiner Bücherei aufgestöbert hatten, es überzeugte ihn schon nach der Auswahl vom Gedächtnis ihrer Freundschaft; die Ausstattung des Raums mit eigenem Küchengelaß und Badezimmer versicherte ihn einer Geselligkeit nach jeweils seinen Wünschen; indem sie ihm einen Blick stifteten aus einem vierzehnten Stockwerk über den Riverside Park hinweg auf Hudson und Brücke und Steilufer gegenüber, hatten sie seine Bedürfnisse von ehedem so freundwillig erinnert, daß er ihnen das Recht zugestehen mußte an der Freude, die sie ihm und einander mit solchem Geschenk und Schutz zu bereiten gedachten. Leider sei er schon damals, wie im Grunde seit 1947, ungeschickt gewesen, ihre Teilnahme an seiner Person zu vergelten mit Unbefangenheit im täglichen Umgang, auch weil ihnen seine Tat, oder vielmehr deren Vorgeschichte, als die Mitte seines Bewußtseins gegenwärtig war, all dieselbe Zeit aber tabu selbst für eine unschuldige Anspielung, zumal gegenüber einem Ehepaar, mit damals halbwüchsigen Kindern. Übrig bleibe die Freundeshilfe. Die Unbeholfenheit im Restaurant, eingangs zitiert, obwohl er sie bestätige, verdanke sich einer anderen . . . Konstellation? Konstitution? Sei es drum, da er auf solche Ausgänge nunmehr verzichtet habe. Als in den sechziger Jahren wie viele Häuser am Riverside Drive auch dieses umgewandelt wurde in ein Condominium . . . in einen gemeinschaftlichen Besitz der Mieter, habe es ihm immer noch gemangelt an Verlangen nach einem ausgesuchten Platz in der Welt, so daß er zurückgelegten Verdienst aus seinem veränderten Berufe darauf verwandte, den ihm geliehenen Teil der Wohnung zu erwerben als ein Eigentum, lediglich der Gewohnheit folgend, aus Verlegenheit. Sein Aufenthalt „in den hunderter Straßen“ zwischen Broadway und Riverside Park habe, insbesondere nach der Übersiedlung der Freunde in einen anderen Bundesstaat, vollends sich erwiesen als ein befestigter Zufall.

2

Was Judentum oder Jüdisches angehe, so verübe jene erste Skizze an ihm wohl eher einen Augenschein nach Hörensagen. Zuvörderst liege ihm an der Versicherung, er sei für seine Person aus einer solchen oder auch deutsch gearteten Frage bereits als Jugendlicher ausgestiegen, in religiöser und behördlicher Hinsicht obendrein, mit dem bestätigten Erfolge, „daß man dies sehr wohl könne“.

Allerdings sei er vielleicht ein wenig jüdisch. Was denn anderes konnten die Pflegerinnen des Waisenhauses in Gneez befinden über ein männliches Kind, dem geschätzten Alter nach zwei Monate alt, das ihnen im Sommer 1906 vor die Hintertür gelegt wurde, bekleidet mit einer Herrenweste und durch einen Zettel am Halse bezeichnet als „Jochim de Catt“? Da sie auch zu wählen hatten zwischen holländischen Wanderarbeitern als

Eltern oder einem ungelenken Scherz, sei das Findelkind einer evangelischen Taufe eher halbherzig unterworfen worden, mit der Folge, daß er bis zu seinem sechzehnten Lebensjahr, sei es nun in wechselnden Waisenheimen, bei Pflegeeltern oder auf dem Gymnasium, angesehen und benamst worden sei als „ein von de anneren", selbst nachdem sein Vorname in den Papieren zur Person umgeändert erschien als „Joachim", wobei dem Schreiber nun ein Erbarmen oder ein Bestehen auf Ordnung mochte die Feder geführt haben.

Immerhin sei dies die zweite Angabe zur Person gewesen, die er mit zwanzig Jahren, 1926, dem neunzehnjährigen Mädchen eröffnet habe, die und da sie ihm erschienen sei als für sein weiteres Leben bestimmt, leider auch hervorgekommen aus einer der erzprotestantisch berühmten Familien von Schwerin, wie immer verarmt, wie immer verwaist. Jedoch mehr als an seiner unsicheren Herkunft habe ihr gelegen an seinem ersten Eingeständnis, gleichermaßen einer Abweichung von herkömmlicher Wesensart, und so sei denn von jenem Schild an seinem Hals in den mehr als zwanzig Jahren ihres benachbarten und gemeinsamen Lebens nie die Rede gewesen, weder versehentlich noch spaßhaft, und statt „Jochim" habe er von ihr „Joe" als Rufnamen bekommen und angenommen, dies aber wegen seiner damaligen Neigung zu angelsächsischen Redeweisen und Lebensarten.

Jedoch habe er dem jüdischen Fleck in seinem Leumund wiederum Vorschub geleistet, nämlich als er ihr sein erstes Versprechen wahr machte und zugleich mit einer philosophischen Dissertation ein literarisches Buch in die Öffentlichkeit setzte, 1931, ihr schon gewidmet auf dem ersten Blatt des Manuskriptes. Weil der eigene Name sich angelassen habe wie ein Pseudonym, habe er sich eins erfunden, ein mehrwertiges.

– „Joachim de Catt“, mir hätte der Name weiterhin eingeleuchtet, auch weil er einem niederdeutsch gebildeten Leser das Betragen einer Katze ankündigte. Aber Katzen sind begabt, das zu versprechen stand einem Autor schlecht an; weiterhin klang de Catt nach preußischem Programm und Koketterie in einem, Schaden für den Roman. Wie es bei ersten Versuchen so gehen kann, erzählte er aus den Jugendjahren eines Waisenknaben auf dem mecklenburgischen Lande, von der Sucht seiner Vormünder, ihm die Hammelbeine der guten Sitte länger zu ziehen als einem anderen Kinde, vom Aufstand dieses Kindes gegen ihre Schicklichkeit; es waren Beschwerden vom vereinigten Bürgertum zu erwarten. Zum anderen hatte das Buch begonnen mit der Erziehungsgewalt eines verlotterten Gastwirtes, der war um 1930 Ratsherr geworden, für die Nationalsozialisten, so dachte er aus seinen Schulden zu kommen. Belesen wie er war, verschaffte er dem Gemeinwesen von Gneez für eine Weile den Beinamen des mecklenburgischen Schilda. Denn er führte die Bürger an in einem Feldzug gegen einen Bildhauer, der der Stadt Gneez angeboten hatte, ihr possierliches Wappentier in einer Bronze zu verewigen. Alles was die Frick, Goebbels, Hitler gegen jenen „verjudeten“ (leider berühmten) Künstler oder über arische Kunst je über die Lippen gebracht hatten, das führte dieser Stadtrat im Munde, im genauen Zitat, bis in die Grammatik hinein, jedoch in seiner urtümlichen Lautbildung. Es war demnach eine zweite Gruppe des künftigen Publikums bekannt, und es lag dem Verfasser von „Ein behütetes Schaf“ daran, gerade diesen Leuten eine fortgesetzte Neckerei und Beobachtung zu versprechen. Also verfiel er auf eine Anleihe bei der Skatsprache, jenen Partner nämlich, der seine Karten als letzter ausspielt; „J. Hinterhand“ nannte sich der Autor.

Leider sei ihm erst nach der Veröffentlichung aufgegangen, daß die nazistische Fraktion des deutschen Lesepublikums mit der eigenen Sprache ebensowenig bekannt war wie mit den Vorschriften, nach denen die österreichischen Behörden in den Jahren 1782 und 1783 den bei ihnen ansässigen Juden Familiennamen aufzwangen; *H. L. Mencken* nenne als Beispiel solche wie „Karfunkel" und „Veilchenduft". So sei auf jenen Seiten der nationalsozialistischen Presse, wo sie ihre kulturpolitischen Analysen anbot, alsobald die Rede gewesen von dem „jüdischen Volksverhetzer J. Hinterhand", dem sogar die Diskretion abgehe, seinen verräterischen Familiennamen zu verändern. So sei es fortgegangen anläßlich eines Bandes mit Erzählungen im nächsten Jahr, und lediglich eine süddeutsche Redaktion sei von Zweifel befallen worden, als sie dem Verriß eine fotografische Aufnahme des „jüdischen Nestbeschmutzers" beifügte. Denn „J. Hinterhand", damals sechsundzwanzig Jahre alt, habe dem Wunschbild der Nazis von einem germanischen Jüngling so gleich gesehen, es müsse zum Weinen gewesen sein für jene Rassenforscher, deren Meßtabellen ausdrücklich verlangten nach einer Schädelform wie der seinen. Unter dem Bilde habe gestanden: „Der berüchtigte Mischling Hinterhand."

Den Rest dürfte eine schriftliche Äußerung gegeben haben, die die etwas undeutliche Figur des Hitler, die etwas unheldische Figur des Goebbels und anderer Parteigenossen Auftreten verglich mit ihren eigenen Ansprüchen; die Ausbürgerung und die Aberkennung der deutschen Staatsangehörigkeit sei auf dem Fuße gekommen, schon 1933. Korrekt, wie eben Nazis seien in ihrer Wut, habe die Bekanntmachung gelautet auf einen Menschen namens Joachim de Catt.

Die eingangs zitierte Skizze enthalte einen Fehler. Denn wie jeder Emigrant in den USA habe er erst nach fünf Jahren angestanden für die Einbürgerung, gerade er, nach der deutschen Kriegserklärung vom Dezember 1941 ein enemy alien ... ein feindlicher Ausländer, der für alle Reisen über den Umkreis von New York hinaus eine Erlaubnis gebraucht habe vom district attorney ... von der Staatsanwaltschaft! Die korrekten Daten seien der Februar 1944, für die Prüfung, und der August 1944, für den Eid auf die Verfassung, weil die Staaten die Niederlage Deutschlands nunmehr hätten absehen können. Übrigens, als Dank an jenes Mädchen von 1926, habe er seinen Namen dabei ändern lassen in Joe Hinterhand, immer noch ohne Ahnung, was er damit sich vorausgesagt habe.

Er bitte, drei Worte in diesem Punkt seiner Erwiderungen als bloß zeitgeschichtlich erforderliche anzusehen, auch als „Hilfsworte" in einem anderen als dem grammatikalischen Verständnis, gänzlich unter Vorbehalt: Nationalsozialistisch, verjudet, gemeinschaftlich.

3

Siebzehn Jahre lang als Pflegekind unterwegs in wechselnden Haushalten, Zeuge der Verletzungen, die ein Mann und eine Frau einander antun können, habe er eine Vorstellung vom Leben in einer Ehe für sich selbst noch einmal erfinden müssen, eine anachronistische in einer Zeit, da der Ehebruch zum bürgerlichen Schwank verkommen sei. Ein einsames Kind, das Zuspruch nur erfahren habe als Weisung, Tadel oder Befehl, sei er bestärkt worden in dem auserlesenen Entschluß, wenigstens für die eigene Person wirklich zu machen, was gegen die Regel gegangen sei. Wahrscheinlich auch sei er geleitet worden von dem naiven Wunsch, sich selbst zu versichern gegen den Verrat, blind gegen die noch hier durchscheinende Verabredung des Tausches, als werde Treue vergolten mit einem ihr entsprechenden Wert. Marxistisch gesonnenen Freunden an der Universität habe er folgen können in ihrer Theorie, auch in der moralischen, jedoch jeweils gezögert an dem Punkt, da sie *Kalinin* zitierten:

> Die Ehe ist eine politische Aufgabe.

Er habe dies für eine persönliche angesehen und demgemäß eine Bedingung für sich behalten, wie sie angedeutet werde in *Platons* „Gastmahl". Dort (118 D bis 194 A der Stephanus-Ausgabe) nehme *Aristophanes* das Wort und erzähle den Androgynen-Mythos vom ursprünglich einigen Menschen, den Zeus als zu gefährlich auseinandergeschnitten habe in hälftige, „schnittige" Menschen, die seitdem unablässig auf der Suche sind nach ihrem anderen Teil, der counterpart soul. Manchmal, heiße es da, gelinge einem die Suche:

> Und so führt die Begierde
> und das Streben nach dem Ganzen
> den Namen Liebe.

Wer auch nur den Schatten eines solchen Märchens übriglasse in seinem Bewußtsein, der falle aus eigenem Verschulden in die Einbildung und Eitelkeit, mit zwanzig Jahren schon zu finden, was nur „manchmal", demnach wenigen verstattet ist, also dem Zufall nach, und werde mißverstehen für Notwendigkeit, daß ihm auf einmal ein Mädchen gefällt mit Gesicht und Stimme, mit Haut und Haar, auf den ersten und den letzten Blick.

Der werde sich einbilden, er überprüfe einen antiken Philosophen, wenn er von Anfang an sie ausfrage nach ihrer Kindheit, ihrer Jugend, ihren Lehrern (den ersten Liebhaber ausgenommen), und werde zunächst ungläubig vernehmen:

– Über ihre Verwandtschaft spricht sie mit Spott, sobald die Rede auf deren parteipolitische Vorlieben kommt; auch sie muß ein schmales Stipendium aufbessern mit Nebenarbeiten (Aquarellmalerei auf Bestellung); sie spart auf Ferien an der Ostsee; sie ist dabei, sich das Haar wachsen zu lassen; auch sie liest die „Weltbühne"; sie geht schwimmen sooft sie kann; sie hält die Alexandra Kollontai für fälschlich zitiert mit jenem Glase Wassers, und kann es nachweisen:

> Das Ideal bleibt die monogame Verbindung, begründet auf der großen Liebe,

(„Die Neue Moral und die Arbeiterklasse", 1920, S. 46f.); ihr liebster Baum ist die Pappel; sie ist einverstanden mit einem Wiedersehen, aber hält es für einen Unfug, daß die Menschen sich verlieben in einander, sie weigert sich, sie weist es von sich . . .

Wem hiervon alles komplementär klinge, verflochten in Blick und Bewegung und Laut, er werde noch heilfroh sein über wenigstens etwas an ihr, das ihm mißfalle, und sei es ihre Gewohnheit, in erkältetem Zustand zu schnüffeln, statt die Nase einmal kräftig auszuschnauben . . .

Das sei die einzige Warnung gewesen, und wer aufs Weghören versessen sei, der bringe nun zu jedem Spaziergang ein Seidentuch, sei der Himmel hell oder trübe; der halte Frottée bereit, wann immer sie mit nassen Haaren aus dem Wasser kommt; der besuche sie im Winter allmorgendlich mit Spanholz, ihren Ofen zu befeuern; der höre schweigend und vergnügt ihre Verwunderung an, daß sie seit einem ganzen Jahr von keinem Schnupfen heimgesucht worden sei, geschweige denn einer Grippe . . .

Der werde längst begonnen haben, ihr auf Verlangen den jungen de Catt wie den von morgen und vorgestern getreulich darzustellen, ohne je noch sie bloß guter Manieren oder der Neugier zu verdächtigen, benommen wie er sein müsse von der Verwandlung von Stücken des eigenen Lebens in kostbare Zwischenfälle und Zusammenhänge, solange sie es sei, der sie anvertraut und von der sie angenommen würden. Mit der Summe seines Lebenslaufes aber habe er ihr ausgeliefert, was in seiner Person die Mitte zusammengesetzt habe, jenen Ort im Bewußtsein, von dem aus und in dem der einzelne Mensch das Wort Ich zu denken wagt, das Geheimnis des Individuums, die einzig unersetzliche und unheilbare Stelle in ihm, wofür man früher das Wort Seele gebraucht habe (das seine marxistisch gesonnenen Freunde ihm für einen belletristischen Gebrauch hätten zugestehen müssen, Ausnahme halber). Und es sei ihm diese Mitteilung vorgekommen weder als Opfer noch als Verlust; im Gegenteil, als sichere Bewahrung.

Inzwischen habe er mit ihr das Unternehmen „Ein behütetes Schaf" besprochen, Satz für Satz, Kapitel für Kapitel, Person für Person, geschrieben für sie, ohne Täuschung oder Irrtum im mindesten zu besorgen. Denn zu *Plato* habe sich ein anderer Eideshelfer gesellt, einer aus diesem Jahrhundert, *Ernst Bloch*, der als einen notwendigen und natürlichen Vorgang beschrieb, wovor man anderen Falles sich hätte fürchten müssen als einem Wunder:

> So ist gerade dieses, was sich das Weib, wenn es zu Recht geweckt ist, an Großem, Vollkommenem, Lösendem, Tiefem ersehnt, für den schöpferi-

schen Mann die farbigste Verkörperung des kategorischen Imperativs seiner gesamten Produktion: daß er, daß sein Schaffen ihrer würdig sei, daß er ihre Farben trage und für sie kämpfe, als dem Maß der Seele und des dem Schaffen aufgegebenen absoluten Apriori.

Im August 1932 habe er sie um einen Bündnisvertrag gebeten, um ein Zusammenleben gegen die bürgerlichen Normen abzusichern, um sechs Jahre gegenseitiger Prüfung zu besiegeln, um die Ehe.

4

Für den Herbst 1932 sei an „Mr. J. Hinterhand" von einer Agentur in New York City die Einladung ergangen, die Staaten zu einer Reise mit Vorträgen zu besuchen. Zu seiner gelinden Enttäuschung sei er von der Freundin gebeten worden, auf diesen Ausflug zu verzichten, auch zu seiner Verwirrung, da sie weiterhin darauf bestand, daß sie beide an verschiedenen Orten lebten, ihm übrigens die Heirat abgeschlagen habe (ihrer Dissertation zuliebe), nun aber den Wunsch vortrug, er möge einer solchen überseeischen Erfahrung nicht ohne sie sich aussetzen, da sie vielleicht später schwerlich ihm werde folgen können in solche Fremde, in der er ihr voraus sein werde. Ausdrücklich so einen Grund, und keineswegs Angst vor einer längeren Trennung, habe sie ihm angegeben.

Die auf vier Monate geplante Reise habe er verteidigt mit seinem Zweifel an der Überzeugung, für die die marxistisch gesonnenen unter ihren gemeinsamen Freunden hätten einstehen wollen, nämlich „daß wir siegen werden", wohingegen es geraten war, für den Fall eines anderen Sieges in sicherer Entfernung einen Ort zu suchen, an dem ein Schriftsteller und eine Kunsthistorikerin ihre Arbeit fortführen könnten, sei es auch in einer anderen als der deutschen Sprache. Wie in allen ihren Beratungen seien sie einig geworden, diesmal in dem Vorsatz, ihn tatsächlich nur als ihren Kundschafter zu entsenden, und er entsinne sich ihrer Abschiedsgeste am Fernschnellzug nach London auf dem Bahnhof Friedrichstraße, eines stillschweigenden Versprechens, wobei sie die Hände flach vor der Brust gegeneinander verschoben habe.

Dieses Grußes, von ihr für allein sie beide erfunden, sei er eingedenk gewesen von Boston bis New Orleans, und, wie er aus einem Brief an sie vom Oktober 1932 bitte zitieren zu dürfen, seine Berichte hätten alle gezielt auf Zukunftsstätten für sie wie für ihn:

„Wenn wir hingegen alt sind: du etwas dicker und ich mit längeren Falten, wollen wir allerdings leben daß wir uns rächen an diesen Betten wie sie in ihrer Breite ein Zimmer ganz bewohnen und mir gegenwärtig noch kommen dürfen als Katafalk und Schaustück unter Baldachin mit kein Mal weniger als zwei Kopfkissen auf der unermeßlichen Fläche, so müde kann ein Reisender allein gar nicht sein in einer einzigen Nacht. Solche werden wir aufstellen in einem Haus, das in New York den Central Park und den Hudson in einem überblickt vom fünfzehnten Stockwerk, und vom Fahrstuhl an soll ein leinenes Dach den Regen vom Bürgersteig halten wo du gehst und ein Kerl in der Uniform versunkener Fürstentümer soll immer die Mütze abnehmen und sagen welcher Wochentag es ist. Also werden wir das graue Wasser sehen in der Nacht von unseren eckigen Sitzplätzen her und über dem Fluß den engen und den weiten Lichterbogen der Washington Bridge, von unten soll das Geräusch der Autos heraufdringen wie stetiger Regen, dennoch wird es kaum je regnen, und Zahlungen leisten wir mit Schecks . . .

Oder wir verlegen alles in eine von diesen neuenglischen Gegenden im Frühling wo in weiten Bogenschwüngen ausgebreitet zwischen all dem grünen und braunroten Laub weiße Häuser zierlich stehen, sind aus Holz und erinnern dich an etwas das schien auch so alt und bürgerlich; in einem kommt das Wasser in sehr bequemen Wärmeunterschieden aus der Wand und läuft heizend rundum und jagt als Eis die Butter wie den Gin in kühlen Schreck und draußen sitzt es als Schwimmbad im weich rasierten Rasen umgeben von altrömisch verwitterten Steinbänken und Figuren und ist von der Terrasse aus zu sehen als ein See in jahreszeitlich wechselnden Sandbänken verschwimmend nun immer so weiter: fahren wir abends zwischen all den dicken Autos in die Stadt und zeigen dich und erklären den Touristen die Vorteile einer breiten Mittelschicht für den Bestand einer im Grunde demokratischen Gesellschaftsordnung und die dir gefallen nehmen wir mit in das Haus, das hölzern pocht und knackt in der Nacht mit den Dielen und den Möbeln, die sehen nach deinen Großmüttern aus und wir wie die du etwas dicker und ich mit längeren Falten auf einer bereits vergilbten Fotografie nebeneinander: ja."

Eine Reise mit Erfolgen und Aussichten demnach, als Vorkehrung bestätigt durch die Entscheidung der deutschen Wähler, daß Hitler siegen werde. Nur daß bei de Catts Rückkehr nach Europa im Hakenkreuzdeutschland eine Person festgehalten wurde, den erneuerten Behörden bekannt wegen ihrer Beziehungen zu dem auslandsflüchtigen Nestbeschmutzer J. Hinterhand alias Joachim de Catt, weswegen ihr für den Reisepaß eine Verlängerung der Gültigkeit zu verweigern. Fast fünf Monate lang habe er an der Südküste der dänischen Provinz Falster gesessen, in Unruhe auch deswegen, wie eine so geschickte Person keinen Weg finde zwischen den bewachten Grenzstationen hinaus in die Schweiz, in die Niederlande, nach Dänemark.

Ihre Briefe seien datiert gewesen aus München, Bayern, und nie habe sie eine Vorliebe bekundet für den dort ansässigen Menschenschlag. Ein Brief endete, ihn sonder Maßen überzeugend, mit dem Wunsch: „Und möge mir [nach dem Wiedersehen] ein Leben in Deutschland erspart bleiben!" Von Gjedser nach Warnemünde in Hitlers Deutschland habe die Fähre zu jener Zeit zweieinhalb Stunden gebraucht, und der tägliche Anblick der hochbordigen Trajekte habe verführerische Pläne befördert. Mit wendender Post habe sie geschrieben aus den bayerischen Landen:

„dafür daß du nicht [nach Deutschland] kommen sollst, sprechen noch zwei schwerwiegende Gründe: erstens man würde dich höchstwahrscheinlich einsperren, da hätten wir auch nichts von einander. Und zweitens würde ich es nicht ertragen, wenn du nicht mehr schreiben dürftest und könntest [hier], das wäre so, wie wenn du erblindetest oder etwas ähnlich Schreckliches und das würde uns nur beide zur Verzweiflung bringen.

Aber wir haben ein halbes Jahr warten können auf deine Rückkehr aus Amerika, und wir können uns noch ein halbes Jahr oder ein Jahr gestatten, können wir nicht?"

Can't we? Dabei sei eher das Französische die ihr vertraute Fremdsprache gewesen.

Bis am Ende seinen Freunden aufgefallen sei, daß „de Catt" (so der Spitzname) auch müsse geholfen werden, und sie einen schickten. Es sei jener gewesen, der eine Ehe à la *Kalinin* im Sinne hatte, aber willkommen mit seiner Frage, ob de Catt denn keine private Aufnahme jener Person bei sich führe, geeignet für einen Reisepaß, irgendeinen.

Zwar habe er eine Fotografie hergegeben, jedoch ohne Hoffnung. Aus jener Nacht werde ihm der Ausspruch nachgesagt: Für mich ist sie verloren, und dessen gleichen. Dennoch sei, nach fast neun Monaten der Trennung von ihr, in Gjedser ein Telegramm aus Deutschland eingetroffen, bestimmt für einen sicheren Joe Hinterhand (unterzeichnet Karl Alinin). Es forderte ihn auf, anderthalb Stunden nach Mitternacht einen Anruf zu erwarten. Als er um diese Zeit den Schlafwagenzug aus Deutschland bestieg, habe die, die er suchte, geträumt hinter verschlossener Tür, bis Kopenhagen. Sie hatte die Überfahrt verschlafen, und ihn desgleichen.

N. B.
Es sei ihm zuverlässig gegenwärtig, daß der Hafenort Gjedser neuerdings anders geschrieben werde. Auch bitte er darum, in diesem Nachtrag die Worte „für allein sie beide“ und „demokratisch“ aufzufassen mit einem Mißtrauen.

5

Umsonst sei die Sorge gewesen, es werde allzu praktischer Beweisführung bedürfen, sie zu einer Eheschließung zu bewegen, denn sie habe mit einer fast ängstlichen Bereitwilligkeit eingewilligt, fru de Catt zu werden, und darauf Mrs. Hinterhand. Dies, weil ihm bei einer müßigen Reise durch die südlichen Provinzen von England aufgefallen sei, daß sie für die verlorene Ostsee entschädigt werden müsse mit einer anderen Küste. Das Haus in einem Wohndorf nördlich von Folkestone, das er mit seinem letzten und mit geliehenem Gelde erwarb, habe sie sogleich getauft als ihre „Mitgift“, und es sei am Ende mehr ihr Haus geworden als das seine. Denn auch dort habe sie den Leuten gefallen und eine Mannschaft

Handwerker in nur acht Wochen dazu bewogen, Reparaturen und Umbauten unter Dach und Fach zu bringen, indem sie mit jedem, ob Elektriker oder Klempner, sprach über sein jeweiliges Fachgebiet oder, nach Belieben, über die verschiedenen Verdienste der Radio-Sinfonie-Orchester von London, Wien oder Berlin, und hierbei erhebliche Kenntnisse in Dingen des Fischens und Angelns erwarb. Und wenn sie ihm nachgekommen sei in das pub . . . in die Kneipe, habe ihr manchmal an zwei Haaren Ölfarbe gehangen, worauf die übrigen Gäste weniger sahen als daß dieser vormals einzelne Ausländer zu tun habe mit dieser Dame, nämlich zur Förderung seines Ansehens. Bald von fast allen mit dem Vornamen angesprochen, habe sie beim Verlassen des Lokals auf das Cheerio der anderen unbekümmert gerufen: Cheerio! wozu er, mit seinen amerikanischen Angewohnheiten, anfangs zu schüchtern gewesen sei. Und auf die Frage, was denn die Hinterhands, doch keine Juden dem Namen nach, aus Deutschland in diesen von allen Orten gebracht habe, antwortete sie: My husband did it. Das hat mein Mann getan.

Ein beliebtes, ein angesehenes Ehepaar, diese Hinterhands, wie immer fremd. Wie Verliebte, immer zusammen unterwegs, ob bei Fahrten nach Folkestone oder auf Wegen entlang der Steilküste. Höfliche Gäste, die ihrem ersten Kind den Vornamen Anthony gaben. Ein bißchen selbständig die Frau, mit ihren Reisen zur Universität von London oder über den Kanal zum Kontinent, gelegentlich für länger als eine Woche. Joe Hinterhand als Kindespfleger, als Kindeshüter. Im Grunde beide Schriftsteller; er mit der Hand, sie für ihn an der Maschine. Wären alle Ehen so.

N. B.
Ungenaue Worte: My husband. Ihrem ersten Kind.

6

Unter den Gerüchten aus Deutschland habe eines ein Freundespaar betroffen, Peter und Martha Niebuhr, vielmehr Martha allein, und wollte für gewiß haben, daß sie ohne ihn in einem Salzburger Hotel gesehen worden sei, in Begleitung eines Fremden, der zu ihr sich betragen habe wie ein Liebhaber.

Da die Niebuhrs bekannt gewesen seien als verabredet zur Aufrichtigkeit gegeneinander, ähnlich wie die de Catts, habe er sich, mit wem wohl, beraten über die Frage, ob man Peter warnen solle, etwa mit einer Erkundigung nach Reisezeiten im Österreichischen.

Mrs. de Catt, Mrs. Hinterhand: Das wäre Marthas Pflicht. Das muß die Frau dem Mann sagen.

Oder:

Auf Vortragsreisen allein unterwegs, seien dem Schriftsteller Hinterhand (oder vielleicht dem zweiunddreißigjährigen Joachim de Catt) gelegentlich von Damen erwiesen worden, was man damals Avancen genannt habe. Da ihm aber nie eine so schön und begehrenswert erschienen sei wie die zu Hause wartende Frau, habe er jeweils sich verhalten wie der Joseph in der Legende, der Joseph vor der Frau Potiphar, auch um nichts bekennen zu müssen, das ihn das Vertrauen von Mrs. Hinterhand kosten könne. So habe er jedes Mal heimkommen dürfen mit einer Geschichte, lustig zu erzählen, statt mit einem Geständnis.

Dazu Mrs. Hinterhand: Du trägst den falschen Nachnamen.

Oder:

Am Ende eines Steuerjahres sei er von Mrs. Hinterhand hingewiesen worden auf einen Fehlbetrag, eine Differenz zwischen belegbaren Ausgaben und wirklichem Einkommen, wahrscheinlich zustande gekommen durch verlorene Rechnungen. Eine ärgerlich hohe Summe. Um seine Untüchtigkeit in der Buchführung einzugestehen, andererseits die Frau zu erheitern, habe er ausgerufen: Halte ich mir eine Jacht? Gehe ich fremd für Geld?

Mrs. Hinterhand: Und wenn's so wäre, ich wollt's nicht wissen.

Ob sie Zweifel in ihn setze.

Nein. Keine Zweifel an ihm.

7

So daß er von Glück habe sagen können. Mehr noch, als es ihm gelungen sei, Mrs. Hinterhand zu bewegen, ihn, mit dem Kind, zu begleiten auf einer Amerikareise im Sommer 1939. (Ihr Zögern habe er sich gedeutet als Besorgnis vor dem, was sie einmal seine „amerikanische Vorhand" nannte). So daß sie in Sicherheit lebte, als Folkestone in die vorderste Reichweite deutscher Bomber geraten war. (Seine einzige Furcht zu jener Lebenszeit; noch einmal eine längere Trennung von ihr.)

So daß der Schriftsteller Hinterhand, abermals ein Neuling in den USA, ganz unbedenklich mitmachte in dem Streit um den Obersten Lindbergh. Charles Lindbergh, in den Jahren 1936 bis 1938 ein Kundschafter bei Göring und dem deutschen Luftwaffenministerium, habe noch nach dem Anfang des Krieges in Europa versucht, die amerikanische Öffentlichkeit gegen ein Eingreifen der Staaten aufzubringen. Am 15. September 1939, in einer Radioansprache, habe er wiederholt: Weder England noch Frankreich seien imstande, Deutschland militärisch zu besiegen, weswegen es ihnen besser anstünde, sich anzupassen oder zu verhandeln über ein neu verteiltes Europa. Ein Besucher aus jenem England, habe Mr. Hinterhand auf die jeweils erste Frage von Reportern

How do you like America?

bereitwillig mit dem Ja geantwortet, mit einer Einschränkung: An diesem Amerika mißfalle ihm der Colonel Lindbergh. Vielleicht aus persönlichen Gründen. Denn er komme nun einmal aus Folkestone, Kent, Britannien. Er erinnere sich der Aussicht von den Klippen von Folkestone, sechzig Meter oberhalb der See, die Küste von Frankreich mit bloßem Auge erkennbar. Folkestone, einer der Cinque Ports. Dortselbst die Statue William Harveys, der den Blutkreislauf entdeckt habe, De Motu Cordis et Sanguinis, 1628. Die Rennbahn, die Altstadt, der Hafen von Folkestone, 1313, 1629, 1805, die Martello-Türme . . . all dies wolle der Colonel Lindbergh zerbombt und zerschossen sehen, da er der größten Militärmacht der Welt abrate, das britische Defizit auszugleichen. Lindbergh, der Zerstörer Folkestones . . . Eine Ansicht, mit der man in den USA jenes Jahres habe recht allein stehen können, außer man wisse die eigene motio cordis et sanguinis beschützt und wohl bewahrt, etwa à la *Kandinsky*:

> Meine Frau weiß jetzt alles, was ich denke, alles, was ich sage, alles, was ich glaube, alles, was ich tun kann, und alles, was ich nicht tun und nicht sein kann.

Schon Anfang 1942 habe die US Army ihn geworben für etwas, was man am Ende eine Aufklärung von Nachrichten gegen die der Nazis habe nennen können, siehe „Folkestone“, und das Reisen sei ihm eigens aufgetragen worden, zu einem umherziehenden Amte, weg von der Frau und dem Kind; ein Glückslos noch von einem Auftrag, da er anderen Falles die Meldung zum Frontdienst von sich habe verlangen müssen, in Übereinstimmung mit der Frau, auch hierin. Jede Rückkehr in den Alltag mit ihr, Urlaub habe er jeweils begonnen, indem er die Uhr vor sich versteckte, die Zeit. Und wenn er in noch einem Zitat *Marie Luise Kaschnitz* anrufen dürfe:

> Ein Schriftsteller ist meistens ziemlich einsam, und seine Frau ist für ihn die Verbindung mit der Welt. Sie ist die Welt mit ihren Anforderungen, ihrer Unerbittlichkeit und ihrem schrecklichen Vertrauen. Ob man noch oder längst nicht mehr in sie verliebt ist, ändert daran nichts –

so wünsche er ihr auch zu widersprechen. Alles werde verändert, wenn man auch nur mit einer Spur von Mißtrauen anhöre und entgegennehme, was die Frau mitbringt aus jener Tageszeit, die man am Schreibtisch versäume – ob nun die neueste Nachricht von dem Leuchtband am Times Square oder die Sprüche des Fahrstuhlführers, der gern etwas Verlegenheit gespielt habe nach Ausrufen wie diesem: Congratulations! The Germans have lost another battle! Sie habe ihn versorgt mit Wirklichkeit, und wäre ihm jemals der Plan zu einem Roman mit amerikanischer Szene gekommen, so hätte er daran sich gewagt allein im Vertrauen auf ihre Mithilfe. Wenn er eine andere Karte ziehen dürfe, mit einem Text von *Fontane* diesmal, so beschreibe dieser weite Bereiche seines Selbstverständnisses von damals:

> Es kommt nicht darauf an, daß irgend etwas, oder wohl gar alles, auf einer Musterhöhe wandelt, es kommt auf das „Zueinanderpassen“ an, und wenn man sich auf diesen Punkt hin nicht verrechnet, so

> wird man glücklich. Auch das ist richtig, daß das gegenseitige Sichhelfen eine große Rolle spielt. In dieser Beziehung ist mir immer die Geschichte vom „Swinegel un sine Fru" als Musterstück niederdeutscher Weisheit und Poesie erschienen. (. . .) Darin ist das Musterstück einer guten Ehe vorgezeichnet (. . .) Aber dabei muß ich bleiben, ein anständiges Sichhelfen, mit guter Rollenverteilung, bedeutet viel in der Ehe, und „mine Fru" hat diese große Sache geleistet.

Und noch im zwanzigsten Jahr des Zusammenlebens mit Mrs. Hinterhand habe er sich erkannt in einer Stelle bei *Tschechow*, nur daß für ihn täglicher neuer Anfang gewesen sei, was in der Erzählung „Der Literaturlehrer" beschrieben werde als der Beginn des Endes:

> All das, was in ihren Worten richtig war, schien ihm ungewöhnlich und erstaunlich; dasjenige aber, was von seinen Worten abwich, war seiner Ansicht nach naiv und rührend.

Wobei Naivität ihm erschienen sei als eine Tugend und Begabung, etwas, das ihn angerührt habe als ein Glück, damit zu leben alle Tage.

Man habe die Hinterhands zwar belächelt wegen der symbiotischen Art ihres Betragens zueinander, übrigens durchaus vermutet, es sei Mrs. Hinterhand, die den Mann an der Stange halte mit einer sozialistischen Moral. Andere hingegen vermochten sich abzufinden mit dem Sachverhalt, so daß er manchmal geradezu um Rat gefragt worden sei von Freunden, die an der eigenen Ehe verzweifelten. Demnach habe er im Jahre 1947 einer im folgenden zitierten Auffassung angehangen, wie sie bei der Gerichtsverhandlung verlesen worden sei:

„Denn die Form der Ehe, was ist sie viel mehr als verabredetes Zusammenleben, mag sein mit Arbeitsteilung. Das halte ich für eine offene Lage. Ich stimme der Vorschrift zu, darin dürfe keiner willkürlich verfahren, als einem Teil der Definition, weil Willkür den anderen aus der Funktion der Partnerschaft verdrängt und er einem so unerreichbar wird. Die Qualität des Erfinderischen, Neuerungen, Änderungen aber sehe ich nicht an als gefährlich für die Ehe. Schon die unausweichliche Gelegenheit, daß einer auf den anderen reagiert, verlangt Erfindungen und sollte Stillstand wie Starre ausschließen. Diese Auskunft ist nicht geeignet zur Vorlage bei der Ausländerpolizei."

Im gleichen Jahre seien die Hinterhands endgültig aus der Stadt gezogen, in eine dörfliche Siedlung auf Gardiners Island im Sund von Long Island, sie abermals zu versorgen mit dem Anblick weiter Flächen Wassers, um seine Bücher zu Ende zu schreiben, um ungestört sich vorzubereiten auf das gemeinsame Alter.

Der letzte literarische Plan sei gewesen, ihre Biographie herzustellen. Was Alice B. Toklas recht war, ihm sei es bloß als billig erschienen für eine Mrs. Hinterhand. Obwohl sie dem Vorhaben sich widersetzte, erwähnte er es in einem Rundfunk-Interview, künftige Arbeiten angehend, und in der Tonaufzeichnung sei ihr (ruhiger) Zwischenruf festgehalten: Over my dead body.

So daß später ein frühzeitiges Beweisstück vorlag, ein Zeuge gerufen werden konnte, und sie eine Voraussage ausgesprochen habe.

8

In der Gerichtsverhandlung des amerikanischen Volkes gegen den Bürger Dr. Joe Hinterhand habe er, sorgfältiger Belehrung zum Trotz, auf die Frage nach dem Schuldbekenntnis geantwortet: Isn't that for this court to decide?, was sein Rechtsanwalt vorschriftsmäßig berichtigt habe in ein: Wir erklären uns für nicht schuldig, Euer Ehren. Aber er habe weder in jenem Augenblick noch bei der Verurteilung zu entscheiden vermocht, ob das richtig sei. Der Rechtsbeistand, eifrig wie nur ein Freund ohne Anspruch auf ein Honorar, habe den Angeklagten zu entschuldigen versucht, indem er ihm einen mildernden Umstand nach dem anderen anhängte: Dem Angeklagten sei nach fast vierzehn Jahren ehelichen Lebens, in der Tat nach zwanzig Jahren Zusammenlebens mit seiner Frau eröffnet worden, daß sie ihn getäuscht und belogen habe von Anfang an, insbesondere über ein Liebesverhältnis mit einem Bürger der Feindstaaten seit 1932, fortgesetzt und erneuert durch carnal knowledge ... fleischliche Bekanntschaft bis 1938, von 1932 bis 1947 unterstützt durch regelmäßige Korrespondenz, worin der Angeklagte habe eine Verschwörung erblicken müssen sowohl gegen seine Person als auch gegen seine Arbeit, da er durch ihr Bündnis mit einem Verfechter faschistischer Theorien geschädigt sei in seiner Glaubwürdigkeit, nachdem er gegen solche Theorien angegangen sei in Wort und Schrift ... und müsse dem Angeklagten angerechnet werden, daß er verzichtet habe auf jeden Versuch, einer Strafverfolgung sich zu entziehen, vielmehr binnen einer Stunde die örtliche Polizei an den Tatort rief, obwohl er wegen der abseitigen Lage des Hauses und eines Vorrats an Bargeld in der Lage gewesen sei, unbehindert nach Mexico auszuweichen, oder in das noch näher gelegene Canada.

Der vorsitzende Richter habe an solcher Begründung, dankenswerterweise, auszusetzen gehabt, daß sie beruhe auf hearsay ... auf Hörensagen. Die einzige Person, die die Vorgeschichte der Tat würde erhärten können, sei mit dem Angeklagten durch Heirat verbunden, obendrein das Opfer selbst; der in Frage stehende Briefwechsel offensichtlich von ihr vernichtet oder ungreifbar in Europa. Abgelehnt; es sei denn, der Angeklagte wolle einen oder mehrere Zeugen in den Staaten oder Europa benennen ... In der Weigerung des Angeklagten, solche Namen preiszugeben, müsse der Gerichtshof einen Mangel an Bereitschaft zu einer Zusammenarbeit erblicken.

Wenig besser sei der Rechtsbeistand gefahren mit dem Versuch, eine Handlung im Affekt zu konstruieren, nämlich aus dem Widerspruch zwischen dem Leumund des Angeklagten und der Tat. Die Zeugen seien ohne Ausnahme bereit gewesen, die Legende vom Ehepaar Hinterhand zu bekräftigen; es blieb die Tat selbst.

Es blieb die Aussage des Angeklagten über sein Bemühen, das Zusammenleben mit Mrs. Hinterhand fortzuführen, über eine beträchtliche Zeit, bis sie darin gestört worden seien durch die Machenschaften eines Skandalschreibers. Die hätten in ihm das Innstetten-Syndrom hervorgerufen ... Erklärung des so benannten Syndroms; Buchstabieren des Namens Wüllersdorf. Woraus sich ergab, daß der Angeklagte zu vernünftiger Überlegung fähig gewesen sei, zu der Ausarbeitung eines Vorsatzes für die Tat.

Zu einem Motiv befragt, habe der Angeklagte verlauten lassen, es sei zu einem geringeren Teil beschrieben in einer Erzählung von *Gorki*. Mittlerweile sei ihm entfallen, wie die Debatte ausgegangen sei, für oder gegen die Verlesung eines kommunistischen Textes in einem amerikanischen Gericht von 1949; der Text sei ihm gegenwärtig, zum ersten Mal veröffentlicht in „Krasnaja Now“ (Rotes Neuland) in der Nummer 6 für den Oktober/November 1923:

> Nein, ich war zu jung und zu selbstsicher, eifersüchtig zu sein. Aber – es gibt Gefühle, Gedanken und Ahnungen, über die man nur mit der geliebten Frau spricht und die man niemand sonst sagen würde. Es gibt solch eine Stunde der Gemeinschaft mit der Frau, wenn man sich selbst fremd wird und wenn man sich vor ihr wie der Gläubige vor Gott aufschließt. Wenn ich mir vorstellte, daß sie all dies – so ganz und ausschließlich meins – in einem intimen Augenblick einem anderen erzählen könnte, wurde es mir schwer, und ich fühlte die Möglichkeit von etwas, das dem Verrat sehr ähnlich war.

Des weiteren sei er überzeugt, Mrs. Hinterhand habe die Tat gewünscht, indem sie ihm vorhielt, er selbst trage die Verantwortung für das Bild, das sie ihm von sich selbst gemacht habe. Zunächst bloß verdutzt, habe er sie erinnert, daß sie beide einig seien mit der Behauptung, aufgestellt in einem jüngst erschienenen Buch von *Max Frisch*:

> Es ist bemerkenswert, daß wir gerade von dem Menschen, den wir lieben, am mindesten aussagen können, wie er sei. Wir lieben ihn einfach. Eben darin besteht ja die Liebe, das Wunderbare an der Liebe, daß sie uns in der Schwebe des Lebendigen hält, in der Bereitschaft, einem Menschen zu folgen in allen seinen möglichen Entfaltungen. Wir wissen, daß jeder Mensch, wenn man

ihn liebt, sich wie verwandelt fühlt, wie entfaltet, und daß auch dem Liebenden sich alles entfaltet, das Nächste, das lange Bekannte. Vieles sieht er wie zum ersten Male. Die Liebe befreit es aus jeglichem Bildnis.

Dies – so ihre Erklärung – habe sie lediglich zugestanden aus Bequemlichkeit, um einmal der Mühe des Nachdenkens und Sprechens zu entgehen. Auch unbewußt der Täuschung und Lüge, unverändert bleibe er verantwortlich, sie aufgefaßt zu haben als was sie sei. Es sei sein Entschluß gewesen, ihr zu glauben, oder an sie zu glauben. Damit liege die Schuld für die letzten zwanzig Jahre ihres Lebens bei ihm.

Nicht sie sei es gewesen, die sich den Tod gesprochen habe mit dieser . . . philosophischen Leichtfertigkeit. Sie sei ihm verwandelt erschienen in ein Prinzip, eine Verkörperung aller Kräfte, die seinem Leben entgegen seien, als die Drohung, die Gültigkeit der Worte abzuschaffen. In diesem Augenblick habe er nur noch wünschen können, dies möge aus der Welt sein.

Dies zu übersetzen in das juristische Verständnis einer Notwehr, es habe dem Verteidiger mit Notwendigkeit mißlingen müssen.

Die Weigerung, am Begräbnis von „Mrs. Hinterhand" teilzunehmen, habe die Angehörigen der Jury ungenügend verärgert.

Des Totschlags schuldig, bei verminderter geistiger Zurechnungsfähigkeit im Augenblick der Tat.

Ein halbes Jahr Aufenthalt in jenem Festen Hause am Hudson, flußaufwärts, das die amtliche Bezeichnung Verbesserungsanstalt führe. Nach einem zweiten Herzanfall Überführung in ein bewachtes Krankenhaus. Wegen fortgesetzter Versuche zum Selbstmord Beobachtung in einem Institut für die geistig Kranken. Wegen übermäßiger Fügsamkeit Rückkehr nach Ossining. 1957 Entlassung wegen der erwünschten Art der Führung.

9

Genauer entsinne er sich der Sorge, es möchten von den fotografischen Aufnahmen aus den Jahren 1926 bis 1947 etwelche fehlen, und der bösen Erleichterung, sie im Negativ vollständig vorzufinden. So habe er den schon 1934 gefaßten Plan ausführen können, sie auf Diapositive umkopieren zu lassen, wenn sie denn ein wenig gelungen waren. Ein Glück noch, daß er 1926 gleich mit der Leica angefangen habe, denn zur Arbeit mit einem anderen als dem Kleinbildformat sei bereits in den späten fünfziger Jahren kein Labor bereit gewesen. Denn es habe jedes Negativ einzeln mit der passenden Belichtungszeit auf das Dia-Material gebracht werden müssen, eine arge Fummelei, eine Sache für ausgebildete Techniker. (Zum anderen habe er sich erspart, die Arbeit selber zu tun, weil nun einmal er bestimmen müsse, wann er diese Bilder sich zumute.) Und da die Negative zwei der größten Aktenordner so dick füllen, daß die Klammern kaum noch einrasten, lasse ein Stückpreis sich ausrechnen und somit, daß das Unternehmen ihn um die Hälfte seiner Ersparnisse gebracht habe zu einer Zeit, als der Dollar noch ein Geld an und für sich gewesen sei. Betrüblicher jedoch, der Labortechniker von 1926 habe, bei aller Bekanntschaft, sich den Rat verkniffen, besser gleich einen schwarzweißen Positivfilm zu verwenden. Vielleicht sei dergleichen aber nicht handelsüblich gewesen, so für einen bloßen Amateur. Amateur . . . dies sei das Wort. Schließlich habe er erfahren müssen, daß solche schwarzweißen Diapositive mehr bringen als die Papiervergrößerungen, mit denen er sich begnügt habe in seiner Unkenntnis. Dabei sei das Verhältnis zwischen dem hellsten Papierton und der tiefsten möglichen Schwärzung ungefähr 1:30. Ein Diapositiv biete bei der Projektion ungefähr 1:300. So sitze er da. Nur bequemer habe er es mit dem Dia-Karussell, komplett mit Fuß-Schalter. Und tatsächlich gebe es einige Bilder, für die hole er sich doch wieder das Episkop aus dem Schrank, weil man am Verdunkeln der alten Vergrößerungen die Zeit genauer merken könne, ihr Vergehen nämlich.

– Das mit 1:300 will ich erklären, indem ich etwas aus dem Sommer 1935 auf die Leinwand werfe, Dunst über der See, Abstrahlungen der Sonne entlang den Umrissen der Wolken, die sich in Streifen unterschiedlicher Helligkeit auf den Wellen abbilden. Das würden Sie vergeblich suchen in einer Vergrößerung auf dem Papier, und machte doch den Entschluß zu der Aufnahme, den Hintergrund für das halb verschattete Profil vorn, das Sie allerdings auf Papier unweigerlich fänden. Das ist die Dame, deren Anblick allein mir einst das Herz angehalten hat, die unerhörte Verwirklichung des Lebens für einen Joe Hinterhand. Dachte er, und hat inzwischen gelernt zu denken, daß sie an diesem Tage zurückgekommen war von einer ihrer . . . Studienreisen auf den Kontinent, aus der italienischen Schweiz diesmal, weswegen ihr das Mundwerk nur so läuft mit s'arrangiarsi und essere stato a Roma senza aver veduto il Papa, und heute kann Joe Hinterhand denken, was sie arrangiert hat, in Worten von einer Obszönität, deren einmal ich mich für unfähig gehalten habe, Lochschwager und sleeping dictionary . . .

– Hier haben Sie sie im Jahre 1937, zu Füßen einer Great Old Lady der Emigration; beachten Sie, wie gehorsam sie ihr das Gesicht entgegenhält, den gespannten Hals, das Kinn gehoben in der Art einer bevorzugten

Schülerin, ganz aufgegangen in der Rolle der Ehefrau eines Dr. Hinterhand, berühmt für die entschlossene Treue, mit der sie ihm folgte aus dem Deutschland der Nazis. Der das Bild aufnahm, hat bequem vergessen, daß er hat sie holen lassen müssen; der es heute ansieht, ist durchdrungen von ... Geniertheit, daß er eine Rolle gespielt hat in solcher Schaustellung, in Wahrheit der mißachtete Mann, der bloß gut ist zum Besorgen von Unterkunft und Auskommen, für Kleidung und Schuhwerk à jour, den hält sie sich in einer Hinterhand ...

– Dies zeigt sie auf der Rückkehr vom abendlichen Gang zum Postamt, und dem Fotografen war es angekommen auf das schräge Licht, den flirrenden Umriß ihrer Gestalt, bewegt wie er war von ihrer Fürsorglichkeit, mit der sie seine Arbeit bewahren will vor Störungen durch den Boten, weswegen sie im Dorf ein Fach gemietet hat und es täglich bedient. Nur die Briefe mit den italienischen und schweizerischen Marken, die behält sie in der Handtasche, die stecken später an einer heimlichen Stelle in ihrem Sekretär, neben denen von Joe Hinterhand ...

– 1939 im Juni, auf dem Bahnhof Folkestone Central, ein mutiges Mädchen auf dem Weg über das weite Wasser nach Amerika, weswegen der Fotograf das Kräuseln auf ihrer Stirn im Sucher hat, sein belastetes Gewissen, er hat sie fast zu dringend gebeten um ihre Gesellschaft auf der Reise. Heute muß er es übersetzen in ihren Verdruß über den Abschied von den Grand Hotels des europäischen Festlandes, von ihren Wochenenden in jenen Hotels, dirty weekends ...

– Einmal auch Joe Hinterhand himself, an einem Mikrofon in Chicago, einen unverfrorenen Redner gegen die Politik des Isolationismus und insbesondere gegen Mr. Charles Lindbergh. Auffällig die Selbstsicherheit, die

Sprechgewandtheit eines Mannes, der keinen Augenblick sich fürchtet vor Zwischenrufen und einem doch ausgesetzt wäre: Aber deine Frau schläft mit einem Faschisten . . .

– Hier ist sie zu sehen an Bord des Schiffes, mit dem die Hinterhands zurückkehren von ihrer ersten Europareise nach dem Krieg, 1947. Der ihren düster versonnenen Blick festhalten wollte, sah darin ihre Erinnerung an den gemeinsamen Aufenthalt in Zürich und Basel. Heute weiß er die Richtung ihrer Gedanken genauer, jene zwei Tage, die sie ohne ihn in Locarno verbracht hat . . .

– Mrs. Hinterhand in ihrem vierzigsten Lebensjahr, beim Tennisspiel auf Long Island, beim Aufsprung mit erhobenem Arm so fixiert, daß sie gut und gerne jünger scheint. Ihrem dreizehnjährigen Partner, einem vom Spielernst verbissenen Jungen, hat sie eben noch zugerufen: Bravo Antoonioo –! und der da durch die Kamera zusieht und hinter ihr zuhört, weiß nur Bewunderung für sie und ihre Umsicht, dem Kind einen internationalen Namen zu geben, üblich in einem Land mit englischer wie deutscher Sprache; später wird sie ihm sagen, daß er eine andere Herkunft und Sprache hinzutun muß, das Italienische . . .

Ein Purgatorium für eine einzelne Person? Er ziehe es vor, sich das Wort zu übersetzen als eine Reinigungsanstalt, als dry cleaning. Anfangs habe er einen vollständigen Durchlauf der Bilder bis zu fünf Malen im Jahr benötigt.

Das Fotografieren habe er nach 1947 zu keiner Zeit wieder aufgenommen.

Es sei doch schon der authentische amerikanische Gefängnisroman (A. A. P. N.) vergebens von ihm erwartet worden.

Denn im Moment der Erkenntnis, daß man ihm ein richtiges Leben vorgespielt habe inmitten eines falschen, sei sein Bewußtsein angehalten worden, arrestiert, versiegelt, bloß noch ein Behältnis, in dem starr Vergangenheit verwaltet werde. Er sei im Gefängnis lediglich vorhanden gewesen, blockiert gegen Wahrnehmungen. So habe eine Besucherin aus jener Zeit ihn erinnert an eine Nacht, in der er zwischen zwei Wärtern über einen sanitär ausgeleuchteten Korridor getaumelt sei, schwächlich wie ein kranker Mensch, unter rutschenden Decken; er begreife, daß dies für die Zeugin ein Erlebnis bedeutet habe. Dergleichen sei ihm verwehrt gewesen und abgeschottet geblieben. Das Bewußtsein sperre sich gegen neue Eingänge. Gelegentlich, etwa angesichts der Baumblüte im Riverside Park unter dem Fenster, erinnere er sich der Begeisterung von ehemals, auch daß er zu ihr verpflichtet wäre; aber ein solcher Motor müsse sich selber starten, und bleibe kalt.

Das vorrätige Material hingegen, Erfahrungen aus den zwanzig Jahren zwischen 1926 und 1947, sei verdorben. Denn wer das Lebensgefühl eines werdenden Vaters erzählen wolle, der könne ausgehen nur von den eigenen Zuständen; die jedoch seien ihm verursacht worden durch Vortäuschung, und gehörten ausgestrichen. Die Erregung beim ersten Aufstieg in einem Flugzeug habe sich noch einer anderen Sache verdankt als der Technik, nämlich der Voraussicht auf das Wiedersehen mit einer . . . geliebten Person; sobald diese sich herausstelle als jemand, der ihm nach dem Leben getrachtet habe, werde die Empfindung negativ aufgeladen und entfalle als eine Voraussetzung für die Arbeit des Erfindens. So verhalte es sich mit der Erinnerung an die Geräusche des Hamburger Hauptbahnhofes, gehört in einem nächtlichen Hotelzimmer, oder an den mit Hausterrassen besetzten Hafenkessel von Folkestone, an das wacklige Klappern der Hochbahn auf der Innenschleife von Chicago; so gehe es mit sämtlichen Lebensinhalten jener zwanzig Jahre. Schon die zufällige Berührung im Bewußtsein, wie das Gedächtnis sie vermittle nach einem wahnwitzig willkürlichen Programm, scheide sie aus, schalte sie ab, Stück für Stück. Wie in die Fotografien, sei in die Vorräte der Erinnerung eine Sperre eingestanzt: *Unwahr. Falsch. Vergiftet. Entwertet. Ungültig.* Vom Schaltsystem des Bewußtseins sei eine Automatik allerdings erhalten geblieben, ausreichend für die Übertragung von fast allen amerikanischen Texten in die deutsche Sprache. Joe Hinterhand, ein geschätzter Übersetzer, akkurat, pünktlich und all das; ein Betriebsunfall.

11

Nach einer ärztlichen Lehrmeinung sei der Zustand des Patienten Hinterhand physiologisch zu erklären, als eine Kapitulation des Körpers vor den coronaries ... den Herzinfarkten, nachweisbar an organischen Ausfällen wie der zerstörten Handschrift oder dem vollständigen Verlust der nordamerikanischen Satzmelodie. Tatsächlich sei er einer der wenigen Bankkunden von New York City, die mit barem Gelde in die Wildnis der Straße müssen, um Zweifeln an der eigenen Unterschrift zuvorzukommen, und selbst in der Filiale um die Ecke solle der Manager gutsagen für jeden Scheck, wenn ein Kassierer noch unvertraut sei mit dem Phänomen Hinterhand.

Auch den Rückfall in den deutschen Akzent bestätige er also, wie Hemmungen beim Sprechen überhaupt. Das eine zu reparieren scheine bisher jenseits der Wissenschaft, die Therapie für das andere zu aufwendig.

Bei einer anderen Lehrmeinung, der psychoanalytischen, sei er nur bis zu Erkundigungen gelangt. Denn er habe versagt bei dem Versuch, den Gedankengängen dieser Schule anders zu folgen denn auf einem abstrakten Strich, der nie sich habe verwandeln wollen in das Erlebnis, das zum Begreifen erforderlich ist. So habe er als ein Modell zwar anerkennen können, wonach ein männliches Kind dem Vater die Mutter neide und für die verlorene Person die einer anderen Frau einsetze; von mehreren Pflegeeltern behandelt als eine lästige Waise, sei ihm ein solcher Neid, Verlust und Ersatz unwirklich nach wie vor. Vielleicht ein Verlust für die Wissenschaft. Denn er sei mit einer Art von Entsetzen gefragt worden, wie denn er sich habe einlassen können auf einen anderen Menschen so ganz und gar, ohne einen Teil der eigenen Person in einem Versteck zu halten!, worauf er schon aus Verständigkeit zugestanden habe, er sei in der Tat auf der Strecke geblieben mit seinem Entwurf von einer Liebe sonder Vorbehalt – dies, ohne daß er sich überwinden könne, seine Eideshelfer, von *Plato* bis *Bloch*, im Ernst zu verklagen, da zumindest der eine von ihnen eine Erfahrung vorzutragen scheine. Auch sei Patient Hinterhand verdächtigt worden, im Grunde den Schnitt zwischen der eigenen und der anderen Person zu fürchten. Als sei er süchtig, im Zustand einer Folter zu verharren! Im Gegenteil sei er begierig, sich von den gefälschten Elementen zu reinigen, schon um einer Nekrose vorzubeugen. Nur bedeute dies, das Gedächtnis abzuschaffen. Vielleicht auch habe er sich behindern lassen von dem Vorurteil oder der Gewißheit, nach zwanzig Jahren Durchwachsenseins sei eine Abtrennung des verdorbenen Lebensmusters nur zu bewerkstelligen um den Verlust des anderen, wie bei Wald und Gebüsch, bei Sumpf und Röhricht, bei Rosenbusch und honeysuckle ... Jelängerjelieber, bei Fleisch und Sehnen.

Krank, demnach; vornehmlich an einer Funktion des Gedächtnisses. Zwar hüte er sich, den Erinnerungen Vorschub zu leisten, oder gar sie einzuladen. So meide er den Broadway, ohne Fehl zur Zeit der Weihnachtsfeste, da er ohnehin im Ohr habe, wie eine Deutsche mit absichtlich ausländischem R das Lied von „Rudolf the Red-Nosed Reindeer“ singt, um ein Kind zu belustigen ... Des weiteren laufe er auf der Straße Gefahr, noch einmal einer Matrone zu begegnen, die ihrem Mann den Kragen hochstülpt gegen zu scharfen Wind, dabei die Passanten blickweise einladend, mit ihr sich zu verwundern über die Ungeschicklichkeit von Männern. Dergleichen eheliche Verständigung, oder der Anblick von Liebespaaren, habe ihm vor wenigen Jahren noch Tränen in die Augen getrieben. Deswegen seien ihm die Filmtheater am Broadway verschlossen, habe er auf das Fernsehen verzichtet von vornherein, und sogar beim Rundfunk, den er benutze für Übungen in der amerikanischen Sprache, von Berufs wegen, müsse er vorsichtig sein. Sogleich treibe er den Skalenknopf, wenn eine italienische Produktion angesagt werde, ob in Musik oder Sprache ... aus hygienischen Gründen. Jedoch beim versehentlichen Einschalten einer Station sei er einmal geraten in den Satz eines Schauspielers: It would be like paying a stranger for getting to bed with your wife. Eine Sendung nach der unverdächtigen *Jane Eyre* habe ihm das Mißgeschick beschert, von einer Frau den Satz gesprochen zu hören: I do love you for my heart. Im Riverside Park gehe er auf Umwegen um die Nacktsamer, die Ginkgo-Bäume, etwa den nördlich der Johanna von Orleans, gegenüber der 93. Straße, denn dieser Baum sei früher eines seiner Wappen gewesen, und das Zurückdenken an die Zeilen 5 bis 12 des dazugehörigen Gedichtes be . . . lästige ihn. Das Essen auswärts habe er aufgegeben, da Besuche in Restaurants Feste gewesen seien ehedem, das Feiern von Geburtstagen, Erfolgen, Vergnügen . . .; er ziehe es vor, aus Dosen zu essen. Manche Münzen loszuwerden sei eine Erleichterung, da ihre Jahreszahl lauten könne auf 1926, 1935, 1947 . . . Wie er habe sagen hören, müsse ein Reisender in den modernen Flugzeugen recht eng sitzen, da sei wenig Auslauf für unruhige Einfälle; er sei 1946 zum letzten Mal in der Luft gewesen. Aber es genüge, gedankenlos mit dem nackten Fuß auf Fußbodenkacheln zu kommen, und unverzüglich sei er in der Falle, eingeholt von den Morgen an der See, 1928, 1938, der Gegenwart des Wachwerdens beim Schwimmen, der Freude auf den Anfang des Tages, entwertet, vergiftet, verloren, und gegenwärtig ohne Ende.

Er halte sich an einen Befund, den *Max Frisch* vor elf Jahren veröffentlicht habe: es sei nicht die Zeit für Ich-Geschichten. Auch er habe einmal sich bemüht, einzelne Personen nur zu zeigen in ihrem Zusammenhang mit mehreren, in der Einrichtung der Gesellschaft, und sei Geschichten aus dem Wege gegangen, wenn sie ihm befangen schienen in nur einem Menschen, oder zweien, müßig, unverantwortlich, unstatthaft. Und doch, so die Antithese, vollziehe das menschliche Leben sich am einzelnen Ich, oder verfehle sich daran. Nirgends sonst.

Demnach sei er eine von den verfehlten Varianten, eine von der verunglückten.

1949, vor Gericht, habe er recht inständig gehofft auf ein Urteil, nach dem man ihn ums Leben bringen werde durch Stromstöße oder durch den Strang, wobei es ihm nicht um die Strafe gegangen sei, sondern um einen Notausgang, einen Ausweg. In der Folge habe er eine eigene Todesstrafe gefunden, abzuleisten durch Ableben.

etwa 1972

Man kann einen Autor nicht zwingen, einen bestimmten Weg zu gehen; man muß ihn seinen Weg gehen lassen.

Stephan Hermlin

II. Stationen

Erste Lese-Erlebnisse

I

Das erste Lese-Erlebnis ist das hundertste Buch, oder das zweihundertunderste. Jeweils bleibt es sperrig stekken in der Erinnerung; manchmal nur wegen der befremdlichen Umstände, mit denen es verlorenging. Hundert, oder zweihundert, Bücher gehen glatt herunter, lassen das Kind rundlich werden. Unverhofft stecken Märchen zwischen schwarzem Karton, ein Stück davon schlägt die gereimten Erfahrungen quer durch: das zwergige Zimmer im Kästchen, nachts, auf heiklen Reisen, durch den Sprung in der Kuppel entdeckt, darin jene Frau im Anschein des Verrats, nur daß sie verraten werden wird – kein Zimmer, keine Frau: ein Frauenzimmer. Es reicht noch zu dem folternden Schmerz unter dem Ring, der sich zusammenzieht, bis ein lebhafter Bursche in die kleine Welt paßt und eintritt. Es bleibt ein Märchen, bis zu dem Augenblick der Verwunderung darüber, daß die kleine Welt nicht zauberisch ist, bloß eng. Nun ist es vorbei mit Lesen zum Spaß, die Zeit zu vertreiben, der Blick auf die Welt wird in die Kandare genommen von der Literatur.

II

Das Buch ist im Koffer.
Der Koffer besteht aus einem Blechrahmen und einem Stoff, der Leder vortäuscht, wie auch die Schuhe auf Bezugschein, von denen bei Benutzung in Spielplätzen leicht Häutchen abgehen und die Pappe verraten. Dafür bekam man im zivilen Leben Haue. Dies ist kein Spiel.

Es ist Nacht. Am Tag, hätte der Dienstplan einem Freitag entsprochen, wäre die Zeit zwischen vier und fünf erlaubt gewesen für Stadtgang. Von den polnischen Kindern beschmissen mit Steinen oder gefrorener Hundescheiße (denn es ist Januar), geht der Jungmann durch die zivilistischen Straßen auf die Leihbücherei, das Buch zurückzugeben, das er errungen hat unter heftiger Anschnauzerei von seiten der staatlich angestellten Frau, ehemals von Beruf Dame. Ein Buch über die Rückzugsgefechte der nordamerikanischen Indianer, bedeckt mit einem löcherigen Mantel von Wissenschaft; das Papier ist solider. Daneben die getürkte Autobiographie Hermann Görings. So viel weiß man schon, aber mit zehn Jahren nehmen sie einen nicht für Bibliographie. Wer liest, ist ungesund am Körper. Privates Lesen ist Verweichlichung. „Des Knaben Wunderhorn", was davon nicht fürs Aufsagen zu lernen war, es würde auffallen im Zug. Der Zugführer, der die Lektüre beaufsichtigt, muß solchen Lesestoff verraten an die zur Not und zum Leid befreundeten Jungmannen. Dann kommt der Heilige Geist. Der Heilige Geist tritt auf in mehrfach vermummten Gestalten, die fesseln den abwegigen Kameraden mit über ihn gespannten Bettüchern und schlagen im Dunkeln zu mit ausgesuchten Gegenständen. Das Buch ist an diesem Nachmittag fällig in der städtischen Leihbücherei. Ließe sich machen in der Freistunde.

Mittags ist Appell. Alle über vierzehn dürfen die Stadt

verteidigen. Die unter vierzehn dürfen bis Einbruch der Dunkelheit behilflich sein im Ausheben von Panzergräben. Bei Lampenlicht sind die Jungmannen aufgestellt vor der Karte des Generalgouvernements, Hände und Rücken beherrscht durch die blaue, die Ausgehuniform, und diskutieren die geografischen Gewinne des Gegners („der Russen"), statt sie nach den gekrümmten Pfeilen zu betrachten. Vor dem Abendessen wird die Schule geteilt, die jüngere Hälfte packt ein. Das Buch liegt im Koffer obenauf, in einem Griff erhältlich für die Rückgabe. Der Koffer steht auf den unebenen Steinen des Marktplatzes, im Schnee. Er wird bedrängt von den Tritten der deftigen Uniformschuhe, mit denen die anderen Kinder ausrutschen, von den unmäßigen Beinbewegungen der Erwachsenen, wenn noch einmal eine Kolonne von Planwagen auf den Platz zieht. Der Koffer ist ungewohnt schwer gewesen auf dem Weg von der Schule hierher, es mag eine Abordnung des Heiligen Geistes den Inhalt mit Ziegelsteinen angereichert haben (das *Zerschlagen* der Fensterscheiben war bei der Ehre des Jungvolks, *jedoch* auch strengstens, untersagt gewesen). Es sind beide Hände am Koffergriff unerläßlich, das Buch in einer Woge des Gedränges vor dem Untergehen zu retten.

Auf dem Markt in der Nacht ist Markt. Die westpreußischen, die schlesischen Bauern zwischen ihren Pferden, zwischen ihren unter der halbrunden Plane verborgenen Familien, sie sehen die flatternde Menge auf dem beengten Platz an mit Bedacht, denn an dieser Stelle der Reise können sie geschädigt werden, indem sie etwas annehmen. Die Fackeln flackern, die vorläufigen Besitzer der Fluchtwagen erkennen unverzüglich die einheitliche Kleidung der Kinder und nehmen im Vergleich lieber einen alten Menschen, ohne Schlips und Gepäck, der gestern noch kenntlich war als der Mann, der für andere heizen muß. Die Leihbücherei, scharfe Hauskante am Ende der Sichtweite, im eisigen, wolkenhaften Licht, sie ruft. Sei ehrlich, dauerhaft und treu: gebietet das Institut mit der Stimme des Staates. Wer bis in die Lungen hinein kalt und müde ist, vermag auch zu hören, er dürfe das Buch ohne Strafe behalten; dann ist es die Stimme von Großeltern.

Um Mitternacht sind schon einige Kinder hingefallen. Es ist Stunden nach ihrer dienstlichen Zeit zum Schlafen. Inzwischen dringt in die Reihen der Jüngeren die Nachricht, daß die Strafe den Stadtrand erreicht hat; ungefähr ein Drittel der Älteren sei unter dem Ansturm („der bolschewistischen Horden“; „bisher“) gefallen. Wenn nicht das Buch zurückzugeben wäre, zum Sterben treten wir an. Weder für Großdeutschland noch für Führer plus Reich, noch für Ehre gleich Treue gleich Kameradendiebstahl; bloß so. Nach zehn Jahren Lebenszeit hat man es satt. Da die Suppe gefressen ist, warum nicht sie auskotzen. Der erneuerte Schnee verspricht wenige Schritte weiter ein unbeschädigtes Bett, fern vom gebrechlichen Knarren der Wagenräder. Wer dann aus dem eingesperrten Spalier herausgezogen wird hinauf auf einen Wagen, am Nacken, wie ein häuslicher Hase, den man später schlachten wird, er sorgt sich um den Koffer, wegen des in Schmutz und Getrampel zurückbleibenden Buches, das er wider Vorschrift und Befehl versäumt hat zu erstatten. Hätte der Dienstplan doch Zeit gelassen, es über den Anfang hinaus zu lesen.

III

Von der hellen geraden und harten Chaussee (die Steine stuckern durch den Wagenboden ins Buch, in die Beine) geht es noch einmal wohltätig zurück auf die heimlichen unheimlichen Wege, zu den Brüdern Grimm, in Wälder ohne Winnetou, da steht die Landgräfin Elisabeth und hat im Korb nichts für die Armen. Aufwachen! Aufstehen! Das ist der befremdliche Morgen, an dem man nur halb angezogen zwischen Inletts geschlafen hat; der Lastwagen grummelt vor der Tür, es ist aufgeladen; man hat den Mantel an und die Brottasche um, in der Hand das Buch, das mitgenommen werden muß: „Pferdejunge auf Sohle 3". Kein Gefängnis, keine Arbeit wird so traurig machen wie dies Buch unter Tage. Die hierfür ausgegebenen Tränen werden später fehlen im Vorrat. Zu weinen ist über den Jungen, der das Pferd führt, noch mehr über das Pferd, das die Loren zieht, am meisten über das Geschirr aus Strängen und Blindheit. Der Motor läuft, der Blick zurück unterbleibt. Vermißt wird das Buch erst Stunden, Längenminuten danach, mit wiederum fremdem Erstaunen über so geschwinde Veränderung. Daß ich Bücher vergäße, es ist neu.

etwa 1975

Beihilfe zum Umzug

Grete Seelenbinder war eine der mehreren Nenntanten Gesines, die nach dem Tod von Cresspahls Frau anfingen, das Kind zu erziehen zu einem anständigen, wenigstens Christenmenschen, bis Cresspahl sie alle aus seinem Haus schickte eine nach der anderen. Nach dem Krieg kam das Kind noch an Silvester und bestellte Cresspahls Empfehlungen fürs neue Jahr, saß unachtsam auf der Stuhlkante, tunkte krumme Lippen in den saccharinenen Pfefferminztee (auf der Kredenz stand eine Kristallschale mit künstlichen Früchten), schwieg wohlerzogen zu den Ausstellungen an Cresspahls Lebensart, kam lange nicht und hatte bald Jerichow hinter sich und der Grenze gelassen, übrigens sich aufgeführt so unkindlich, daß nicht nur die Tanten in einer engen Stadt wie Jerichow gut und gern zehn Jahre daran zu reden hatten.

Die zehn Jahre waren kaum um, und doch antwortete Tante Grete auf Gesines Drucksache, und nicht mit drei Worten Unterschrift auf vorgedruckter Karte, sondern in einem vollbezahlten Brief mit wollig verfilzter Schrift in Zeilen, die abfielen, liebes Kind, deine dich liebende Tante kümmern so besondere Sorgen mit dem Sohn, er will mir wohl nicht aus dem Osten helfen. Sie erwähnte auch andere Verwandtschaft, den Umbau einer Straßenmündung am Marktplatz, zudem aber Umstände der

Beerdigung, die Cresspahls Tochter nicht gesagt worden waren. Sie nahm sich die Mühe, den Brief noch einmal zu lesen.

Alt bin ich nun, zum Lachen so alt, und zu nichts noch gut, und hab die Enkelkinder nicht im Leben gesehen.

Tante Gretes Sohn hatte Jerichow und den ostdeutschen Staat seit langem aufgegeben, denn auf seinen kleinen Betrieb da waren unverhältnismäßige Behörden zugekommen und fingen an und sagten, er habe damit gesündigt an der Wirtschaft des Volkes, und er hinterließ dieser Wirtschaft lieber alles gleich. In Lüneburg war er lange nichts geworden, bis er endlich in der Nähe für nicht viel Geld sich einkaufen konnte in ein heruntergekommenes Geschäft für Installation, das arbeitete er zurecht, erwarb es mit hochverzinsten Krediten ganz, zahlte dem vorigen Besitzer die Rente, kam eben so aus inzwischen. Von seiner zweiten, hannoverschen, Frau hatte er mählich zwei Kinder, und gerade war das Auto bezahlt, da kam ihn ein Unfall teuer zu stehen. An Gesine gab er darüber umständlich Auskunft, und erwähnte unbefangen Sehnsucht nach der Mutter, denn er hatte sie zuletzt gesehen vor fünf Jahren in Westberlin, als sie noch durfte nach Westberlin, und er schon lange nicht nach Ostberlin, weil die ostdeutsche Volkspolizei ihm nun seine Empfindlichkeit nachtrug.

In der Regel jedoch zeigte die Polizei des ostdeutschen Volkes sich willens, nach Westdeutschland Leute zu lassen, die vor Alter nicht länger taugten und der Wirtschaft des Volkes hart auf der Tasche lagen. Diesem redlichen Interesse legte ein anderes redlich sich quer und wollte Zettel nur tauschen gegen Schein, Fragebogen gegen Formular, Erklärung gegen Bescheinigung, und wollte nicht gelten als altmodischer Beamtendünkel, sondern als Geschichtsschreibung einer neuen Gegenwart, in der ein Sperling beliebig mochte vom Dache fallen, aber nicht eine alte Frau an die Grenze fahren dreieinhalb Stunden mit der gewöhnlichen Eisenbahn. Die Gänge zu den Ämtern von Jerichow, die Reisen zu den Dienststellen von Wismar unterhielten Tante Grete viele Wochen lang, sie kleidete sich fast jeden Tag wie sonntags und zeigte bald auch ihrer alltäglichen Umgebung die verblüffend verkleinerten Gebärden des Bittstellers; abends mußte sie die Füße hochlegen und die Worte bedenken, die sie unumgänglich hatte wiederholen müssen vor den Barrieren, und ihre Angst allein haben, denn sie konnte nicht gut Trost erwarten von den Nachbarn, die so hoch nie kommen würden mit der Hoffnung auf eine Ausreise. Am Ende war doch kein ostdeutsches Papier erfindlich, das noch hätte fehlen sollen. Wohlbekannt hingegen war den Ämtern ein Dokument, das der Sohn der Frau erst einmal schicken sollte aus Westdeutschland, das tat er nicht, kam wohl nicht an seinem Rathaus vorbei, was mochte ihm da nur im Wege sein nun schon ein halbes Jahr.

Sie wolle ihm doch nicht zur Last fallen: versicherte Tante Grete bald in Briefen überallhin nach Westdeutschland, wo Verwandtschaft und gute jerichower Bekanntschaft verstreut saß und unbehaglich bedachte, wie sehr eine alte Frau ihre Gelegenheiten verlangen kann und Geld kosten und Geduld. Mit den dicken Paketen aus der Lüneburger Heide hatte sie doch bisher reichlich leben können, und war ihr ein nettes Gedenken beim Sonntagnachmittagskaffee denn nicht genug? Ob denn ihr Stolz nicht erinnerlich sei: fragte sie verstört, und viele Leute waren seit Jahr und Tag aus Jerichow gegangen und entsannen sich leicht einer fast unleidlichen Hochnäsigkeit, die übrigens damals dem Sohn die Klempnerei hatte ausreden wollen als nicht gut genug; sie wolle besten Willens Frieden halten mit der Schwiegertochter aus Hannover: schrieb sie, und die Jüngeren dachten an das Flüchtlingsmädchen, dem Tante Grete die Liebschaft mit dem Sohn verbot 1946, weil die Zugezogenen nichts hatten und nichts waren; sie wolle doch nur die Enkelkinder im Arm halten dürfen: schrieb sie, und alle konnten den Sohn verstehen, wenn er endlich sein Leben nach dem eigenen Kopf haben wollte und das seiner Kinder erst recht; sie sei nun doch alt: schloß sie, und viele nickten beim Nachrechnen und wollten ihr das zugestehen, das wohl, hätte sie nicht auf ihr Alter ein paar schwierige ostdeutsche Ansichten angenommen hinsichtlich des westdeutschen Staates, und Gott wußte, weil jedermann es wußte, Tante Grete konnte den Mund nicht einmal in der Kirche halten. Nein, das sollten die beiden untereinander ausmachen, da griff nicht Verwandtschaft geschweige denn Bekanntschaft ein und behüte zur Feder, die einen und die andern nicht redeten dem Sohn zu oder ins Gewissen, ohne bösen Willen nur neugierig konnte sie abwarten, ob die Frau den Sohn herumbekam mit Liebe und Familiensinn, statt ihm ausgesprochen abzubitten.

Schicklicher Weise mußte man ihr zurückschreiben, und die meisten Antworten befaßten sich also mit Tante Gretes Hoffnungen wegen ihrer reichsdeutschen Witwenpension und ostdeutschen Versicherung, und zweifelten umständlich an deren Gültigkeit, denn sie hatten gelernt, von da nichts zu übertragen. Ihr Sohn hatte diese Sicherheiten nicht einmal erwähnt auf seinem Rathaus, und hätte doch schnell das fehlende Stempelpapier bekommen dafür, denn stimmt eine westdeutsche Stadtverwaltung dem Zuzug einer ostdeutschen Rentnerin bei, so ist sie der neuen Bürgerin verpflichtet für den Fall ihrer Verarmung, das ist nicht leichtfertig zu erlangen, erst auf Vorhaltungen, die unterließ der Mensch. Sie wurden denn auch von anderer Seite vorgebracht und taten sich leicht mit der Meinung westdeutscher

Verwaltung, wie wenig das Leben in Ostdeutschland wert sei für Junge wie für Alte, und das mag unterschreiben wer will.

Zumindest nicht eindeutig empfanden Darsteller und Zuschauer beim Lesen des Briefes, in dem Tante Grete plötzlich für den übernächsten Freitag ihre Ankunft in der Grenzstation Büchen ankündigte, überglücklich, mit viel Gepäck, und in dem sie rätselhaft bemerkte, sie alle müßten Gesine Cresspahl abbitten, was sie früher nachgesagt hätten, und ihr dankbar sein.

Cresspahls Tochter hatte sich nur Zeugen beschaffen wollen. Ihre Handlungsweise wurde von vielen mißbilligt, und ihr selbst war auch nicht sonderlich wohl dabei.

etwa 1964

Geschenksendung, keine Handelsware

Aus Jerichow bekam Gesine Cresspahl noch Pakete, als sie längst in Frankfurt Geld verdiente, denn Jakobs Mutter traute den Städten nicht und schickte dem Kind zur Vorsorge Gestricktes aus Selbstgesponnenem, Gebakkenes, Geräuchertes, Gekauftes nie, zu kaufen gab es wenig, das sich für den Westen noch geschickt hätte. Die Verpackung war altmodisch, wie für Segelschiffgut. Die Abs lag schon lange auf dem Friedhof hinterm hannoverschen Schloß, und Gesine fand immer noch hartes, geöltes Packpapier, in das die Alte mit der Stahlfeder in pommerscher Volksschulschrift die vorschriftsmäßige Erklärung neben die Adresse geritzt hatte: Geschenksendung, keine Handelsware.

An ihren Vater schickte Gesine einmal im Jahr fünf Meter Manchesterstoff, jeden Monat Rauchtabak, im übrigen nur Gewünschtes. Als sie ab und an schon zwanzig Mark übrig hatte, dachte sie öfter, der Verwandtschaft die Harke zu zeigen und was zu schicken. Aber es hatte um die Jahrhundertwende einer dem Platz Jerichow das Gelübde hinterlassen: mich sollt ihr gar nicht wiedersehen, oder unantastbar, und als er nach elf Jahren kam mit etwas Geld, war er immer noch so in Fahrt, daß er dem Rat und der Gemeinde am liebsten die Gasanstalt abgekauft hätte, weil in der Stadt nichts höher stand als deren Schornstein. Die Alten erzählten davon noch, und Gesine hätte sich nicht gerne fragen lassen: Na, willst du uns jetzt auch die Gasanstalt abkaufen?

Dann ging Cresspahl ab mit Tod, und seine Tochter mußte sich bedanken in Jerichow bei einigen Leuten, die ihn vernünftig unter die Erde gebracht hatten. Da gab sie, als einmal ihr Brief einen andern an Land zog, auch ein Päckchen auf die Post, an die Frau von Brüshaver, mit herzlichen Grüßen von Ihrer ergebenen. Sie hatte an eine stille, magere Person gedacht, sie bekam aber einen Dankesbrief in forschen Tönen, die anfangs zwar das Du zurückerbaten, dann aber doch bemängelten, daß Gesine da was gepackt hatte mit Liebe. Mit zartem Gefühl war der Empfängerin vorerst nicht geholfen, was sollte sie mit Sachen zum Genuß, solange sie noch Zwiebeln brauchte, Weizenmehl, Reis, Hartfett, Milchpulver, alle Gewürze, und so fort durch den ganzen Laden, und den nebenan, und den gegenüber. Frau Pastor Brüshaver schloß mit dem Bemerken, das liebe Kind könne ihr Beliebiges ja denken, aber sie sei nun einmal eine alte Frau, und sie wünschte sich ehrlich und aufrichtig von dem berühmten westdeutschen Klosettpapier, im Alter soll man nicht mehr so viel lügen.

Die Cresspahlsche besann sich, wie ungemein faßlicher noch eine Lisbeth Papenbrock das gesagt hätte, und sie begriff, daß Jerichow ihr die Gasanstalt anbot auf dem Teller. Zu heilen Zeiten hätte die Pastorswitwe kein Wort gerichtet an eine Unverheiratete mit einem nicht ehelichen Kind, auch wenn sie ein Geld verdiente, das Jerichow nun allerdings so übers Haus ging wie uns der Dollar. Gesine ging in diesem Herbst manchmal ein Stück zu Fuß durch Düsseldorf nach Hause und versuchte an den im Licht ausgelegten Waren zu erinnern, was sie wahrgenommen hatte bei ihrem letzten Besuch in der Brüshaverschen Schlafzimmer. Neben der Lampe hatte ein Buch in schwarzem Kaliko gelegen über den Unfug des Sterbens vor vielen Jahren. Gab es solche Bücher heute noch? Nach Kölnischwasser hatte es gerochen hinter einem grünen Etikett. Dies und das mit Mehl und Mandeln und entkeimtem Toilettenpapier aus weichstem Zellstoff in Zellophan schickte sie weg und machte sich oft Spaß mit dem Schweigen, das hinter der jerichower Kirche hervordröhnte.

So fand sie viele Leute wieder vor den Schaufenstern Westdeutschlands, und ein Stück vom alten Jerichow im zeitgesättigten Geruch der kleinen Delikatessengeschäfte, und alle kamen mit und sahen ihr über die Schulter.

– Nein, das kann ich nicht annehmen als Dank: sagte Kern von der Tischlerinnung, wenn sie vor einer Tonbank stand und wußte nichts von Zigarren: Aber zu Neujahr von Cresspahl sozusagen durch die Tochter, da nähm ich wohl diese leichten holländischen Importen, und könnte es wohl eine Schachtel sein aus buntem Blech, du denkst dir doch wohl meine Enkelkinder, na legn Riegel Sch'lade zu. Dank dir auch, ich erkenn die Absicht.

Die Papenbrock, Oll Klupasch, Heinz Wollenberg, Jöche, Niebuhr, sogar die Selenbinder halfen ihr ein und flüsterten ihr zu, wenn sie an den Vitrinen und Wursthaken und Regalen entlangblickte und nicht finden konnte was noch. – Was der krumme Martens sich wohl freuen würde zu dem Katenschinken, so was räuchert er lang nicht mehr, kuck mal die Feigen, haben wir dir erzählt von im Krieg, kauf bloß keine Dosen: das dürfen wir nicht haben, daß du jetzt Weizen schicken mußt in eine Weizengegend! sieh bloß mal wie appetitlich der Käse, vor dem Krieg haben wir alle Virginia geraucht, ja mit Stahlspänen könnt ich meinen Fußboden wohl wieder christlich kriegen, ach Mensch ein Hemd wirklich ohne

Bügeln, Wolle ohne Holz, Strümpfe ohne Naht, Fahrradspeichen, Schreibpapier und Reißbrettstifte, ach Gesine womit haben wir das verdient, was waren wir früher gut bei Sach, und leben jetzt her hinter der Zeit.

Von den Jungen wußte sie nicht mehr viele da. Zu ihrer Zeit war die Oberschule von Jerichow Kaserne, und die Klassenkameraden in der Bezirksstadt hatte sie durch die täglichen Fahrten hin und her nicht recht gewonnen und bald verloren mit dem Studieren und Weggehen nach Westdeutschland. An Peter Pillgrimm, Fahrschüler wie sie damals, versuchte sie es, aber er verbat sich was er ein Almosen nannte, womit sie aber nur den Auflauf gemeint hatte, den er sich zuzog mitten auf der Stadtstraße 1950 mit der Westzigarette zwischen seinen prall aufgeworfenen Lippen, das Papier so weiß, so blond der Tabak, so lang und prächtig das Stück von drüben. Damals hatte er ihr auf langes Drängen eine verkauft für Gegenleistung; inzwischen mochte er sich gewöhnt haben an Orient.

Die Alten blieben ihr, und dankten nicht besonders. Für sie war Ordnung, daß die von Jerichow wie alle gewöhnlichen Leute mit denen zusammenhielten in schlechten Zeiten gegen die Schuldigen, in guten untereinander; einmal bekam sie auch schriftlich, daß die Ostdeutschen mit dieser Art von Wirtschaft den Krieg bezahlten immer noch, nachdem die Westdeutschen wieder lebten, und wenn einer sich anständig hielt und abgab und teilte, verdiente er nicht eigens ein Lob. Ohne Namen auf einer Ansichtenkarte sagte einer: Laß es uns doch schlecht gehen, um so rascher haben wir das besser eines Tages. Andere waren geniert, daß sie mit aller guten Arbeit nicht herankamen an die Sachen zum besseren Leben, und so gewiß sie Gesine einen Satz Bohrer oder eine Meßlehre anrechnen wollten, sie hätten sich das doch lieber selbst ausgesucht bei Wollenberg am Markt mit sachverständigem Genuß und mit ehrlichem Geld beglichen wie früher. Und unbehaglich war ihnen, daß nach dem Erlaß eines westdeutschen Justizministeriums jeder solche Pakete pro Stück mit dreißig Mark absetzen konnte von seiner Steuer, weil die Bedürftigkeit ostdeutscher Empfänger zu unterstellen sei und von einer Prüfung seiner Einkommens- und Vermögensverhältnisse in jedem Falle abzusehen. Dazu schrieb nun Cresspahls Tochter schöne Grüße. Ja da wollten sie das lieber unbestimmt erwidern und auch so.

In der Reihe vor der blankgescheuerten Blechtheke des Paketpostamts sah Gesine, an den Aufschriften, wie viele ihr Jerichow hatten, verlassen und verloren, und wie viele von einer verleugneten Regierung noch den Umgang mit den eigenen Leuten sich verordnen und beschränken ließen. Einmal im Monat durfte einer sich helfen lassen, in genau begrenzten Mengen von dem und dem, und nicht mit dem und nicht mit Medizin, das Packpapier mußte gebraucht sein und die Adresse mit der Hand geschrieben, wie Verdächtige mußten sie harmlos tun, damit ihr Geschenk nicht auffiel vor den Röntgengeräten und Sonden des Staates, den es für den ihren nicht gab, so daß wieder einmal die gewöhnlichen Leute einspringen mußten mit dem Geld, das die Steuer ihnen ließ, für viele Paketkarren voll mattrosa bezettelter Kartons, für Wagen voll, für Sonderzüge voll zu den Geschenkfesten und das ganze Jahr, zum Geburtstag, gegen Mangel, gegen Krankheit, gegen die Trennung; aus Pflichtbewußtsein, Scham, gutem Willen, gegen das Finanzamt.

Vielleicht nicht harmlos aber ganz wie ihr war, wenn die graue scharfe Luft Jerichows niederging am Rhein, beim Anblick wohlfeiler, altmodisch verpackter Geschenke, ihrer Trauer zuliebe, aus heiterem Himmel, mit rotem und blauem Papier packte Gesine keine Handelsware, Geschenksendungen nach Hause. Sie hielt sich an die Leute, von denen ihr Vater Briefe lang geschrieben hatte, sie lernte sie wieder kennen an ihren Wünschen und Gewohnheiten, das alte Jerichow kam ihr gegenwärtig mit den verbeulten Reklametafeln, unter denen sie größer geworden war, mit dem Postamt, aus dem jetzt ihre Pakete gebracht wurden an ihr bekannte Häuser, da fuhr der Wagen vorbei am Tor des Friedhofs, auf dessen Flügeln die Enkel von Kern von der Innung Halbkreise fuhren, wie sie einmal, damals.

etwa 1964

Einer meiner Lehrer

In Leipzig, der wahren Hauptstadt der Deutschen Demokratischen Republik, gab es einmal in der Germanistik drei Möglichkeiten. Die eine hieß Frings und war der letzte König, die andere hieß Korff. Noch eine hieß Hans Mayer.

Man kann nicht immer auf seine Freunde hören, insbesondere wenn sie sagen: Das einzig Solide ist die Linguistik, komm mit zu Frings.

Die Möglichkeit Mayer betritt raschfüßig den Hörsaal 40, hat es noch auf dem Podium sehr eilig, endlich hinter dem Pult angelangt, beginnt fixes Sprechen. Sehr gespannte Stimme, könnte leicht reißen, phonetisch explosiv. Schöne Jahrhundertdurchblicke.

Irgendein Student macht während der Vorlesungen Aufnahmen von allen drei Möglichkeiten und verkauft sie an Interessenten. Welche Fotografie soll man sich ins biographische Album tun?

Die Möglichkeit Mayer ist aus Gerüchten zusammengesetzt, vorerst. Wir haben es hier mit einem Gast aus der Bundesrepublik zu tun. Er will hier den Marxismus aufs Weltniveau bringen. Im Gegenteil, er hat Streit mit der Partei. Also was nun.

Professor Mayer, prall in meist dunkelblauen Anzügen, Schlips wie gewünscht. Taschentuch in der Brusttasche, eine bürgerliche Erscheinung. Er sagt, vor sich hinblickend, beobachtet von allen vierhundert Plätzen des hoch aufsteigenden Hörsaals, er beginnt gemütlich: Neulich in Budapest . . . Er schließt Vorlesungen mit dem Hinweis, daß die nächsten ausfallen, nämlich er muß nach Paris, einen Vortrag halten.

Vor ihm sitzen Studenten, denen Besuche in Westdeutschland für die Ferien und überhaupt untersagt sind. Er weist darauf hin, daß es Paris gibt.

Gefehlt. Professor Mayer berichtet seinen Zuhörern abermals von einer Reise, die Reise war diesmal bloß nach Ostberlin gegangen, er sagt mutwillig, mit leerem, wachem Blick gegens Auditorium: Unser verehrter Alterspräsident –. Wir waren nicht gegen Pieck. Zwar glaubten wir kaum, daß Übergriffe der Behörden unterblieben wären, „wenn das Pieck wüßte"; nach unserer Meinung erfuhr Pieck nichts mehr. Aber Herr Professor Mayer hatte sich soeben mit einem Symbol des Staates mehr als nötig identifiziert. Im Gegenteil, er hatte sich soeben von diesem Staat und Übergriffen der Behörden distanziert, indem er seine Achtung auf eine Privatperson beschränkte. Also was nun.

Jedoch der „Geist der Goethezeit" ist ein anstrengendes Werk. Und Professor Korff, hört man, hat zwar ausnahmsweise eine Arbeit über einen Roman des zwanzigsten Jahrhunderts angenommen, ein Werk von Rilke allerdings, er soll aber zum Schluß der Unterredung gesagt haben: Wie war doch gleich der Titel des Romans?

Für ein Umsteigen in den linguistischen Zug ist es mittlerweile zu spät.

Nieder mit der Stalinschule des sozialistischen Realismus! ruft Professor Mayer aus. Der Hörsaal, manchmal bis auf die Treppen besetzt, kann ihm nur das Wort „unerträglich" nachweisen. Eine Figur in einem sowjetischen Roman hat ihn gelangweilt. Das ist alles.

Die Literatur ist nicht teilbar! ruft er aus. Nach dem Wortlaut ist aber nur zu belegen: An einer Äußerung J. R. Bechers, des Kulturministers der DDR, über Gottfried Benn, sonst genannt Prototyp volksfeindlicher Dekadenz, weist Professor Mayer sehr ausführlich den Schmerz nach, den der Kulturminister der DDR über den Tod seines Feindes in Westberlin empfunden hat. – In einem Gespräch mit Brecht . . .: sagt Professor Mayer. Er ist jemand, mit dem Brecht sich unterhält. Andererseits, zu Thomas Mann soll er Tommy sagen.

Und offenbar nicht biographische Einzelheit, sondern Bestandteil des Lehrstoffs war die Mitteilung jenes Nachmittags, da Hans Mayer zu Hause am Klavier übend saß und auf ein Klingeln – „ich trug da noch kurze Hosen“ – die Etagentür öffnete, begrüßt von einer erstaunlichen Dame mit den Worten: Guten Tag, ich bin der Prinz von Theben! – Wollen Sie nicht näher treten: will er gesagt haben, hat die Zeit des Gedichtes eindeutig bestimmt, fährt mit der Analyse fort.

Vor seinen Raum ist die Schleuse des Sekretariats gesetzt. Da sind viele, die warten. Beschenkt sehen die Rauskommenden nicht aus. Zu seinen Sprechstunden muß man sich lange vorher anmelden. Hans Mayer fragt den Kandidaten rasch und erbarmungslos aus, damit der weiß, was er von sich zu halten hat. Dann nimmt er das Angebot einer Arbeit über einen Roman des zwanzigsten Jahrhunderts an, er kennt den Titel, die Behörden haben sich noch lange nicht zu einer Anerkennung des Verfassers entschlossen, Professor Mayer will keine Verteidigung des Verfassers hören, er will eine Arbeit über ihn.

Dann wäre da noch die Sache mit dem Zettel. Die Deutsche Bücherei leiht gewisse Werke der Belletristik nicht ohne Bescheinigung aus. Der Zettel könnte die Sondererlaubnis auf bestimmte Titel beschränken. Das

Papier, unterschrieben von Hans Mayer, ist allgemein formuliert. Man kann damit bestellen, was man will.

Kinder, so geht das doch nicht! ruft Prof. Mayer vor dem Proseminar aus. In der Haltung dieses Satzes, ungeduldig steht er vor uns, es ist ihm unerträglich und es ist ungehörig, daß uns Beispiele für Allusion so langsam einfallen. Wir fürchten, ihn gekränkt zu haben, er schiebt die Unterlippe vor; er denkt aber bloß nach. Dummheiten schiebt er warnend beiseite. Jetzt läuft das Seminar, eine Antwort der Studenten ruft die nächste, es stellt sich aber zum Schluß heraus, daß Herr Mayer soeben einen sorgfältigen Vortrag über Allusion komponiert hat.

Ein anderesmal hindert er dreißig Personen mit Erfolg daran, das Gedicht „Erinnerung an die Maria A." zu rasch zu lesen. Er weist ihnen, mit einer Art Empörung, nach, daß sie das Gedicht ja gar nicht gelesen haben. – Ihnen fällt ja nicht mal am Rhythmus was auf! Er muß das Original leiern, es geniert ihn durchaus nicht. Na? sagt er. Unter seinen Fragen weitet sich das Gedicht zu einer Welt aus. Die Studenten müssen über eine Stunde an dieser Welt bauen. Sie verlassen den Seminarraum und haben im Ohr einen Essay von Hans Mayer.

Es ist nicht wahr, daß Professoren an den Universitäten der DDR nicht heilig wären, von unten gesehen. Sie sind erhabene, dem Alltag entrückte Gestalten mit unsterblichen Geschäften. Selbst die Regierung muß mit jedem von ihnen einen Einzelvertrag ausmachen. Auf den mit Menschen vollgedrängten Korridoren des Volkspolizeikreisamtes in Leipzig schritt ein Herr an einer langen Reihe vorüber, er sah deutlich verkleidet aus in einem hellen Staubmantel, hatte vor Verlegenheit in dieser Umgebung die Hände in den Taschen, den Hut tief in der Stirn, er stutzte neben mir, deutlich jemand, der sich vor der Polizei verstecken will mitten in der Polizei. Dieser Typ, Mitglied einer Hohen Fakultät, zwang mich, ihm die Hand zu geben. – Was machen Sie denn hier: sagt er. – Ich bin auf der Müritz gekentert und muß mir einen neuen Ausweis ausstellen lassen: sagte ich gehorsam. Er kannte mich von einem einzigen Gespräch, von einem einzigen Referat. Ich sollte ihm erzählen, wie mein Ausweis in die Müritz gekommen war. Darauf erzählte er mir, was ihn in diese Räume führte, er bewies mir, daß er mir eine Antwort schuldig war, wie ich ihm. Die Behörde hatte es ihm ganz plötzlich zur Pflicht gemacht, nach der Rückkehr von Reisen im kapitalistischen Ausland in Person sich zurückzumelden. Ratlos und verkleidet ging er davon und suchte das Zimmer, in dem der Augenschein seiner Anwesenheit protokolliert werden sollte.

Die Tradition des studentischen Status bewies sich in den Geschichten, die über Professoren umliefen. Ferne Größen, waren sie sagenhaft. An Häufigkeit wurden Mayergeschichten nur von den Blochgeschichten übertroffen. Solche, im Vertrauen mitgeteilt: Mayer hat ein Abkommen mit allen Taxichauffeuren von Leipzig. (Dies Abkommen sollte ich nicht erläutern, da Hans Mayer der einzige ist, der den Wortlaut kennt und ihn in seinen Erinnerungen „Wie ich Leipzig änderte“ sowohl mitteilen als auch kommentieren wird.)

Oder dramatische Nachrichten wie diese: Mayer ist von der Straßenbahn abgesprungen. Was? Ja. Die Straßenbahn wartet vor dem Rotlicht, Mayer sieht sich bequem vor den Schaufenstern der Franz-Mehring-Buchhandlung und springt auf sie zu. Hinter ihm her ein Polizist, der ihn anschreit: Sie sind eben von der Straßenbahn abgesprungen!

Mayer, Realist: Ja.

Polizist, Polizist: Das kostet Sie Strafe.

Mayer, über die Schulter: Wieviel.

Polizist, hoffnungsvoll: Wissen Sie nicht, was es bedeutet, von der Straßenbahn abzuspringen?

In der Franz-Mehring-Buchhandlung erscheint Prof. Dr. Hans Mayer, Direktor des Instituts für Geschichte der Nationalliteraturen und all das, er hat einen Schlips um und all das, er hat in seinem Gefolge einen Menschen in Uniform, der nicht abläßt, ihm von hinten etwas zuzusprechen. Das stört. Herr Prof. Dr. Mayer verhandelt mit den Verkäuferinnen, es geht ihm um ein bestimmtes Werk, sieben Bände, er spricht von Rabatt. Der Mensch in Uniform zerhackt die Verhandlungen aus dem Hinterhalt mit der unermüdlichen Frage: Wissen Sie nicht, was es bedeutet, von der Straßenbahn abzuspringen? Hans Mayer, von den verwirrten Angestellten um Erklärungen befragt, weiß sie nicht. – Der Mensch will Geld von mir. Ich hab's ihm sofort angeboten. Das ist ihm nicht genug, er will mich überzeugen. Verstehe den Menschen nicht.

Oder gestische Zitate. Wenn einer der Freunde vom linguistischen Zweig in einem Gespräch über Anthropologie oder Truppenbewegungen, statt zu antworten, einen Finger zwischen Nacken und geschlossenen Hemdkragen würgte und auf so beengtem Hals unbehagliche Kopfbewegungen ausführte, war zu verstehen: Dies würde Mayer nicht freuen. Oder: Das wüßte nicht mal Mayer.

Und Abstand bewies sich, wenn nach Gesprächen über die Anlage der Prüfungsarbeit und über Probleme der Literatur, die von den Behörden nicht anerkannt wurden, wenn andere Leute die Intimität von Verschwörern in die Luft des Büros gelassen hätten, Abstand war die Etiquette, wenn der Schüler am Schluß der Beratung sich eine Frage herauszunehmen hatte mit der Anrede: Herr Professor.

Herr Professor, ich habe hier ein Manuskript, Roman, und bin mir bewußt, daß Ihre bemessene Zeit . . . ich bitte Sie um Ihre Meinung. Ich bitte Sie nicht um Ihre

Vermittlung, da es in diesem Lande an keine Anstalt zu vermitteln wäre, ausgenommen eine disziplinarische. Was Sie meinen.

Prof. Mayer, die Beine so unbequem übereinandergeschlagen wie drei Minuten vorher, äußert sich nicht über die strafrechtlichen Implikationen, sondern versichert: Meine Meinung, sollen Sie haben, geben Sie's mir dann später. Nach dem Examen les ich's. Bis dahin müsse man für den Prüfer ein Prüfling bleiben.

Und Abstand, korrekter Abstand zwischen Lehrer und Schüler bewies sich, wenn der Unbedarfte in der Examensklausur eines der Themen zum Anlaß nahm, um, ausgehend von den Ergebnissen des XX. Parteitages der KPdSU und ausgehend von einer Äußerung eines behördlich lizensierten Schriftstellers, einen Realismus des Realismus zu beschreiben, und dann nicht etwa von seinem Lehrer, sondern vom Dekan die Mitteilung erhält: die Philosophische Fakultät weigere sich, diese Arbeit anzunehmen, und erkläre das Examen für abgebrochen.

Und Abstand, schlicht die Unmöglichkeit, Professoren zu kennen, bewog zwei Mädchen dazu, einen halben Nachmittag unter ihren Sachen zu prüfen, was denn nun chic genug wäre für einen Besuch bei Prof. Dr. Mayer und die Bitte, mich dennoch zu prüfen. Ich konnte es nicht verhindern. Er soll sich verblüfft gezeigt haben.

Die Prüfung fand sowieso statt und war eine Unterhaltung. Es hätte Cognac geben dürfen, wäre da nicht der Beisitzer gewesen. Es war ein reichlich skeptisches Gespräch aus Vergleichen zwischen einer vorhandenen Theorie der Literatur und der Theorie des sozialistischen Realismus, der Prüfling lehnte sich mitunter bequem zurück und klemmte die Daumen in die Gesäßtaschen und sagte: Ach wissen Sie . . . Das Examen wurde später für bestanden erklärt.

Danach, unverfroren wie ein Absolvent, begann ich, die Fortsetzung solcher Gespräche zu wünschen. Die Gelegenheit schuf in einem Herbst Hans Mayer mit einem Aufsatz, der in der Wochenzeitung für Kultur, Politik und Unterhaltung eine Seite einnahm und die zwanziger Jahre der Literatur mit der halbgeteilten der fünfziger Jahre verglich. Es war darin die Rede von dem Positiven, das Erich Kästner schon damals nicht gefunden habe, und da war die Ermahnung, darüber sich nicht zu wundern, solange Kafka ein Geheimtip sei. Freier Mensch, der ich war, ging ich in eine Telefonzelle und rief Herrn Mayer an. (Herr Mayer). Und er sagte: Wo sind Sie und Kommen Sie her.

Von da an der Status von heute. Auch die Wohnung in der Leipziger Tschaikowskistraße hatte eine Schleuse. Es war die Küche, unerhört reinlich und kahl, in der man zu warten hatte, bis die Vermieterin, die auch die Haushälterin war, sich im Türrahmen manifestierte und sagte: Herr Professor ist jetzt fertig mit dem Diktat. Hier lang. Auf dem Flur hingen Fotografien, die Schriftsteller beim Fotografiertwerden zeigten. Im Besuchszimmer stand der Gästesessel neben den Regalfächern für die Zeit von 1800 bis 1840, und der Besucher hatte das Licht im Gesicht, so daß er sein Gegenüber nicht genau erkannte.

Das ist nichts, womit Sie aufhören dürften! sagte der Student von eben noch, und

Hans Mayer erzählte die Schicksale des Artikels und Verhältnisse im Deutschlandsender und wo er inzwischen wieder mal gewesen war, ich glaube Prag gehört zu haben, aber es wird Warschau gewesen sein, und daß er im Adlon das Steak habe zurückgehen lassen. – Franz (oder Bruno etc.)! habe er gesagt. Und dann kam das neue Steak und war, obgleich an der Wilhelmstraße gebraten, wie jemand es haben will, der einige Jahre in der Schweiz hat leben müssen.

Über die literarische Opulenz hatte jener Artikel geheißen. Opulenz war fortan in jenem Lande ein häufiges Wort.

Ein mehr kulinarischer Ausdruck, Beweis für die genußsüchtigen Erwartungen, die Hans Mayer ans stiftende Schrifttum stellt. Hans Mayer, gefolgt von Gästen und Assistenten, betritt Auerbachs Keller. Er wird von sämtlichen Obern begrüßt, mit erinnernder Mimik, auch brüderlich. Er sagt dem Zahlkellner etwas Rasches. Danach setzt er sich irgendwohin, mit dem Gehaben eines Blinden, und betrachtet das Tischtuch, dabei alert, startfertig. Er verläßt sich auf den Spiegel seines Bildes. Und: Kinder, das könnt ihr doch nicht machen! ruft er, – dies ist mein Kollege Emrich, Fachmann für Entfremdung, und, ruft er: dies ist Günter Grass, Sie werden sich noch wundern. Der Herr hat auf mein Bitten hin etwas vorgelesen, er ist naturgemäß erschöpft. Bringen Sie ihm die Sache kalt! So haben die Kellner in Auerbachs Keller, im Hotel International und anderen Séparées der Hauptstadt Leipzig ihre ersten Ermunterungen empfangen, Kafka und Grass zu lesen.

Lehrer, der er ist, schmiß er mich nicht raus, nachdem ich ihn in einem Herbst, zwischen seinen eigenen Möbeln, über die Innenpolitik des Landes belehrt hatte. Er fragte mich nach meinen Verhältnissen. Dann stand er, die linke Hand mit dem Manuskript unter der Lampe, die rechte am Hinterkopf. Später lernte ich den Vater eines Radrennfahrers kennen, der hatte, in vergleichbarer Situation, dieselbe Gebärde an sich.

Und Herr Professor Dr. Hans Mayer sagte:

Ich hab's jetzt gelesen.

In dem Buch wird zuviel gegrinst.

Es sind Schüler in dem Buch: sagte ich. – Herr Professor: sagte ich. – Was hätten sie machen sollen, 1953.

Nun gehen wir in die Einzelheiten. – Wenn Sie etwa

glauben, daß das Wort Konstruktion in der Ästhetik Platz greifen sollte . . .

Und er sagte:

Neulich in Frankfurt, könn' sich ja denken.

Hab ich Peter Suhrkamp davon erzählt.

Finde im Grunde, ist im Grunde für den nicht gut genug.

Machen Sie was dran.

Natürlich waren seine Hinweise druckreif und haben mich lange beschäftigt. Hans Mayer wollte meine Zeit nutzen.

Danach Briefe, auf die er kaum antworten konnte. Es stand nur darin, was so gefällig war. Als ich ein anderes Buch geschrieben hatte und die Vorgänge vor meinem Fenster mir die Erkenntnis nahelegten, daß es in jenem deutschen Teil vorläufig nicht gedruckt werden würde, verließ ich den Teil, und einen meiner Lehrer auch.

Hans Mayer kam später. Jetzt sind es Hotels und Kellner in Hannover, die wissen, was ihm nötig ist. Ich habe ihn begrüßt, als er kam, er war jetzt wieder für mich erreichbar, aber ich habe mich auch erinnert an den Schüler, der ich in Leipzig war, und mir die vorgestellt, die da seine jetzt nicht werden können, und ich dachte: Schade.

etwa 1967

*Begegnung mit Peter Suhrkamp**

„Schicksalhaft" war es nicht.

Bevor der alte Suhrkamp im Juli 1957 von Frankfurt a.M. nach Westberlin flog, riet sein Mitarbeiter *Siegfried Unseld* ihm *noch vor dem Durchgang zur Maschine* dringend ab, mein Manuskript „Ingrid Babendererde" anzunehmen: darin komme so viel Segeln und Natur vor, da sei die Ideologie von Blut und Boden.

Während ich in seinem Zimmer in Zehlendorf, zwischen alten Möbeln und wenig Büchern, auf ihn wartete, wußte ich einen Satz auswendig, den er mir einen Monat zuvor geschrieben hatte: Es juckt mich, ein Buch daraus zu machen, und zwar sollte das Buch möglichst noch im Herbst herauskommen.

Seine Übersetzung seines Satzes war lehrreich. Der alte Herr, der den Besucher mit ausgesuchter, verschollener Höflichkeit begrüßte, hielt den Verfasser sogleich an, an der Ablehnung seines eigenen Manuskriptes mitzuarbeiten. Bequem zurückgelehnt in einem korrekten grauen Anzug, mit abgetragenen Pantoffeln wippend, nahm er gerade die unsicheren Lebensumstände und die Äußerungen des jungen Menschen vor ihm zum Anlaß, dem Manuskript einen „Mangel an Welt" nachzusagen; und ausdrücklich lobte er die Art, in der darin die Natur vorkam und das Segeln beschrieben war. Gegen Fragen nach solcher „Welt" sträubte er sich. Mangel an

Welt sei nicht zu verstehen in einem Gegensatz von Hauptstadt und Provinz, da hülfen auch nicht Aufenthalte im Ausland, da fehle Weite des Lebensbewußtseins, vielleicht sei die aber neuerdings in der europäischen Literatur nicht mehr zu erreichen. Er hielt die Lider gesenkt, vergewisserte sich mit heimlichen, befriedigten Aufblicken der Verwirrung, die er angerichtet hatte. Der junge Mensch ergab sich in die Willensäußerung, die er verstanden hatte, das war dem Alten als Reaktion zu milde. Er brach einen Streit vom Zaun: was das denn schon für ein Name sei, Babendererde. Ich war mit Leuten dieses Namens in Mecklenburg zur Schule gegangen, ich hatte diesen Namen auf verwitterten wie neuen Grabsteinen gesehen. Suhrkamp wurde laut und gab sich Mühe, den Jungen aufzubringen. Als der genug entrüstet war, ging der Alte über auf fürsorgliche Erkundigungen nach Berufsaussichten und Freunden des abgeschlagenen Verfassers, schenkte ihm Bücher, begann dann zu schweigen, und obwohl der Abschied ein Wegschicken war, kam er mit bis an die Haustür, als wolle er den Gast ehren.

Ich brachte es nicht fertig, nicht wieder zu ihm zu gehen. Es war eine unkritische Verehrung. Er war indiskutabel. Anfangs wohl verstellt von den Bildern, der Legende: er hatte Brecht vor den Nazis gerettet, er hatte den Verlag Samuel Fischer über die Diktatur gebracht, er würde sterben an den Folgen der Haft im Konzentrationslager, er hatte diesen Verlag zustande gebracht. Später war es sein Alter und seine Person, kostbares Muster von Erfahrungen, sein Gesicht, Einsamkeit und die Nähe des Todes, das sorgfältige Rauchen des Kranken, der würgende Husten und dabei die abwinkende Hand, die die Lebenden vorsorglich verabschiedete. Seine Art zu erziehen blieb schwierig; nach wie vor benahm er sich ungerecht und wies eigens darauf hin, fragte nach neuen Arbeiten und gab sich den Anschein nicht zuzuhören, bestellte sich Briefe und beantwortete sie nicht, gab sich dann ein Jahr lang gleichgültig. Also mag es zu einem guten Teil Trotz gewesen sein, aus dem ich ihm nach diesem Jahr das Manuskript von „Mutmaßungen über Jakob“ schickte; weniger als daß er es drucken ließ, wünschte ich mir, er werde es lesen, auch nur einen Satz darüber zurückgeben. Gelesen hat er es nicht mehr: von ihm gehört habe ich nichts mehr als die Todesnachricht, eine Notiz von drei Zeilen in einer Zeitung in der Deutschen Bücherei in Leipzig, im oberen Lesesaal.

etwa 1965

Der 5. Kanal

Wahre Geschichte

Am Montagabend machte Adlershof einmal nicht mit einem Ufafilm den westlichen Sendungen „Panorama“ und „Report“ die wunderliche Konkurrenz, sondern zeigte einen sowjetischen Film, „Ein Menschenschicksal“, der nicht leicht wegzuschalten war. Er entstand nach einer Erzählung von Michail Scholochow, die entstand nach den Erzählungen eines Mannes, der mit ihm auf eine Fähre wartete. Das war eine Geschichte von Kriegsgefangenschaft in Deutschland, Fluchtversuchen, Konzentrationslagern, dem Verlust der Familie, der Rückkehr in die Sowjetunion und in ein vernünftiges Leben mit der Adoption eines Waisenjungen, der ihn für seinen Vater halten will. Der Regisseur Bondartschuk stellte selbst dar, was seine Geschichte hätte sein können, so daß raffinierte Techniken gar nicht nötig waren, Intensität zu erzeugen und durchzuhalten. Gelegentlich übertriebenes Pathos war mühelos zurückzuführen auf die Situationen von Auschwitz und Buchenwald, die nicht zu übertreiben sind, und die authentische Erzählung setzte sich durch mit der schlichten, durchschnittlichen Anlage des Helden, der eben nicht Heldentugenden zu zeigen hatte, sondern die unermüdlichen Versuche eines Russen, nach Rußland zurückzukommen. Bemerkenswert war auch das Bemühen, die Deutschen nicht als mythologische Bösewichte zu zeigen, sondern ihre Situation und ihre Möglichkeiten zu verstehen, was freilich schlimmer ausfiel mit der Musikkapelle in den Todeslagern, der sentimentalen Roheit und einem Offizier der SS, der den Russen als ebenbürtigen Soldaten anerkennt und ihn besoffen macht, statt ihn zu erschießen. Das Ganze ist mit nur einer Rückblende sachgerecht erzählt, ohne Agitation, mit der Absicht und dem Effekt, die Vergangenheit zu begreifen. Ein Film auch für die Deutschen.

24. Juni 1964

Gleiche Rechte auf gleiche Pflichten

Manchmal läuft da ein Mädchen über die Terrasse des Müggelseeturms und stört mit ihrem Mikrofon die Leute beim Essen. – Kochen Sie? fragt sie die Männer. – Würden Sie kochen? Oder ein anderer Film zeigt Frauen bei allerhand Arbeiten, und sechs-, siebenmal fährt die Kamera in das Zimmer der Direktion: auf einen Mann zu, ein einziges Mal, bei triumphal geknickter Musik, auf das Gesicht einer weiblichen Betriebsleitung, und jetzt heißen die Fragen an die Männer: Würden Sie unter einer Frau arbeiten? Diese Sendungen, die den ostdeutschen Frauenkongreß bekannt machen sollen, haben aber nicht nur den müden Humor, den die Geschlechter aufbringen für das Problem ihrer offiziellen Gleichberechtigung, da ist auch Humor sehr eigener Art: Hier treffen die Interessen des Staates überein mit denen seiner Bürger. Die arbeitenden Frauen erhalten Gründe für Selbstbewußtsein, wenn der Mann sie in der Küche vertreten und in leitenden Stellungen anerkennen soll, und der Staat erhält Arbeitskräfte, wenn er die Arbeitsplätze attraktiv macht. Überdies geschieht einem demokratischen Ideal Genüge. Und Arbeitskräfte sind in diesem

Lande aus so besonderen Gründen knapp, daß diesmal der Vergleich mit westdeutschen Verhältnissen unterbleibt, so beschämend er ausfallen könnte.

25. Juni 1964

Marktbeeinflussung

Die Sendungen in der Reihe „Prisma“, in der Titelei und formalen Organisation dem westdeutschen „Report“ nachempfunden, verdienen Aufmerksamkeit vor allem, weil ihre Funktion oft von den Abonnenten akzeptiert und unterstützt wird, nämlich wenn sie sich kümmern um Mißverhältnisse zwischen dem Angebot von und der Nachfrage nach Waren und Dienstleistungen. Der Ausgleich zwischen Produktion und Konsum ist ja nicht nur durch Mangel an Waren gestört, sondern auch durch Mangel an Informationsverbindungen zwischen den Käufern und Produzenten, so daß die Industrie unerschütterlich altmodische, geringwertige, überteuerte Waren anbieten kann in dem Vertrauen, die geringe Auswahl werde den Absatz schon garantieren. Hier macht Gerhard Scheumann sich zum Anwalt der Konsumenten und erklärt ihnen wie den Herstellern ihre Wünsche nach mehr Kindergärten, ungefährlichen Weckgläsern, billigen Kinderwagen, Büstenhaltern mit Spitzen und auch der Waschmaschine Flora, „die verschwunden ist“. Zwar hat er nicht die übliche Möglichkeit des Anwalts, die Hersteller wegen Schädigung, Gefährdung, Benachteiligung seiner Mandanten zu verklagen, aber er kann die Betriebsleitungen bloßstellen, indem er ihre Schwerfälligkeit, Mangel an Initiative, Egoismus in der Öffentlichkeit kritisiert, und es sind Wirkungen nicht unmöglich. Zwar ist die Waschmaschine Flora offenbar noch nicht wieder da, aber „Prisma“ konnte einen Minister zeigen, der den Herstellern verbindlich untersagte, Kinderwagen zu verteuern nur wegen geringfügiger Änderungen am Modell. Über Mangel an Leserbriefen wird die Redaktion sich kaum beklagen können, nicht nur wegen der vielen Anlässe zur Klage, sondern auch wegen der Zuversicht auf Abhilfe, die sich am Ende der Sendungen ausdrücken darf in einer Musik, die sanfter ist als die forsche am Anfang, als stünde alles nun ein bißchen besser.

27. Juni 1964

„Berlin"

Gelegentlich und nicht selten heißt es in den Nachrichten der Station Adlershof: es habe sich etwas ereignet in Berlin, schlicht in Berlin, und zwar war es nicht der Regen, der die Unterschiede zwischen beiden Teilen der Stadt und ihre Grenzen nicht kennt, sondern etwa das „Deutschlandtreffen" der staatlichen Jugendorganisation, das nicht „in Berlin" stattfand, sondern nur in acht Bezirken von zwanzig. Es handelt sich bei solcher Sprachgewohnheit nicht nur um Nachlässigkeit, so sehr sie der üblichen Definition „eines besonderen Gebietes Westberlin" widerspricht; es ist auch dem westdeutschen Sprachgestus vergleichbar, der eben so einen Teil des Stadtgebietes mit dem Namen des Ganzen bezeichnet, als sei der andere Teil schon in dem einen enthalten. Gewiß ist das nur eine sprachliche Annexion, aber schon die Sprache spricht sich dagegen aus: wenn es in Adlershof von den „allen" Berlinern heißt, sie täten gerade sämtlich dasselbe, so sind mindestens 2180000 abzuziehen, wie im Fall einer westlichen Nachricht eben mindestens 1055000. In diesem Sinne, als man von „Berlin" nur noch historisch sprechen kann, ist Berlin tatsächlich Berlin geblieben.

30. Juni 1964

Am Vorabend und am Morgen des 20. Juli zeigte der Sender Adlershof seine Auseinandersetzung mit der Verschwörung von 1944, nicht durchgehends dokumentarisch, da Teile ihres Ablaufs mit dem Verfahren des Spielfilms nachgemacht wurden, nicht ohne Geschick, aber von einem gespielten und einem historischen Hitler ist immer einer zuviel gezeigt. Nach diesem „szenischen Vorspiel“ setzten die Autoren, von Schnitzler und Karl Gass, jedoch an zu einer korrekten Dokumentation mit Schilderung des Tages, Interviews mit Zeugen und Historikern, Zitaten aus Gerhard Ritters Buch über Goerdeler, Zitaten aus Dokumentarfilmen. Etwas verwirrend wirkte der Versuch, bei dieser Gelegenheit nicht nur die militärische und politische Vergangenheit der Verschwörer, sondern auch den gesamten Verlauf des Krieges darzustellen. Die Rolle Goerdelers wurde in diesem Zusammenhang zu ausführlich behandelt, nicht nur wegen seiner geringen Verbindungen zu dem Attentat, sondern auch, weil die zwiespältige und peinliche Haltung dieses Mannes eine gesonderte Darstellung verdient hätte. Neben gelungener Polemik gegen die Methoden faschistischer Propaganda fand sich ein Formfehler von der Art, daß zwar das tapfere Verhalten der Angeklagten vor dem Freislerschen Gerichtshof in einem Satz zugegeben wurde, daß man aber bei der Urteilsverkündung fast nur solche Offiziere zeigte, die ihre Tat abzuschwächen versuchten. Es fehlte nicht die obligate Polemik gegen die westeuropäische Integration, die angeblich das Konzept der Leute des 20. Juli mißbrauche. Aber da war nicht mehr das Geschimpfe gegen die „ehrgeizige Offiziersclique“, das zu früheren Jahrestagen allgemein war; Stauffenberg wurde Ehre erwiesen, wenn auch wohl in der Absicht, ihn für die Tradition der ostdeutschen Armee zu requirieren. Insgesamt fiel ein sachlicher Ton auf, oft war er fair.

21. Juli 1964

Meinungsverschiedenheiten

Verbreitet ist die einfache Meinung, das ostdeutsche Fernsehen sei schlicht eine Vertretung des Staates und also eine homogene, kompakte Erscheinung. Aber schon Unterschiede der Begabung lassen sich in diesem Medium nicht verbergen, entsprechend weniger die verschiedene Richtung der Absichten. Die Abendprogramme der vergangenen Woche ließen zum Beispiel zwei Haltungen erkennen, die einander widersprechen. Die eine, sichtbar in der Sendung über das erfurter Büromaschinenwerk Olympia und in der neuen Folge von „Prisma", ließe sich beschreiben als die Absicht: das Land muß modernisiert werden. Und ginge es nur darum, daß die Verkäuferinnen am Alexanderplatz und anderswo mehr Sprachen sprechen, damit mehr Touristen für westliche Devisen da einkaufen. Oder ginge es nur darum, daß ein Autowerk von den Zulieferbetrieben Stahlsorten einheitlicher Qualität bekommt, damit die Automaten die Motoren rascher bearbeiten können, und das nicht einmal zu Exportzwecken, sondern wirklich zugunsten des einheimischen Verbrauchers. Diese Fälle sind Teile einer grundsätzlichen Bewegung, die den wirtschaftlichen Egoismus des Landes bei seinen Bewohnern bekannt und akzeptabel machen will, und es ist weniger wichtig, daß die neuen Begriffe wie „exportrentabel", „weltmarktfähig" oder „wettbewerbsfähig" noch ungelenk ausgesprochen werden, erheblich ist hier vielmehr die Richtung auf vernünftige Veränderung, die in dieser Begrenzung fortschrittlich wirkt. Eine andere Haltung, erkennbar in einigen Spielfilmen der vergangenen Woche, ist eher konservativ, träge zu nennen. Deren Vertreter weigern sich nach wie vor, in der Agitation gegen Westdeutschland über die Methode des Fälschens hinauszugehen zu einem differenzierten, mehr glaubwürdigen Verfahren; da ist Geld und Arbeit verschwendet, will man einem westdeutschen Publikum weismachen, daß in Bayern für den Besuch der Landwirtschaftsausstellung in Leipzig zwölf Monate Gefängnis ausgesprochen werden. („Telestudio West" am Freitagabend.) Am gleichen Abend die Wiederholung eines Fernsehspiels, dessen Machart begabte Schauspieler zur Darstellung eindimensionaler Figuren zwang, in der Art lebender Bilder, wo abstrakte Begriffe gestellt werden, wo Psychologie nicht einmal um der Wahrscheinlichkeit willen berücksichtigt ist und der Betrachter flache Schnittmuster moralischer Ideale lernen soll: Moral ist Monogamie. Wer die Mädchen wechselt, fälscht auch Schecks. Solche bequeme Interpretation der Wirklichkeit ist kaum zu vergleichen mit der vorhin zitierten. Das liegt nicht nur am jeweiligen Arbeitsgebiet, sondern tatsächlich an verschiedenen Auffassungen, die einander wechselseitig beeinflussen könnten, aber die eine die andere mehr, hoffentlich.

26. Juli 1964

Modernes von auswärts

„Filmfeuilleton" nannte sich der Beitrag der ČSSR am Donnerstagabend, obwohl er eher ein kleiner Spielfilm war (nach Teilen einer Erzählung von W. Axjonow, was die Titelei vergaß). Es ist nicht viel: einem jungen Ehemann hat die Frau das fünfjährige Kind für den Sonntagnachmittag aufgehängt, weil sie angeblich eine Prüfung hat, nun stört die Tochter ihn auf dem Fußballplatz, und es stellt sich heraus, daß gar keine Prüfung stattfindet, die Tochter weiß zu gut zu viel von einem anderen Onkel, zu Hause ist die Frau auch nicht . . .; und es ist eine Menge, da die Handlung die Eindeutigkeiten vermeidet, glaubwürdig Zweifel vorbringt, die Umgebung durch Episoden herstellt, und das überdies aufgereiht nach den Wünschen der Tochter, die immer vorgelesen haben will, was sie nicht versteht, bis der junge Vater merkt: man kann auch ohne Fußball, man kann auch mit der Tochter leben. Das brachte die Kameraführung heraus, handwerklich geschult an den italienischen und französischen Veristen, aber unabhängig im Blick; so sprang sie von der Großaufnahme des Vaters, der besessen ins Fußballfernsehen starrt, zurück in die Halbtotale in dem Moment, da wieder die Tochter ihn ruft; ebenso frisch erfunden war der Blick des Vaters auf das Kind, das ernsthaft aus der Damentoilette tritt. So entstand ein sehr möglicher Sonntagnachmittag in Prag mit Fußball, Rummelplatz und Regen im Park, trotz der manchmal winselnden Musik und der pathetischen Monologe ein Vergnügen, „Vati, lies das vor" hieß das.

1. August 1964

Empfehlung

Der Film „Fall Gleiwitz", der heute vormittag vom Sender Adlershof ausgestrahlt werden soll, verdient Aufmerksamkeit. Hier ist der DEFA, der Regie von Gerhard Klein gelungen, einen Vorfall der Vergangenheit mit Mitteln des Spielfilms zu rekonstruieren. Unter den historischen Filmen ist dieser allein. Je ehrlicher er sich gibt als Version des Geschehenen, desto authentischer wird er. Denn die Machart ist dramaturgisch wie technisch auf der Höhe der Zeit, so daß der Anblick des gleiwitzer Funkhauses in der Nacht vor dem Weltkrieg auch die

Bedeutung „Frieden“ noch enthält, und die Personen sind sowohl in ihren dienstlichen wie persönlichen Möglichkeiten genau beobachtet, also glaubwürdig, erschreckend noch beim Füttern von Schwänen. Der Ausgang ist bekannt, dennoch ist die Spannung ununterbrochen. Schließlich könnte die Betrachtung dieses Films auch Verständnis wecken für die Frage, warum wohl der in Westdeutschland und Westberlin nicht öffentlich gezeigt werden sollte.

1. September 1964

Prisma, neue Folge

Die Funktion der Sendereihe „Prisma“ ließe sich auch vergleichen mit der eines Nachhilfelehrers, der den schwerfälligen und harthörigen Schülern immer noch einmal, geduldig und nicht ohne Witz, nachweist, daß der Staat nicht von gestern ist, sondern heutzutage eine Industriegesellschaft, und nämlich an so geringfügigen Beispielen wie der Ordnung auf Baustellen und dem Fahrraddiebstahl. Die Gerügten, die da Balken umherliegen lassen bis zum Beinbruch und Dachpappe bis zum Verderb, ertragen die Ausbreitung solcher Zustände vor der Kamera nicht so ruhigen Blutes, ja es ist einer von den Nachbarn an der Ecke gefragt worden, was denn los sei auf seiner Baustelle, jetzt endlich kann „Prisma“ sie aufgeräumt zeigen, unfallsicher, produktiver. Dem Stoßseufzer des Redakteurs über den Zwang, solche Sachen vor der Öffentlichkeit behandeln zu müssen, folgte am Donnerstag unentwegt ein Beitrag über die Vorteile der ambulanten Rehabilitation von Arbeitskräften nach Unfällen, eine Studie über das Wegkommen von Fahrrädern, eine Untersuchung über Entstehung und Herkunft von unbrauchbaren Zaunkrampen, schließlich eine große Belobigung für eine Kraftfahrzeugwerkstatt, die am Pfingstmontag einen Motor ausgetauscht hatte und dann noch pünktlich zehn Mark, die dem Autofahrer zuviel berechnet waren, dem Fassungslosen zurückgab. Die Rechnung geht auf, die Bummelanten durch Bloßstellung auf dem Bildschirm bessern will; der Appell an die Regierung zur gesetzlichen Regelung der Arbeitstherapie ist gewichtig, weil belegt; und die Erklärung von Fahrraddiebstählen aus einem gewissen Wohlstand oder grobem Unfug ist diskutabel. Bemerkenswert ist die Fähigkeit der Aufnahmeteams, solche Zwischenfälle und Störungen zu rekonstruieren, wobei nämlich Verkäuferinnen, Maurermeister, Kinder und Funktionäre sich natürlich darstellen, glaubhaft die Situation wiederholen, anders als in dem befangenen, gestelzten Interviewstil anderer Redaktionen, etwa der für die Landwirtschaft. Darüber hinaus ist diese Reihe zu empfehlen als ein allgemeines Magazin von Nachrichten über tatsächliche Verhältnisse, auch von Hoffnung, die zu verbessern.

5. September 1964

Zwei Filme

In der vergangenen Woche schickte uns die Anstalt Adlershof zwei Fernsehfilme mit westdeutschen Gegenständen. Den ersten am Sonntag, betitelt „Asphaltstory“, als einen Versuch, die Unfälle westdeutscher Speditionsfahrer auf den Strecken nach Berlin zu erklären, nämlich aus Übermüdung und der Habgier mancher Chefs. Der zweite Film war zu sehen am Donnerstag, er hieß „Abituriententreffen“ und führte vor, daß die Abiturienten von 1949 im Jahre 1964 die Träume der Jugend längst haben aufgeben müssen, die persönlichen wie die gesellschaftlichen. Den beiden Autoren, Terenz Abt und Rolf Schneider, so erheblich ihre Unterschiede sein mögen, war in diesen Produktionen das Streben nach Lebenstreue der westlichen Szene gemeinsam. Ihre Personen waren mit Hintergrund versehen, noch die Nebenlinien der Handlung waren überlegt, die Dialoge gaben Auskunft über die Beziehungen zwischen den Personen, stellten Situationen überzeugend her, gewiß gab es Kunstfehler (so machte das Auftreten eines überlebenden Juden den zweiten Film fast kopflastig, der Zwischenfall rutschte stilistisch aus, dauerte zu lange), sie beeinträchtigten nicht das Bemühen um authentische Atmosphäre. Darin wurden die Drehbuchautoren unterstützt von der Regie, die die Schauspieler so sorgfältig führte, daß die meisten möglicherweise die Personen sein konnten, die sie darstellten, am besten gelang das dem Nationalpreisträger Geschonneck in der Rolle des Fernfahrers und Hans-Joachim Hanisch in der Rolle des besoffenen Fabrikanten. Die Kameraarbeit stand da nicht zurück, mit fast verliebtem Eifer wurde eine nächtliche ostdeutsche Innenstadt so aufgenommen, daß sie ausgegeben werden konnte für eine westdeutsche, so sachlich ist selten ein Lastwagen von der Autobahn abgekommen, umgekippte Flaschen und blauer Hecht im Wirtshauszimmer spielten mit im Bild, setzten es mit den Personen zusammen. Die Ausstattung war überlegt, in der Fernfahrerkabine fehlte nicht der Kitsch, die Raumverteilung bei dem Abituriententreffen entsprach passend der Dramaturgie. Beide Filme hatten sich westliche Maßstäbe gesetzt und konnten daran gemessen werden. Verstand und Begabung sind, es war zu sehen, vorhanden. Was könnten wir über Ostdeutschland erfahren, richteten die sich einmal auf das eigene Land.

6. September 1964

Frage

Morgens, kurz vor zehn, pflegt der Sender Adlershof einige Flaschen zu zeigen, die den Titel „Medizin nach Noten“ zusammensetzen. Darauf folgen nun aber nicht Sachen zum Einnehmen, sondern zwei junge Damen treten in ein halb ausgeräumtes Wohnzimmer und vollführen zu bürgerlicher Tanzmusik allerhand Bewegungen, die ein unsichtbarer Sprecher erklärt, nach Art einer Modenschau. Paarweise nebeneinander sitzen sie, eine im schwarzen, eine im grauen Trikot, zeigen die Rumpfbeuge seitwärts, das Umlegen, das Aufrichten, die Körper im Halbprofil. Wer sich darum nicht kümmern will und die Gymnastik befolgen, hat ein paar hastige Minuten, denn wenn die Damen liegen, hat der Sprecher ihm noch nicht befohlen, es denen gleichzutun, und liegt der Morgensportmensch wie die Damen, so kann er nicht sehen, was sie jetzt wieder tun, und sollte damit doch nicht später kommen als sie. So wird mancher still auf seinem Kissen sitzen bleiben, statt es hochzuhalten mit beiden Armen und es so entfesselt anzulächeln wie die beiden Vorführmädchen. Wer aber könnte denn dieser Beschauer sein? Um diese Zeit, wenn die Kinder in der Schule sind, die Hausfrauen beim Arbeiten, die Angestellten angestellt, die Bauern wer weiß wo und die in der Morgenschicht Arbeitenden in der Morgenschicht? Wer turnt da? Wer turnt da mit?

2. Oktober 1964

Sonntagabend

Das Atelierspiel „Sommer in Heidkau“, erfunden von Helmut Sakowski, befaßte sich mit der privaten Moral von Funktionären, die durchreisen, hier in einer landwirtschaftlichen Produktionsgenossenschaft, die rentabel gemacht werden soll. Anders als in dem Roman von K. H. Jakobs, „Beschreibung eines Sommers", darf hier der Ehebruch sich durchsetzen; anders als in Erwin Strittmatters „Katzgraben", dessen sprachliche Gesten hier umhergeistern, ist die formale Fassung des Stoffs zerrüttet. Szenenbild und Gegenstände des Dialogs deuten eine platte Ebene der Wirklichkeit an, deren Wahrscheinlichkeit zerfällt unter dem Ausmaß der Dialoge zwischen Leuten, denen so viel Gespräch nicht ähnlich sieht, und in dem Gemisch von literarisch gestelzter, bäurisch bieder, simpel sentenziöser Sprache. Da konnte Regie nicht helfen, und die Schauspieler blieben befangen; aber Lotti Meyer als treuherzige, verschlagene Oma, mit dem erfahrenen Griff zur Pulle, war gelegentlich überzeugend.

Dem folgte eine halbe Stunde mit der Sängerin Belina, dem Gitarristen Behrend, und offenbar hatten beide dem Regisseur Wernfried Hübel ihre Gewohnheiten begreiflich machen können, denn auf der Bühne fehlten die gefürchteten Showkulissen, jedes Lied wurde mit Hilfe von Gängen, Beleuchtungen, Blickwechsel eigens inszeniert, mit geschickten Einblendungen und Übergängen. Behrend hatte Gelegenheiten, seine Virtuosität allein vorzuführen, trat ziemlich bescheiden zurück in der Begleitung von Belinas Liedern aus mehreren Nationen. Ein weiterer Vorzug dieses Programms: endlich einmal fehlte die weltfremde Frage, wo denn die Blumen, die Mädchen, die Männer geblieben seien; die Antwort muß sich da herumgesprochen haben.

6. Oktober 1964

Reklame für die Polizei

Die Serie „Blaulicht“ macht Mitteilungen „aus der Arbeit unserer Volkspolizei“. Das sind Filme, deren Handlungskern aus Kriminalakten entwickelt ist. Der Verfasser, G. Prodöhl, hat sich auf solche Rekonstruktion von Verbrechen spezialisiert, anfangs für die Formen des Hörfunks, inzwischen erfahren in den Bedingungen des Films und darauf bedacht, seinen Arbeiten die gleichbleibende Qualität und die besonderen Kennzeichen eines Markenartikels zu erhalten. Spannung stellt sich her durch das ehrwürdige Schema der Verbrecherjagd; auf der einen Seite eine Gruppe von drei Kriminalbeamten, die durch geduldige Arbeit, verpatzte Urlaube und saloppe Ausdrucksweise für sich einnehmen können; auf der anderen Seite kleine Leute mit mittleren Straftaten. Der dokumentarische Ansatz schreibt der Regie authentische Szenen, typische Verhaltensweisen vor, auch Reportagen über Methoden der Fahndung; also erfaßt ein solcher Film viel Alltag, bringt neue Nachrichten von durchschnittlichen Verhältnissen, vermittelt neue Lokalitäten in anregendem Wechsel. Das nicht ohne Humor: wenn ein Mann ein zu teures Auto bestellt, muß er nicht der gesuchte Tresorknacker sein, der hat bloß auf einen Fünfer im Lotto gehofft; oder es muß ein Kriminaler sich schwer besaufen, will er einen saufenden Straftäter hinhalten. Vor einigen Wochen, in der Folge „Heißes Geld“, ging es um den Raub von Lohngeldern; der Film vom Sonntagabend, „Freizügigkeitsverkehr“, führte vor, was man mit geklauten Sparbüchern alles machen kann, bis die sympathischen Greifer es doch merken und einen jagen auf eine Art, die für andere interessant ist und unterhaltsam, und für die Polizei Reklame.

20. Oktober 1964

Jazz aus Sachsen

Die Kombination von Jazz und Lyrik, erfunden im Keller, hatte ihren Weg nunmehr gefunden auf die Bühne des Stadttheaters von Crimmitschau (an der Pleiße), hinten rechts im Saal leuchtete der Notausgang, es war aber am Ende niemand gegangen. Denn das Orchester der dresdner Tanzsymphoniker unter Günter Hörig machte frühe Musik aus New Orleans nach, dann welche aus Chicago, ging auch in die Nähe von Blueport; die dazwischen oder darüber gesprochenen Texte brachten die Proteste und Drohungen der amerikanischen Neger ziemlich einfältig vor, dann fiel jenes Mikrophon endlich aus. Es war deutlich, daß die Musiker nicht mit dem Jazz leben, sondern gelegentlich von ihm; den Streit zwischen Improvisation und festgelegter Komposition hatten sie entschieden zugunsten der Wiederaufführung von Schallplatten, ohne Personalstil aber streng nach einer Vorschrift (die es nicht gibt) wurde das Thema übergeben, kamen die Soli, das war geprobt worden, auch die verlegenen Abgänge, Beinbewegungen zeigten Takte im Ohr, der Baß wurde geschwenkt, der Mann am Blüthner hatte einen lockeren Hals, eine nicht verstandene Masche wurde nachgeahmt, das Legere war gezwungen, da spielten Bürger Boheme, aber sauber, gewiß Reproduktionen, aber handwerklich korrekte. Allerdings die Sängerin hätte nicht sollen sich überreden lassen zu ihrem Tun. Sehr fix die Bildregie. Zum Schluß kam der Chef auf die Bühne und hielt die präzis arbeitende Maschine mit Handbewegungen an. Für einen Anfang, und die Lyrik ausgenommen, war die Veranstaltung vortrefflich, insbesondere für ein Land, in dem Jazz einmal als Feindwaffe galt. (Donnerstagabend.)

24. Oktober 1964

Desto schlimmer für die Tatsachen

Es hat seine Risiken, Theaterstücke auf dokumentarischem Material aufzubauen, insbesondere, wenn die Betroffenen noch am Leben oder überprüfbar sind. Es könnte sein, daß „Der Fall Oppenheimer" von H. Kipphardt, gezeigt in der hiesigen Volksbühne, nicht völlig dem heutigen Selbstverständnis des wirklichen Oppenheimer entspricht. Das gefährdet noch nicht die Substanz des Stückes, denn es wird ja gestützt von den gesicherten Fakten: dem aktenmäßig belegten Verfahren um Oppenheimer, seine Skrupel wegen der Atom-, sein konsequentes Desinteresse an der Wasserstoffbombe. So braucht Rolf Schneider für sein Stück „Prozeß Richard Waverley" den amerikanischen Piloten Claude Eatherly, seine unmittelbare Beteiligung am Abwurf der Bombe über Hiroshima, seine folgende Unfähigkeit, weiterhin bürgerlich zu leben. Eatherly hat sich auf eine öffentliche Diskussion seines Zustandes eingelassen, ist auch wohl von seiner Rolle überzeugt; eine neuere amerikanische Veröffentlichung über ihn, von W. B. Huie, stellt unwiderlegbar fest, daß Eatherly zweihundert Meilen vom Ort der Explosion entfernt war, in einem Wetteraufklärungsflugzeug, daß er weder getan noch gesehen hat, was ihm das Weiterleben verbittere, seine Legende also erfunden. Nun hätte mancher wohl erwartet, diese Tatsachen genügten, das von Rolf Schneider nach Eatherlys Einbildungen gebaute Stück vom Spielplan des Deutschen Theaters abzusetzen, die Gastspielinszenierung beim adlershofer Fernsehfunk desgleichen. Da war der Verfasser anderer Meinung, zeigte sich vor Beginn der Sendung und wollte sein Stück verteidigen, versuchte das aber mit Beschimpfungen Huies, er bezeichnete ihn als gekauft, als Rassenfanatiker, wollte den Zeitpunkt der Veröffentlichung auch irgendwie mit der Ermordung des Präsidenten Kennedy motiviert wissen, gedachte aber nicht der Tatsachen, die seinem Stück den Anlaß und den Halt nehmen, was sollten ihm Tatsachen, desto schlimmer für sie. So abnorm solcher Egoismus ist, auch gesund, so belanglos ist er für die Öffentlichkeit. Die Inszenierung des Deutschen Theaters folgte; desto schlimmer für das Stück.

31. Oktober 1964

Alter Film mit moderner Wirkung

Am Montagabend zeigte die adlershofer Anstalt immer noch einmal den Film „Große Freiheit Nr. 7" in der Fassung von 1934, das Hohelied der braven Kerls, die aufpolierte Rolle des Stimmungssängers aus tragischem Grund, und wo Albers' Augen nicht von alleine strahlten, wurden sie speziell beleuchtet, keusche Liebe, keuscher Verzicht, Kameradschaft als Selbstzweck, sorgfältig eingebaute Fehler der Grammatik verwechseln Volkstümlichkeit mit Blödelei, die Musik kann die Dreigroschenoper nicht vergessen, verkommene Romantik lenkte ab von den Vorgängen außerhalb des Premierenkinos, im Februar 1934 wurde die Wirtschaft auf den Krieg umgestellt, im Juni beseitigten SS und Gestapo ihre Gegner um Röhm, im Juli wird die SS selbständig, wird Dollfuß ermordet, nach dem Tode Hindenburgs machte Hitler sich zum Oberbefehlshaber, und 1939 zog das manipulierte Zeitbewußtsein in den Krieg mit den Liedern, die der Film für sie vorbereitet hatte, als hätte es da immer noch nichts Schöneres gegeben als ein Mädchen in Hamburg fürs Geld auf der Reeperbahn nachts um halb eins, la paloma ohé, beim erstenmal da tuts noch weh. – Man glaubt gar nicht, was ein Mann alles vergessen kann: verrät Hans Albers mit schwerer

Zunge, da ist aber noch eine Bedingung: wenn man ein Mann ist. Das robuste Rezept, so geeignet für Falschnachrichten aus der Vergangenheit, ist immer noch gut für zwei Stunden außerhalb der Gegenwart. So kann man gelegentlich sich wundern über westdeutsche Kritiker, die den ostdeutschen Fernsehfunk bezeichnen als ein „Instrument der Indoktrination", und gleichermaßen über die ostdeutschen Kritiker, die von der gleichen Anstalt sprechen als einem „Mittel der humanistischen Bildung".

11. November 1964

Werbung fürs Lesen

Auch der ostdeutsche Fernsehfunk hat Mühe, die Schirme zu füllen. Nicht so sehr wegen des morgendlichen Sendebeginns, denn der Vormittag ist in der Regel Wiederholungen aus der laufenden und vergangenen Woche gewidmet; nicht so sehr wegen des langen Nachmittags, denn dafür findet sich genug Wissenschaft, Schulfilm, Kindersendung; eigentlich am Abend, wenn das bildungspolitische Selbstverständnis der Anstalt ungeschützt auf die Erwartungen ihrer Abonnenten trifft. Da kann man ja nicht immer einen Film mit Curd Jürgens zeigen wie am Sonnabendabend. Da kann man sich nicht verlassen auf Kinderfernsehen in die afrikanische Tierwelt wie am Sonntagabend. Zwar kann die Anstalt ihren Eigensinn durchsetzen mit der Wiederholung des Fernsehspiels „Sommer in Heidkau" (am kommenden Mittwochabend, hier erwähnt am 6. Oktober), damit wachsen aber die Ansprüche der Zuschauer auf Entschädigung. Kurz, da ist immer noch Zeit wegzuschaffen, die Maschine läuft, und nachdem die dramatische Industrie mit Vorfällen der Gegenwart doch nicht auskommt bei der Züchtung des zweiten Bewußtseins, wirft man sich auf literarische Formen der Vergangenheit und setzt sie um in Szene, als hätten die Autoren des vorigen Jahrhunderts danach Worte gewählt, Geschichten aufgebaut, Längen bemessen, so daß man an einem beliebigen Donnerstag etwas „nach" Maupassant sieht, am Sonntagabend etwas „nach" Tschechow. In dieser Hinsicht ist das ostdeutsche Fernsehen eben auch, was die Kritiker und seufzende Abonnenten „das Fernsehen" nennen, und die Literatur bleibt für sich. Dennoch sind sie verbunden: die Unternehmungen des Fernsehens legen es nahe, die Novelle „Fettklößchen" von Maupassant noch einmal zu lesen, desgleichen „Das schwedische Zündholz", eine Kurzgeschichte von Tschechow, und mehr, und schnell noch andere Geschichten zum ersten Mal, bevor sie aufgelöst werden in Szenenbilder, in denen zum Beispiel eine Uhr tagelang auf fünf nach halb elf stehen bleibt. Das wäre Tschechow nicht passiert, vom Agieren zu schweigen.

17. November 1964

Requiem für 500 000

Dieser polnische Dokumentarfilm ist gewidmet den Einwohnern des Warschauer Ghettos, die durch die Deutschen umkamen, und den Toten der polnischen Widerstandsbewegung. Die alten Aufnahmen sind unter der Regie von Jerzy Bossak zu einer Chronik gereiht, vom Einmarsch der Deutschen und der Zwangsumsiedlung der Juden bis zu ihrem Untergang in den Vernichtungslagern und in der Niederschlagung des Aufstands. Der Kommentar beschreibt den Vorgang historisch. Die neue Anordnung der Bilder ist begleitet von Musiken Bachs und der Klassik, über deren interpretatorischen Wert kann man streiten, wahrscheinlich hätte Schweigen Orchester und Chöre an Ausdruck übertroffen. Die Aufnahmen der Frontberichterstatter wirken da vollends gegen die Absichten der Auftraggeber, nicht nur durch den Kommentar, auch weil an die Stelle der Siegesmeldungen, die sie damals umgaben, das Bewußtsein von heute getreten ist. Wiederum ist nicht begreiflich, daß die Henker sich beim Henken photographieren ließen, auch beim Durchsuchen verhungernder Kinder, auch beim Kassieren des Fahrgelds für die Reise zur Gaskammer. Es ist nicht ausgeschlossen, daß die Bilder aus den ersten Phasen des Ghettos als Verwaltungsakt und Bilder aus den letzten Phasen als Kampfhandlung in den Ufa-Wochenschauen gezeigt worden sind vor einem Publikum, das davon nichts gewußt haben will. Indem der Film verzichtet, auf die überlebenden Mörder hinzuweisen, macht er auf sie aufmerksam. (Gesendet am Mittwochabend.)

20. November 1964

Prisma, neue Folge

Die Reportagen dieser Redaktion fallen nach wie vor auf durch den Stil der Inszenierung. Der Unterschied zum Pathos, auch dem Schweiß, mit dem andere Redaktionen ihre Angelegenheiten in Bild umsetzen, ist groß. Bemerkenswert, daß „Prisma" in der Regel nicht leere Formen nur der Mode wegen aus westdeutschen Produktionen übernimmt, sondern das Bild von den Aspekten des Themas her interessant macht; bemerkenswert auch, daß der einheitliche Stil nicht von einer Person entwickelt, sondern von einem vielköpfigen Kollektiv durchgehalten ist, und ginge es nur darum, dem Ausdruck „den schwarzen Peter zuschieben" eine schwarze Katze in einem gar nicht dazugehörigen Fenster zu unterlegen, statt den üblichen Rücken des Interviewers. Mag die Flucht vor dem Schema zu verkrampften Lösungen führen, meist gelingt ein nicht konventioneller, frischer Blick auf die Gegenstände. Diese Arbeitsweise, im Verein mit einer unbefangenen Fragestellung, macht die Sendungen dieser Redaktion auch zu einem nicht langweiligen Magazin von Nachrichten. Am Donnerstagabend war aus Meißen zu erfahren, daß im gesamten Kreis nur 30 Prozent aller Wohnungen intakt sind, die Beseitigung der Schäden bei den übrigen soll über 33 Millionen Mark kosten, mit den freiwilligen Feierabendbrigaden ist das nicht zu schaffen, und schaffen sie was, werden der Stadt entsprechend Mittel gestrichen. Die Stellungnahmen der verantwortlichen Funktionäre waren nach Argumenten aneinandergefügt, so daß sie miteinander sprachen, ohne es zu wissen, und vom Redakteur der Sendung zum Schluß rezensiert wurden als unbefriedigend, wiederum mit dem Optimismus einer publizistischen Großmacht. Beim zweiten Thema, einem wegen einer 5 in Sport verweigerten Schulabgangs-Zeugnis, hatten die Methode der Interviews und die Aufgliederung des Stoffs die Redaktion in die Lage versetzt, aus Äußerungen des Alltags Formen des Verhörs, des Disputs, des Botenberichtes zu einer dramatischen Geschichte aufzubauen, in der „Prisma“ als Anwalt der Gerechtigkeit dazu beitrug, die 5 zu ändern. Auf diese Weise erfährt der Zuschauer nicht nur von der Bereinigung der Geschichte, sondern auch, was für Geschichten möglich sind.

28. November 1964

Fünf Jahre Sandmann

Das ostdeutsche Sandmännchen ist eine kleine Puppe mit einem großen hölzernen Rundkopf, daran ist ein spitzer Kinnbart, sie trägt weite Joppen, weite Umhänge, eine Mütze mit einer am Hinterkopf aufsteigenden Spitze, das Sandmännchen kann sich bewegen, sprechen kann es nicht. Jeden Tag nach dem Werbefernsehen, gegen 19 Uhr, trifft es auf dem Bildschirm ein, und zwar in Spielzeuggegenden und nämlich abwechselnd vermittels Auto, Motorrad, Triebwagen, Raketenflugzeug, Rollschuhen, Fahrrad, Segelboot, auch zu Pferde. Das Sandmännchen wird erwartet von ähnlich großen, bartlosen Puppen, und muß in ihrer menschenmäßig möblierten Wohnung den Fernsehapparat einschalten, damit in dem ein besonderes Kinderprogramm erscheint, allerhand Märchen, auch Geschichten von sprechenden Puppen, mit schlichten, vernünftigen Lehren, oft auch bloß unterhaltend. Am Freitagabend kam der Sandmann mit einer IL-18 (vier Motoren, Propellerantrieb) zu einem Wohnheim neben dem Flugplatz, vom Pförtner wurde er hereingeleitet, den Bewegungen der Puppen war der Gesang von Kinderstimmen unterlegt, sie nötigten ihn zum Sitzen, damit er ihnen in ihrem Fernsehschirm die Geschichte zeigte von den beiden jungen Bären, die nicht an den Honig gehen sollen, doch an den Honig gehen und jämmerlich zerstochen werden, woraus für das Kinderpublikum die Vorteile des Gehorsams hervorgingen und ein Mißtrauen gegen Bienen, bei denen man ja nicht wissen kann. Darauf verließ das Sandmännchen die Puppenwohnung, nahm vom Pförtner Tasche und Umhang entgegen, und als das Puppenmädchen, das ihm nachgegangen war, immer noch nicht weichen wollte, fummelte das Männchen an seinem Sack, und die Puppe rieb sich prompt die Augen, ging torkelnd vor Schläfrigkeit zurück in die Wohnung, ins Bett wie die Kinder sollen, bevor das Abendprogramm beginnt. Dieser Auftritt war eine Art Jubiläum, denn die berühmte und geliebte Puppe macht das seit fünf Jahren.

29. November 1964

Berliner Stadtbahn

(veraltet)

Erlauben Sie mir, unter diesem Titel zu berichten über einige Schwierigkeiten, die mich hinderten, einen Stadtbahnhof in Berlin zu beschreiben. Da tritt unter vielen anderen eine einzelne Person aus dem eingefahrenen Zug, überschreitet den Bahnsteig und verläßt ihn zur Straße hin. Dieser Vorgang bleibt sich ähnlich, sooft er vorkommt; ich habe ihn fast täglich gesehen oder beobachtet, daher glaubte ich ihn erwähnen zu dürfen. Bei der Arbeit an einem größeren epischen Text wurde eine Episode benötigt, die den Zusammenhang unterbrach. Vier verbundene Sätze sollten lediglich quantitativ auftreten, etwas anderes sein, eine Pause bewirken. Dafür war der angedeutete Vorgang ausgewählt. Er fügte sich weder in einen langen noch in vier kurze Sätze vom erwünschten Umfang, also wurde er ausgewechselt gegen einen anderen Anlaß, der dieselbe Wirkung tat. Nach einiger Zeit war es aber ärgerlich, daß diese einfache Bahnhofsszene nicht für den Namen Berlin hatte stehen wollen, und ich versuchte mit ihr eine Geschichte: eine Beschreibung für sie allein. Damit gab es Schwierigkeiten.

Der Name Berlin ließ sich voraussetzen als das Schema für eine Großstadt. Einige Millionen Menschen halten sich dauernd auf in einem Gebiet, das territorial oder politisch zu definieren ist. Sie benutzen dafür Vorrichtungen, die sich von denen einer bäuerlichen Gegend unterscheiden: der Statistik wie dem Blick aus dem Flugzeug erscheint eine erhebliche Masse von Wohnhäusern, Arbeitsstätten, Straßen, Parks, Türmen für Funk und Kirche nebeneinander. Dazwischen vollziehen sich die Einzelhandlungen über längere Strecken und summiert, die meisten treffen in einem Zentrum zusammen. Die Großstadt produziert und handelt die Waren des täglichen Gebrauchs sowie Dienstleistungen, Nachrichten und kulturelle Reize für eine mehr differenzierte Skala von Bedürfnissen, sie unterhält entsprechende Verbindungen mit dem umgebenden Land und anderen Städten. Das Gefüge der sozialen Beziehungen ist im Verhältnis zu diesen Größen komplex. Nationalität, historische Entwicklung, Landschaft und Klima besetzen das Erscheinungsbild der Stadt mit eigentümlichen Merkmalen, die jedoch die Definition nicht verändern. Macht man diese Voraussetzungen heutzutage (und berücksichtigt den Stand der Technik), so dürfen sie einschließen: daß eine solche Stadt zwischen ihren einzelnen Teilen Verkehr betreibt mit einer elektrisch angetriebenen Schnellbahn, die auf eigenem Gleiskörper über und unter der Erde von Bahnhof zu Bahnhof fährt, der Wagenzug hält, tauscht Fahrgäste mit der Plattform, da ist einer ausgestiegen, geht zwischen anderen zum Ausgang und mit ihnen die Treppen hinauf oder hinunter zur Straße. Der Anblick ist nicht kompliziert. In zutreffende Worte gesetzt, sollte er verständlich und beiläufig wirken auf jedermann, der über Anschauung oder Erfahrung für den Begriff Großstadt verfügt.

Die Grenze zerlegt den Begriff. Sie kann nicht als Kenntnis vorausgesetzt werden. Zwar ist bekannt, daß das Gebiet der ehemaligen deutschen Hauptstadt wie eine Insel vom ostdeutschen Staat umschlossen liegt und daß die Insel wiederum geteilt ist. Um jene Hälfte, die von den Armeen der Vereinigten Staaten, Großbritanniens und Frankreichs beaufsichtigt wird, ist die frühere Verwaltungsgrenze hart geworden, wie lebendige Haut verhornen kann und nicht mehr atmet. Sie ist wirtschaftlich und politisch isoliert. Der äußere Umriß der anderen Hälfte, die von der Armee der Sowjetunion beaufsichtigt wird, lebt mit dem umgebenden Land zusammen. Wo immer die beiden Zoll- und Hoheitsgebiete einander berühren, steht auf beiden Seiten deutsche Polizei im Auftrag der Siegerstaaten, was sie erlaubt und was ihr nicht auffällt, darf die Grenze benutzen. Bekannt sind auch einige Oberflächen dieses Zustands: Stacheldraht. Maschendraht. Schlagbäume. An Waldwegen, Straßenecken, Kanälen stehen Personen in Uniformen ungleicher Farbe und ungleichen Zuschnitts einander in Paaren oder Gruppen gegenüber, sie beugen sich über den Ausweis eines Passanten, sie lassen ihn über den leeren Zwischenraum gehen zur anders gekleideten Staatsmacht, die den Ausweis entgegennimmt, als sei er nicht geschickt worden. Der Mann, der in einem sehr schnell fahrenden Wagen über die Grenze gerissen wird, ist diesseits unerreichbar. Fahrbahnen, die zur Grenze bestimmt sind, haben Frost und Hitze aufgebrochen, in den Rissen wuchert Unkraut. Gewisse Bürgersteige sind nur durch eine Türschwelle getrennt von Gaststätten oder Wohnräumen, in denen anderes Geld gilt. An einer Hausecke, vor der keine Katze stutzt, kann jedermann verhaftet werden. Die Grenze in einer Stadt ist einmalig, der unerhörte Anblick verleitet dazu, ihn hinzunehmen wie etwas bereits Erklärtes. Er zeigt aber lediglich die gegenwärtige Phase eines Zustands, der veränderlich ist und eine Geschichte von fünfzehn oder zweiundzwanzig Jahren hat; und seine Bezeichnung ist irreführend. Es gibt nicht: Berlin. Es sind zwei Städte Berlin, die nach der bebauten Fläche und der Einwohnerzahl vergleichbar sind. Berlin zu sagen ist vage und vielmehr eine politische Forderung, wie die östliche und die westliche Staatenkoalition sie seit einiger Zeit aufstellen, indem sie der von ihnen beeinflußten Hälfte den Namen des ganzen Gebietes geben als sei die andere nicht vorhanden oder bereits in der eigenen enthalten. Die juristischen Unterschiede, die nun anzuführen wären, können in einer so ungenauen Bezeichnung nicht deutlich werden. Die elektrische Stadtbahn also, die aus einem dörflichen Ort im ostdeutschen Staat auf die Reise geschickt wird, hält an der Stadtgrenze und wird durchsucht, nach Westberlin entlassen durchfährt sie es eine Weile, bis sie nach Ostberlin kommt, kurz darauf wird sie durchsucht, weil sie wiederum vor Westberlin ist, sie hält nun noch auf einigen westberliner Bahnhöfen, und jetzt (zum Beispiel) steigt ein junger Mann aus. Er hat den Zug betreten (zum Beispiel) in dem kleinen Ort vor der Stadt, er kann inzwischen zweimal seinen Ausweis vorgewiesen und die Handtasche zur Kontrolle geöffnet haben, hier verläßt er den Zug, der aber nach einiger Zeit Westberlin verläßt und in das ostdeutsche Staatsgebiet einläuft, um durchsucht zu werden. Jetzt sitzt auf dem Platz ein anderer Fahrgast.

Wenn diese Zustände ihren eigenen Begriff verlangen dürfen, so nicht, weil sie pittoresk und intensiv wären, sondern weil sie die Grenze der geteilten Welt darstellen: die Grenze zwischen den beiden Ordnungen, nach denen heute in der Welt gelebt werden kann. Alle anderen Territorialgrenzen zwischen den verfeindeten Armeen sind zu militärischen Demarkationen erstarrt und sperren den Verkehr. Das Leben der beiden Seiten durchblutet sie nicht. Berlin hingegen ist ein Modell für die Begegnung der beiden Ordnungen. Es scheint unmöglich, eine Schneise durch eine lebende Stadt zu schlagen und ihre Verbindungen gänzlich abzuklemmen, immer noch nicht ist die eine Hälfte das Ghetto der anderen. In diesem Modell leben zwei gegensätzliche staatliche Organisationen, zwei wirtschaftliche Arrangements, zwei Kulturen so eng nebeneinander, daß sie einander nicht aus dem Blick verlieren können und einander berühren müssen. Solche Nachbarschaft fordert den genauen Vergleich. Die Abstraktion und Dämonisierung, die politisch mit diesem Ort betrieben werden und als Sprachregelungen auf ihn zurückfallen, verfehlen die Möglichkeiten des Modells. Was in ihm symptomatisch erscheint für die Teilung und Wiedervereinigung eines Landes, kann auch repräsentativ sein für die Feindschaft und Annäherung der beiden Lager in der Welt. Dies ist nicht nur eine Rechtfertigung des Themas. Eine Grenze an dieser Stelle wirkt wie eine literarische Kategorie. Sie verlangt die epische Technik und die Sprache zu verändern, bis sie der unerhörten Situation gerecht werden. Der konventionelle Ausdruck für den Fahrgast, der auf einem (sozusagen) ausländischen Bahnhof für eine längere Zeit aussteigt, beansprucht den „Flüchtling" als einen propagandistischen Wert; indem er so genannt wird, soll er Vorzüge für die eine und Nachteile für die andere Seite der Grenze beweisen. Er mag doch lediglich umgezogen sein. Die einseitige politische Parteinahme, die den Reisenden sofort zu einer Machtposition hin relativiert, sieht nicht genug von ihm und kann sich noch im Erkannten täuschen; außerdem schließt sie die Anwendung von Mitteln zur Massenvernichtung ein, die der Literatur als Argument und Werkzeug nicht gut in der Hand liegen, wenn sie einen Stadtbahnhof und einen zufälligen Fahrgast so beschreiben will, daß der Text nicht nur seinem neuen Leben gerecht wird, sondern auch dem, das er verlassen hat, das in diesem Augenblick sehr rasch verändert wird.

Solange die Arbeit an einem literarischen Text dieser

Art sich mit der Wahrheit befaßt, muß ihr Gegenstand also geprüft werden an zwei gegensätzlichen Tendenzen der Wahrheitsfindung. Einige einfache Fehlerquellen bei der Herstellung und Übermittlung von Information sind bekannt: da haben die Augenzeugen nicht genau hingesehen, was sie nicht gesehen haben, können sie nicht sagen. Sie erfinden etwas, was ihnen den Vorfall abzurunden scheint. Oder sie haben die Situation schlicht nach ihren gewohnten Bezugspunkten geordnet, die mögen privat sein oder von sektenhafter Moral oder parteipolitisch. Presse, Rundfunk, Fernsehen und Stadtgespräch verändern nochmals, was sie als bereits zubereitetes Material bekommen. Sie müssen sich zum Teil einlassen auf die Interpretation, die der erste Berichterstatter mit einem Eigenschaftswort im Vorfall ansiedelt. Sie alle schädigen die Realität (vorausgesetzt, daß dies Wort noch zutrifft) je nach ihrer technischen Eigenart um eine oder mehr Dimensionen. Diese subjektiv oder technisch verursachten Fehler wachsen komplex, sobald sie mit der fruchtbareren Fehlerquelle der Tendenz verbunden zum Schema werden. Von diesen gibt es auf jeder Seite der Grenze eins. Es ist selbstverständlich, daß die Gesetze des einen Informationsschemas nicht zum Maßstab für das andere gemacht werden können. Es ist genauso selbstverständlich, daß die Zuverlässigkeit des einen Schemas nicht quantitativ ermittelt werden kann: etwa nach den Dementis, die dem anderen aufgenötigt werden, oder nach den Beweisen, die ihm selbst gelingen. Nur versuchsweise können die oberflächlichen Phänomene des Schemas verlängert werden bis zu den Interessen des Staates, der politischen Position, der Wirtschaftsgruppe, an die das Informationsschema durch Zwang, Auftrag, Lebenswillen gebunden ist. Was können sie wollen von einem arbeitsfähigen und jungen Mann, der den Wohnsitz wechselt, was mögen sie mit ihm vorhaben? Diese Interessen sind aber nicht regelmäßig, da ihr Ausdruck sich den Veränderungen der Gesamtlage anpaßt; es gibt nur vorübergehend Permanenzen, nach denen ein ähnlicher Fall jetzt so beurteilt werden kann, wie er früher unter ähnlichen Umständen ausgesehen hat. Diese Interessen sind auch kaum in einem Grunde so gutwillig, hilfsbereit, vertrauenswürdig, daß man sich ihnen verschreiben könnte und den entgegengesetzten blicklos wie ein Gläubiger begegnen. Selbst in befristeten Bündnissen kann, abgesehen von der vervielfachten Wirkung, unter dem Namen eines vernünftigen (jetzt notwendigen) Zugeständnisses eine Art der Korruption anfangen. Und auch die Prüfung dieser Interessen ergibt nicht eindeutige und selten zutreffende Resultate, da die Absichten nicht gradlinig oder kausal verlaufen müssen, da der taktische Plan für die Deformation einer Nachricht nicht immer in der Phase der Prüfung zutage tritt, da auch im Apparat des Informationsschemas oder sogar der herrschenden Machtgruppe Personen verborgen sein mögen, die eigentlich für das fremde Lager arbeiten und das Schema mit Fälschungen einer noch anderen Qualität ausstatten. Wenn also das Schema der einen Seite den Fahrgast auf dem Bahnsteig erwähnt, so kann das andere ihn verschweigen. Das Schema A beansprucht ihn als Kronzeugen für die Vorzüglichkeit des Staatswesens, in dessen Sinn zu arbeiten es beauftragt ist. Das Schema B verschweigt den Reisenden. Oder es macht ihn zu einem Zeugen für die Schrecklichkeit des Landes, das er eben erst aufgesucht hat, das er noch gar nicht kennt, für das er nur insofern entschieden ist, als er in dem anderen nicht hat bleiben mögen. Die Nachbarschaft dieser zwei politischen Ordnungen ist nicht mehr als eine Alternative von Wirklichkeiten. Sie sind nicht durch Logik verbunden, sondern durch eine Grenze.

Im Besitz aller Informationen über einen solchen Insassen der städtischen Schnellbahn kann der Verfasser eines Textes mit gleichem Gegenstand sie zunächst ordnen nach den beiden Haupttendenzen. Dann ist ihm freigestellt: den Vorfall entweder zu übersehen oder ihn genau ins Auge zu fassen. Das ist kein leichter Entschluß. Es gibt viele Grade der Gleichgültigkeit oder der Anteilnahme, aber wie auch immer sie erscheinen, faktisch sind sie eine Parteinahme für die Machtgruppe, deren Information übernommen wurde. Es geht hier noch gar nicht um die Wahrheit dieses Vorfalls, sondern um den Gebrauch, dem er ausgesetzt sein wird. Der Text sollte so angelegt werden, daß die Raster von Schema B oder A seine Bezüge weder umgruppieren noch eingemeinden können. Nach einiger Zeit kann diese Arbeit sinnlos vertan sein, weil sie zu einem unverbesserlichen Zeitpunkt bezogen war auf ein nur aktuelles Gefüge von Tendenzen und Verhältnissen, die geändert worden sind und nun die Absichten des Textes umkehren. Zumindest die Vorsicht empfiehlt zu vermeiden, daß die Diagnosen über den Abschluß des berichteten Vorfalls hinaus zu Prognosen ausgeweitet werden. Und warum eigentlich sollte zwischen oder neben den beiden Schemata der Berichterstattung noch ein anderes erscheinen?

Das ist zunächst die private Angelegenheit des Verfassers. Er ist beispielsweise entschlossen, die Zahl von drei Millionen Abwanderern aus dem ostdeutschen Staatsgebiet für symptomatisch zu halten und demnach einen Fall zu berichten. Das kann den ganz belanglosen Grund haben, daß er selbst daher kam: es ist sein eigenes Erlebnis, das er aus der Vergänglichkeit herausnehmen will, das er in einem Text haltbar machen möchte. Das geht noch niemanden etwas an. Er redet sich heraus. Er leugnet eigensüchtige Motive. Er fängt einfach an. Dann wird er zum Sprecher eines Personenkreises, der ihn nicht beauftragt hat. Oder man hält ihn dafür. Er wendet sich an einen anderen Personenkreis, dem er die Notwendigkeit seines Themas erst noch nachweisen muß; dazu darf er aber keine anderen als literarische Argumente benutzen, so daß die Einzelheiten der geplanten Geschichte mit Absichten besetzt werden, die diesem Medium fremd sein können. Und dies Schema C oder Y wird die abgelehnten Hauptschemata kaum zuverlässig korrigieren, da der Verfasser es ja zusammengesetzt hat aus seinen eigenen Kenntnissen und Absichten. Die sind vielleicht so stellvertretend nicht, wie er am liebsten glauben würde. Das Verfahren ist fragwürdig. Er besichtigt eine gewisse Anzahl von Stadtbahnhöfen und nimmt ihre Ähnlichkeiten zusammen. Ist aber der Durchschnitt repräsentativ, wenn das Außerordentliche übersehen wurde, in dem doch sehr viel mehr Realität versammelt sein mag? Der Verfasser kann die Person, von der er berichtet, nur mit Verhaltensweisen ausstatten, über die er selbst verfügt oder die er bei Dritten und Achten beobachtet hat. Es mag ja noch andere geben. Er befragte alle Zeugen, die ihm erreichbar sind. Und wenn sie ihn anlügen? Er mag nachher gar nicht an die richtigen gekommen sein. Er hält den Vorfall überhaupt für ein Beispiel, das man anführen darf. Er glaubt, daß es etwas beweist über die Lebensverhältnisse beiderseits der Grenze. Da kann schlicht die Statistik ihn getäuscht haben. Es muß in drei Millionen nicht unbedingt eine ansehnlich große Zahl enthalten sein, die seiner Auffassung den Rücken stärken würde. Spricht ein Drittel gegen zwei Drittel? Er kann auch befangen sein in Erfahrungen, die ihm als einzigem zugestoßen sind. Wie, wenn seine Unterstellungen Vorurteile wären? Was, wenn er sich orientiert nach Meinungen, die er nicht im Traum zu überprüfen denkt, denen zufällig niemand widersprochen hat? Das sind seine Voraussetzungen.

Sein Schema kann spezifisch literarische Fehler produzieren: Er kann für allgemein halten, was einzeln ist. Er kann typisch nennen, was privat ist. Er kann ein Gesetz erkennen wollen, wo nur eine statistische Häufung erscheint. Unablässig ist er in der Gefahr, daß er versucht etwas wirklich zu machen, das nur tatsächlich ist.

Das Wort Dilemma tritt nicht oft in so reiner Kongruenz mit seinem Gegenstand auf. Das zweiseitige Problem der Wahrheitsfindung wirkt also hinein in die Phase der Konzeption (die wiederum für sich zweifelhaft ist). Es bestimmt die Auswahl der Einzelheiten, die den Text konstituieren sollen, wie sie die Realität konstituieren. Ein Beispiel ist der zweite deutsche Krieg, weil er die Grenze hinterlassen hat. Es sind genug Ruinen in der Nähe von Stadtbahnhöfen übrig, sie bilden die Umgebung, sie gehören zum Eindruck des Ankömmlings. Der Text erwähnt beflissen: eine Ruine. Ist aber darin der Krieg enthalten? Es gilt für die Welt und wohl auch für etwas mehr als die Hälfte der deutschen Bevölkerung als erwiesen, daß der Krieg von Deutschland verschuldet ist und daß seine Führer freiwillig gewählt wurden zu einem Zeitpunkt, als sie ihre sämtlichen Ziele bereits ausgesprochen hatten. Es ist eine eigentümliche Umkehrung der Verhältnisse, daß die Hauptstadt eines so verachteten Volkes wieder ein unverächtliches Thema abgeben kann. Fast ist die Schande vergessen, da die Funktion ihres Ortes geändert wurde. Diese Umkehrung muß jedenfalls an verzeihenden Gesten gehindert werden. Die Ruine muß folgende Fragen beantworten: Bleibt für den einzelnen Staatsbürger zwischen der manipulierten Macht und seiner manipulierten Entscheidung für sie am Ende die kollektive Schuld übrig? Haben die Kinder von damals die Schuld ihrer Väter geerbt? Oder sind sie allesamt entschuldigt durch die Konstruktion des Staatsapparates, der jeweils den persönlichen

Wirkungen der amtierenden Staatsführer nachgibt, tut er das? Es gibt ausführliche und verfeindete Theorien über die Rolle der Persönlichkeit in der Geschichte, fast wöchentlich werden neue Fakten des Krieges bekannt und verändern Teile seiner Interpretation; wenn die Wissenschaft diese Probleme noch nicht entscheiden mag, kann ein literarischer Text nicht gut mit einer Ruine ankommen und tun als sei diese Oberfläche deutlich und gefüllt. Die Folge dieses ungenau bekannten Ereignisses ist in der Grenze anders enthalten als in den diplomatischen Verhandlungen. Über die Pläne, die in Jalta und Teheran noch vor Ende des Krieges mit dieser Stadt veranstaltet wurden, ist eine neue Gegenwart gewachsen, in der das zeitweilige Arrangement sich fossil ausnimmt. Es scheint weder klar noch vernünftig geplant, daß mitten im Einflußgebiet der westlichen Armeen die Stadtbahnhöfe unter ostdeutscher Verwaltung stehen; komisch mischt sich ein Besitztitel ein, so daß ostdeutsche Polizisten einen Reisenden kontrollieren dürfen, wo er sie wenige Meter entfernt mit Gebärden und Grimassen verantwortlich machen kann für Umstände, für die sie meist zu jung sind. (Er wird noch nicht wagen, sich mit Worten zu verraten.) Dieses Risiko ist für den Reisenden erheblich wie dessen Vorgeschichte für das Verständnis und muß in der Beschreibung seiner Lage enthalten sein: plötzlich jedoch scheinen Ruine und Polizei unvergleichbare Phänomene ohne gemeinsame Ursache, ihre Nachbarschaft desorientiert. Hier ist ein Augenblick erstarrt in stetig veränderter Umgebung, beide verlangen einen anderen Blick.

Auch in der Phase der Beschreibung kann das Dilemma wirksam werden. Das Aussehen des Bahnhofs scheint geeignet, die Entscheidung des Ankömmlings zu vergegenwärtigen. Zumindest ist dies der Ort, an dem er angekommen ist. Er sieht die gleiche Architektur wie jenseits der Grenze: gußeiserne Pfosten halten ein nach unten gewölbtes oder geknicktes Dach über die Plattform, die meist aus kleinen hellen Steinen gepflastert ist. In Abständen sind auf dem Bahnsteig Sitzbänke und Bedürfnisanstalt errichtet, Buden für die Beamten des Fahrbetriebs, Kioske für den Verkauf von Proviant und Zeitungen. Zum Glück gibt es Unterschiede. Was an einem solchen Bahnhof dem ostdeutschen Staat gehört, sieht ärmlicher aus. Auf den Glasscheiben der Niedergänge sitzt Schmutz wie eingeätzt, die Farbe an Warteräumen und Diensthäuschen ist verwittert, die Dachbohlen faulen, die gußeisernen Blumenzierate an den Pfeilern rosten, und wo vor vielleicht fünfzehn Jahren eine Kugel das Namensschild der Station getroffen hat, starrt aus der Emaille immer noch der unregelmäßig gezackte Einschuß. Was aber den Bahnhof umgibt und was darauf an Westberlin vermietet ist, sieht opulent aus. Der Reisende bemerkte an verputzten Brandmauern Reklame für ihm unbekannte Waren in werbewirksamen, also angenehmen Farben, beim Überfahren von Straßen hat er wohlhabende Fassaden aus Glas und Marmor viel Verkehr schleusen sehen, unterhalb des Bahnhofs parken ungewohnt viele Wagen still am Bürgersteig, die Kioske auf der Plattform bieten Lebensmittel, Tabakwaren, Zeitungen von vielen Arten an: sie werden anders schmecken, sie werden anders zu rauchen und anders zu lesen sein. Vielleicht besser. Ist dieser Unterschied echt? Wird er einmal zur Sprache gebracht, so akzentuiert er die Entscheidung des Fahrgastes, der hier bleiben will. Hat er es so gemeint? Wollte er lieber leben in einem Lande, das seine Wirtschaft der freien Konkurrenz überläßt und zur Zeit eine Hochkonjunktur genießt, und hat er etwas gegen die staatliche Verwaltung und Leitung der Wirtschaft (denn sie hat kein Glück, wo er herkommt)? Dies sind nicht Gründe für eine Reise. Der Wunsch, prächtiger zu leben, kommt vereinzelt vor als Antrieb und ist nicht beachtenswert. Ihm fällt in den Blick, daß das hiesige Leben reich ist. Ist aber nun die wirtschaftliche Leistung eines Staatswesens ein Beweis für seine gerechte Einrichtung? Die Wissenschaft hat nicht ausgemacht, ob die ungehinderte Warenwirtschaft auf die Dauer ihre Bürger mit wachsenden Gefälligkeiten so reichlich wird versehen können; es gibt über die Krisenzyklen Theorien, die von den erfahrensten Fachleuten sehr uneins vorgetragen werden. Ebenso ist möglich, daß die Besitzer des ostdeutschen Staates das Planen und Lenken der Wirtschaft doch noch lernen könnten; auch für diese Frage gibt es Experten, die miteinander nicht mehr reden, weil sie einander zu heftig haben widersprechen müssen. Von Abwarten ist keine Rede: der Ankömmling hat sich soeben entschieden. Gewiß wird die organisatorische Form eines Staates seine Wirtschaft beeinflussen; die Verbindung ist aber nicht unmittelbar. Die Veränderungen ihrer Zustände erscheinen nicht zusammenhängend einer im anderen. Die freie Warenwirtschaft mag eines Tages verarmt auftreten, der staatlich gelenkten Wirtschaft sagt man voraus, daß ihr dereinst vielleicht nicht mehr so viel fehlschlagen wird. Will man die Gründe des Reisenden, die sich nämlich auf den Grad von Demokratie in einem Gemeinwesen beziehen, sichtbar machen, so ist dafür das Aussehen des Stadtbahnhofes nicht geeignet: es lenkt ab von seinen Gründen. Aber was ihm hier begegnet, ist die Außenseite, die sein verändertes Leben unablässig umgeben wird. Und es ist undenkbar, bei der Beschreibung eines grauen Bahnhofs von den bunten Flecken abzusehen. Und unter (noch nicht ausgemachten, faktischen wie wissenschaftlichen) Umständen ist es ungerecht gegen die Leistungen der freien Warenwirtschaft, wenn sie dem ratlosen Reisenden nur erscheinen als Fremde: als nicht gewünschter und nicht verständlicher Unterschied.

Auch die sprachliche Artikulation stößt auf Widerstände. Es gibt keinen einheitlichen Ausdruckszusammenhang für das Gemisch unabhängiger Phänomene, die auf einem solchen Grenzbahnhof zusammentreffen. Die beiden Herrschaftsordnungen, unter denen entlang der Grenze gelebt wird, haben das Betragen der verwalteten Bürger geändert, indem sie ihre Situation änderten. Beide haben ihre Angehörigen zu Reaktionen erzogen, die von unterschiedlicher Struktur sind. Das Verhalten gegenüber staatlichen Anforderungen, solche Verhältnisse wie der Arbeitsvertrag, eine Freundschaft, Nachbarschaften in einem Verkehrsmittel werden anders kalkuliert und erscheinen demnach als verschiedenes Verhalten. Sie sind auf jeweils andere Bezüge orientiert. Der Ankömmling führt mit sich Gewohnheiten und Überlegungen, für die ihm diesseits plötzlich die Anlässe fehlen. Er wird an seinen Nachbarn bemerken, daß sie Dinge nicht beachten, über die er erschrickt. Er wird sie beobachten bei Streitigkeiten, die er geringschätzen oder in der Öffentlichkeit vermeiden würde. Wo sie lokker sind, ist er bedenklich. Echtes Ausland ist selten so fremd. Folgt die Beschreibung einige Zeit lang den Konturen seiner Wahrnehmungen, muß sie sich einlassen auf ein durchaus eigenständiges System, das nicht geeignet ist für die Beschreibung von Leuten mit anderer Staatsbürgerschaft. Die Existenz solcher Worte wie Scheu oder Lockerheit fördert die Illusion, daß man sie auf alle vorkommende Mimik und Gestik anwenden könne. Allerdings ist der Teil des individuellen Charakters am Verhalten ungleich geringer als der der Anlässe, die es steuern. Die Anlässe sind unvergleichbar. Das Gefüge der Assoziationen ist anders gruppiert: Polizist und Reklame und bräunlicher Staub auf dem Bahnsteigpflaster sind für den Ankömmling zum Beispiel gefährlicher geordnet als für die Mitreisenden. Die Anlässe sind nicht zugegen. Die Beschreibung kann den Bahnsteig verlängern bis zu den entfernten Gegenständen und Verhältnissen, die die schattenhaften Reaktionen dieses Fahrgastes immer noch auslösen. Vielleicht werden die Differenzen sichtbar, aber der Text ist aufgeschwemmt; und weitere Mängel sind nicht beseitigt. Denn es kommt hinzu, daß beide Machtapparate ihre eigenen sprachlichen Verabredungen getroffen haben und sie in ihrem Gebiet teilweise als Konvention durchsetzen konnten. Beide Städte Berlin etwa nennen sich frei einander unfrei, sich demokratisch einander undemokratisch, sich friedlich einander kriegslüstern usw. Einige dieser diffusen Formeln sind tatsächlich sprachgängig geworden und werden oft ohne Ironie angesetzt. Mithin führt der Reisende mit sich die Namen von Gegenständen, Glaubenssätzen, politischen Verhältnissen, die es nicht gibt, wo er eben aussteigt: deren Namen dort nicht geläufig sind. Da diese Namensgebung parteiisch und wertend verführt, ist sie ohnehin nicht tauglich für den Text. Außerdem muß sie relativiert werden mit der Distanz, die der Reisende vielleicht zu ihnen bewahrt hat: daß er sie verwendet, heißt nicht, daß er sie billigt. Möglicherweise fand er keine zureichenden Ersatzbezeichnungen, so daß er die amtlichen hat benutzen müssen wie Münzen, deren Kurswert uneingestanden mit Wirklichkeit aufgerundet oder abgerundet werden mußte, bis der tatsächliche Wert ungefähr erreicht war. Jedenfalls wird es ihm mit diesem Material schwerlich gelingen, den Bewohnern des anderen Landes ein eindeutiges Verständnis seiner Lage auch nur anzubieten. Das gilt nicht nur für den Ort der Abfahrt, sondern auch für das Ziel seiner Reise. Er war bisher dem Informationsschema des verlassenen Landes ausgeliefert, das nicht nur einseitig arbeitet, sondern auch die Nachrichten des anderen Landes aussperrt, um es ungehindert interpretieren zu können. Nur manchmal und stets zufällig ist ein Vergleich zustande gekommen. Das allgemeine Mißtrauen gegen die Berichte der Zeitungen und Sender und Staatsämter ist lediglich defensiv, seine Ergebnisse sind vage. Es hat nicht in jedem Fall verhüten können, daß er Bezeichnungen und Bewertungen für die Situation jenseits der Grenze unkontrolliert aufnahm, die hat er mitgebracht, während der Fahrt sieht er schon die angekündigten Gegenstände und wird sie vorerst mißverstehen unter den Namen, gegen die er wehrlos gewesen ist. Es wird ihn Mühe kosten, sein Zeichensystem dem Bezeichneten adäquat zu verändern. Es wird ihn Mühe kosten, das Zeichensystem des fremden Landes zu erlernen, dies mit dem mitgebrachten zu vergleichen und endlich ein eigenes nach seinen persönlichen Erfahrungen anzustimmen. Ein Text, der sich mit diesem Aspekt des Vorgangs befassen will, wird eine Sprache gebrauchen müssen, die beide Gegenden in einen Griff bekommt und zudem überregional verständlich ist. Dazu benötigt er einen Maßstab, der sich durch Neuigkeit und geringe Deckung selbst gefährdet. Auch kann das Ergebnis am Ende nicht mehr sein als eine separate Lösung. (Es versteht sich, daß einige dieser Bemerkungen nur gerechtfertigt sind durch den Umstand, daß diese zwei Städte einmal die Hauptstadt eines nicht geteilten Landes bildeten, und durch den Blick auf eine mögliche oder wünschbare Wiedervereinigung.)

Aus diesen Bedingungen des Themas (das gewissermaßen für Deutschland nach dem Krieg, als ein Thema, steht) sind verschiedene literarische Konsequenzen hervorgegangen. In diesem Fall, den ich Ihnen vortragen darf, haben sie sich eigentlich ausgewirkt auf den Platz des Erzählers. Wo steht der Autor in seinem Text? Die

Manieren der Allwissenheit sind verdächtig. Der göttergleiche Überblick eines Balzac ist bewundernswert. Balzac lebte von 1799 bis 1850. Wenn der Verfasser seinen Text erst erfinden und montieren muß: wie kann er dann auf hohem Stuhl über dem Spielfeld hocken wie ein Schiedsrichter beim Tennis, alle Regeln wissen, die Personen sowohl kennen als auch fehlerlos beobachten, zu beliebiger Zeit souverän eingreifen und sogar den Platz tauschen mit einer seiner Personen und noch in sie blikken, wie er sogar selbst sich doch selten bekannt wird. Der Verfasser sollte zugeben, daß er erfunden hat, was er vorbringt, er sollte nicht verschweigen, daß seine Informationen lückenhaft sind und ungenau. Denn er verlangt Geld für was er anbietet. Dies eingestehen kann er, indem er etwa die schwierige Suche nach der Wahrheit ausdrücklich vorführt, indem er seine Auffassung des Geschehens mit der seiner Person vergleicht und relativiert, indem er ausläßt, was er nicht wissen kann, indem er nicht für reine Kunst ausgibt, was noch eine Art der Wahrheitsfindung ist. Gewiß entstehen dabei Gesten, deren epischer Charakter umstritten ist, aber wenn zum Beispiel mit den erzählten Vorfällen wirksam verbunden ein ideologisches System vorkommt, so scheint dessen Diskussion auch eine Weise davon zu erzählen und nicht die am meisten unhandliche. Von einem Erzähler werden Nachrichten über die Lage erwartet, soll er sie berichten mit Mitteln, über die sie hinausgewachsen ist? In dem alten Streit wegen der Zeitdifferenz zwischen den populären und den unbekannten Methoden kann er gar nicht anders, als sich für die genaueren entscheiden, denn Genauigkeit wird von ihm verlangt. Allerdings ist das Gesetz auf ihn beschränkt, nach dem er die ästhetischen Mittel unablässig abzuwandeln sucht mit den unablässigen Veränderungen der Realität, natürlich geht er Kompromisse ein, und natürlich wird er sich gelegentlich Sorgen machen, weil viel weniger Leute das lesen wollen, als er möchte.

Hoffentlich habe ich die Schwierigkeiten mit einem Bahnhof der Berliner Stadtbahn dennoch so beschrieben, daß Sie ihn sich ungefähr vorstellen können.

1961

Boykott der Berliner Stadtbahn

Bei der Betrachtung eines Stadtplanes fallen zwischen den begrenzten Farben für bebaute Flächen und Parks verbundene Liniennetze auf, verschiedene für Magistralen, Oberflächenverkehr, Schnellbahnen über und unter der Erde. Die Zusammenarbeit dieser Netze, der von Adern leicht vergleichbar, sagt gut für Gesundheit der Stadt. Ihr Blut bewegt sich darin, durchläuft die Glieder, hält sie belebt.

Eines dieser Systeme war in Berlin die Stadtbahn. Schon für den Ortsfremden lag die Hauptstadt in der Stadtbahn. Sie zog ihn aus den Fernbahnhöfen in die Provinzen der Stadt, mit ausstrahlenden Radialen und einem riesigen Ring brachte sie ihm einen räumlichen Begriff der Gegend bei, bevor sie ihn entließ in eins der Zentren oder der Stadtdörfer, von wo aus seine feinere Bewegung begann in den Bahnen unter der Erde, auf der Erde, den Bussen, durch einzelne Straßen, um die Ecke, in die Nähe des gewünschten Hauses. Für ihn wie für die Einheimischen tat die Stadtbahn das Ihre, wie ein anderes Verkehrsmittel das Seine, sie teilten die Arbeit der Beförderung, Organen vergleichbar.

Die Stadtbahn in Westberlin steht seit 1961 unter einem Boykott, den die Vernunft nicht erklärt, und selbst die Vorgeschichte ist nur davor.

Nach dem Krieg wurden die sowjetisch besetzten Bezirke der Stadt getrennt von den anderen, die seitdem als ein besonderes Westberlin leben. Das Abkommen der Siegermächte hatte auch gemeinsame Einrichtungen der Sektoren geteilt: So war der Betrieb der Stadtbahn der ostberliner Reichsbahndirektion überantwortet, ihr Gebiet in Westberlin dem Hoheitsrecht der Stadtkommandanten unterstellt. Die Untergrundbahn kam unter Regie der Westberliner Verkehrsgesellschaft BVG, mit entsprechenden Einschränkungen in der Oststadt. Plötzlich 1952 wurden die Straßenbahnen und Omnibusse nicht mehr über die Grenze gelassen. Aber die Straßen standen offen, die Untergrundbahn unterhielt durch beide Städte gehende Linien, die Stadtbahn fuhr beide Städte aus und darüber hinaus ins Land.

An jedem einzigen Tage vor dem August 1961 wurde die Grenze zwischen den Städten Berlin in beiden Richtungen fünfhunderttausendmal überschritten, vielmals in den gelbroten Zügen der Stadtbahn. Da kamen in den Westen Besuch, Verwandtschaft, Kunden, Käufer, Gäste, Arbeiter, Angestellte, Friedhofsgänger, Leute ins Kino, Flüchtlinge und Flüchtlinge. Da fuhren in den Osten die Besuche, Kunden, Putzfrauen zurück, dahin gingen Beschäftigte der Stadtbahn, Opernhausmitglieder und Publikum, Freunde, Verwandtschaft, Leute zum Friseur. Über den Anteil der Geheimdienstagenten werden uns die Archive in fünfzig Jahren Zuverlässiges nicht sagen. Fünfhunderttausendmal täglich, von neun Bewohnern beider Berlin immer einer war unterwegs, oft stellvertretend, hinüber und herüber. Die Städte blieben einander wenigstens bekannt, flüchtig verwandt, locker verwachsen.

Die Weststadt saß isoliert durch den Neuanfang der wirtschaftlichen und gesellschaftlichen Tradition, durch Absperrung vom Land, durch Wohlstand. Auch die Stadtbahn wurde in ihren friedensmäßigen Anschein hineingezogen, obwohl an ihr Züge waren, die hinter der weststädtischen Zeit her standen, wie Versteinerungen der Zeitschicht, nachkriegsverwittert, unverhältnismäßig, sozusagen absurd:

Auf westberliner Gebiet waren in den Stadtbahnzügen alle ihresgleichen, oder doch in den Schutz dieser Gleichartigkeit aufgenommen. Fremd dazwischen, vergebens bemüht um Selbstverständlichkeit, standen Uniformen der ostdeutschen Bahnpolizei. Die setzten sich nur zu mehreren, wenn sie ein Abteil ganz belegen konnten.

Die oststädtische Stadtverwaltung unternahm auch den Versuch, in das Hoheitsrecht der weststädtischen Kommandanten einzusteigen, indem sie Symbole ihres Staates auf Stadtbahnhöfen aushängen ließ. Sie nahm deren Entfernung hin. Um so deutlicher wurde der Versuch.

Für einen Schreck reichte der Weststadt auch, daß ein Wasserrohrbruch im Osten die Stadtbahn im Westen anhalten konnte, da sie mit ostberliner Strom fuhr.

Öfter wurden in den Nachtstunden Züge beschädigt von Betrunkenen und Jugendlichen, die auch mit Steinen warfen, die Schienen blockierten. Obwohl diese Vorfälle den Durchschnitt der Kriminalität an anderen Orten der Stadt nicht überzogen, sagte die ostberliner Verwaltung der westberliner damit Sabotage nach, gab den Bahnangestellten aber ernstlich auf, der weststädtischen Polizei die Fahndung zu erschweren. In einem Fall ist vor Gericht erwiesen, daß die östliche Direktion ihre heilige Stadtbahn von käuflichen Rowdys beschädigen ließ, zugunsten einer unvorstellbaren Politik. (In den übrigen Fällen soll es sich um schlichte Straftaten gehandelt haben.)

Befremdend auch saß im Preisgefüge Westberlins der Fahrpreis der Stadtbahn um die Hälfte billiger als die Tarife der hiesigen Verkehrsgesellschaft. Diese Forderung stand in einem unwahrscheinlichen Verhältnis zum Betriebsaufwand und hatte den anders gemeinten, ostdeutschen Namen Kampfpreis.

Das alles ließ sich sehen und vergessen im Gedränge des allnachmittäglichen Berufsverkehrs, beim raschen Umsteigen, beeilen bitte. Dann wurde der Unterschied der Weststadt zu ihrer Umgebung in volle Kraft gesetzt durch Trennung.

Im Sommer 1961 hatte die ostdeutsche Regierung die Wirtschaft ihres Landes durch Eigensinn und Irrtum schwer beschädigt, die meisten ihrer Bürger durch Gewalt und Drohung so verärgert, daß bald an jedem Tage über tausend Leute auf der Stadtbahn nach Westberlin fuhren, der einzigen noch offenen Stelle Ostdeutschlands, entschlossen, dahin nicht zurückzukehren. Die Station, an der das Flüchtlingslager stand, und der Ausweg durch die Luft nach Westdeutschland, war lange schon ein geläufiges ostdeutsches Wort, als Hoffnung, als Redensart. Jetzt, da deren Regierung endgültiger drohte und die antikommunistische Presse der Westgebiete die Angst einpeitschte, wurde der Bahnhofsname zu einem panischen Ort. Die ostdeutsche Regierung verlor lebensgefährlich viele ihrer Arbeitskräfte, deren leere Stellen zogen täglich mehr nach. Die Zeit der völligen Ausblutung Ostdeutschlands hätte sich vorausberechnen lassen.

In dieser Situation fand die ostdeutsche Regierung nicht den Mut, ihre wirtschaftlichen Ursachen anzugeben, so dringend ihre Ideologie sie dazu verpflichtet hatte. Unter dem Vorwand, es werde in Westberlin und in Westdeutschland ein bewaffneter Angriff gegen Ostdeutschland vorbereitet, wurden die Grenzen um Westberlin völlig geschlossen mit Stacheldraht, Mauersteinen und Militär, was alles zusammen ein antifaschistischer

Schutzwall genannt wurde, gerichtet gegen die eigenen Bürger. Am Ring der Stadtbahn konnte endlich Gebrauch gemacht werden von den schon 1955 vorbereiteten Wendeschleifen gegenüber den weststädtischen Bahnhöfen Gesundbrunnen und Sonnenallee. Die übrigen Verbindungen wurden demontiert, Schienen auseinandergebogen, Eisenpfähle eingerammt. Der Ring, eine fast natürliche Bahn im Organismus des Verkehrs: zerbrochen. Die Vorortlinien, die Einladungen der Stadt an die Städte, an Potsdam, Falkensee und Nauen, Velten, Oranienburg, Bernau, Strausberg, Erkner, Königs Wusterhausen, Teltow, Mahlow, Zossen: abgewürgt, zerschnitten, tot.

In Westberlin fuhr die Stadtbahn eingesperrt. In den ersten Tagen nach der Absperrung begannen die Fahrgastzahlen abzunehmen. Voller als gewöhnlich waren die Züge auf der einzigen Strecke nach Ostberlin, solange die Bürger Westberlins die andere Stadt noch betreten durften.

Die ostdeutsche Sprache verwies auf die Endgültigkeit, die dieser Staat mit der Schließung gewonnen habe, und verlangte, allen anderen Passierscheine ausstellen zu dürfen, und zwar bereits auf westberliner Gebiet, auf den Stadtbahnhöfen. Als diese Büros in Fahrkartenschaltern im Auftrag der Stadtkommandanten und unter Hinweis auf deren Hoheitsrecht geschlossen wurden, schickte das Grenzmilitär die Westberliner zurück.

Die westdeutsche Sprache wollte den Grund so sehen, daß die andere Polizei nicht ausreichende Kontrollverfahren vorbereitet hatte für diesen Fall und deshalb allzu hilflos war gegen Leute, die hinüberkamen mit einem westberliner Ausweis in der Hand und einem in der Unterhose, damit sie bei der Rückkehr Staatsbürger mit sich führten, die den Bildern im zweiten Ausweis nur ähnlich sahen. Damals glaubte man an eine vorläufige Aussperrung, eine Atempause für die Entwicklung besserer Kontrollen.

Tatsächlich sind immer noch die Bewohner des westberliner Besatzungsgebietes die einzigen Nationalitäten der ganzen Welt, die weder über die Straße noch über die Bahn in die andere Stadt dürfen, es sei denn für immer. Wenn ihre Situation beschrieben wird mit der Versicherung, ihre Rechte seien in denen der Schutzmächte enthalten, so ist ihre Lage gefährlich, vorausgesetzt, ein Fehler verderbe die ganze Rechnung.

Dazu hören sie aus Ostberlin, sie hätten ihre Trennung von Freunden, Verlobten, Familie und Verwandtschaft selbst verschuldet, indem sie die Schließung der Passierscheinbüros sich hätten gefallen lassen. Da wird von merkwürdigen „vielerlei" Methoden politischen Protestes gesprochen. Da wird ihnen das Ergebnis der Wahlen zur westberliner Selbstverwaltung angelastet als Einverständnis mit den Maßnahmen, die diese Verwaltung im Auftrage ihrer Vorgesetzten ausführt, und dies alles aus dem Munde einer Regierung, deren Partei in Westberlin auf die verächtlichste Weise geschnitten wurde und die sich wie anderen das Unterlassen von Einmischungen zum Prinzip macht.

In den ersten Tagen nach dem Aussperren der Ostdeutschen war die öffentliche Stimme Westberlins gefährlich aufgeregt. Die Gründe für die Abwanderung in Massen waren zu unterschiedlich gewesen, als daß einer hier sie hätte zusammenfassen können, immerhin hatte die Verweigerung des Übertritts brutale Gesten. Das zunehmende Sperrbauwerk, damals schon Mauer genannt, fiel grausig aus der Zeit Westberlins heraus, war zurück in der Geschichte, tödlich für Leute ohne Uniform; ihre alltäglichen Bestandteile aus den Lagern des Wohnungsbaus, Mauersteine, Betonplatten und

Winkeleisen, flossen mit dem Stacheldraht zu altertümlicher Drohung zusammen. Das passive Verhalten der Besatzungstruppen, insbesondere der weltmächtigen Amerikaner, versprach Unzuverlässigkeit, und obwohl eine unerheblich kleine Kampfgruppe bei ihrer Verlegung nach Westberlin mit unverhältnismäßigem Jubel begrüßt wurde, setzte sich als Beschreibung der westberliner Lage die Redensart durch: Verkauft sind wir schon, wir fragen uns nur noch, wann wir wern jeliefert sein. Aufträge für die westberliner Wirtschaft wurden mit anderen Gründen zurückgezogen, viel Großbürgertum verließ die Stadt, und die Zurückbleibenden erwarteten unbestimmbare Verschlechterungen, obwohl die ostdeutschen Machthaber Westberlin lediglich aus den Verhältnissen der eigenen Innenpolitik ausgeschlossen hatten. Auch erhob sich Zweifel an einer westdeutsch orientierten Politik, die ein solches Ergebnis nach sich gezogen hatte. In dieser Lage, die dringend nach massenpsychologischer Therapie verlangte, entstand die weitergesagte Auffassung, nach der der Stacheldraht auf der Krone der Mauer ein westdeutsches Fabrikat sei, verkauft gegen westdeutsches Geld.

Am 17. August rief der westdeutsche Gewerkschaftsbund in Berlin (DGB) auf zum Boykott der Stadtbahn und nahm dabei Bezug auf den Stacheldraht.

Sofort erhob die ostberliner Reichsbahndirektion von Westberlinern den Fahrpreis auch dann in Westgeld, wenn sie im Osten einstiegen.

Die Maßnahme, begründet nur in ihrer Richtung gegen die andere, konnte nicht eine Formulierung abfangen, die vorhandene Empörung kanalisierte, und zwar in der Vorstellung, vernünftigerweise müsse ein schwer angeschlagenes Land noch weiterhin geschädigt werden, dies abgesichert durch die Meinung, einleuchtenderweise sei ein diktatorisches Regime nicht fähig, sich auf

Kosten seiner Untergebenen Devisen in ausreichenden Mengen zu verschaffen.

Auffällig genug waren die fünfhunderttausend Fahrgäste der Stadtbahn, die zumeist ihres niedrigeren Verdienstes halber auf dies Verkehrsmittel angewiesen waren, für diese Denkart von Ökonomie empfänglich. Am 19. August blieben bereits hunderttausend der Stadtbahn fern.

Es wurden am Bahnhof Zoo auch Leute tätlich angegriffen und als Kommunistenschweine beschimpft, wenn sie an die Fahrkartenschalter traten. Beauftragte des Gewerkschaftsbundes forderten auf Stangenplakaten: „Keinen Pfennig für Ulbricht!", nämlich den derzeitigen ostdeutschen Staatsratsvorsitzenden, oder: „Die S-Bahn unter Westkontrolle!" und: „Jeder westberliner S-Bahn-Fahrer bezahlt den Stacheldraht am Brandenburger Tor!"

Der DGB erklärte am 20. August, er wollte nicht zu Gewalt gegen Einzelgänger geraten haben. Am 21. standen Plakatträger vor 46 Stadtbahnhöfen. Am 24. August betraten nur noch hunderttausend Fahrgäste die Stadtbahn.

Im Herbst sprach der westdeutsche Gewerkschaftsbund von dreißigtausend Benutzern der Stadtbahn und schloß daran die Bemerkung, ebenso viele westberliner Stimmen seien bei den Wahlen zum Abgeordnetenhaus für die ostdeutsche Staatspartei abgegeben worden. Trotz ähnlicher Erpressung blieb die Zahl von etwa hunderttausend Fahrgästen am Tag bis 1963 beständig.

Wie beabsichtigt, gingen die Einnahmen der Stadtbahn in Westberlin zurück. Vor der Sperrung hatte man die Fahrgastzahl multiplizieren müssen mit 22 Pfennigen, das hatte einen monatlichen Betrag von zwei Millionen Mark ergeben. Nach der Sperrung verringerte die Verkürzung der Strecken den Multiplikator um einen

Pfennig, und der Boykott beschränkte den monatlichen Eingang bei der Stadtbahn auf etwa 600000 Westmark.

Eine Rolle Stacheldraht zu zwölf Metern kostet, bei Abnahme größerer Posten, 4 Mark.

Nicht nur behindert der Boykott die Auffassung der Lage; er beschädigt auch die Gesundheit der Weststadt; ihren öffentlichen Verkehr.

Von einem Tag auf den anderen kamen auf die westberliner Verkehrsgesellschaft, einen Eigenbetrieb der Stadt, vierhunderttausend tägliche Fahrgäste mehr zu. Das kam einem Faustschlag in ein empfindliches, von Schwächeanfällen heimgesuchtes Gewebe gleich. Die BVG war gezwungen, private Omnibusse zu mieten. Viele kommunale Stadtverwaltungen Westdeutschlands, verschuldet, zuschußbedürftig, schickten Autobusse ihrer Verkehrsunternehmen, mit Fahrer, der Stadt Westberlin zu Hilfe in einer Lage, in die sie sich selbst gebracht hatte. Schneller als kaufmännisch mußte der Wagenpark vergrößert werden. Die rätselhafte Abneigung vieler Westberliner gegen die Untergrundbahn, unaufklärbar, behauptete sich. Es mußten unrentable Buslinien eingeführt werden, deren einziger Sinn in ihrer zeitweiligen Parallelität zu Stadtbahnstrecken lag. Der Zuwachs an Fahrgeldeinnahmen wurde so gründlich verschlungen, daß er das Ansteigen des Defizits bei der BVG nicht im mindesten aufhielt. Will man das Gedränge in den Autobussen, die langen Wartezeiten an den Haltestellen, die Zusammenbrüche der Fahrpläne, die eingeengten Busherden auf den überfüllten Straßen hernehmen als den Puls der Großstadt, so muß man ihn auch als provinziell erkrankt bezeichnen, will man im Bilde bleiben.

Es erweist sich, daß die Stadtbahn, 1882 angefangen als die erste Viaduktbahn Europas und seitdem zusammengewachsen mit der Stadt in achtzig Jahren, nicht zu ersetzen ist. Der Vergleich des Boykotts mit einer Amputation zieht den mit schweren Kreislaufstörungen nach sich.

Als die ersten Argumente zugunsten des Boykotts ermüdet waren, versuchte die Presse ostdeutsche Stacheldrahtgewinne oft zu beweisen mit der Behauptung, die Verkehrsanlagen der Stadtbahn würden nachlässig unterhalten und kaum repariert. Tatsächlich wandte die Stadtbahn 1961 verhältnismäßig geringe Mittel für Reparaturen auf, 1962 jedoch wurden westberliner Firmen für ungefähr anderthalb Millionen Westmark mit Reparaturen des Oberbaus beauftragt. Allerdings hat die ostberliner Reichsbahndirektion märchenhafte politische Hoffnungen über kaufmännische Vernunft gestellt, als sie den Fahrpreis von zwanzig Pfennig nicht den tatsächlichen Aufwendungen anpaßte, so daß von den monatlich eingenommenen 2 Millionen Westmark früher ganze 1,95 Millionen auf Löhne und Gehälter gingen. Da ist gar kein Reingewinn möglich. Es können nicht gut Mängel am Zustand der Stadtbahn vorgebracht werden von denen, die diesen Zustand mit Boykott verschlechtern.

Mit ähnlicher Feinheit wird zum Boykott geraten, wenn es heißt, der Betrieb der Stadtbahn sei nicht sicher. Tatsächlich war die berliner Stadtbahn vor dem Jahr 1939 mit ihren automatischen Streckenblocks die modernste des damaligen Europa. Die Beschäftigung Deutschlands mit dem Krieg verhinderte von da eine ordnungsgemäße Unterhaltung der Anlagen bis heute. Das liegende wie das rollende Gut ist überaltert, und wirklich hat der ungepflegte Zustand des Oberbaus dazu geführt, daß Bahnmeister ihren Dienst nicht mehr fortsetzen wollten, da sie für ein Unglück von dem westberliner Kommandanten haftbar gemacht werden; es gibt lockere Schwellennägel, die unter den Zügen tanzen, die letzten Wagen schlingern in den wackligen Schienen, es gibt Schienenbrüche, Dauerkurzschlüsse, Motorenschäden, und es gibt die technischen Beauftragten der Kommandanten, die den Betrieb und Verkehr der Stadtbahn als befriedigend abgenommen haben. So bleibt bei diesen Ausstellungen bestenfalls der naive Stolz auf die modernste und leiseste Untergrundbahn in Westberlin übrig, der aber nichts weiß von dem technischen Zustand der Schnellbahnen in London, Paris und New York. Er entspricht dem der Stadtbahn.

Die Stadt Westberlin lebt freiwillig nach den Gesetzen der Marktwirtschaft, ihre Parteien versprechen dem Mittelstand Hilfe und Schutz. Die Kioske, Ladengeschäfte auf den Stadtbahnhöfen sterben einen langwierigen, schweren Tod. Und es ist nicht Ostdeutschland, das daran verliert, sondern die westdeutsche Treuhandstelle für das ehemalige Reichsbahnvermögen, die an solchen Mieten jährlich drei Millionen Mark einbüßt.

Die Sozialdemokratische Partei Deutschlands, die als Partei am 17. Oktober 1961 zur Fortsetzung des Boykotts aufrief, zahlt als Regierung den etwa 7000 Beschäftigten der Stadtbahn monatlich 40 Prozent des Entgeltes in hier gültiger Währung, da die ostberliner Reichsbahndirektion nur den 700 Mitgliedern der ostdeutschen Staatspartei 100 Prozent Westgeld zahlt, den normalen Angestellten nicht mehr als 60. Da ostdeutsches Geld nicht konvertierbar ist, müssen diese Zahlungen den Betrieb der Stadtbahn stützen sollen, die es aber öffentlich nicht gibt.

Statt sich selbst an die Absichten des Boykotts zu halten und die durch den Ostsektor führenden Linien der Untergrundbahn stillzulegen, zahlte der westberliner Senat bisher zwei Millionen Westmark nach Osten, ohne über die Verwendung dieser Summe eine Kontrolle zu haben, wie bei der Stadtbahn gemeint.

Der westdeutsche Gewerkschaftsbund, der der Stadtbahn die zwanzig Pfennig des einen Westberliners nicht gönnt, läßt den andern fünf Mark für eine Benutzung der Autobahn mit dem Wagen entrichten und mehr, bis zu 130 DM für einen Lastwagen. Die ostdeutschen Behörden nahmen seit der Einführung der Straßengebühren im September 1951 bis zum gleichen Monat 1961 etwa 256 Millionen Westmark ein, dazu 2 Millionen Gebühren für Verkehrsdelikte, dazu 60 Millionen Gebühren auf den Wasserstraßen von und nach Westberlin; sie gaben aber für Reparaturen, Brücken, Umleitungen, Deckenerneuerungen höchstens 50 Millionen Mark aus, so daß sie bis dahin einen Reingewinn von 268 Millionen Westmark verzeichnen konnten, dessen Vermehrung die Vertreter des Stadtbahnboykotts nicht antasten, Stacheldraht hin, Stacheldraht her.

Es ist nicht einmal wahr, daß die Stadtbahn dem ostdeutschen Staat gehöre, daß allein dies schon einen Boykott rechtfertige. Die Stadtbahn war ein Bestandteil der Reichsbahn, wie in Hamburg. Das gesamte Vermögen der Reichsbahn wurde nach der deutschen Kapitulation von den alliierten Siegermächten beschlagnahmt. Das Liegenschaftsvermögen auf westberliner Gebiet ist einer Treuhandstelle überantwortet. Das Betriebsvermögen der Stadtbahn ist der Reichsbahndirektion in Ostberlin übergeben, da sie mit dem Betrieb und Verkehr der Stadtbahn beauftragt ist. Das Eigentum an der Stadtbahn haben die Stadtkommandanten Westberlins. Demontiertes Material muß im jeweiligen Sektor neu verwandt werden, Verbringungen in andere Sektoren bedürfen der Genehmigung. Verkaufserlöse müssen einem Sperrkonto überwiesen werden. Hatten Sie das Besatzungsstatut vergessen? Und wenn einer wissen will, wohin die Einnahmen der Stadtbahn gehen, beobachtet er am besten die geheimnisvollen Transporte der Groschen in den westberliner Stadtbahnhof Bellevue. Dort macht sich die westberliner Verwaltung der Stadtbahn in ihrer Verlegenheit eine eigene Bank. Da sie mit anderen Banken nicht einmal zum Zweck des Sortenwechselns verkehrt, muß sie sich auf lächerliche Umwege verlegen, um die westberliner Firmen für ihre Arbeiten an der Stadtbahn in hinlänglich großem Geld entschädigen zu können: Wer an einem Fahrkartenschalter einen großen Schein anbietet, bekommt mitunter ungefragt bis zu zwanzig und fünfzig Mark in Messing und Silber heraus, wenn er das tragen will. Das ist das Geld, das angeblich den Devisennöten der ostdeutschen Machthaber aushilft.

Hier machen sich die politischen Führer Westberlins einen Spaß. Sie machen sich einen unpraktischen Spaß mit Leuten, die kein Auto haben, die nicht genug verdienen für die Tarife der hiesigen Verkehrsgesellschaften, denen der Unterschied zwischen zwanzig und fünfundvierzig Pfennig am Ende der Woche etwas ausmacht, die zeitraubende Umwege auf den Bussen hinnehmen müssen. Schlaf und Kraft verlieren müssen zugunsten der Lüge, damit könne etwas gegen den Kommunismus getan werden. Die Verwaltung Westberlins bestellt sich eine politische Demonstration und läßt sie von den Schwächsten bezahlen.

Wir haben hier eine Stadtbahn, elektrisch, geheizt, für Schnellverkehr. Nachdem die von uns gewählten Regierungen in unserem Namen, gegen unseren Auftrag jahrelang versäumt haben, die Ostdeutschen in den Westen, in den Frieden nachzuholen, sind wir endlich von ihnen getrennt durch verminte Grenzen zwischen den Machtgebieten, durch sichere Kontrollsperren, durch die Unterbrechung der Stadtbahn. Unsere Freunde wohnen wenige Stationen, wenige Minuten auf der Stadtbahn von uns entfernt. Wir dürfen sie nicht sehen. Die ostberliner Linien umgehen uns, oder die in den Ostsektor führenden Ausgänge sind vermauert. Wir haben in unserer Stadt unbegreifliche Stellen genug, wir haben etwa einen exterritorialen Bahnsteig mitten in Ostberlin, über den wir aus der Nord-Süd-Bahn umsteigen können auf den Bahnsteig der Linie nach Westkreuz, wohin aber unsere Angehörigen, die wir vor dem Bahnhof wissen, nicht können, aufgehalten von Schildern, gekachelten Kontrollzellen, verbauten Aufgängen. Das reicht uns nicht.

Die Folgen des Krieges, den die vorigen Deutschen uns nach Hause geholt haben, schieben wir auf die Stadtbahn. Wir anerkennen sie nicht. Wir radieren sie von der Karte. Und wenn uns jemandes Nase und Auffassung mißfällt, schicken wir ihm anonym eine Stadtbahnfahrkarte, damit er uns in den Osten verläßt mit seiner miesen Nörgelei an der Verschworenheit der Gemeinschaft. Hierin folgen wir der großen Politik unserer Seite. Da wir nichts tun können, tun wir zumindest dies. Nicht um den doppelten Preis würden wir damit fahren. Wenn wir hören, daß Überfälle und Notzuchtverbrechen jetzt nicht mehr nur auf Schuttplätzen und unbeleuchteten Straßen vorkommen, sondern auch nachts in der verödeten Stadtbahn, haben wir es kommen sehen. Dies alles tun wir in der Meinung, Ostdeutschland zu schädigen. Dazu haben wir den vernünftigsten Grund, sind dort doch unsere Liebschaften, Verwandtschaften, auch Brüder und Schwestern. Wir hacken uns ein Bein ab, wenn es uns paßt! – und sollte es die Stadtbahn sein. Wer weiß, wozu wir nächstens fähig sind. Für diese unsere Haltung lassen wir uns loben von der westlichen Welt, auch diese unsere besondere Lebensweise lassen wir die Westdeutschen mit ihrem Geld unterstützen. Wir lassen uns tapfer nennen, instinktsicher, unbeirrbar. So blicken wir in die Zukunft, mit solcher Klarsicht denken wir sie zu überstehen. Tatsache.

Nur manchmal ... nachmittags, wenn die Busse im Schritt hintereinander herfahren, voll bis zum Dach, gegen Monatsende, wenn uns die fünfzig Pfennig für den Fahrschein zum zweifachen Umsteigen schmerzen, wenn es für ein Taxi schon lange nicht reicht, wenn wir dennoch aus dem Süden in den Norden müssen binnen zwanzig Minuten ... manchmal erinnern wir uns der Stadtbahn, die auf eigenen Gleisen, ungekreuzt, eilig die Ecken und Enden unserer Stadt verbindet. Wir wußten von ihr. In den Restaurants unter ihr zittern Gläser, die Musik scheint in ihrem Dröhnen zu ersticken. Auf den Brücken sahen wir unsere alte Farbe: über einem Rot ein Gelb, klirrende Durchfahrt. In den Unterführungen erschrecken die jungen Hunde, Kinder fühlen Kopfschmerz. Nachts hören wir das atmende Bremsen und Anfahren, singende Beschleunigung. Wir hatten aber den Verkehr mit ihr abgebrochen, jetzt gehen wir befangen auf sie zu, wie auf einen Geächteten, als stießen wir auch uns aus. An den Eingängen der Bahnhöfe, auf Brücken zeigen grüne Transparente das weiße S: Stadtbahn. Dann hatten wir uns doch nicht vorgestellt, daß die Ladengeschäfte mit Bohlen vernagelt, zugestellt sind, und zwar nicht wegen Krankheit, Todesfall, Alter, sondern unseretwegen.

Oft sind die Fahrkartenschalter geschlossen, die Karten werden am Eingang des Bahnsteigs verkauft und gelocht, wir finden uns nicht gleich zurecht. Wir wundern uns über die entgegenkommende Freundlichkeit der Beamten, die dazu früher keine Zeit hatten, und wir erinnern uns, daß wir ihre Arbeitsstelle verfemt hatten. Wir brachten auch zuwege, daß die Züge seltener fahren, kürzer sind, an geschlossenen Stellwerken vorbei. Auf den Reklametafeln sehen wir die großen Firmen und Kaufhäuser unparteiisch mit uns rechnen, obwohl wir jetzt Verräter sind. Ein Maler streicht von hoher Leiter das Innere des Bahnsteigdachs, das hat man uns anders gesagt. Es stehen tatsächlich einige Leute auf der Plattform. Die Blicke gehen aneinander vorbei. Wir müssen lediglich Geld sparen, wir haben es bloß eilig, wir möchten nicht verachtet werden als Parteigänger der Institution, die all die Hunderttausende meiden wie aus einem guten Grund. Da wir der Stadtbahn ostdeutsche Staatsgesichtszüge aufgezwungen haben, könnte der Mann neben uns, jeder andere Fahrgast ein Parteigänger sein. Fast wäre uns ein Schläger lieber. Was sagt man dem, wenn er jetzt gleich was sagt. Es wird wenig gesprochen in den Abteilen, sie sind regelmäßig leer, und auch nach Ende der Arbeit kommt es nur zu zwei Leuten auf einer Bank, nicht zu Nachbarschaften. Dies war früher ein belebter Teil der Stadt. Wir ließen ihn krank werden, als hätten wir's dazu, gaben ihn auf, als sollte sie es nicht mehr lange machen.

Versuch, über unsere Stadtbahn eine Kurzgeschichte zu schreiben: Da kommt also am Sonntagnachmittag Frau Poggenrath zu Besuch bei ihrem Sohn. Sie kann mit seiner Frau nicht recht, die fremde Familie ist schwer niederzuleben, aber seit da der Enkel ist, sagt Frau Poggenrath doch immer: Ich will die Kinder ja nicht aus den Augen verlieren. Vorsichtig prustend steigt sie die glatte Betontreppe hinauf, hält inne auf den Absätzen, sieht ein neues Namensschild, danach wird sie am Kaffeetisch fragen. Man muß sich immer etwas zum Reden mitbringen bei Leuten, die was anderes leben. Seufzend legt sie die Hand wieder aufs Geländer und zieht sich höher. Mit Wasser in den Beinen, da lauf einer. Sie steht vor der Tür, es ist ihr Name, sie ist bewegt. Die Arme werden ihr lahm beim Zurechtrücken des Hutes. Jetzt ist sie nicht mehr kurzluftig, jetzt wird sie klingeln. Der Enkel öffnet, fünf Jahre ist er alt, er sieht ihrem Mann so ähnlich, vielleicht wird es an diesem Nachmittag keinen Streit geben. – Au fein! sagt der Knabe, ruft in den Flur: Omi ist da! Frau Poggenrath hört das schwere Ausatmen ihrer Schwiegertochter, sie lächelt in abknickenden Mundwinkeln, wenigstens freut sich das Kind. Gewiß sieht das aufgeweckte Kind der Omi mit Wohlwollen entgegen, weil sie etwas mitbringt, leider, aber es sieht doch wenigstens so aus. Nur, heute hat sie nichts, gestern war Festtagsputz, sie wollte noch einmal über die Straße und dem Kind diese Bilderbücher kaufen, die sein Vater aber nicht haben will, o Gott, die Treppen, und dann hat sie es vergessen. Der Blumenladen an der S-Bahn ist nun auch schon die fünfte Woche zu, was mag bloß mit den Leuten passiert sein? Ja, ihr kommen neuerdings so Abwesenheiten, sie muß gewiß noch zum Arzt, und was recht ist, soll Gewohnheit bleiben, heute hat sie nur etwas zu überreichen als Versprechen für den nächsten Sonntag. Und sie gibt dem Kind ihre Stadtbahnfahrkarte. Hat sie dem Knaben mitgebracht, zum Spielen wird es schon reichen. – Woher haste'n die? erkundigt der Knabe sich, er kann sie zwar gebrauchen, aber die Herkunft muß geklärt sein. Frau Poggenrath erklärt verwirrt: woher soll sie die wohl haben, von der S-Bahn doch. – Aber das darfst du doch nicht, Omi! sagt der Enkel vorwurfsvoll, und Frau Poggenrath weiß sich kaum zu lassen, Kinder haben manchmal so sonderbare Einfälle, man kann sie gar nicht so rasch verstehen, und jetzt wollen wir die Geschichte fortsetzen. Nein, der Junge ruft und petzt es seinem Vater, daß Omi mit der Stadtbahn gekommen ist. Darum geht es uns doch nicht, hören Sie mal. Ins Wort fällt uns leider der junge Herr Poggenrath mit der Erklärung, bei uns fahre die S-Bahn nur herum, um Geld zu holen für Stacheldraht. Da irrt der gute Mann, zum Beispiel laut Ordre 217 der Alliierten Kommandantur, da ist er falsch berichtet, sollen wir denn tatsächlich beginnen von vorn? Frau Poggenrath steht immer noch unter der Tür. Jetzt wehrt sie sich auch noch! Warum dürfte sie etwa nicht mit der Stadtbahn fahren, seit vierzig Jahren kommt sie auf der in die Stadt, was soll der Witz, was soll sie mit ihrer Rente, ihren kranken Beinen im Bus? Darum geht es uns nicht, die Geschichte will ganz woanders hin, sie bleibt aber stecken in dem Streit, der den ganzen Nachmittag währt bei Kaffee und Kuchen über die Stadtbahn, und insgeheim schiebt Frau Poggenrath alles auf die Schwiegertochter, die hat aber kaum was gesagt. Wer will denn da erzählen.

Wer möchte da erfinden. Nein, da sind wir doch lieber mit unserem Funkwagen, mit unseren Kameras und westdeutschen Gästen, mit unserer Reportage an den Innsbrucker Platz gefahren, sitzen friedensmäßig im September auf der Terrasse und bestellen uns ein gut geschenktes Bier. Wir erklären Ihnen die Situation am Beispiel des Verkehrs. Auf der Fahrbahn sehen Sie drei Reihen Autos nebeneinander vor der Ampel warten. Die Schlangen stehen bis zum Anfang des nächsten Blocks. Über den Zebrastreifen schwemmen Ströme von Fußgängern, die auf dem breiten Trottoir verrieseln, an der Bushaltestelle dicke Klumpen bilden und vergrößern. Der erste Bus nimmt nur drei Personen auf, der Schaffner schwitzt, schreit. Betrachten Sie weiterhin den Kreisverkehr, in den aus allen Richtungen Autos einfallen. Die Glastüren des Untergrundbahnhofs schwenken unablässig hin und her zwischen den Fahrgästen. Im ausgezehrten Himmel sehen Sie blitzend ein Flugzeug herankommen, ausgebucht, voll besetzt setzt es schräg zur Landung an. Im Hintergrund der Szene läuft leise rasselnd die Stadtbahn aus der Halle über die Brücke. Die Fenster zerhacken das Gegenlicht. Die Stadtbahn ist leer.

1964

Das soll Berlin sein

Antwort auf Zuschriften

Dies geht auf jene Argumente in den Leserbriefen zu meiner Darstellung des Boykotts gegen die westberliner S-Bahn, die sich zusammenfassen lassen in dem Satz: Wir fahren nicht mit der kommunistischen S-Bahn, obwohl es uns nichts nützt, weil es dem Osten schaden könnte, der Mauer wegen, und das, sehn Sie, soll Berlin sein.

Es fängt an damit, daß ich ein Berliner nicht sei, weil mein Artikel die Gelegenheit versäumte, auch noch bei diesem Anlaß zu unterscheiden zwischen der ursprünglichen Stadt- und Schnellbahn zwischen West- und Ostkreuz, der Ringbahn, der Nord/Süd-Bahn und der Vorortbahn. Dazu verweise ich auf das Heft 52 vom 24. Dezember 1930 der Zeitschrift „Die Reichsbahn" (Seite 1322): „Die Berliner Stadt-, Ring- und Vorortbahnen werden künftig kurz S-Bahn heißen. Die Reichsbahn beabsichtigt, soweit es die knappen Mittel gestatten, nach und nach Tafeln und Transparente anzubringen, auf denen das weiße S auf grünem Grunde weithin leuchtet." Hinzugefügt sei die Versicherung, daß ich den Übergang einer Fahrt von der Zehlendorfer auf die Wannseebahn zu erkennen weiß, wie auch die Annahme, daß es dies Mal nicht geht um den Gebrauch solcher gewichtigen Verästelungen des Systems, sondern um den Mißbrauch des ganzen.

Der Mauer wegen. Es mag eine verbreitete Auflage sein, bei jedem westberliner Gegenstand von der Mauer, Schießbefehl und Schießereien zu sprechen, als seien die Zonengrenzen nicht auch verdrahtet und vermint und beschossen, und zwar schon länger; erst recht bei so was Ostdeutschem wie der S-Bahn. Das mag Manchem passen, bei der S-Bahn in Westberlin paßt es nicht. Zwar hatte sie schon bei den ersten Teilungen Berlins ein unbestimmtes ostdeutsches Aussehen: weil mit ihrem Betrieb und Verkehr die ostberliner Reichsbahndirektion beauftragt war, weil 1949 die westberliner Eisenbahner die ostberliner Verwaltung bestreikten auf Entlohnung in Westmark, weil sie schäbig gehalten wurde bis vor kurzem. Weil sie benutzt werden konnte zu einem Preise, der ostdeutsch aussah (in Wirklichkeit aber aus dem Preisstop rührte, den die Hitlerregierung 1944 verordnete und den die ostdeutsche Verwaltung übernahm, weil sie ebenso wenig über einen offenen Markt verfügt); weil ein westberliner Senator Busse zur Verfügung stellt, wenn seine Bauten den S-Bahn-Betrieb unterbrechen, und nämlich zu dem befremdenden Fahrpreis von 20 Pfennigen. Ostdeutsch schien sie, weil die Alliierten nicht auf jedem Buchstaben ihres Hoheitsrechtes bestanden und ostdeutsche Transportpolizei zuließen. Weil Gerüchte von Entführungen sich hielten. Schließlich, weil die Alliierten 1961 zwar den ungehinderten Verkehr in der Luft und auf den Autobahnen zu „essentials“ erklärten, nicht aber den auf der S-Bahn. Tatsächlich aber gehörte und gehört die S-Bahn in Westberlin den westberliner Stadtkommandanten, und die so genannte Mauer gehört den so genannten ostdeutschen Machtinhabern; und auch nicht der Boykott bringt beide in ein gemeinsames Grundbuch.

Es ist auch nicht gleich, pardon, Demagogie erwiesen, wenn man den Aufruf zum Boykott der westberliner

Stadtbahn in Beziehung setzt zu den Geldern, die die ostdeutsche Kasse weiterhin einnimmt auf den Autobahnen, Wasserstraßen, aus der Weiterführung von U-Bahn-Linien durch den Ostsektor; denn ist nicht die ausgesprochene Absicht des Boykotts, Ostdeutschland zu schädigen, wo es geht und überall? Allerdings war dieser Gedanke nicht so edel und ungebrochen wirklich zu machen, wie DGB und SPD ihn vortrugen, er hat sich nämlich gleich gestoßen an der Realität, von der ja nicht einmal Briefe angenommen werden: ein Boykott der Autobahnen wäre ihr Verlust. Ein Boykott der U-Bahn-Linien im Ostsektor wäre ihr Verlust. Den Verlust der S-Bahn glaubten DGB und SPD den Westberlinern zumuten zu können; es ist wohl erlaubt zu zweifeln, ob wir es denn dazu haben im Defizit der westberliner Verkehrsgesellschaft; ob wir überhaupt in der Lage sind, jemanden zu schädigen; ob die Beziehungen zwischen den Städten Berlin nicht weniger zerschossen würden, wären wir nicht so aus auf die leere Gebärde des Schädigens. Und zudem ist zu befürchten, daß der Boykott das Eigentum der westberliner Stadtkommandanten an der S-Bahn aushöhlen könnte, daß die Westberliner sich allmählich des Rechts auf ihre eigene Stadtbahn begeben, je länger sie sie boykottieren.

Verglichen mit den ostdeutschen Einnahmen auf Autobahnen, Wasserstraßen, aus der U-Bahn sind die finanziellen Einbußen durch den Boykott der S-Bahn verhältnismäßig unerheblich; erreicht wird nur, daß der ostdeutschen Wirtschaft noch mehr Devisen entzogen werden müssen für den Zuschußbetrieb westberliner S-Bahn. Wieso ist das eigentlich ein Grund zur Schadenfreude? Wen schädigen wir denn? Die Beamten Ostdeutschlands zahlen sich ihr Gehalt nicht in West, und Devisen sind nicht nur gut für Spionage und Propaganda, man kann damit auch einkaufen für die Wirtschaft und Versorgung jener Leute, von denen es gelegentlich heißt, sie seien unsere Brüder und Schwestern, und man müsse ihnen helfen. Wer weiß, was die Bundesregierung sich gedacht hat mit den Lieferungen im Interzonenhandel, was sie sich denkt mit ihren Kreditangeboten; denkt Westberlin besonders?

Wahrhaftig, es gibt die Unterstellung, der Boykott der S-Bahn sei ein Beispiel für ein besonders berlinisches, politisch vernünftiges Verhalten. Nun ist aber von den beiden Organisationen, die zum Boykott aufriefen, niemals die absurde Behauptung zurückgenommen worden: es seien die S-Bahn-Einnahmen, die die Mauer bauten. Das Vertrauen in die Glaubwürdigkeit von DGB und SPD wird doch wohl allgemeiner sein, und die Westberliner meiden die S-Bahn doch wohl aus Vertrauen zu ihrer Presse, die zwar den Aufruf zum Boykott brachte und unterstützte, aber unterließ, ihn abzusagen. Es scheint mir eine Beleidigung für die Einwohner dieser Stadt, wenn man ihnen nachsagt, ein jeder sei sich klar über die Fruchtlosigkeit des Boykotts, klar über dessen Bosheit gegen die Bevölkerung Ostdeutschlands – und boykottiere trotzdem. Es gibt Leitartikler, die solche emotionale Sturheit für Einsicht halten; es gibt aber auch eine andere Art berlinischen Verhaltens, die eher den Namen Vernunft verdient, nämlich ein unbefangenes, nüchternes Erkennen der vorhandenen Lage, dem Zahlen nicht zu unfein sind.

1964

Nachtrag zur S-Bahn

Die Berliner S-Bahn habe ich gelernt an den Linien, die sie den Reisenden vor die Stadt entgegenschickte. Immer wieder, wenn die bulligen Wagen an den Fernzügen entlangrasselten, bei Hohen Neuendorf oder am Grünauer Kreuz, sah man den Berlinern im Abteil das Ende des Heimwehs an. Für sie war die S-Bahn die erste Begrüßung mit ihrer Stadt, jetzt waren sie wieder zu Hause, nun ging es los mit Berlin. Und es war die S-Bahn, die den Zuwanderer bekannt machte mit der Stadt. Sie zog ihn aus den Fernbahnhöfen in die städtischen Provinzen, mit ausstrahlenden Radialen und einem riesigen Ring, so brachte sie ihm einen räumlichen Begriff dieser Gegend bei, bevor sie ihn entließ nach Köpenick, nach Friedenau oder, leider, nach Marienfelde. Das war früher, da hielt die S-Bahn auch noch die zerstrittenen Städte Berlin zusammen, da lag Baumschulenweg neben Köllnische Heide und Staaken bei Spandau. Nun ist der Ring zerbrochen. Die Vorortlinien, die Einladungen der Stadt an die Städte, an Potsdam, Oranienburg, Königs Wusterhausen, sind abgesagt. Mitten in der Stadt enden Geleise an Prellböcken, da sind echte, wirkliche, tatsächliche Bahndämme weggeräumt, und kein Fremder glaubt uns, daß auf solchen sinnlosen Erdwülsten eine Schnellbahn hinüberging. Wem das noch nicht reicht, dem zeigen wir einen exterritorialen

Bahnsteig mitten in Ostberlin, wo wir aus der Richtung Nord-Süd nach Westen umsteigen, wohin aber unsere Freunde, womöglich auf dem Bahnsteig daneben, nicht können, und auch die Sicht auf sie ist zugebaut. Die S-Bahn muß das Ihrige tun, um uns an die Lage der Stadt zu erinnern. Aber sie ist ein Teil, ein lebendes Glied der Stadt geblieben, auch der halben Stadt. Es ist ja nicht nur, daß uns die Eisenbahn fehlt, und die S-Bahn dafür aufkommen muß mit einer halben Stunde Reisegefühls von einem Zaun zum anderen, auf den Doppelbänken von damals. Nach wie vor erkennen die alten wie die neuen Berliner einander daran, daß sie nicht von der Stadtbahn reden, wenn sie in der Ringbahn sitzen, und wer den Unterschied nicht kennt zwischen der Zehlendorfer und der Wannseebahn, der muß von auswärts sein. Die S-Bahn gehört zu unseren Intimitäten. Das ist unsers, das Rätselraten über den besonderen alten Farbton rund um die Wagen, das Dunkelkarmin, das Ochsenblutrot, das behäbige Gelb darüber. Wir erkennen das Geräusch ohne Nachdenken, die klirrende Durchfahrt, nachts das atmende Bremsen und Anfahren, singende Beschleunigung. Die grünen Transparente an den Brücken und Bahnhöfen, das weiße S: Stadtbahn: es gehört uns, wir wissen, wo wir sind. Die weiten Bahnsteige gehören zur Landschaft der Stadt, und da wird auf uns gewartet. Wir sind an sie gewöhnt, so daß uns das Ausrufen von Station und Abfahrt lieber war als die Abfertigung durch Funk. Wir sind da vertraulich bis zur Aufsässigkeit, sie will uns das Rauchen aberziehen, und wir rauchen doch. Die Stadtbahn, ihre gußeisernen Pfosten, ihre Gewächshausaufgänge, ihr verjährtes Emaille, es hält uns die Vergangenheit der Stadt im Gedächtnis. Und wir sehen sie immer, und aus ihren Fenstern sehen wir die Stadt: hier ist ein Fensterplatz noch was wert. Es gibt Leute, die wollen sie abschaffen. Es gibt andere, die wünschen sich die alten Zeiten neu und mehr vernünftig, eine Zeit mit Fahrkarten von überallher, darauf steht nicht bloß Berlin Ost oder Berlin West, sondern: Berlin Stadtbahn. Da ist die Wahl leicht.

1970

*Erinnerung an Werner Düttmann **

Damit Werner Düttmann einen Spaß hätte, weil es Leute gibt, die fangen unweigerlich an mit einem Zitat, tu ich ihm den Gefallen und führe einen antiken Bescheidwisser vor, Menander heißt er, und sein Schnack lautet: „Der Arzt aller notwendigen Übel ist die Zeit." Nämlich wir müssen uns verabreden, diese Redensart für Werner Düttmann zunichte zu machen.

Wenn es einen Trost gibt, wir können ihn beziehen von dem Menschen, dessen wir gedenken. Denn er war vertraut mit dem Sachverhalt, wonach zwischen seinem ersten Bewußtsein vom Leben und dem notwendigen Übel des Sterbens nur eine unbestimmte Zeit ist und das, was er in sie hineinbringen kann nach Willen, nach Kräften. Da er sich Mühe gegeben hat, ist seine Hinterlassenschaft von einer Art, die uns zur Dankbarkeit beredet, zu einer Freude geradezu an dem Glück, das er hatte und bereitete, für sich wie für uns.

Das eine, das erste Glück: Er hatte seine Mutter behalten dürfen bis zum 18. Februar 1977, bis in ihr einundachtzigstes Jahr. Das stelle ich mir vor als ein Geschenk. Den Vater zwar hat er am 9. Juli 1952 eingebüßt, dem sind drei Jahre im Konzentrationslager Sachsenhausen, eine Folge jähzorniger Mißverständnisse, zu schlecht bekommen. Vor allem aber, bis zum letzten Tage seines Daseins hat er sich in einer Welt gewußt mit seiner Schwester, Frau Ursula Schließer, dem Menschen, den er ansah als den allerwichtigsten für sich.

Das andere Glück, das untrennbare: Werner Düttmann hat seine Heimat behalten dürfen. Geboren und aufgewachsen in Berlin, hat er sein Leben fortgeführt im Raum, der Sprache, in den Nachbarschaften dieser Stadt, sich bedankend mit Arbeit für sie. Und wäre er von auswärts, so hätten die Berliner ihn zu einem der ihren gemacht, Ehren halber: indem sie für seine Akademie gleich zwei Übernamen benutzen: „Gewächshaus" und „Kunstspinnerei"; welche Übung hierzulande gelten soll als (noch mal) ein Bürgerbrief.

Aber er ist richtig aus der Caprivistraße, vier Blocks vom Stralauer Tor, als geboren gemeldet an einem 6. März („Michelangelo und ich"), dem von 1921, Sohn der fünfundzwanzigjährigen Frieda Düttmann, des Bildhauers Hermann Düttmann. Zu dem Vornamen Werner bekam er noch die seiner Großväter: Richard, nach einem Eisenbahner, vorsorglich, wie sich erweisen wird; Otto nach einem Bildhauer, der für die öffentlichen Gebäude von Bremen Figurenschmuck verfertigte. Zwar war der Enkel in seiner letzten Woche in Bremen, einen Preis verliehen zu bekommen; gesucht hat er an den Gebäuden von Post und Polizei nach den Bären, Löwen, Heiligen des Großvaters. Aus der Caprivistraße zieht der Vater Werner Düttmanns für ein Jahr nach Brasilien, dort ein Glück zu versuchen; kam nach Berlin nur zurück, um die Familie abzuholen nach Rio. Dem widersetzte sich die Mutter, die Düttmannschen Kinder durften ihr Berlin behalten. Der Junge sollte mit einem roten Spielzeugauto geneigt gestimmt werden zur Auswanderung; der Junge wollte mit etwas anderem spielen. Unbedenklich tauschte er das kostbare Ding ein gegen ein paar Stück Kreide, mit denen man auf dem Pflaster malen kann. Er wünschte sich auszudrücken.

Aber es fehlte in der Familie Düttmann damals das Geld für eine Ausbildung in der Kunst, etwas aufzuzeichnen. Der erste Umzug 1930, in die Genfer Straße in der Weißen Stadt, erwies sich als zu kostspielig für einen „Bildhauer ohne Fortune", Originalton Düttmann, nach einem Jahr mußten sie zurück ins arme Kreuzberg, Großbeerenstraße, eine geteilte Wohnung, Aufgang für Dienstboten. Es ging so knapp zu, den Kindern mußte das Mitgehen bei Schulausflügen untersagt werden. Manchmal kamen am nächsten Tag Kameraden aus der Klasse, von Mitleids wegen, und brachten aufgehobenen Kuchen; das sei das Schlimmste gewesen in jener Zeit. Oft war Essen nur zu haben aus der Kirche St. Bonifatius an der Yorckstraße, oder es mußten bei Bolle Knickeier geholt werden. Schließlich war sogar da die Miete zu teuer, es ging in eine Kellerwohnung an der Lankwitzstraße, Nähe Hallesches Tor, nur zwei Fenster. Erst im Winter 1933 konnten die Düttmanns in ein eigenes Häuschen einziehen, Stadtrandsiedlung Blankenfelde, etwas Eigenes, dennoch unbehaglich.

Die Kinder wurden Fahrschüler, auf der Heidekrautbahn nach Wilhelmsruh (Reinickendorf). Ausgelassene Kinder, mit den Schaffnern auf Neckfuß; mit ihnen verhielt es sich ja so, daß der Bruder gleich eine Schwester vorgefunden hatte. Die aber nannte er, seinen Anspruch anzumelden und Gefühle zu verbergen, Katinka. Heute besteht sie darauf: Es war anders. In Wahrheit sei er das Allerwichtigste in ihrem Leben gewesen, ein unermüdlicher Erfinder von Geschenken, Hilfeleistungen, Ratschlägen. Sie waren sich einig auf der Heidekrautbahn und beraubten amtliche Vorschriften ihrer Heiligkeit, indem sie selber welche an die Wände schrieben, so die, wonach das Abpflücken von Blumen während der Fahrt untersagt sei. Katinka nannte ihren Bruder nach einer Kurzform des Namens von Winnetou, eingedenk gemeinsamer Indianerschlachten in Kreuzberg; Tüte nannte sie ihn.

1942 besannen Hitlers Leute sich darauf, daß ein Werner Düttmann volljährig geworden war. Ist ja unerhört, da studiert einer seit 1939 an der Technischen Hochschule die Baukunst! Den ziehen sie ein, pünktlich. Bei der Luftnachrichtentruppe in Ostpreußen, später in der Ukraine. In Reinickendorf hatte es das erste Mädchen gegeben, dem er Blumen brachte; in der Sowjetunion hatte er von einer zweiten Blumenfreundin Abschied zu nehmen. „Niezapominajki", das hat er sich dauerhaft gemerkt. Es folgt Dienst in Charkow. „Da war das Scheußlichste, was ich hab ansehen müssen in meinem Leben." Danach Kurierdienst zwischen Ostfront und Frankreich. 1944 bei Reims hatten die Amerikaner einen Düttmann auf der Liste, prisoner of war. Er überlebte, mit Glück, das erste Lager in Frankreich; er schaffte noch die Verbringung in ein englisches. In dem, bei der Vernehmung, wurde der junge Düttmann „pampig", Originalton und Eingeständnis; bekam Verschickung nach Comrie in Schottland. Dort schliefen die Kriegsgefangenen zu hundert in den Wellblechbaracken, und von den paar Geheilten in der Ecke mußte jeweils einer wach bleiben, einer Heimsuchung durch die unentwegten Anhänger Hitlers vorzubeugen. Düttmann hatte einen Knüppel in seiner Pritsche, den trug er auch tags als Waffe bei sich. Immerhin gab es noch an diesem Ort Offiziere, die hielten Taktikunterricht ab an einem Tablett voll Sand; wer das für überholt hielt, galt als Verräter. Matthew Sullivan, in seinem Buch „Thresholds of Peace", beschreibt Düttmann als „einen höchst unmilitärischen und ungezwungenen Mann, mit einer Decke um die Schultern", als einen der „am weitesten befreiten Menschen im Lager" und vermutet, das Aufwachsen in einer liberal gesonnenen Familie habe ihn mit einem Gegengift versehen. Als dramatisch an dieser Haftphase bezeichnete Düttmann damals, „wie jeder Standpunkt, den man einnahm, immer noch falsch ausfiel". Er war einer von denen, die im Dezember 1944 verlegt wurden in ein Hotel in Cumbria; er schien anfällig genug für Ausbildung in demokratischem Verhalten. Dort gab es Kurse in Philosophie, Geschichte, Literatur, Musikwissenschaft, Geographie und Architektur; pünktlich trafen die englischen Zeitungen ein, dazu die Schweizerische Weltwoche. Für den Gefangenen Düttmann wurde später in Wilton Park eine Ausstellung seiner Aquarelle und Linolschnitte veranstaltet; unter den Besuchern fand sich der Dichter Walter de la Mare, der Kritiker Herbert Read, der Bildhauer Henry Moore. Moore lud diesen jungen Deutschen in sein Atelier zu London; der durfte auch in Oxford zu Besuch gehen, da hängen noch heute zwei seiner Gemälde. Sehnsüchtiger Briefwechsel mit der Schwester („Ich bin vielleicht zu weit gegangen, / Du weißt, man hat mich weggefangen"); unterschrieben: „Dein Winnetou, der tiefbetrübte". Im zweiten Herbst nach dem Krieg entlassen die Engländer ihn, nach Berlin.

Im November 1946 fuhr kein Zug auf der Niederbarnimer Eisenbahn in Richtung Schorfheide, aber der Heimkehrer mußte aufgepaßt haben bei seinen Touren auf den Schienen als Kurier, oder jemand erkannte ihn auf dieser Strecke, da heizte ein Zugführer eine Lokomotive auf für den einzelnen Passagier, und ein Schaffner warnte die Familie mit der guten Nachricht in Blankenfelde. Desgleichen war ein Großvater bei der Reichsbahn gewesen.

Und was machte Herr Düttmann danach sich aus den Engländern? Hatte er einen Rochus auf sie? Aus England führte er bei sich eine Bekanntschaft mit Henry Moore, zum Zeugnis derer wir eine ungemein bedenkenswerte Figur vor der Akademie zu liegen haben. 1950 bietet ihm die Durham University ein Stipendium fürs Studieren in England; er nimmt es an. Von der Stadt Newcastle heißt es, er habe sie auswendig erzählen können. In London erwirbt er dereinst ein ganzes Haus, Regent's Park Road; dermaßen haben die Engländer ihm eingeleuchtet. Von ihnen hat er den spielerischen Umgang mit Maximen gelernt: „Let's compromise; do it my way". Und das Haus in Morsum, es war doch erst vollständig eingerichtet, als er dafür eine Nummerntafel aufgefunden hatte, deren Ziffern er eigens zu loben liebte als englisch gezeichnet, ganz und gar; eine britische Fahne flatterte daran viele Sommer lang. Und 1981, um seiner Frau noch einmal Auskunft zu geben über sein Herkommen und seine Bewandtnis, bittet er sie auf eine Reise nach England. Was zeigt er ihr da? Ein Hotel in Shap Wells, Cumbria. Das war einmal eine Verwahranstalt für Feinde aus Deutschland. Er gibt sich zu erkennen als ein Insasse, und er ist ein willkommener Gast bei den Engländern.

Vorläufig hungert er nach den Regeln, die 1947 galten für Berlin, ist mangelhaft bekleidet und im Grunde ohne Einkommen. Nichts da, es wird studiert. 1948, und es hat ihm wahrlich genug im Wege gestanden, besteht er die Diplom-Prüfung an der Technischen Universität von Berlin. (Obwohl er, ein Muster an Zuverlässigkeit und pünktlichem Auftreten, zwei Stunden verspätet zum Mündlichen kam, wegen eines Sackes Zuckerrüben, der ihm sonst durch die Lappen gegangen wäre; Scharoun sah ihm das nach.) Unersättlich nach neuen Adressen in Berlin, zieht Düttmann abermals um, in die Gitschiner Straße, wohnt über der Eckkneipe von Herrn Jäker, der hilft ihm mit warmem Essen über die Runden. Da ist auch eine erste Anstellung, Stadtplanungsamt Kreuzberg. Für Werner Düttmann hat der Beruf in Berlin angefangen.

1949, er ist achtundzwanzig, fällt ihm eine Frau auf in

der Stadtbahn. Es verbietet sich, sie augenblicklich anzusprechen; da sind die guten Sitten, die Manieren, nun auch noch englische. Er suchte sie zwei Monate lang, gibt fast täglich auf die Frage nach seiner Tätigkeit an, er fahre S-Bahn; Katinka, die Schwester, weiß wozu. Das Wozu ist die erste Ehe, geschlossen am 6. März 1950 mit einer Frau aus Norwegen, „Tüppen-Küken" heißt sie für ihn, drei Kinder bringt sie mit: Björn, Britt, Bettina. Wohnung in der Bayernallee, später in Spandau. Am 30. September 1951 stirbt Ingeborg Düttmann bei der Geburt seines Sohnes Hans Werner. Sie ist auf dem Waldfriedhof Heerstraße beigesetzt; in ihr Grab zu kommen hat er für sich bestimmt.

Wiederum ein Umzug, der letzte innerhalb Berlins, wohl der bitterste von allen. Denn es geht auf ein Grundstück im Westend, das die Verstorbene sich gewünscht hat. Da muß er eine Ruine in Ordnung bauen, für eine Frau, die tot ist. Werner Düttmann steht auf dem rückwärtigen Balkon des fertigen Hauses, unter sich zwar Fahrgeräusche auf der Strecke nach Hamburg und Sylt, im Blick den täuschenden Baumbestand des Friedhofes Heerstraße, darin weiß er, schräg links von ihm, das Grab Tüppens. Seit dem Einzug, 1954, sagt er dabei: Da werd't ihr mich denn abliefern.

Er wartet länger als zehn Jahre, ehe er es noch einmal versucht mit dem Heiraten, das Datum ist der 13. April 1962, von Renate Düttmann hat er eine Tochter Katharina, geboren am 9. Oktober 1962. Dieser Versuch bewährt sich über vier Jahre.

Danach nimmt er sich fast dreizehn Jahre, bis zum 6. März 1979, ehe er noch einmal den Annehmlichkeiten des Ehestandes sich unterzieht, mit Martina Düttmann, der wir alle wünschten, sie und Werner Düttmann hätten einander noch des längeren beim Leben behilflich sein dürfen.

Er ist gestorben. Aber statt in einer Fremde, ist es ihm zugefügt worden auf den Straßen seiner Stadt, vom Hanseatenweg in Richtung Charlottenburg. Er hatte da eine Arbeit zu besorgen. Er genoß es, chauffiert zu werden; er betrachtete eine Umgebung, die seit mehr als sechzig Jahren die seine war. Dabei starb er. Er atmete einmal schwer. Er neigte sich ein wenig vor. Er saß nur ein wenig stiller da.

Seit vierzig Jahren gehörten zu seinem Handgepäck, den griffbereiten Erfordernissen, die Werke eines Schriftstellers, den zu zitieren er unermüdlich war. So wird ihm auch dessen Wort vom Tod gewärtig gewesen sein. Da fragt ein Malte Laurids Brigge: „Wer giebt heute noch etwas für einen gut ausgearbeiteten Tod?" Und später heißt es: „Zu weit darf [der Tod] sein: man wächst immer noch ein bißchen. Nur wenn er nicht zugeht über der Brust oder würgt, dann hat es seine Not." Für Werner Düttmann ist es abgegangen ohne Not und Würgen; da können wir einig sein: Glück hat er gehabt.

Für den Professor Düttmann eine römische

II.

Zu Werner Düttmanns sechzigstem Geburtstag versuchten die Mitglieder der Akademie der Künste ihm zu zeigen, wie sie ihm verbunden sind oder zugetan; ich zählte ihm was auf in einem Brief. Daß mir das Datum unglaublich erscheine. Weil er mir niemals vorgekommen sei als jemand, der möchte anderen eine Sache voraus haben, etwa die Würde des Alters. Ich berief mich auf das Düttmannsche Nachdenken, das ihm die eigentümlichen Faltenbögen in die Stirn treibt, mehrere über jeder Braue. Auch klingt mir seine Stimme zu jugendlich. Kurz, ich beschwerte mich in sanfter Form, so wie es einem

Mitglied gegenüber dem Herrn Präsidenten eben gerade noch erlaubt ist.

Dann redete ich mich heraus auf die Herkunft des Wortes Gratulation, man könne sie beschreiben als „Angenehmes darbringen", und hielt dem Geburtstagskind entgegen, das habe er doch bereits angebracht und aufgestellt. Das seien seine An-Teile von Berlin, ob sie nun zu finden seien im Wedding, in Zehlendorf, „In den Zelten", im Hansa-Viertel, im Grunewald, am Wannsee und abermals im Wedding – das sind lediglich die, die er für erwähnenswert erachtete. Wenn da noch Glück zu wünschen sei, so weil ich weiß von Leuten, die wohnen dermaßen einverstanden in einem Düttmannschen Haus, die lassen den Architekten auch später noch durch die Tür, zusammen mit ausländischen Kollegen, die mal von innen sehen wollen, wie er das überhaupt anstellt. Für mein Friedenauer Teil dankte ich ihm die Wiederherstellung eines Reliefs am letzten, nordwestlichen Haus in der Hähnelstraße – sehenswert! Denn das hat er getan mit seinem Aufruf von 1964 RETTET DEN STUCK! und der Begründung: „Das sind die Jahresringe von Berlin. Die wollen wir mit Würde tragen." Aus seiner Tätigkeit als Hochschullehrer war zu erinnern an den Ausspruch: „Wer ein Haus bauen kann, der baut eine ganze Stadt." Und was er in Berlin errichtet hat, das erscheine mir, mit fälligem Respekt, als Berlin-Düttmannsdorf.

Zum Anlaß jenes Geburtstages gehörte der Versuch, Werner Düttmann zu danken für die Geduld, mit der er unserer Akademie vorsteht, sooft auch ein Plenum ihn verblüfft, wenn es sich benimmt wie eine heillos verkrachte Schulklasse. Bei all seiner Begabung und Bereitschaft, das Gegenüber anzuhören und zu verstehen, seine Arbeit in der Akademie bedeutete ein Opfer, und er möge noch lange darauf sich einlassen.

Auf eine Antwort war ich kaum vorbereitet. Ein Architekt hat zu arbeiten. Ein Akademiepräsident bekommt viele Briefe. Die Antwort kam nach zwanzig Tagen. Er habe, so schrieb Werner Düttmann, seinen „Nachruf zu Lebzeiten“ gelesen. Das war die Zensur; er hatte dergleichen Übungen angeregt, wenngleich für andere Gelegenheiten. Er habe schmunzelnd gelesen, dies war die Beanstandung: denn so schön sei er wirklich nicht. Dabei hatte ich bloß geschrieben, was ich wußte.

Eine Sache immerhin hat er mir bestätigt. Das ist die Sache mit der Zuneigung, mit der Freundschaft, die hat er mir unterschrieben. Daraus mache ich mir was.

Denn seine Begabung für die Kunst, anderen Menschen Freund zu sein, sie ist mir aufgegangen, seit ich ihn kenne, 1960. Anfangs mit Verwunderung. Denn er hatte mit Bauherrn zu tun, er war Senatsbaudirektor, Professor, Leiter der Abteilung Baukunst in der Akademie – da fällt reichlicher Umgang an, da kann es Ärger setzen, Feindschaft sogar. Und dennoch habe ich weder in Berlin noch auswärts einen Menschen getroffen, der über Werner Düttmann ein ungutes Wort gesagt hätte oder ein böses. Offenbar haben alle an ihm etwas gefunden, das leuchtete ein, das war achtbar, das gefiel ihnen, das liebten sie, das war ihnen recht.

Da hat ein jeder seines; Düttmanns Angebot ist vielseitig. Wir erinnern uns der Gastfreundschaft in seinem Haus; worin nur befremdlich war, daß er alljährlich darin drei Wände versetzte oder verschwinden ließ. Als er seinen Studenten durch einen Neubau den Blick auf die Uhr am Rathaus von Charlottenburg verstellen mußte, verschaffte er ihnen eine andere Uhr; es wird wenige Hochschullehrer geben, die so begrüßt werden: Glückwunsch, Tüte! Viele von uns gedenken seiner Geschenke; denn von zehn Stücken, die er anbrachte von den Flohmärkten in Paris, London oder Berlin, waren immer sieben ausgesucht zum Vergnügen seiner Freunde, auch zu ihrer Belehrung. Wenn die Kritik ihn hart anließ wegen seiner Bauten im Märkischen Viertel, er stand zu seiner Arbeit; und sollte er da Birken anpflanzen mit eigener Hand, am Bahndamm entlang; wiederholte voller Zuversicht auf die Leute, die in seinen Häusern wohnen: Geht doch hin und klingelt und fragt nach mir! Lehrstuhlbesprechungen hielt er mit Vorliebe in der Paris-Bar an der Kantstraße. Wer mit ihm arbeitete, der lobte die universitäre Art, auf die ein Werner Düttmann hält. Mit der Einladung zu seiner dritten Hochzeit gab er das Versprechen, er und seine Frau würden „gute Freunde, liebe Verwandte und weitere Wohlwollende" am Abend zu trösten versuchen. Einmal sollte die Akademie unter seiner Aufsicht einen Ratschlag erarbeiten, den nannte dann der Auftraggeber recht aufwendig; halblaut, in eine exakt abgewartete Pause hinein, sprach Düttmann: Guter Rat ist teuer. Er dachte nach über ein Kind, das sich schwer tut mit den Radiergummifusseln auf seiner Zeichnung; endlich hat er es und bringt und stiftet einen feinhaarigen Pinsel. Wir kennen ihn als einen Künstler beim Erzählen von Geschichten; betrübt haben wir ihn still werden sehen und wegtreten in heimliche Abschiede. Und wie wehrte er sich, wenn einer ihm zu nahe kam mit der Erkundigung, wie es ihm denn ergehe mit dem ärztlichen Verbot zu rauchen? Er versuche dagegen anzurauchen. Er war keinem ähnlich als sich selbst; das kann einem gefallen.

Von meinem Exemplum mit ihm möchte ich auswählen: die Freude zu sehen, wie er einen Raum betrat und die Anwesenden begrüßte. Die Disziplin, die er sich auferlegte; wenn er aussah nach dem Stoßseufzer Fontanes: „Es muß auch *so* gehen." Zuverlässiges Vertrauen. Und einmal bin ich von mir fremden Leuten aufgenommen worden als ein willkommener und verläßlicher Gast, weil Werner Düttmann mich angekündigt hatte. Wie ein

Mensch kaum wegen seiner Tugenden geliebt wird, sondern wegen des Gebrauchs, den er von ihnen macht, so kommt auch Zuneigung aus ohne auch nur annähernde Kenntnis des anderen, ja, es scheint fast, als zöge einen der an, der seine Geheimnisse zu bewahren weiß. Werner Düttmann hatte eines. Es ist, vielleicht, verborgen in einem Gedicht von Rilke, das er rezitieren konnte, als sei es auf ihn geschrieben (Paris, Frühsommer 1908). Es ist eine Absage an das Bleiben, das Besitzen, an die Beständigkeit. Es trägt die, für uns schlimme, Überschrift „Der Fremde“ und beginnt so:

> Ohne Sorgfalt, was die Nächsten dächten,
> die er müde nicht mehr fragen hieß,
> ging er wieder fort; verlor, verließ –.

Es endet:

> Und dies alles immer unbegehrend
> hinzulassen, schien ihm mehr als seines
> Lebens Lust, Besitz und Ruhm.
> Doch auf fremden Plätzen war ihm eines
> täglich ausgetretnen Brunnensteines
> Mulde manchmal wie ein Eigentum.

Werner Düttmann und ich, wir hatten es mit den Zitaten. Denn daß man einander gern hat, das mag angehen, aber es zeigen, unter Norddeutschen! Kommt nicht in die Tüte! Also mußte in meinem Brief zum Geburtstag eine Vorlage her als Behältnis und Versteck; gedruckt ist sie im Jahre 1817 zu Berlin bei Carl Friedrich Amelang, und sie möge mit ihren Abwandlungen uns passen auf diesen Vormittag:

„Wie man bei dem Abschiede eines abgestatteten Besuches noch einmal der Person, welcher unser Besuch

galt, etwas Verbindliches zu sagen pflegt, so auch in der Rede am Schlusse desselben. Man empfiehlt bescheidentlich sich der Person, für welche unsere Rede bestimmt ist, zum fortdauernden Wohlwollen, Andenken oder zur Geneigtheit und Liebe, sagt derselben sein Lebewohl, und schließt dann mit der Endversicherung der unveränderlichen Gesinnung, welche man gegen ihn hegt.“

etwa 1983

Erinnerungen an Titus

Mit Titus war ich mal in einer Lehre.

Mancher mag einwenden, dieser habe einen ganz anderen Namen, einen auffällig deutschen: Szymanski. Aber da ich seit zwölf Jahren seinen Vornamen benutze, kann ich keinen anderen anwenden als den, den Titus' Frau ihm verordnet hat.

Wir kamen lange aufeinander zu, wir sahen es nur nicht. Im Februar 1962 standen wir uns vor Augen, wir fingen gleich an zu reden.

Unverzüglich bekam er heraus, daß ich einmal gelebt habe und ein wenig studiert in der wahren Hauptstadt der DDR, Leipzig/SA. Ich gab den Ball zurück mit der Adresse meines möblierten Zimmers: Ludwigstraße. Er konterte mit der Lage einer Wohnung, die er dort benutzt hatte: Mariannenstraße. Das sind Parallelen in Leipzig-Neustadt.

Da wir in Rom waren, begaben wir uns in den Vorgarten des Cafés, das auf der Piazza Bologna steht. Es dauerte eben noch zwei viiski doppii lang. Dann nahmen wir einander unter Vertrag.

Der Inhalt des Vertrages kann bestanden haben in dem wechselseitigen Gelöbnis, wir würden die Architektur des Sackbahnhofs Leipzig verteidigen gegen jeden, Rücken an Rücken, bis zum letzten Mann. Wir mögen uns geeinigt haben darauf, daß einer des anderen Dorf in Westberlin anerkannte als auch ein Dorf, nicht prächtig, nicht überlegen, beileibe nicht! bloß: als das Dorf des anderen. Eine der nie ausgesprochenen Klauseln dachte ich mir so: wir würden von nun an einer ein wenig achten auf den anderen.

Das war die Lehre. Was er sich von mir nahm, habe ich nicht gefragt. Für mich war es auch Unterricht in der Arbeit eines Bildhauers.

Daß ein Bildhauer Menschen wie Sachen anders ansieht und behandelt als im schreibenden Gewerbe üblich, ich hatte es angenommen. Ich sollte noch merken, auf welche Weise anders: genauer, unter anderem.

Dazu muß man, versteht sich, Titus gesehen haben, Titus auf einem Bein, fast bis in den Fall nach vorn gebeugt, die Hand mit der Bocciakugel weit hinter sich, in so auffälligem Gleichgewicht kümmert er sich noch um das leise Beben des Bodens unter seinen Füßen, nimmt unverwandt der Zielkugel Maß mit seinen Augen (Augen-Maß), berechnet in aller Geschwindigkeit den Stand der Sonne im Verhältnis zur Ebbe vor Dänemark, schon hat er geworfen. Seine Begabung in diesem Felde bereicherte er, indem er per Testreihe die Bande einbezog. Direktwürfe, Wegsprengen gar, unternahm er als bloßes Training. Ernster, gesammelter Zustand während des Wurfs. Danach nahm er es für Spiel wie wir auch.

Wie hier neben das Augenmaß die Ballistik tritt, so muß ein Bildhauer offenbar alle Sinne und Wissenschaften benutzen, mit denen an das Vorhandene heranzukommen wäre. Titus, wenn er einen neuen Raum betritt, unter noch fremde Menschen kommt, schnüffelt, Titus, dem Kundigen auf den ersten Blick ein uomo del nasino, zieht sorgfältig die unbekannte Zusammensetzung der Luft durch die Nase ein und prüft, ob und was sie ihm meldet.

Titus, was soll er mit seiner Frau denn machen, als sie lieben, er trägt ihre Sandalen zum Schuster. Nebenher steht er lange in dem kleinen Laden und beobachtet, wie der routinierte alte Mann um sich greift, ein ledernes Band untersucht mit Blick oder Biß, wie er aus dem Schaden einen heilen Zustand macht mit wenigen, überlegten Hammerschlägen. Jeden anderen hätte jener Schuster zur Rede gestellt wegen Umherlungerns; bei diesem Besucher erkannte er einen Sachverstand, der noch was dazulernen wollte.

Ein Schriftsteller wird nach einer Weile sich auskennen in den Läden für die Schreibwaren, er mag aber seine Anstände haben mit den ausländischen Papierformaten, auch wird er die Verkäufer nicht ersuchen um Mitarbeit. Titus war noch keine vier Wochen in Rom, da beriet er sich mit den Leuten in der Werkstatt Nicci in Trastevere, diskutierte Techniken des Gusses und die Wirkung gewisser Zusätze zur Masse, ließ sich belehren. Wer mit Titus nach Trastevere ging, sah ihn dort aufgenommen als einen Hiesigen, einen von den noi altri. Bei einem Fest, ach was, einer féria! plötzlich vermißte einer von uns einen wertvollen Gegenstand, er brauchte bloß Titus zu fragen. Nach zwanzig Minuten wurde das Verschwundene zurückgebracht, mit Entschuldigungen. Einen amico del nostro amico Titus berauben, wo führe denn das hin! Ma –!

Titus konnte anfangs meinen, Italien werde nicht lange dauern für ihn; Titus lernte sein Italienisch. Was die Einheimischen ihm abnahmen, war mehr als die Worte, vor allem war dies schlicht seine Bereitschaft, zu sprechen. So haben wir mit ihm auch immer die bestmögliche Mixtur einer Fischsuppe bekommen an der Landstraße mit den Sarazenentürmen.

Wie alle, muß ein Bildhauer essen, Titus aber nicht bloß so. Was frischer Oregano mit geölten Tomatenscheiben anrichtete auf Titus' Zunge, war es nicht eine Erweiterung des Bewußtseins? Wir hatten eine Glaslaube, ganz grün von wilden Gewächsen, da hielten sie das Bier in ganz langen kalten Flaschen, dem Wein gaben sie eine winzige Prise Harz bei. Wenn Titus einfiel, seine Frau habe heute durch Leben mit ihm genug Arbeit geleistet, nahm er sie dorthin und bestellte eine bistecca di bue ai ferri. Das gegrillte Ochsenfilet kam dann so, wie er es erfunden und beschrieben hatte, beiläufig drei Zentimeter hoch. Das war für den Hunger. Titus blieb gerecht. Oft stimmten wir ihm zu in der Annahme, wir hätten dies gar nicht so recht schätzen können vor lauter Appetit; Titus bestellte eine weitere Runde bistecca di bue ai ferri. Einmal fanden wir mit ihm, es müsse jetzt aber das erste die Chance bekommen, mit dem zweiten verglichen zu werden, und aßen unter seiner Aufsicht ein drittes. (Die Kellner wurden demütig.) Ein Bildhauer ernährt sich umsichtig, er will den Genuß auch als eine Ausbildung; ein viertes lehnte Titus ab, weil bedenklich an der Grenze zur Völlerei. Er hatte nun „vernünftig gegessen", er war nicht bloß satt.

Es versteht sich, solche Lebensweise erzeugt Tugenden. Nicht nur sieht er, daß einer sich abquält mit einem kaputten Pfeifenbesteck; diskret nimmt er es an sich, legt es nach einer Weile repariert wieder hin, unauffällig. Titus wollte damals, daß er sich mit Albert Camus verständige und Camus sich mit ihm; Fachgespräche bieten sich an. Einen neben ihm lebenden Schriftsteller aber fragte er nicht, was er denn gerade so schreibe; es begab sich die Erleichterung, daß keiner ihn fragte nach den Sachen, die er anstellte mit seinem Gipsbeilchen. Man sagt von vielen Berufen, ihre Arbeit daure den ganzen wachen Tag; Titus hielt es ganze Tage allein aus in seinem riesenhaften Atelier mit den „kleinen römischen Figuren" von damals. Er brachte den Mut auf, den anspornenden, schon morgens einen ganzen Tag für verfehlt zu erklären. Das bedeutet für einen Bildhauer lediglich, daß er an einer einzigen Stelle heute nicht arbeiten kann, an anderen wohl. (Titus lief dann im verwilderten Teil der Villa Massimo umher und suchte nach Steinen, ganz kleinen Stücken Marmor, die der Laie für unverwertbar hält. Titus ließ sich Pakete mit Steinen zu einer Postgebühr von siebenundzwanzig Mark nach Berlin schicken, damals, als die Post noch sich verstand als eine Anstalt zum Befördern von Sendungen. Zwar sind die Steine nicht angekommen. Noch heute bedauert er die verlorenen Möglichkeiten. Möglichkeiten sollte einer sich aufheben dürfen.) Gelegentlich die Tugend des Hochmuts: „Eine unbedeutende Frau ist bedeutender als ein unbedeutender Mann."

Titus führte die Bereitschaft vor, lebenslänglich erworbenes Wissen einzutauschen gegen ein besseres. So überraschte ihn eines Tages die Behauptung, es gebe eine Stadt namens Castrop-Rauxel. Wenn ein Freund ihm das sagt, wird er doch nicht im Kursbuch nachschlagen, stracks geht er hin und benennt den kräftigsten Sohn Agathes Castrop Rauxel.

Agathe war seine Vertragskatze. Denn natürlich liefen die Katzen ihm nach.

Titus sah nicht aus wie ein Tourist inmitten der grotesken Figuren von Bomarzo; er war da zu Besuch bei einem Kollegen.

Ein Bildhauer wird nicht sich begnügen mit einem einzigen Beruf. Wenn Titus Unterhaltungen führt mit Albert Camus, nicht genug bekommen kann von Max Frischs Erinnerungen an Brecht, morgens um halb vier etwas zu besprechen hat mit Ingeborg Bachmann bei einem Espresso auf der Via Veneto – Titus will etwas erfahren vom Erzählen. Zwar konnte er es schon. Titus 1949 im Ruinenturm der westberliner Gedächtniskirche. Titus und der junge Grass. Fragen Sie Titus nach einem Pferdehändler von Krotoschin!

Großzügig im Weggeben, versteht sich. Zum Geburtstag kann einer eine „kleine römische Figur“ kriegen, montiert auf einem dieser unverwertbaren Marmorbrokken. Könnte man nie bezahlen, kann man doch nicht annehmen. – Was willst du: sagt Titus: namenlos, bis in gekrümmte Schultern hinein erstaunt, als solle er sich damit abfinden, einmal nichts zu begreifen. Ein anderes Mal aßen wir Muscheln. Das ist eine kitzlige Arbeit, auszuführen mit Sanftmut und Gewalt, mit kleinen zirkelnden wie raumgreifenden Bewegungen; am besten denkt man dabei an nichts anderes. Titus blickte auf, versammelte uns in seiner Wahrnehmung und sprach sie unbedenklich aus: Wir essen ja wie die Uhrmacher! sagte er.

Auf der Stelle ließ ich mir den Ausdruck schenken von ihm; seit Jahren verlangt der nach einer Schreibgelegenheit; da hat er mir obendrein was zum Suchen gespendet.

Titus, in allen Zuständen zu bewundern für Intuition: Als seine Tochter geboren war (zu benennen nach einem Vorort von Leipzig), stürzte Titus in eine Bar von Florenz, der einzige Gast, und rief aus: Un vodka doppio! und blieb nicht lange der einzige Gast.

Einmal kam er zurück aus Italien, da kamen wir zusammen auf dem Flughafen Tempelhof und erwarteten ihn mit einem Tisch, darauf standen Brot und Salz. Die Beamten wären vielleicht eingeschritten, aber sie begriffen ja, wer da kam.

Das war eine Lehre vor zwölf Jahren in Italien; wir haben einander seitdem behalten. Wir sehen einander in den Senatssitzungen der Akademie, wo er die Abteilung Bildende Kunst vertritt; wachsam, schräg gestellten Blicks belauscht er, schmeckt er, beriecht er, fühlt er, betastet er die Meinungen rings um ihn, bevor er seine sagt. Wir besuchen einander zu manchen Jahresfesten abwechselnd in unseren verschiedenen Dörfern von Berlin; wir begegnen uns in der Untergrundbahn und bleiben dann gern eine Weile zusammen. Das müßte Gründe haben; dies könnten ein paar von ihnen sein, wenn Sie denn mich fragen.

etwa 1975

Schultafel

Lieber Hann:
Zu deinem Geburtstag 1979 möchte ich dir – und Mme. Mayntz – einmal schriftlich Glück wünschen, sintemalen es Zeit wird, dir zu danken für fast zwanzig Jahre freundwilligen Umgangs.

Vor zwanzig Jahren saß ich gegenüber einer kahlen Wand, unter einem nördlichen Dachfenster in Friedenau in Berlin, und wenn ich vom Schreiben aufsah, hatte ich vor mir nur das zufällige Relief aus Spuren, die kleine Steine unter dem Reibbrett und der Kelle des Maurers hinterlassen hatten. An diese Wand hängtest du mir deine erste „Leihgabe", so daß das Muster des Mörtels endlich eine Aufgabe bekam, die des Hintergrunds. Wie dies Gemälde hieß, habe ich vergessen, wohl aber behalten, daß du mir dafür die Bezeichnung „Schultafel" erlaubtest. Denn tatsächlich wie in einem kinetischen Problem warf da der Strudel einer kreisenden Bewegung blaue und graue Symbole aus, die sich an den Seiten zu Zeilenlagen und Gruppen von Typen ordneten: nur daß hier eine Lösung freiwillig versucht werden durfte. Es paßte mir, daß ich vor solchem Anblick befaßt war mit dem Versuch, dem vergleichbar kodierten, ebenso integren Zeichensystem einer erfundenen Biographie auf den Grund zu kommen. Und wie ich deine, hast du meine Arbeit besehen – Mme. Mayntz immer mitten mang. Unausweichbar aber trat bald ein Mensch auf, der wollte für dieses Bild, und nämlich kein anderes, auch bezahlen, und so blickte ich einem nach dem anderen über die Treppe nach. Mir war, als hätte ich sie mir „eingesehen", wie man eine Pfeife einraucht – frage einen Tabakfreund, was es bedeutet, eine eben eingerauchte Pfeife zu verlieren. Das wurde mir zu bunt, und vor zehn Jahren habe ich eines deiner Bilder gekauft, statt es bloß zu erwerben, damit der Blick darin spazierengehen darf ohne die Furcht vor unverhofftem Abschied. Wiederum ist mir der Titel entfallen, entbehrlich, das Bild ist mir gegenwärtig als „das ist Hann" oder „das hat Hann gemacht", wenn ich das Zimmer betrete. Ich zeige es Besuchern gern, aber vor Erklärungen hüte ich mich. Denn meine eigene ist kaum weiter, als daß ich da Töne aufgezeichnet, aufgemalt sehe, kontrollierte akustische Explosionen, deren Druckkraft in schweren braunen Farbwellen verzittert, aufgehalten von einem Rahmen, der der Vorschrift entspricht, denn du hast ihn entworfen. So ist das heute, und gestern bin ich da an den Rändern locker fliegender Netze entlanggewandert. Es mag ein wenig gegen deine Anweisung gehen, aber wenn Hann Trier sagt:

> Ich male nie was ich sehe,
> selten was ich sah,
> immer sehe ich was ich malte –

so darf der Benutzer und Kunde seines Bildes im Gemalten vielleicht sehen, was er sieht. Um diese Erlaubnis möchte ich auch gebeten haben wegen der Unterschiede im Licht, die das Wetter mir durch die Fenster auf dein Gemaltes liefert. Es ist schade, daß wir einander nun so selten treffen; das haben wir davon, daß wir beide weggingen aus jener Mitte Berlin (West). Zu dem, was mir verlorengeht, gehören deine Geschichten. Was du so erzählst. Hier gedenke ich des Spießes bei der Firma Wehrmacht, dem du vorführen solltest, wie er sich ausnahm auf Leinwand, wofür du dann ein wenig auf dem Sofa sitzen durftest. Erinnerst du dich des Schneiders in Charlottenburg, der, vor dir auf Knien liegend, dich heimlich im Spiegel beäugte? Wie er druckste und schluckte, bis er herausplatzte mit seiner Erleichterung? Den kannst nur du angemessen nachmachen. „Und ich dachte schon, Sie sind einer von unseren jüdischen Mitbürgern!" Ich höre dein Lachen, deutlich die Bitterkeit, zu leben neben Leuten, die noch unter Menschen einen solchen Unterschied machen, mit-machen, um deine Vorliebe für Spiele mit der Sprache zu zitieren. Mittels solcher Erzählungen lebt Einer mit für den Zuhörer, dem das Stück Realie doch sonst entginge, und wenn ich durch einen Aufenthalt in New York die Proben der westberliner Studenten zum Aufstand verpaßt habe, eine Ansicht davon bekam ich durch deine Berichte aus der Epoche, als sie dich grüßten mit „Rot Front!" und du antwortetest: „Darüber läßt sich reden. Meinen Sie mehr Zinnober oder mehr Karmin?" Dies war ihnen „gefährlicher Individualismus", und du wirst dich gefragt haben, wie ein ungefährlicher im Jahre 1968 wohl aussehen sollte. Dann lebtest du eine Weile in New York, eines Mitternachts riefst du an wegen eines politischen Attentats in Westberlin. Denn Mme. Mayntz – sie war wohl klug, daß sie dich fand – schlief schon, als du Nachrichten hörtest, – „und ich mußte es doch einem Menschen erzählen!" Erzählen mußt du. Wovon aber macht man solche Mitteilungen, im, aus dem Alltag? Doch von Momenten oder Zeugenschaften, in denen Einem etwas aufgefallen ist, die Einem neu oder des Bemerkens mehr wert erscheinen, kurz: von Augenblicken, in denen Einer besonders dringlich gelebt hat und fühlbar anwesend war. Sie werden so Bestandteile der eigenen Biographie, und ich will dir zeit meines Lebens in der Kreide stehen für die Geschichte von dem jungen Rotarmisten in einem thüringischen Dorf, der ein Fahrrad verschenkte, weil es ihn hatte runterfallen lassen, das Biest, das tückische. Das genau konnte ich brauchen für eine meiner Erfindungen: daß ein Soldat der Roten Armee im Jahre 1945 ein Fahrrad verschenkt, und schamlos habe ich dich gebeten, mir deine Erinnerung abzutreten. Der Vorfall ist im Buch umgebaut, eingekleidet in ein Hauptmotiv und gänzlich anders belastet, und mein Name steht darüber als der des Verfassers. Aber es ist von dir.

Dafür wollte ich dir danken. Weiterhin wünsche ich Glück zu dem Ausbleiben deiner Voraussage von 1962: Die Fläche, die du seitdem bemalen konntest, ist statt „immer kleiner" immer größer geworden. Gib das zu, und da es nach dir geht, laß dir einen Vorrat weben.

Mit herzlichen Grüßen, und einer Reverenz an die vielverehrte Mme. Mayntz – denn mit ihr fängt dies an, sie ist das A, sie ist das O, so soll es denn mit ihr enden –

11. Januar 1979

Lieber Hann:
Ob wohl von deinem Bild an meiner Wand ein gutes Schwarz-Weiß-Foto zu machen sei, fragtest du. Und setztest gleich in Klammern dein Absolvo te hinzu: du wissest, es sei schwer . . .

Kein Problem für den jungen Mann, der an der High Street von Sheerness einen Fotoladen betreibt, ihn aber ein Studio nennt, zusammen mit seiner eher zufälligen Hausnummer. Oh, man hat durchaus die Welt gesehen! Also er, nennen wir ihn Barrie, ist da zuversichtlich. Klar. Machen wir. (Er hatte keine Ahnung von der Malerei, der er seine Künste für ebenbürtig erklärte, und ich hatte immerhin ausgesprochen, gut genug für eine Reproduktion in einem Katalog müsse sein Ergebnis schon sein, und ihm das an Hand einer Vorlage klar zu machen versucht.)

Anderntags wanderte ich durch die lange, lange Alexandra Road zur High Street, dein Bild mit schwarzen Kunststoffbahnen getarnt und geschützt unterm Arm. Ein Beobachter hätte meine Gangart zumindest ungleichmäßig nennen dürfen, so am frühen Morgen; es war aber der steife Nordost, der mit mir Boot und dem Gemälde Segel spielte. Heil in Barries Laden und Wohnstube angelangt, mache ich die gehörige Bemerkung über solchen Wind, der ja immerhin das Hochwasser zur Sturmflut hochpusten könne. Barrie ist da ganz meiner Meinung. Ein Wetterchen ist das! Aber leider gehört sich auch, daß man nach einer Weile zur Sache kommt, und da ich sehen mußte, was meine Hände mit der verwickelten Verpakkung taten, erwischte ich Barries Gesicht erst, als er seinen überraschten Blick schon hinter sich hatte. Er gab sich hartmäulig, man hat durchaus dem Leben ins schmallippige Antlitz gesehen, und fragte: was das sei. – Es hat keinen Titel: versetzte ich hinterhältig, und verspürte den kleinen Ruck in der Haltung der umstehenden Schulabgänger, die bei Barrie den Tag verspielen unter dem Vorwand, die Kunst der Fotografie zu erlernen. Es war klar: Barrie hatte das Gemälde anerkannt, denn er verkniff sich weitere Erkundigung.

Etwa eine Viertelstunde verging mit dem Abräumen seines Arbeitstisches, und wie er dann immerhin noch bestreut war, kannst du sehen in dem ebenfalls beiliegenden Negativ. Das Bild wird sorgfältig hingelegt. Ohnehin hatte ich mich immer in einer Nähe von anderthalb Metern gehalten; jetzt trat ich noch dichter heran. Denn Barrie schickte sich an, die Kamera ganz oben im Galgen zu bedienen, indem er stöhnend (er ist kein langes, eher ein kurzes Elend) auf einen wackligen Drehstuhl klettert: ein kleiner Augenblick des Schwankens, und er fällt mit beiden Knien in die bemalte Leinwand. Endlich oben, reicht er mit äußerst gestreckten Fingern eben noch an den Druckknopf des Fernauslösers, um nach vielfachen Versuchen festzustellen, daß der nicht geht. Nje rabotat. Sonderbar. Wieder unten, besieht er sich das schwarze krumme Ding so mißtrauisch und ausführlich, daß ich ihn am liebsten gefragt hätte, ob er wohl dessen Spitznamen Ohrenbohrmaschine kenne. Barrie entschließt sich. Zärtlich plaziert er das kaputte Gerät auf der Kante einer Theke (nur ja nichts wegschmeißen), von der ein nächster Kunde es zu Boden wischen wird. Dann fängt er an, zum Verkauf ausgestellte Zubehörpakkungen aufzubrechen, weil er darin einen Auslöser vermutet. Bei der dritten gelingt es ihm, und ich wollte inzwischen froh sein, dieses Atteljé mit einem unbeschädigten Bild zu verlassen.

Laß noch eine halbe Stunde vergehen, und du siehst mich gegenüber diesem Anblick: der längste Schlaks von Barries Kumpeln schwebt wie ein Rohr im Winde auf dem quietschenden, zunehmend kippligen, drehsüchtigen Stuhl, ihm zur Linken versucht einer seiner Kumpane ein Blitzlicht in einem Winkel von 45 Grad zu der Malerei zu halten, wobei ihn Barrie, auf der anderen Seite und auch mit einem Blitzlicht in der Hand, in einem fort berichtigt. Man muß das eben im Gefühl haben. (Ins Blickfeld der Kamera hinein baumelten schon mal die Leitungen, mit denen Blitzlichte und Verschluß hätten synchronisiert sein können. Wenn dies System jemals funktioniert hatte bei Barrie.) Alle reden durcheinander, es wird gezählt, kommandiert, die Stuhlfedern stöhnen, und beobachtet werden wir von einer erfahrenen Berufskatze, die es schon von ihrer Großmama her hat, daß die Menschen alle ein wenig bescheuert sind.

Als dein Gemälde etwa eine Stunde gelegen hatte, gab es zwei Negative, und ich durfte es verpacken. Währenddessen hätte Barrie mir einen Bon ausschreiben können, aber sein künstlerischer Ehrgeiz war von neuer Kundschaft gepackt. Ein unglaubwürdig junges Paar war gekommen mit einem Baby so klein wie ein Zweipfundbrot, wahrscheinlich noch gestern abend im Bauch der Mutter lebend. Die verlangten nun mit ganz leisen Stimmen eine Aufnahme von Baby. Nein, nur Baby. Ihre stille Unnachgiebigkeit ließ denken an eine Furcht, man werde ihnen das Foto schlicht verweigern, und so erfand ich mir flugs ein Testament, in dem es heißt: Wird eine Nachkommenschaft nicht bis zum Januar 1979 urkundlich nachgewiesen, entfällt die Erbschaft . . . oder einen Brief mit Bildbeilage nach Australien, dazu den Text: und werdet ihr an Baby sehen, daß wir unserem Gefühl gehorchen mußten . . . Baby will aber nicht allein in der Kälte liegen unter dem weißlichen, aber fremden Seidenschirm, den Barrie aufgebaut hat für Portraitaufnahmen, es weigert sich gegen die Tröstungen Barries, und er ringt nun mit der herausfordernden Aufgabe, Baby im Schoß der jungen Mutter so zu fotografieren, als säße Baby auf einer Parkbank.

Barrie hat es eben nicht leicht, und er beweist es mir, während er auf Vorauszahlung in bar besteht. Denn ich erwähne mit einem maßvollen Erstaunen, daß ich bisher noch jeden Auftrag vor Lieferung bezahlt habe, und Barrie reißt mit einem artistischen Schwung einen Karton mit nicht abgeholten Fotos aus einem Regal. Was er nun wieder als Geschäftsmann so eben erduldet. Er zeigt mir Anblicke aus dem intimen Leben mir fremder Leute, die zwar gern fotografieren, dann aber Barrie sitzenlassen mit ihren Bildern; besonders hat er es mit einem märchenhaft weißen Pferd auf einer vorschriftsmäßig grünen Wiese: Wer das aufgenommen hat, ruft Barrie aus; mag ja dem Pferde innerlich tief verbunden sein!, aber mir, mir ist dieses weiße Pferd mit der schiefen Kruppe schnuppe! Schnurz! – Ohne die Absicht einer Kränkung! fügt er unseren Abschiedsworten zu.

Gelächelt hat er, verschmitzt durchtrieben, als er ankündigte und bat: Geben Sie uns vier Tage! Ja –?

Nach zehn Tagen kam ich mal vorbei. Es war am frühen Nachmittag. Der Laden ohne Erklärung geschlossen. Nun weiß man aber, daß Barrie gelegentlich Luftaufnahmen macht oder Geld verdient mit Reportagefotos für den Sheerness Times und Guardian.

Nach vierzehn Tagen konnte er nur beteuern: das Kopiergerät sei hin, und der einzige, der sich auf seine Bedienung verstehe, liege mit einer Erkältung darnieder. Dessen ungeachtet werde er am Nachmittag vorsprechen und das Bild für mich herstellen, in drei Stunden könne ich es in Händen halten. Er schien ein wenig gekränkt, als ich ihm mein Wiederkommen für die nächste Woche versprach, statt die paar lumpigen Stunden zu warten. Dann tat er eine befremdliche Frage: Ist das Gemälde abgeschickt? Ich fand, dies gehe ein wenig über seine Zuständigkeit hinaus, und bejahte das. Dies war ein Fehler.

Denn heute, als er des Spieles müde war und mir den Abzug samt Negativ aushändigen ließ, rief er aus dem Hintergrund etwas, in jenem Ton, der den jungen Berufskollegen oder Zunftbruder ermutigen soll. Und was war das? Good luck. Viel Glück wünscht er mir mit dem Bild. Barrie hält mich für seinen Urheber.

Denn Sheerness ist eine kleine Stadt, und zwei Häuser weiter von meiner Adresse wohnt ein bärtiger Mann, der verfertigt Landschaften und Abstraktes für die Sommertouristen. Bei solcher Nachbarschaft . . . bei einem Gedächtnis, wie Barrie es hat, mit einiger Maßen zuverlässigen Fehlern . . . das wäre doch gelacht.

Solltest du nun, in Fortsetzung seiner Logik, von mir eine Übersendung deines Gemäldes selbst verlangen statt der Fotografie, die ich mir habe anfertigen lassen zum Andenken an ein Werk meiner Pinsel?

24. Februar 1979

Über eine Haltung des Protestierens

Einige gute Leute werden nicht müde, öffentlich zu erklären, daß sie die Beteiligung ihres Landes am Krieg in Vietnam verabscheuen; was mögen sie da im Sinn haben? Die guten Leute sagen sich den Ausspruch nach, es sei Krieg nicht mehr erlaubt unter zivilisierten Nationalstaaten; die guten Leute haben sich nicht gemuckst, als die Kolonialpolitik zivilisierter Nationalstaaten jene Leute in Vietnam bloß mit Polizei dabei störte, erst einmal eine Nation zu werden. Die guten Leute hört man klagen, es wende das mächtigste Land der Erde gegen ein kleines Land fortgeschrittene Waffensysteme an, zum Teil experimentell, gerade das Probieren mit tüchtigeren Vernichtungsmitteln erbittert die guten Leute; die guten Leute haben still in der Ecke gesessen, als die Armeen sich auswuchsen, noch die Diät der Manöver haben sie dem Militär gegönnt, nun schreien sie über die natürliche Gier der Maschine nach lebensechtem Futter. Die guten Leute haben es mit der Moral, die Einhaltung des Genfer Abkommens wünschen sie sich, Verhandlungen, faire Wahlen, Abzug der fremden Truppen, Anstand sagen sie und Würde des Menschen; sie sprechen zum übermenschlichen Egoismus eines Staatswesens wie zu einer Privatperson mit privaten Tugenden. Die guten Leute mögen am Krieg nicht, daß er sichtbar ist; die guten Leute essen von den Früchten, die ihre Regierungen für sie in der Politik und auf den Märkten Asiens ernten. Die guten Leute wollen einen guten Kapitalismus, einen Verzicht auf Expansion durch Krieg, die guten Leute wollen das sprechende Pferd; was sie nicht wollen, ist der Kommunismus. Die guten Leute wollen eine gute Welt; die guten Leute tun nichts dazu. Die guten Leute hindern nicht die Arbeiter, mit der Herstellung des Kriegswerkzeugs ihr Leben zu verdienen, sie halten nicht die Wehrpflichtigen auf, die in diesem Krieg ihr Leben riskieren, die guten Leute stehen auf dem Markt und weisen auf sich hin als die besseren. Auch diese guten Leute werden demnächst ihre Proteste gegen diesen Krieg verlegen bezeichnen als ihre jugendliche Periode, wie die guten Leute vor ihnen jetzt sprechen über Hiroshima und Demokratie und Cuba. Die guten Leute sollen das Maul halten. Sollen sie gut sein zu ihren Kindern, auch fremden, zu ihren Katzen, auch fremden; sollen sie aufhören zu reden von einem Gutsein, zu dessen Unmöglichkeit sie beitragen.

1967

Ein Brief aus New York

über was hier anders ist
in New York im Staat New York
weißt du es ist eine von jenen Städten in die die westberliner Zeitungsverleger kleine Klingeln aus Porzellan schicken an Familien denen ein Angehöriger umgebracht wurde bei dem Versuch Angehörige anderer Familien umzubringen
in Viet Nam das ist noch hinter der Türkei
ein Brief über was hier anders ist über einen Unterschied
Ende der Überschrift

Gelb, zum Beispiel
Gelb ist hier anderswo
ich meine die ganze Farbenfamilie
was noch gelb ist oder so nahe an Gelb wie Ocker oder Kanarienvogel oder einfach alles im Bereich zwischen Rot und Grün
nicht nur any of the colors normally seen when the portion of the physical spectrum of wave lengths 571.5 to 578.5 millimicrons specif. 574.5 millimicrons is employed as a stimulus
wie Webster sagt
sondern auch was mal gelb war
Gelb ist hier anderswo

nicht nur im Ei in den Mongolen in der Gelbsucht in Schwämmen Schmetterlingen Butterblumen

nie so viel Gelb gesehen wie hier

als ein Gelber gilt hier ein Eifersüchtiger ein Neidhammel ein Melancholiker ein Verräter ein Abtrünniger einer wie Brutus weil er nicht ehrenwert war gelbe Leute sind hier welche zum Verachten gelb heißen die Boulevardblätter so wie die gelbe Bildzeitung und Gelbeichen gibt es und Gelbe Barsche

die Gelben das sind die die einen unterbieten die gelbe Verträge abschließen was bedeutet daß sie keiner Gewerkschaft beitreten nicht einmal einer gelben

wenn hier einer gelbt heißt das er gibt an und womöglich mit Gejohle

hier glaubt die Sprache daß manche Eingeborene im Südwesten des Landes gelbe Bäuche haben gelb wie Schwefel

gelb siehst du auf den Einwegavenuen Striche eine Wagenbreite reservieren für die Feuerwehr mit gelber Schrift

Gelb in zwei Strichen teilt die Avenuen mit zwei Fahrtrichtungen

Gelb in einem Strich auf zweibahnigen Straßen zweiter Ordnung

gelb grenzt die Fußgängerbereiche in den Kreuzungen ein breit hingeschmierte Striche

gelb sind die Gehäuse von Verkehrsampeln die nicht sprechen können sondern nur runde Zeichen geben

auf gelben Quadraten sagt die Polizei den Autofahrern Kurven oder Kinder voraus und rät ihnen zu Geschwindigkeiten

gelbe Schilder umgeben Straßenbauarbeiten Gefahr sagen sie

gelb sind die Sperren Bretter auf vier Beinen mit denen die Polizei ausgebrannte Häuser umstellt oder Neugierige fernhält von festlichen Premieren und Paraden

mit einem Stich Orange gelegentlich aber Gelb bleibt unbesiegt

gelb sind die Bahnsteigkanten der Fernbahnen angestrichen

Gelb ist etwas Nationales denk an die einzige gelbe Bahnsteigkante ganz Westberlins auf dem amerikanischen Militärbahnhof in Lichterfelde

gelb sind die Bahnsteigkanten in der U-Bahn

auf Gelb sagt der Bahnsteig Vorsicht unterm Fuß des Reisenden

mit Gelb beschmiert sind in den U-Bahnstationen die unteren Ansätze der Treppen und Stufen vor Absätzen und mitunter die Absätze ganz und gar und noch die Senkrechte der obersten Stufe

gelb sind die Rinnsteinkanten vor Feuerhydranten und Bushaltestellen Parkverbot

gelb die Torrahmen von Garagen und die Prellsteine die Stufen zu Postämtern sind markiert mit gelben Punkten

zwar golden aber gelb weil nicht ganz so rot wie Gold sind die aufs Türenglas gemalten Nummern und Namen und Eigentumsvermerke von Häusern und Läden und Bars gemalt aufs Glas von Türen und Fenstern

auch amtliche Aufforderungen wie Gehen Sie da nicht so dicht ran oder An Rauchen ist in den öffentlichen Verkehrsmitteln gar nicht zu denken oder Beachten Sie daß dieser Waggon 3273 heißt

in amtlichen Drehtüren findest du kleine Pfeile auf gelben Klebezetteln

mehr und mehr gelbe Straßenschilder werden an die Stelle der traditionellen geschraubt

ernst blicken die Köpfe berühmter Damen dich an von der Oberkante eines Bauwerks das gelb und golden auf schwarzem Grunde verkündet Ich bin das Metropolitan

Museum Bei mir ist es frei und ich bin ganz selten zu, zum Beispiel

Gelb wohin du blickst

gelb sind die Leuchtkörper in den Fenstern der Telegraphengesellschaft Western Union

Western Union ist eine Telegraphengesellschaft was Johnson immer sagt ist Great Society

Gelb sagte Johnson eben zum Kleid der Frau eines Staatsbesuchers von den Philippinen gelb ist auch meine liebste Farbe

Tatsächlich

sagte sie später im Vertrauen

Time Newsmagazine vom 23. September

ist meine liebste Farbe Rosa Aber er ist der Präsident

Tatsächlich was vermögen dagegen die Philippinen

gelb sind die Regenhäute der Arbeiter die unter die Straße kriechen und die Löcher in den Gasleitungen suchen

gelb ist hier die Luft wenn sie erstickt

gelbe Zirkulare werden umhergetragen ungeheuer viele als Bleistifte verkleidete Kugelschreiber sind gelb manchmal ist es sogar Orangensaft

Anlaufen wie die Natur es wünscht darf das Messing hier nicht

an den Außentüren aufwendiger Hotels Appartementhäuser Banken gelbgeputzt sind da die Fußbleche die Drehknöpfe die Spione die Handgriffe die Oberfläche der edlen Schlösser gelb sind da die meist doppelhälsigen Hydranten gewienert gelb sind die massiven Schilder der unerschwinglichen Ärzte poliert zu einer Zeile aus schierem Gold nur noch die Vernunft hält das für Messing

und güldene Dreiecke auf den Glastüren vornehmer Häuser sollen dich hindern gegenanzurennen gelb sind Briefumschläge die Manila heißen die Butter ist ganz verdächtig gelb

gelb sind die Schilder die hinweisen auf Räume für Schutz gegen radioaktiven Ausfall in Erwägung daß es mal hier entsprechend ernst wird so wie da hinter der Türkei prophetisch stehen darin die drei Dreiecke über dem kleinen Kreis in dem auf Gelb die Zahl der hier rettbaren Personen angegeben sein sollte aber regelmäßig fehlt wie etwas Unbekanntes

Gelb sind die Wagen zur Pflege des Broadway gelb sind die Wagen die die Straßen waschen und fegen die den Müll abfahren die Autos abschleppen aus polizeilichem Anlaß gelb sind die Wagen vieler Taxiflotten und gelb sind die Symbole Produkte Verpackungen Lieferungen vieler anderer Unternehmen und Institute

und sie wissen nicht warum

Gelb ist eine Farbe die Aufmerksamkeit erregt sagen sie

jedoch warum

das wissen sie nicht

nicht einmal ob der Neffe eines der ersten Präsidenten eine Ockerfabrik besaß

Gelb ist Gelb heißt es

und es sind Autoritäten die Bescheid geben

zwar ist es wahr und ich würde so weit gehen es zuzugeben sagt die Autorität auch wenn meine Lieblingstochter mich einen Gelben nennte würd ich ihr eine knallen

aber ich finde wir und ich meine die ganze Nation wenn ich sage wir alle können von Glück reden daß wir diese Bauernbande in Viet Nam oder wie das heißt wenigstens nicht noch wegen ihrer gelben Hautfarbe umbringen müssen

dafür haben wir andere nämlich unsere Gründe und es ist nur natürlich daß die nur versteht wer dazugehört und weiß was Gelb bedeutet schließlich werden Sie zugeben daß in New York oder in einer beliebigen anderen Stadt des Landes niemand umgebracht wird weil er eine gelbe Hautfarbe hat erstens geht es da um dunklere Schattierungen und zweitens ist dies ein freies Land und nicht Viet Nam das ist wo anders das ist nicht hier

Sie müssen die Sache mehr gelb sehen

schöne Grüße aus New York

Uwe Johnson

1967

Ein Teil von New York

Upper Westside, das ist ein Viertel von Manhattan, in New York, aber nicht ein Viertel mit einem Begriff. Ein Viertel wie Greenwich Village in New York meldet sich zumindest als sein Mythos, auch solche Namen wie Trastevere in Rom, Montmartre in Paris, Pöseldorf in Hamburg tun gleich bekannt mit einer Legende, mit einer Ansicht aus Erinnerung und Phantasie, die eine ungenaue Vertraulichkeit erlaubt. Dazu muß ein Viertel nicht berühmt sein. Gewöhnliche Stadtviertel lassen sich mit einem Kennzeichen einführen, sie sind charakterisiert, ihr Leumund gibt einen vagen Hinweis auf ihr gesellschaftliches Klima. Die Obere Westseite in New York, Manhattan, bietet einen solchen Begriff nicht. Die umgebenden Viertel reichen einer Beschreibung viele Finger: im Norden die Morningside Heights heißen nach einem Park und nach einer Straße, die Harlem überblickt, in Morningside Heights ist die Columbia-Universität, die einen Block nach dem anderen aufkauft und zu einer Stadt in der Stadt wird, sind berühmte Kirchen und ein Krankenhaus, die nicht nur den Anblick jenes Viertels bestimmen, sondern auch das Leben darin. Das Viertel südlich der Oberen Westseite bietet das Lincoln-Center an, die Oper, die Philharmonie, ein Theater, steigende Bodenpreise, Stadterneuerung, einen immensen Wohnkomplex, modern und vielstöckig. Jedoch die Obere

Westseite läßt sich bloß vorstellen mit ihrer Lage. Sie befindet sich im Nordwesten der Insel Manhattan, zwischen der siebzigsten und hundertzehnten Straße, im Osten begrenzt durch den Central Park, im Westen durch den Fluß Hudson. Zwischen Süden und Norden verlaufen die Straßen am Central Park, die Columbus Avenue, die Amsterdam Avenue, die West End Avenue, der Riverside Drive, schräg durch das Kastenmuster geht der Broadway. Allgemeine Auskünfte über das Viertel sind so kräftig wie ihr Gegenteil: in den Seitenstraßen sind Slums. In den Seitenstraßen sind bürgerliche Wohnstätten, poliert wie edles Gestein. Aus der Luft gesehen, scheinen die Hochbauten entlang des Central Park und des Flusses das Viertel einzudämmen, ein ungleichmäßiges Geschiebe aus Türmen und Hütten. Wieviel Blocks sind das? Nicht ganz zweihundert. Wieviel Leute kommen auf einen Block? Nahezu eintausend, mehr als in der Welt gewöhnlich. Was für Leute wohnen da, gehört das Viertel einer Gruppe mehr als den anderen? In der Mehrheit sind die Weißen verschiedener Herkunft, ohne die Juden sind sie die Hälfte, die Juden stellen ein Viertel, die Lateinamerikaner sind ein Sechstel, die Neger ein Achtel, der Rest ist zusammengesetzt aus Japanern und Chinesen und anderen. Alle sind Amerikaner, aber alle Gruppen halten fest an ihrer Sprache, an ihrer Kultur, sie verbinden sich nicht miteinander, und die verwirrende Mischung ist nicht beständig, ihre Anteile wandern zu und weg, bleiben nicht wie in einer Heimat. Die Obere Westseite hat nicht mal einen Namen. Früher haben hier die Holländer ein Dorf gegründet, es hieß Bloomingdale, „Tal der Blumen“, aber ein Blumental ist es nicht mehr, sondern eine bis aufs engste zugebaute Wohnstadt, und übriggeblieben ist nur die nüchterne Beschreibung nach der Geographie. Die Sprache beweist, daß dem Viertel eine unabhängige Identität abgeht, vom Zusammenhang in einer Gemeinde lieber zu schweigen, denn wenn die Bewohner unter sich von diesem Viertel sprechen, nennen sie es „the area“, das Gebiet, als wäre es nicht bebaut und nicht bewohnt, oder doch nur eine zufällige Ansammlung von Häusern, ein zufälliges Nebeneinander von Leuten, keine Nachbarschaft, eine Gegend aus Unterschieden.

Der offensichtliche Unterschied ist der zwischen Reichtum und Armut, dem angenehmen Leben und einem Leben in Schwierigkeiten. Für das Leben im Wohlstand stehen hier die Straßen Central Park, West End Avenue und Riverside Drive, altmodische, solide, zäh verteidigte Erbstücke. Central Park West blickt auf sorgfältig kultivierte Landschaft, künstliche Seen, gespiegelte Wolken, hügeliges Grün, ausgewachsenen Fels, Wiesen, gewundene Wege, durch offenen Himmel zu der immer noch besseren Adresse Fifth Avenue, die strahlend unter ihren Wassertöpfen hockt. Die West End Avenue, dicht am Hudson, ist eine tiefe, nahezu finstere Schlucht zwischen Ziegelungetümen und weist die Zähne des Reichtums, die Baldachine vor den Portalen, die livrierten Türsteher, die nach Taxis für ihre Brotgeber pfeifen, die reingefegten Gehsteige, die gefaßte Stille, die sich schweren Güterverkehr verbeten haben will. Die dritte dieser Straßen, der Riverside Drive, wird unter die berühmten Straßen der Welt gerechnet, aber auch sie ist kein Wahrzeichen der Oberen Westseite, sie ist dem Viertel angesetzt, nicht angewachsen.

Der Riverside Drive längs des Flusses Hudson, „Straße am Fluß“, angelegt in den achtziger Jahren des vorigen Jahrhunderts, ist der innere Rand einer ausgedehnten Kunstlandschaft, die mit einer Promenade am Fluß beginnt und landeinwärts geht mit einer Schnellstraße aus getrennten Fahrbahnen und geradezu gärtnerischen Zufahrtslösungen, dann mit einem breiten, hügeligen Park vierzig Blocks lang (unter dem Park ist eine Eisenbahnlinie eingegraben), mit Denkmälern, Spielplätzen, Sportplätzen, Liegewiesen und bankgesäumten Spazierwegen. Erst dann rahmt den Park die eigentliche Straße, die an vielen Stellen gekrümmt ist, über zierliche Bodenbuckel schwingt, schmale Abfahrtfinger hinter wiederum Grüninseln zu den Häusern ausstreckt, ein Unikum in Manhattan: eine Veranstaltung von Gartenkunst, eine Straße mit Aussicht auf Bäume, auf Wasser, auf Landschaft. Um die Aussicht ging es. Die Aussicht wurde beschlagnahmt. Denn die Häuser entlang des Riverside Drive, kaum eines unter zehn Stockwerken, die meisten darüber, wurden für die neue Aristokratie des neunzehnten Jahrhunderts gebaut, für das junge Geld, Eisenbahngeld, Minengeld, Ölgeld, Spekulationsgeld, das Geld der industriellen Explosion. Riverside Drive sollte die Fifth Avenue als Wohngegend übertreffen, mit dem reichlichen Fassadenschmuck im orientalischen, italienischen, ägyptischen, immer prächtigen Stil, den Achtzimmerfluchten, den Dienstbotenkammern, versteckten Lieferantenaufgängen, den feierlichen Foyers, den Angestellten in der Uniform, mit der reservierten Aussicht auf Natur. Am ganzen Riverside Drive gibt es nicht ein Geschäft, keinen Laden, nur zwei, drei Hotels, allerdings Residenzen für Dauergäste. Wo der Kommerz wohnte, wollte er von Adel sein. Hier wohnten solche Figuren wie William Randolph Hearst, der Axel Springer der USA, der wahre Erfinder des schmutzigen Journalismus, und zwar wohnte er gleich auf drei Stockwerken, die er später zu einer kirchenhohen Halle ausbaute, der seinen privaten Fahrstuhl hatte, dann noch mehr Stockwerke, bis er sich alle zwölf kaufte, 1913. Eine Adresse am Riverside Drive bedeutete damals Vermögen und Kredit, Macht und fürstlichen Rang. Es war eine Straße für Weiße, Angelsachsen, Protestanten. Zu ihnen stießen nach dem Ersten Weltkrieg jene Juden, denen die ehemals exklusiven Quartiere Harlems nicht mehr standesgemäß schienen, und die Immigranten von der unteren Ostseite, deren Einkünfte inzwischen ausreichten für das Prestige dieser Adresse, Emigranten, die es geschafft hatten. In den dreißiger Jahren kamen die Juden aus Deutschland, anfangs mit dem Haushalt in Kisten, dann ohne Gepäck, dann aus den von Deutschland besetzten Ländern Europas, und nach dem Krieg kamen die Überlebenden der Konzentrationslager und Bürger des Staates Israel, unveränderliche Europäer, die mit den Nöten, dem Klima, der Belagerung Israels nicht zurechtgekommen waren, so daß am Riverside Drive und an der West End Avenue eine jüdische Kolonie versammelt war, nicht nur verbunden durch Familie und Religion, sondern auch durch die Erinnerung an das verlorene Europa. (Eine Emigrantin aus Karlovy Vary, der die Erinnerung an die Heimat auf den heilen Tod verleidet ist, spricht von Heimweh nach Karlovy Vary, von Heimweh nach Europa, nach dem Geschmack des Brotes zu Hause. Sie lebt seit fünfzehn Jahren am Riverside Drive.) Dann zogen auch die jüngeren und bessergestellten unter den Juden in die Vororte nördlich der Stadt, den Kindern zuliebe.

Aber die Fifth Avenue hat der Riverside Drive als Residenz nicht überflügelt, hier wohnt nicht die Witwe des Präsidenten Kennedy mit Herrn Onassis. Hier wohnen die Pensionäre, die Leute mittleren Einkommens, die angestellte Klasse, intellektuell Beschäftigte, Studentengemeinschaften. (Ein Schlachtergeselle lehnt es ab, hierherzuziehen, er glaubt an den eigenen Rasen vor dem eigenen Haus.) Die meisten Häuser sind sich noch zu fein für dunkelhäutige Bürger als Mieter; Neger dürfen sie verwalten, in Stand halten, den Lift führen, das Messing putzen. Immer noch scheinen die grandiosen Baumassen Burgen des Wohlstands, eher ehrwürdiger durch Verwitterung, aber in ihnen sitzt auch das Alter der Vernachlässigung. Manche der herrschaftlichen Zimmerfluchten sind in sparsame Kleinappartements aufgeteilt, es gibt leckende Heizungen, Geklapper in der Klempnerei, Ketten von Defekten und in den Foyers jene sanfte Haut aus Schmutz über dem Marmorpaneel und dem ältlichen Mobiliar, gegen die Wasser und Besen nichts mehr vermögen. In einigen Häusern sind die Mieten durch ein Gesetz seit dem Kriege eingefroren. Die Türsteher, die nicht nur den Mieter begrüßen, sondern auch Einbrecher und Kindesentführer fernhalten sollten, sind inzwischen selten zu sehen, und oftmals sind die bemannten Aufzüge ausgewechselt gegen automatische, in denen die Fahrgäste einen Fremden mit Vorsicht besehen. Jedoch ist es nicht leicht, in diesen Häusern eine freie Wohnung zu finden, aus noch anderen Gründen als denen der Hautfarbe und des Einkommens. Die Decken sind hoch, der Zimmerplan ist altmodisch, die Wände dämmen den Schall; die Verwaltungen besorgen den Müll und die Reparaturen. Die Straße gilt als beinahe sicher (Mißtrauen begegnet den Homosexuellen, die einander sommers am Denkmal der Soldaten und Seeleute abpassen und es den Hochzeitskuchen nennen). Und die Straße gehört zu den stillen. Wenn es hoch kommt, sieht sie im Jahr zwei Paraden. Wohl dringt von der Schnellstraße am Fluß ein nahezu gleichmäßiges Motorengeräusch herüber, in meeresähnlichen Wellen, zwei Jahreszeiten lang durch das Parklaub gefiltert, aber außerhalb der Stoßzeiten (und der Wochenenden vor und nach nationalen Feiertagen) ist der Riverside Drive selbst eine Straße mit Nahverkehr, in der Nacht leer und lautlos, bis sechs Uhr morgens, wenn die ersten zur Arbeit fahren und die hohlen Pfiffe der Eisenbahn unter den Parkwülsten in den dünneren Schlaf dringen. Schließlich, die Aussicht ist unverletzlich.

Die Aussicht geht auf nichts als ein anderes Ufer, ein Stück des Staats New Jersey, aber das Ufer steigt steil und hoch auf, und die Breite des Flusses kann die architektonische Wüstenei auf der anderen Seite in das Trugbild einer Landschaft verwischen, in die Einbildung von Offenheit und Ferne. Der Fluß unter dem unverstellten Himmel zieht auf das nahe Meer zu, bietet langsam reisende Schiffe, nachts Nebelhörner, grüne, graue, blaue Farben gerahmt von denen des Parks, eine Ansicht von Ferien. Aber der Fluß ist so vergiftet von industriellem Abfall und Abwässern, daß die Fische schon hoch im Norden sterben und ein Bad für Menschen lebensgefährlich ist, nicht etwa wegen der Strömung. Der Fluß sammelt das Licht des Himmels und färbt mit seinen Dünsten die Wolken über ihm, aber der Himmel ist dick durchsetzt mit Schwefeldioxyd, Kohlenmonoxyd und festen Rauchpartikeln, die immerhin die Sonnenuntergänge gefährlich kolorieren helfen. Die frühe Sonne rötet das jenseitige Ufer, und die Industrie pflanzt in die Richtung des Blicks auf die Natur unausweichliche Buchstaben, die den Schwärmern auch dieser Straße einhämmern sollen, wer wohl zum Backen Bestes bietet. (Eine friedfertige und gefaßte Dame hat angekündigt, sie werde eines Nachts mit ihres Mannes Schießgewehr jene rote Neonbatterie zerknallen, die irrsinnig pausenlos ALCOA, ALCOA ins Fenster ruft. Sie weiß gar nicht, wie man ein Gewehr hält, aber ihr Mann besitzt eines.) Die Dächer des Riverside Drive geben dem Gekreisch Alcoas mit keinem Leuchtzeichen Antwort. Über den blinkenden Lichterterrassen New Jerseys, über dem Farbenknäuel des Rummelplatzes auf den Palisaden, über dem grauen Fluß, einem weiten Tor nach Norden, sind an flachen Kabelbögen weiße Birnen aufgereiht, über das doppelstöckige Brett zwischen den beiden Pfeilern der George Washington Bridge tappen Scheinwerfer und Katzenaugen, und die Reiseführer der Welt empfehlen den Anblick.

Zur Aussicht gehört der Park, das breite wiesige Gelände aus sanften Abhängen, Spazierwegen, Stützmauern, Fahrbahneinschnitten, Tunneln zum Fluß, alten Bäumen. In den unteren Etagen färbt er das Zimmerlicht. Nachts halten die Blätter Laternenlicht unter sich in strahlenden Höhlen. Der Park ist benutzbar, denn er hat die Vorliebe der Polizei gefunden. Dort fahren ihre Funkwagen zu Verschnaufpausen und Manneswörten auf, und in der warmen Jahreszeit stellen die Ordnungsmächte ihre Pferde in den tiefen Schatten des Gebüschs. Im Sommer scheint der Park die Stätte eines beständigen Volksfestes. Die Bänke an der Uferpromenade sind dicht besetzt mit Ausflüglern aus den ärmeren Gebieten, Tennisspiele sind im Gange, Männer an Angeln hoffen auf Fische von robuster Konstitution, Schachspieler sitzen rittlings auf den Bänken und erteilen Kiebitzen Unterricht, Leute mit der vorgestrigen Zeitung überm Gesicht schlafen wie in der eigenen Wohnung, die der Park sein mag, Spaziergänger mit Hunden begegnen einander und bleiben gern stehen zu einem Gespräch über ihre Tiere, Picknicks breiten sich im Grase aus, halbnackte Kinder springen und kreischen unter den blitzenden kühlen Fontänen auf den Spielplätzen, jagen die Schaukeln, drängen sich um den Mann mit dem Eiskarren, und Eltern auf den Bänken richten durchaus das Wort aneinander. Das Bild scheint aus friedlichen Vorgängen zusammengesetzt, und tatsächlich fühlen viele Anwohner des Riverside Drive Zusammengehörigkeit. Sie haben ein Ausmaß von Erziehung gemeinsam, ihre Einkommen sind vergleichbar, sie sind nur in Ausnahmen nicht rosahäutig, sie schicken ihre

Kinder in die gleichen Anstalten, sie haben gemeinsame Wohnbedingungen zu verteidigen und treten als Gruppe bei politischen und Elternversammlungen auf. Wer morgens mit einem Kind an der Hand auf den Bus wartet, kann fast sicher darauf vertrauen, von Unbekannten zur Schule oder zum Kindergarten mitgenommen zu werden, womöglich das Kind allein in das fremde Auto steigen lassen, und der Busfahrer, dem gequetschten Stadtverkehr in den raschen Fluß des Riverside Drive entkommen, spricht mit den hier Zusteigenden wie mit einer Familie, die netter ist als die anderen. Aber die dunkelhäutigen Sonntagsausflügler kommen aus Gegenden, in denen Parks nicht vorgesehen sind oder bei der Polizei weniger beliebt und nun zerstört, das Gras verdorrt und weggetreten, die Bänke zerschlagen, die spärlichen Bäume beschädigt und der Boden dicht bestreut mit Splittern von Glas, das da in säuberlicher, gleichmäßiger Wut zerschlagen wurde, da knirscht jeder Schritt. Im Riverside Park sind die dunkelhäutigen Kinder an einem Wochentag in der Minderheit, sie spielen in Gruppen für sich, und die Negerin im weißen Kittel, die ein Rudel wild rennender Kinder im Auge behält, paßt nicht auf ihren eigenen Jungen auf, sondern auf den ihres rosahäutigen Arbeitgebers. Auf den Baseball-Plätzen sind die Puertorikaner für sich, auf den Basketballfeldern üben die Neger für sich allein, und Fußball spielen die Westinder untereinander. Leute vom Riverside Drive warnen den ausländischen Touristen vor den Seitenstraßen um die Ecke und raten ihm, sie nachts mit wenigstens und nicht mehr als acht Dollar in der Tasche zu betreten, dem ungefähren Preis für eine Heroininjektion, damit der Angreifer wenigstens das Messer stekken läßt. Um die Ecke sind die Slums, von hier aus gesehen gesellschaftliches Ausland.

Das Wort Slum ist akzeptiert, es bedarf keiner Übersetzung ins Deutsche mehr. Seine Herkunft ist nicht zu finden. Ursprünglich soll es ein abfälliger Ausdruck für ein Zimmer gewesen sein. Die gewöhnliche Entsprechung im Deutschen ist das „Elendsquartier". Aber die Slums der Oberen Westseite sind nicht eigens für das Elend vorbereitete Quartiere, anders als die von Bauspekulanten zusammengeklatschten Arbeiterblocks in deutschen Großstädten, ein Bidonville in Paris oder ein Barackendorf für Flüchtlinge. Die Slums in New York sind nicht als Slums gebaut. Diese „brownstones", so genannt nach der Fassade aus rötlichbraunem Sandstein, waren nach dem Bürgerkrieg geradezu das Abzeichen für bürgerlichen Wohlstand. Die geräumigen Aufgänge waren für würdige Auftritte geschaffen. Die vier Stockwerke waren bestimmt für eine einzige Familie mit ihren Dienstboten, innen reichlich ausgestattet mit Edelholztäfelungen, eichenem Parkett, marmornen Kaminen, geschnitzten Türen, gedrechselten Treppenspindeln. Es waren Luxusbauten, und der Schmutz am Beischlag, die verrotteten Möbelstücke und Matratzen, die unverdeckten Mülleimer und der verstreute Abfall, die verschmierten Fenster passen nicht zu ihnen. Es sind aufgegebene Häuser. Gebaut wurden sie für Weiße, Protestanten, Angelsachsen. Die Iren, die in den siebziger Jahren des vorigen Jahrhunderts in hellen Scharen hierherkamen, versammelten sich in den Miethäusern entlang der Columbus und Amsterdam Avenue, aber viele sparten auf ein solches braunes Haus nach der letzten Mode und nutzten den Besitz durch Untervermietungen. Die Iren waren die kräftigste politische Gruppe des Viertels, bevor die Juden aus Harlem zuwanderten. Nach dem Zweiten Weltkrieg zogen in großen Wellen Neger aus den New Yorker Ghettos und Puertorikaner zu, und die weißhäutigen Einwanderer, längst angepaßt an die vorgefundene Werteskala, gaben eine Straße nach der anderen auf. Allerdings nicht ganz. Aus einem solchen Einfamilienhaus kann der Besitzer zunächst einmal vier Wohnungen machen, je eine pro Stockwerk, und mit den erhöhten Mieteinnahmen die Einbuße im Grundstückswert wettmachen. Aus diesen kleinen Wohnungen kann der Hauswirt wiederum Einzelzimmer herstellen. Inzwischen hat er ein Vielfaches der alten Miete. Da seine Mieter, die aus Harlem kommen, auch solche Wohnbedingungen noch als eine Verbesserung ansehen müssen und die spanisch sprechenden Einwohner zu einer Gegenwehr anfangs noch nicht fähig sind, ist es dem Hauswirt unbenommen, weiterhin Reparaturen zu verschleppen, an der Heizung zu sparen, auf einen Hauswart zu verzichten. Das Gesetz sieht für alle solche Vernachlässigungen Strafgebühren vor, aber Leute ohne Schulbildung und ausreichende Kenntnis der Sprache prallen am bürokratischen Apparat ab, und die Gerichte sind dem Slumwirt milde gesonnen, denn er vertritt die Begriffe von Erwerb und Eigentum. Solche Geschäftstüchtigkeit stellt den Slum erst einmal her: die Häßlichkeit und Durchlässigkeit der Trennwände, die nichtreparierten Fensterscheiben, die defekten Türsicherungen, die kaputten Briefkästen, den glitschigen verkrusteten Dreck schon im Korridor, die Küche im Schrank, den ekelhaften Zustand der sanitären Einrichtungen, die Verseuchung der Zellen durch Ungeziefer und allerdings ein Verhalten der Slumbewohner, das ihrer gesellschaftlichen Lage entspricht.

Konservative Weiße, wenn sie Negerfamilien aus ihren Appartementhäusern fernhalten wollen, weisen auf die Slums und glauben zu beweisen, diese Schwarzen verstünden es einfach nicht, in einer Zivilisation zu leben, als sei das eine natürliche Veranlagung. Idiotisch wie alle Argumente, die einer gleichmäßigen Verteilung des gesellschaftlichen Reichtums einen Riegel vorschieben sollen, übersieht dies, daß nicht sämtliche Neger in

Slums wohnen und daß nicht nur Neger in Slums wohnen. Das Vorurteil der amerikanischen Nation gegen ein alteingesessenes Zehntel ihrer Angehörigen mag unbegreiflich sein; die Gegenstände, die mit Hilfe dieses Vorurteils verteidigt werden, sind handfest. Es geht um Arbeitsplätze als ein Mittel des Einkommens, um Ausbildung als ein Mittel zu besserem Einkommen, um Gleichberechtigung als eine Sicherung des Einkommens. Keine Gruppe hat um diese Bürgerrechte so lange kämpfen müssen wie die Neger. Die davongelaufenen und freigelassenen Sklaven, die im vorigen Jahrhundert in den fortschrittlichen Norden aufbrachen, wurden dort isoliert in reservierten Vierteln, ausgebeutet von weißen Hausbesitzern und Kaufleuten, ausgeschlossen von gleichberechtigter Erziehung und Ausbildung, immer zuerst gekündigt, immer zuletzt angestellt, und sie sahen Gruppe nach Gruppe von auswärts einwandern, Fuß fassen, zu gleichberechtigten Bürgern werden, die Iren, die Italiener, die Juden, in den fünfziger Jahren die Puertorikaner. 1960 wie heute läßt sich ihre Lage in klassischen Zahlen zusammenfassen: „Das Negerkind hat . . . ungeachtet seiner Begabung, statistisch . . . halb soviel Aussicht, die Oberschule abzuschließen wie das weiße Kind, ein Drittel soviel Aussicht, die Universität zu absolvieren, ein Viertel soviel Aussicht, in einem Fachberuf zu arbeiten, und viermal soviel Aussicht, ohne Arbeit zu sein" (John F. Kennedy, in einer Wahlrede). Was immer die Wurzel sein mag für die traumatische Aussperrung durch die Weißen, die Gruppe der Neger muß aus diesem Grund die höchsten Verluste im Arbeitskampf hinnehmen, konsequent stellen sie die meisten derjenigen Bürger, die die Hoffnung auf Arbeit aufgegeben haben, die zu dieser Hoffnung nie imstande waren, die sich fallen lassen in den Slum. Der Slum ist ein Gefängnis, in das die Gesellschaft jene deportiert, die sie selbst verstümmelt hat. Das sind Wohnungen, aus denen die Wanzen nicht mit der geduldigsten Anstrengung vertrieben werden können, in denen am Kühlschrank nicht die Kühlung der Nahrungsmittel die wichtigste Funktion ist, sondern die des Tresors, den das Ungeziefer nicht knacken kann. Kinder in den Slums haben gelernt, einen Rauschgiftsüchtigen, einen Homosexuellen, einen Alkoholiker auf der Straße zu erkennen und als einen alltäglichen Bewohner der Nachbarschaft zu erwarten; die Hunde bellen die torkelnde Figur mit der Flasche an und können sich kaum beruhigen. Diese Kinder sind um Spiele verlegen, sie stehen umher gleich Arbeitslosen, beobachtend, gelangweilt, feindselig. Die Neger in den Slums fühlen sich vernachlässigt von der Polizei, ihre Straßen werden spärlich patrouilliert, Einbrüche bei ihnen werden lässiger verfolgt, bei einer Schlägerei wird der Dunkelhäutige eher festgenommen als der Hellfarbige; dennoch wünschen sich die Neger einfach mehr Polizisten, besseren Schutz (wo die Weißen es sich leisten können, eine zivile Aufsichtsbehörde für die Ordnungskräfte zu fordern). Zwei Drittel der Neger in der Oberen Westseite sind einzelne Männer, wahrscheinlich nicht zuletzt, weil eine vom Ernährer verlassene Familie einen Anspruch auf Fürsorgeunterstützung hat, aber auch vollständige Familien wohnen hier in einem einzigen Zimmer. Die Kinder, die dort Hausarbeiten machen sollen, die notwendig Zeugen unausbleiblicher Streitszenen werden, kommen müde und verstört in die Schulen, ihre Leistungen müssen hinter den Anforderungen zurückbleiben, sie verlassen die Schulen so früh als möglich und beginnen in niederen Berufen zu arbeiten, die mit der elektronischen Entwicklung aussterben werden, und sind ausgebildet für die Armut. Die Stadtverwaltung versucht durch ihre Fürsorgebehörden wenigstens flicken-, fetzen-, krümelweise Fällen der Not abzuhelfen, sie bietet vorzeitigen

Schulabgängern Kurse in Berufen, sie fördert den gemeinschaftlichen Schulbesuch von hellen und dunklen Kindern; diese Programme sind dekorativ, Beschwichtigungen, Kuren am Symptom, sie sind ohne Einfluß auf die wirtschaftliche Lage der benachteiligten Gruppe, stützen nicht ihre Familienstruktur, heben die Isolierung nicht auf. Wo es auf Ordnung nicht mehr ankommen kann, fliegen die Abfälle aus dem Fenster, und wenn sie auf einem weißen Hinterhof landen, könnte es Post sein: tatsächlich heißt der Vorgang Luftpost. Die Weißen hören als Gruppe nicht, vielleicht hört der weiße Passant etwas, neben dem auf dem Bürgersteig eine Flasche zerplatzt. Da diese Wirklichkeit einen Ausweg in das lebenswerte Leben nicht enthält, warum dem Leben nicht in den Illusionen und Krankheiten des Rauschgiftes entgehen. Da die Weißen als Gruppe Hilfe verweigern, warum nicht dem einzelnen Weißen ein Messer aufs Herz setzen und seiner Brieftasche, seiner Ladenkasse, seiner Wohnung Hilfsmittel entnehmen. Da die Gesellschaft um dieses Leben einen Zaun errichtet hat, warum die Normen der Gesellschaft einhalten, warum die Fürsorgerin anders behandeln als den Überbringer einer Abschlagszahlung, warum nicht die Kinder betteln schicken, warum unter Dächern wohnen. Da die Verbindungen mit der Gesellschaft abgebrochen sind, warum nicht die Kabel öffentlicher Telefone herausreißen; warum eine Adresse hinterlassen, wenn man weggeht. Das Wort Slum gibt es auch als Verbum, in der Bedeutung von Spazierengehen in heruntergekommenen und gefährlichen Straßen, und die New Yorker Polizei hat vorsorglich weitere fünftausend Schutzhelme für die kommenden Aufstände bestellt.

Das Verhalten der Puertorikaner unter den Bedingungen des Slums weicht allerdings von dem der Neger ab, und sie sind dem Slum eher entkommen. Zwar hat ihre mengenhafte Einwanderung nach dem Zweiten Weltkrieg die Wohnverhältnisse auf der Oberen Westseite erst eigentlich beengt, aber sie kamen von der Insel mit dem Bewußtsein, gleichberechtigte Bürger zu sein, und ihre Reaktion auf überteuerte Wohnungen und Arbeitslosigkeit war Gegenwehr, nicht die hundertjährige Resignation der amerikanischen Neger. Sie waren als Gruppe zusammengehalten durch ihre unabhängige Kultur, durch stabile Bindungen in der Familie und Verwandtschaft und durch ihre Religion. (Die puertorikanischen Mütter gehen mit ihren Kindern in den Park.) Sie nutzten den Einfluß der Kirchen, ihrer Abgeordneten, ihrer Vereine für bessere Unterbringung, mehr Spielplätze, mehr Präsenz der Polizei, und da die Hellhäutigen unter ihnen nicht dem rassistischen Vorurteil unterworfen waren, fanden sie leichter Arbeit und beständige Arbeit. Sie sind nun eine kräftige politische Gruppe innerhalb des Viertels und haben auch sein Aussehen verändert, mit spanischer Reklame, spanischen Gottesdiensten, eigenen Zeitungen, einem Kino, das nur noch Filme in ihrer Sprache zeigt, und mit Läden, die nicht nur ein spanisches Schild zeigen, sondern auch ihnen gehören.

Ein Beispiel für das zerrüttete Verhältnis zwischen der städtischen Verwaltung und den Armen des Viertels ist das Sanierungsprogramm, das vor zehn Jahren hier anlief. Die Behörden untersuchten ein Gebiet zwischen der 87. und der 97. Straße, eingefaßt von der Straße am Central Park und der Amsterdam Avenue, und fanden für eine Viertelmillion Dollar heraus, daß hier zwischen 1950 und 1956 keine Neubauten errichtet worden waren, jedoch hatte die Bewohnerzahl um ein Viertel zugenommen. Ein Sechstel der Haushaltungen saß in jeweils einem einzigen Zimmer. Aber die Miete pro Quadratmeter war doppelt so hoch wie in einem bewachten und gepflegten Appartementhaus an der West End Avenue oder am Riverside Drive. Das durchschnittliche Einkommen war ein Minimum, und die Kennzeichen der Gegend waren Armut, beständige Kriminalität und Rauschgiftmißbrauch geworden. Der Vorschlag der Behörden lief darauf hinaus, durch die Reparatur einiger Gebäude etwa 3000 Luxuswohnungen herzustellen, den größten Teil der Brownstones und alten Miethäuser jedoch abzureißen und an ihrer Stelle Hochbauten aufzuziehen. Diese Hochhäuser sollten fast 5000 weitere Luxuswohnungen enthalten, fast 2500 Wohnungen für Familien mit mittlerem Einkommen und etwa 400 Sozialwohnungen, also einen Anteil von etwa 4 Prozent für die soziale Gruppe, die die Mehrheit der Bewohner ausmachte. Zwar brachten Proteste der Bevölkerung es zuwege, daß die Zahl der geplanten Sozialwohnungen später auf 2500 angehoben wurde, aber es blieb offenbar, daß diese zwanzig Blocks nicht zugunsten ihrer damaligen Bewohner saniert werden sollten. Das Ziel der Behörden war vielmehr, den Grundstückswert in die Höhe zu treiben, das Steueraufkommen um ein Vierfaches zu verbessern und dabei womöglich noch ein Ausstellungsstück zu gewinnen, ein Paradepferd des Städtebaues. Die Stadt übernahm die zum Abbruch bestimmten Häuser in ihre Verwaltung und in ihr Eigentum, aber zum Erstaunen der Mieter wurden nun die Reparaturen keineswegs pünktlicher ausgeführt, die feuerpolizeilichen Vorschriften durchaus nicht strenger durchgesetzt. Die Mieter, die Unterkunft in anderen Teilen New Yorks hatten finden können, wurden mit Beihilfen zum Umzug versehen, und die übrigen, zu schwach oder wegen der Hautfarbe unfähig zu solchen Initiativen, wurden in stadteigene Gebäude südlich des Sanierungsgebietes umquartiert, oftmals in Verhältnisse, die denen des Slums ähnlich waren oder auf ihn zuliefen. Die Iren wehrten sich bis zuletzt. Tatsächlich waren ihre gutgehaltenen und geräumigen Wohnungen entlang der Columbus und Amsterdam Avenue nicht in solcher Qualität und nicht zu den alten Baukosten zu ersetzen, aber das Alter eines Hauses, wie immer solide, bestimmt es für die Rolle des Opfers im Gespräch mit der Stadtplanung, und auch diese Häuser brachen unter den geschwenkten Kugeln und den Preßlufthämmern zusammen. Die irische Kolonie nahm ihre Kinder aus den Schulen, gab die meisten ihrer Geschäfte auf und ist inzwischen kaum noch im Leben des Viertels zu spüren. Die Sanierung brauchte lächerlich viel Zeit von der Planung über die Exmittierung und den Abriß bis zu den Neubauten; die verurteilten Häuser, ohne Fenster, ohne Türen, waren lange Spielplätze für Kinder, Zuflucht für Rauschgiftzirkel, Prostituierte, Obdachlose und fette katzengroße Ratten. Das Unternehmen brachte die landesüblichen Skandale mit sich. Einmal übergab die Stadt einer Baufirma einen Block zum Abriß, der noch nicht bewohnt war, und die Geschäftsführung kassierte jahrelang die Mieten, die in solcher Höhe nirgendwo anders zu erlangen waren, und baute nichts. Ein anderes Mal schüttete eine Baufirma die Fundamentgruben eines ganzen abgerissenen Blocks zu und benutzte die gewonnene Fläche als ertragreichen Parkplatz; auch heute noch liegen solche Flächen hinter ordentlichen Zäunen seit Jahren unbebaut. Die Hochbauten stehen inzwischen zu einem guten Teil, riesige, rechteckige Kästen inmitten der niedrigeren Umgebung, und ein Ausstellungsstück städtebaulichen Ingeniums sind sie nicht geworden. Diejenigen, die die volle Steuer aufbringen, die Luxusimporte, sind mit Gartenschmuck, Balkons, mit Wächtern versehen; die anderen, an deren Bau die Stadt beteiligt war, müssen sich mit dem Schmuck einer bronzenen Plakette am Fuß begnügen, wo die soziale Leistung in feierlicher Form verkündet ist, die Namen der Schuldigen eingeschlossen. Umgeben sind die einförmigen Klötze immer noch von halbzerstörten Brownstones und von den verlassenen Miethäusern an der Amsterdam Avenue, den aufgegebenen, vernagelten Geschäften, Bars, Imbißstuben, Werkstätten. Die ehemaligen Bewohner dieser Straßen hatten zu drei Vierteln in dieser Gegend bleiben wollen, aber die meisten Neger und Puertorikaner erfüllten nicht die Normen für eine Sozialwohnung und sind in andere Armutsviertel New Yorks und in die verbliebenen Seitenstraßen abgedrängt. Der Slum, der aus der Welt geschafft werden sollte, ist um die Ecke getragen worden.

Die verschiedenen Fronten, die geschiedenen Parteien, Einkommensgruppen, Rassen des Viertels begegnen einander auf dem Broadway, der alten Landstraße zwischen dem Dorf Bloomingdale und der Siedlung Neu Amsterdam im Süden Manhattans. Aber der Broadway, der quer durch die Obere Westseite läuft, hat wenig gemein mit seinem legendären Stück oberhalb des Times Square, das ausgehängt ist mit ungeheuren Lichttüchern, flackernd unter Kinobaldachinen, den unreinen Farben des Neongases, laufenden Schriftbändern, unter Scheinwerfern und den kreisenden, springenden, platzenden Leuchtreklamen. Auf der Oberen Westseite sind die Lichter geringer und hängen tiefer.

Ein anderer Broadway beginnt an der 72. Straße, wo er auf die Amsterdam Avenue trifft und ihr den Verdipark abschneidet. Hier teilt ein geräumiger Mittelstreifen, an den Kreuzungen mit Querbänken und gelegentlich mit Gebüsch besetzt, ihn in zwei breite Fahrbahnen. Zu beiden Seiten sind Muster der Renaissance in elefantischen Baumassen aufgetürmt, und weit in den Norden hinein zeugen die vielfenstrigen Kästen unter ihren gefühlvollen Gesimsen von dem fiebrigen Vertrauen in den Baumarkt, der 1900 mit dem Bau der U-Bahn unter dem

Broadway zu galoppieren begann. Es sind Hotels, Appartementhäuser, Lichtspieltheater einer Zeit, in der Gewinne angelegt wurden mit Kunst am Bau. Der Auftrieb reichte nicht aus für eine geschlossene Kolonne dieser dekorierten Ungetüme, zwischen ihnen hocken ärmlich und vierstöckig die billiger kalkulierten Miethäuser, die sich weniger Mühe mit dem Verstecken ihrer Feuerleitern machten, nun stellt ihr Alter sie bloß. Wenige Hotels haben die vermögende Kundschaft halten und die Reputation bewahren können, die die Fassade verspricht; vornehmlich beherbergen sie jetzt Dauergäste, verarmte Pensionäre, Fürsorgefälle und oftmals solche Gäste, die eher einer ärztlichen Behandlung bedürfen als eines Hotelservice, der über das Kassieren nicht sonderlich hinausgeht. Die Appartementhäuser rechnen noch zu den begehrteren des Viertels, weniger wegen der Adresse als wegen der Nähe zu Einkaufsstätten und Verkehrsmitteln. Die Kinos, mit solchen Namen wie Embassy, Symphony, Riverside, Riviera, haben überstanden als Denkmäler einer majestätisch geplanten neuen Kultur, mit Jugendstil oder italienischem Gerank an der Stirn, den Foyers aus Plüsch und Marmor, Wohnzimmerteppichen zwischen den Sesselherden und den himmelartigen Dachwölbungen, und hartnäckig verteidigen sie ihre gefährdete Pracht mit Preisen, die doppelt so hoch sind wie die des Times Square; zwei von ihnen, die weniger pompösen, sind bekannt für ihre beständigen Retrospektiven. Und der Park, in dem Verdi steht mit Tauben auf dem Schädel, heißt nunmehr „Park der Nadeln", der Injektionsnadeln. Seit vierzig Jahren ist an dieser Straße nichts Neues gebaut worden, und trotz des Lichtgewimmels am Fuß der verwitterten und berußten Großfassaden erinnert der Broadway an ein Foto aus jener Zeit, als hier noch Pferde vor den Wagen liefen und man vom „Boulevard" sprach.

Der Broadway ist der Marktplatz, die Hauptstraße des Viertels. Die ebenerdigen Geschosse sind in dichter, ungebrochener Kette mit Geschäften vollgestopft, mit Feinkostläden und Superhandlungen, mit Waschsalons, Friseurstuben, Cafeterias, Gemüsemärkten, Bars, Schuhbesohlanstalten, Reinigungsfilialen, Steuerberaterfirmen und Fahrschulen und Reisebüros. Wer die wöchentliche Kühlschrankladung holen will, muß hier kaum zwei Blocks abgehen, und stünde ihm auch der Sinn nach japanischem Bier, Kamtschatkakrebsen, irischem Honig, Düsseldorfer Senf oder Dresdner Stollen. Hier gibt es chinesische Restaurants, in denen auch Chinesen essen, israelische Restaurants und Bodegas und ein Etablissement Zum Maharadscha, italienische Pizzerias und Eissalons, hier hängt ein Nowoje Slowo aus und das namenlose westdeutsche Nachrichtenmagazin am Montagabend des nämlichen Datums. Zu Einkäufen muß ein Bewohner des Viertels es kaum verlassen, er findet Antiquitäten wie Kindermoden wie Zwetschgen um die Ecke, wenngleich die Auslagen mitunter verstaubt sind, die Textilien minderwertig und die Läden nicht so blitzblank wie an der Fifth Avenue um das Rockefeller Center. Immerhin verlangt hier kaum einer nach jenen Uhren, die die Großen der Welt unaufhörlich tragen. Der Kampf um die Gunst der Kunden ist aufreibend; viele der kleinen Geschäfte werfen ihre Pächter alle paar Monate ab und warten dann staubig und vermüllt auf Unternehmer mit längerem Geld.

Der Broadway ist die Promenade der Oberen Westseite, der Hauptstraße einer Kleinstadt vergleichbar, ein Ort zum Beobachten und Beobachtetwerden. Der Passant begegnet braunen, gelben, schwarzen, weißen, roten und rosa Gesichtern; er ist abgebrüht genug, sich keineswegs umzudrehen nach der Matrone in Bermudashorts oder Blue jeans, nach dem Harlemer im afrikanischen Kostüm, dem jüdischen Habit aus Langmantel und schwarzem Hut, dem Kopftuch über den Lockenwicklern, dem Sari, dem Hut aus feinstem Gemüse, dem Mantel aus Leder wie dem Mantel aus Lumpen – auffallend ist ein Kragen in Weiß und Schwarz, sensationell wäre ein eleganter Aufzug; mit dem Passanten unterwegs sind Hausfrauen, die ihren Einkaufswagen hinter sich über die Zementplatten zerren, und Laufjungen, die anderen Hausfrauen die Einkäufe an die Hintertür bringen werden, da gehen Bürger, Bettler, Wahnsinnige, Studenten, Prostituierte, da stehen Polizisten. Die Sprachen auf diesem Broadway sind vielfältig, verwirrend arbeiten Akzente aller Kontinente an Versionen des Amerikanischen, im Vorbeigehen zu hören sind das Spanisch aus Puertoriko und Kuba, das westindische Französisch, Japanisch, Chinesisch, Russisch, Jiddisch und die Geheimsprache der Rauschgiftwelt und immer wieder das Deutsche, wie es vor dreißig Jahren in Ostpreußen, Berlin, Franken, Sachsen und Hessen gesprochen wurde. (Hier steht eine Fleischerei für den westfälischen Geschmack, und die beiden puertorikanischen Gehilfen des Meisters wissen sich auf Deutsch mit einer jiddischen Satzmelodie auszudrücken). Hier zieht ein Mann umher mit einer Balgkamera und sucht nach Kindern, die sich auf seinem bejahrten Pony fotografieren lassen wollen. Hier stehen Polizisten. Sie stehen zu Paaren an der Ecke und wirbeln den Knüppel am Handgelenk wie sie es auf ihrer Akademie gelernt haben, sie haben den stumpfen und schweifenden Blick der Allesseher, die Freunde und Helfer des Bürgers, das Gesprächsthema Nummer Zwei. Alle, die Bewohner der Seitenstraßen wie die Fürsten am Central Park, sind sich einig, daß die Polizei nicht ist, wo sie gebraucht wird. Hier stehen sie, mitten in der Beleuchtung, groß und kräftig mit dem Rücken zur Wand, und warten, daß sie gebraucht werden. Der Mann, der bei ihrem Anblick seinen Würstchenkarren um die Ecke lenkt, wird sie nicht „bezahlt" haben. Die Bewohner des Viertels hegen den Glauben, daß die Polizisten von allen „bezahlt" werden, von der Wäscherei wie dem Eisauto wie dem Zeitungsstand, jedoch ganz sicher erführe einer das erst von den Hütern der Ordnung selber, und offensichtlich erwarten sie die Frage nicht. Ein Polizist ist als „Sir" anzureden. Ein Polizist betritt eine Bar und zeigt mit dem behandschuhten Finger in die Richtung der Abtrittstür, und ohne eine Frage drückt der Wirt den Summer, der den Schnapper lockert. Die Vorrichtung soll Raubüberfälle in der Toilette verhindern. Der Polizist auf dem Rückweg geht vorbei an Leuten an der Bar, die für den ungebildeten Blick in eine Klinik, in eine Entziehungsanstalt, ins Gefängnis oder ins Bett gehören, aber der Blick des Polizisten gilt dem Fußballspiel auf dem Fernsehschirm, wo die Sache einen Sinn hat. Die Antwort auf die Frage, ob die Verhältnisse durch Mildtätigkeit gebessert werden könnten, muß einer prompt und eindeutig im Kopf haben, denn die Bettler sind nicht immer höflich, sie benutzen nicht immer die religiöse Formel, und ein ausweichender Hellfarbiger gilt ihnen als eine jüdische Sau. (Eines Mitternachts kamen drei freundliche Negerkinder mit feststehenden Messern auf einen Passanten zu, und weil er hilfesuchend auf sie zuging und sich ausgab für einen Touristen aus Island, auf der Suche nach einem Hotelzimmer für seine letzten vier Dollar, gaben sie ihm sein Portemonnaie zurück mit sämtlichen vier Dollar und wiesen ihm ein solches Hotel und wünschten ihm eine gute Nacht. Jedoch der Mann an der Theke des Hotels vermutete eine Notlage und verlangte acht Dollar, bar im voraus.) Jetzt bewegen sich die Polizisten. Schulter an Schulter, die Revolverbeule auf dem Gesäß, spielerische Hand am Knüppel, so gehen sie los durch das Gewimmel, vorbei an einem Kind, das auf einer Kiste döst mit dem Kopf gegen die Wand, weil keiner von diesen verdammten Weißen sich die Schuhe putzen lassen will um elf Uhr in der Nacht, die Polizisten gehen vorbei an einer jungen Dame in strammen roten Hosen, die Schminke der Dame platzt plötzlich in ein Zwinkern auf, sie gehen weiter, sie gehen vorbei an dem alten Mann, der in seinem verschuppten Bart und Lumpen schläft auf einer Bank mitten im Broadway, sie gehen vorbei an der weißhäutigen Matrone, die sich mit einem gutartigen Lächeln hinunterbeugt zu einem dunkelhäutigen Baby in einer Schubkarre, aus dem U-Bahnschacht quillt unverhofft ein Schwarm junger Nonnen unter Kapotthüten, die mit dem Grünlicht über die Kreuzung fliegen, und jetzt sind die Polizisten nicht mehr zu sehen.

1968/69

Ach! Sie sind ein Deutscher?

Ein Fremder besucht die Insel Sheppey in der Mündung der Themse, er geht dort spazieren auf den Straßen der Stadt Sheerness-on-Sea. Es ist eine kleine Stadt, die Bewohner kennen einander. Woran erkennen sie den Fremden? Er kauft einen Stadtplan, er muß seinen Weg suchen. Er sieht mehr die Häuser an als die Leute, er erwartet kein Gespräch mit Bekannten. Er geht an einem Werktag müßig, er ist ein Besucher von auswärts. Woher kann er kommen? Vom Festland, aus London, aus einer anderen Grafschaft. Dann ist er ein Engländer wie die Einheimischen, er gehört zu ihnen. Er kann mit der Fähre aus Holland gereist sein, dann ist er ein Tourist, Touristen sind willkommen in Sheerness. Wann werden die Leute von Sheerness es genau wissen? Wenn er den Mund aufmacht.

Der Fremde hält den Mund. Er hat gelächelt, als der Verkäufer ihm den Stadtplan in die Hand gab, denn der Verkäufer hat gelächelt. Ihm wurde ein freundliches Wort gesagt über das Sommerwetter, er hat nur einverstanden genickt. Kann er kein Englisch? Er kann sich verständigen in dieser Sprache. Aber er weiß, woher er kommt. Er hat in der Tasche einen deutschen Paß. Der Krieg mit den Deutschen ist dreißig Jahre her und vorbei, er denkt an diesen Krieg. Auf dieser Insel gab es den Flugplatz Eastchurch, den haben die Deutschen bombardiert; es gibt Tote bei Luftangriffen, und es wird sie geben im Gedächtnis der Bürger von Sheerness. Über diese Insel hinweg schossen die Deutschen ihre Raketenbomben nach London; die Bewohner der Insel werden sich erinnern an das tödliche Pfeifen. Dieser Deutsche war damals ein Kind, sein Vater war nicht bei der Luftwaffe der Deutschen; er bleibt ein Deutscher, einer von den Feinden. Er erwartet kein Willkommen auf dem Broadway von Sheerness. Er erschrickt, als eine Dame ihn anspricht, denn nun muß er antworten, sie wird ihn erkennen als einen Deutschen, sie wird sich abwenden von ihm, das wird sein wie ein Schlag ins Gesicht.

Entschuldigen Sie, mein Herr, sagt die Dame.

Er antwortet, wie er es gelernt hat in der Schule, das gibt viele Worte, eins davon wird deutsch klingen. Aber das Gesicht der Frau bleibt vorfreudig, und sie fragt: Sind Sie es?

Im Englischen kann das heißen: Bist du es? So hat er es gehört in der Stimme der Frau.

Ich bin es nicht, gnädige Frau, sagte der Fremde in den vielen Worten, die die Schule wollte, und all die nationale Mühsal mit dem britischen th kommt heraus. Der Blick der Dame bittet ihn um etwas, und sie sagt:

Wenn du es bist, so ist dein Name Charlie Baker, und du warst auf dem Flughafen Eastchurch, und dann mußtest du nach Schottland, und ich bin – du weißt, wer ich bin.

Der Fremde weiß das Jahr 1940, das Jahr der ersten Bomben. In den Augen der Frau sieht der Deutsche aus wie jemand, der war achtzehn Jahre alt im Krieg, und weil er sie verlassen hat, soll er wiedergekommen sein. Sie glaubt dem Fremden nicht seine sechs Jahre von damals, sie überhört seine germanische Aussprache, denn er soll ein Charlie Baker sein, der blickte wie er, der ging wie er. Sie war ein angenehmes Mädchen vor dreißig Jahren, und Charlie war ein Dummkopf, denn sie hat dreißig Jahre lang gewartet auf ihn. Nun muß der Fremde die Wahrheit sagen, für ihn und für sich.

Es tut mir so leid, sagte die Frau. Sie sind ein Gast des Landes, Sie sind bei uns in den Ferien. Und da bin ich und belästige Sie; es ist nicht üblich bei uns, daß wir einen Fremden anhalten auf der Straße. Sie müssen mir glauben! Denn wir hatten einen Flughafen Eastchurch, da arbeitete ein junger Mann, der war wie Sie ... Werden Sie mir verzeihen?

Der Deutsche weiß nun nur noch wenige Worte, als er Abschied nimmt von Charlie Bakers Mädchen, und es sind die falschen Worte.

Manche kommen einmal zurück, antwortet sie traurig, und höflich sagt sie: Seien Sie willkommen auf der Insel Sheppey! Seien Sie willkommen in England!

etwa 1978

Ein Schiff

In der Themse, etwa drei Kilometer vor der nördlichen Küste der Insel Sheppey, fällt eine Gruppe schräg paralleler Stangen auf, vor allem sichtbar bei Niedrigwasser, noch in der um sechs Meter höheren Flut, denn in ihrem Rücken schaukelt Wasserfläche weit und, da drüben die Küste von Essex recht bestimmt nach Norden hochgebogen ist, der Horizont unter den rasch wechselnden Beleuchtungen des Himmels. Wer hier zuzieht, in der Stadt Sheerness an der Nordwestecke der Insel, dem ist es angekommen auf die Spiegelungen des Lichts in der vielfältig bewegten Flußmündung und Nordsee, der hält jene Stangen anfangs für Reusen, von einem rabiaten Westwind schief gedrückt, denn der Blick über unbegrenztes Wasser vertut sich leicht in Entfernungen, und das schwarze Dreieck, das bei Ebbe zwischen ihnen erscheint, kann recht wohl genommen werden für ein Fischerboot mit Stammrecht. Wer hier zugezogen ist, meint eines Fernglases zu bedürfen, er wird irre an den Reusen, denn keinmal in zwei Wochen werden sie versetzt, außerdem sind die Stangen von ungleicher Länge, in befremdlich regelmäßigem Verhältnis zueinander, und zu dicht am Fahrwasser stehen sie auch. Was ist das?

Oh, die Freude der Autochthonen am Belehren der Fremdgeborenen! – Tja: sagt einer, er stellt den Hammer neben sich und blickt versonnen auf das Wasser, schade um die mit Arbeit vertane Zeit, es ist so passendes Wetter zum Fischen da draußen; vorfreudig und vertraulich teilt er mit: Es möge eine Wolke noch so dunkel sein, einen Silberstreif habe sie doch.

Die Wolke, unter der die Leute leben an diesen Meilen der Themse, war die Erinnerung an die Flut vom Februar 1953, die weite Bereiche der Insel und auch der Stadt Sheerness überschwemmte und wieder kommen könnte mit vollgelaufenen Wohnstätten, ertränkten Schafen, abgesoffenen Telefonschächten, kurzgeschlossenen Stromleitungen, geborstenen Gasrohren und enttäuschten Auskünften von seiten der Versicherungsgesellschaften. Diese Aussicht ist seitdem gründlich, mit den besten Vorsätzen und Plänen, besprochen worden. Als die Flut die Insel von neuem betrat im Januar 1978, waren weder die Schutzwälle noch das Warnsystem vollendet, und sie durfte sich austoben wie vor fünfundzwanzig Jahren, nur daß es diesmal nicht unmittelbar Tote gab unter den Menschen. Das ist die eine hiesige Zukunft.

Die andere, der kostbare Rand dieser düsteren Wolke, heißt „Richard Montgomery". Das ist der Name eines amerikanischen Munitionsschiffes, dem hier im Sommer 1944 der Rücken brach, worauf es sank und seitdem nur die Spitzen seiner Ladebäume und Masten, auch eine Ecke Brücke zeigt. Genannt schlicht „das Wrack", auch „unser Wrack", ehrfürchtiger „die große alte Dame der Themse", erscheint sie im versteckten Stolz ihrer Anrainer als „unsere einzige Sehenswürdigkeit". – Entweder gehen wir feucht unter, oder wir werden zerfetzt in einem Feuerball!

Sind wir bis dahin imstande, dieser Strandbeute auf den Grund zu gehen, das aufgelaufene Gut zu bergen, historisch, magisch, biographisch, soziologisch, chemisch, administrativwissenschaftlich, poetisch, statistisch?

Richard Montgomery, geboren 1738, er wird selten im Ernst gemeint haben, noch zweihundert Jahre nach seinem Tode werde sein Name stehen für irgend etwas. Denn er war als Ire, achtzehnjährig, in britische Dienste getreten, erst im Alter von vierunddreißig Jahren verkaufte er sich an die Sache der aufständischen Amerikaner, und so war er kaum der erste, den George Washington 1775 zum Brigadegeneral der Kontinentalarmee ernannte. Montgomery bewährte sich bei der Einnahme von Montreal am 13. November 1775, er blamierte sich, als er am 31. Dezember die von englischen Berufssoldaten verteidigte Festung Quebec (Québec) mit nur 1675 ungeschulten Mann angriff, mit einer vollständigen Niederlage am letzten Tage seines Lebens. Überdies war dieser Söldner mit der wechselhaften Loyalität ein General gewesen, dem liefen die Leute fort. Demnach mußte er sich gedulden, als im Amerika des Zweiten Weltkrieges Schiffe getauft wurden auf Namen von Vätern der Revolution. Die Baureihe der Liberty-Schiffe begann 1941, die „Richard Montgomery" lief 1943 vom Stapel in Jacksonville, Florida. Kaum ein Jahr später war sie kaputt vor Sheerness, Kent –

hier wäre eine Grabung denkbar in Richtung Namensmagie.

Ein Schiff für die Freiheit. Die Bezeichnung sollte verweisen auf eine nationale Notlage, auf kein geringeres Symbol als die Glocke der Freiheit, Liberty Bell, 1753 aufgehängt im Haus des Staates von Pennsylvania, mit der Inschrift: „Verkündige die Befreiung im Lande für alle, die darin wohnen" (3. Mose 25.10), zum fünfzigjährigen Jubiläum der Verfassung von William Penn. Allerdings war sie gleich beim ersten Guß mißraten, unsicher im Ton. Mehrmals umgegossen, ging sie ihren Anwohnern dennoch auf die Nerven, und schon 1772 beschwerten sie sich bei ihrer neuen Obrigkeit, der feierliche Lärm werde bei zu vielen Gelegenheiten bemüht. Dann allerdings wurde unter ihrem Geläute am 8. Juli 1776 öffentlich die Erklärung der Unabhängigkeit verlesen. 1777 besetzten die Briten die Stadt, und die Glocke mußte versteckt werden auf dem Lande. Zurückgebracht an die Chestnut Street, tat sie ihren vaterländischen Dienst, bis sie endgültig entzweiging im Jahre 1835, beim Begräbnis eines Justizministers. Wie einstmals durch die Truppen der Londoner City war die amerikanische Art der Freiheit 1941 bedroht durch die Unterseeboote der Deutschen und Italiener. Die Antwort eines Roosevelt auf die Verluste von Schiffsraum durch Versenkung war die Massierung des Schiffsbaus, im Zeichen von Victory, von Liberty.

(Die Geschichte der Liberty Bell hat eine Fortsetzung in der Alten Welt. 1950, nachdem die siegreiche Rote Armee abgelassen hatte von der Blockade Westberlins, stifteten an die siebzehn Millionen Bürger der USA eine Nachbildung ihrer Freiheitsglocke für das Rathaus in Berlin-Schöneberg. Deren Inschrift lautet, übersetzt: „Möge diese Welt mit Gottes Hilfe eine Wiedergeburt der Freiheit erleben." Seitdem läutet sie jeden Mittag zwei Minuten [sowie, zusätzlich, bei feierlichen Anlässen]. Im Winter 1965 rief die loyale Presse des Besatzungsgebietes Westberlin die Eingeborenen auf zu Spenden für Nachbildungen des Schöneberger Instrumentes in Porzellan [Stückpreis 17,25 DM], zu versenden an die Hinterbliebenen von Bürgern der USA, die bei ihrem Einsatz in Vietnam ums Leben gekommen waren oder deren Tod dort für die Zukunft zu erwarten stand. Offenbar sollte eine solche Rückerstattung des Geschenks von 1950 zumindest unter trauernden Amerikanern ein Bild von Berlin (West) verbreiten, für das auch man sterbe in Südostasien, mit Gottes Hilfe die Freiheit spendend oder bewahrend, symbolisiert durch ein kleines Glöckchen aus der Porzellanmanufaktur von Berlin auf amerikanischen Kaminen neben den Fotos mit Trauerflor.)

Die Schiffe, die benannt wurden nach der echten Liberty an der Kastanienstraße von Philadelphia, haben dazu beigetragen, ein Kapitel der amerikanischen Gewerkschaftsgeschichte zu verdüstern. Sie waren Standardfrachter, im Frühjahr 1942 schon in sechzig bis siebzig Tagen herstellbar (der Plan hatte einhundertfünf Tage vorgesehen). Die Werft eines Henry J. Kaiser in Richmond, Kalifornien, brauchte schließlich nur noch 4 Tage und 15 Stunden für den Bau eines solchen 10 490-Tonnen-Schiffes von 134 Metern Länge. Die Wiederholung des Musters, die Vereinfachung der Konstruktion, die Verwendung vorgefertigter Teile holten auch solche Arbeiter auf die Werften, die noch keine Fabrik von innen gekannt hatten. Die Kriegsdringlichkeit, das Anwachsen der Produktion brachten die chronische Arbeitslosigkeit für die Dauer der Kriegsperiode zum Verschwinden. Da auch viele Frauen in die Fabriken gingen, schien der Lebensstandard einer durchschnittlichen Familie höher als je. Tatsächlich waren die Löhne „eingefroren" und streng besteuert, während die Preise stetig in die Höhe schlichen. Streiks waren illegal – durch eine freiwillige Kriegsverpflichtung der Gewerkschaften selber. Für ein Drittel der Stimmen im Kriegsausschuß stimmten die Gewerkschaften Entscheidungen zu, die sie den Arbeitern entfremden mußten. Es waren die Gewerkschaften, die verzichteten auf das vertraglich festgelegte Recht ihrer Mitglieder, für Arbeit an Sonn- und Feiertagen doppelten Lohn zu beziehen. Sie unterstützten Roosevelts Erlaß, der die Arbeiter für die Dauer des Krieges an ihren Arbeitsplatz band. Kam es zum Niederlegen der Arbeit, ließ die Regierung die Fabrik durch bewaffnete Truppen besetzen und drohte den Streikenden mit Zwangsverpflichtung in die Armee, und die Gewerkschaft mißbilligte das Verhalten der Arbeiter in aller Form (Juni 1941, Kalifornien). Im Juni 1943 wurde ein Streik gesetzwidrig, sobald der Staat den Betrieb übernahm. Die Führer der Gewerkschaften ließen sich für ihr Stillhalten belohnen mit einer Vertragsklausel, die einem Arbeiter auferlegte, bis zum Ablauf seines Kontrakts in der Gewerkschaft zu verbleiben. Weiterhin nahmen die Fabriken den Gewerkschaften die lästige Mühe ab, bei den Mitgliedern die Beiträge einzutreiben, zogen sie vom Lohn ab und überwiesen sie direkt auf das Konto der Arbeitervertreter; eine Folge war deren weitere Isolierung. Die Kommunisten machten da keinen Unterschied, wenn auch erst seit Juni 1941. Sie waren die eifrigsten Anhänger des Streikverzichtes und erklärten Streikende zu Verrätern, beschimpften sie als Angehörige einer „Sechsten Kolonne“. Sie predigten den speed-up, die Beschleunigung der Produktion, traten ein für die Arbeit im Akkord, die Blockierung der Löhne und schlugen sogar vor, den no-strike-pledge fortzuführen auf unbegrenzte Zeit, ja, über das Ende des Krieges hinaus.[1] Für die Arbeiterbewegung der USA ist ihre Lage in dieser Zeit hinausgelaufen auf das Gegenteil von Liberty.

Das Liberty-Schiff auf dem Grunde der Themse liegt da auch als ein Mahnzeichen für eine andere amerikanische Freiheit, nämlich die Begabung, die Arbeit anderer zu benutzen. Sprichwörtlich war sie verkörpert in Henry John Kaiser, der seinen geschäftlichen Aufstieg begann, indem er mit dreizehn Jahren, 1895, von der Schule abging und für anderthalb Dollar die Woche in einem

1 Guérin, Daniel, Die amerikanische Arbeiterbewegung 1867–1967, Frankfurt/M. 1970, S. 82–87.

Schnittwarenladen arbeitete. Als er 1967 starb, hatte er es gebracht zu 180 Fabriken, dreihundert verschiedenen Erzeugnissen in 41 Ländern und fast drei Milliarden Dollar auf der Aktivseite. Dazwischen liegen Meilen nach Meilen Straßen und Autobahnen (allein in Cuba 200 Meilen und 500 Brücken [und zwar in viereinhalb Jahren statt der vorgesehenen sieben]), Staudämme, Rohrleitungen, Autos, Krankenhäuser und 1490 von den insgesamt 2610 Liberty-Schiffen, die seinen Namen berühmt machten. Die Aufgabe Liberty war passend für einen Mann, dessen Wahlspruch lautete, in einem langsam ausgeführten Auftrag sei kein Geld. Ein Biograph Roosevelts sagt Kaiser nach: er „riß alles Werkzeug und jeden Rohstoff, die er in die Finger kriegen konnte, an sich, stellte unbekümmert Arbeiter ohne Fachausbildung ein, mit der Behauptung, er könne ihnen alles beibringen, und wurde öffentlich gebrandmarkt wegen des Kaperns von Arbeitskräften und vorrangigen Materiallieferungen". Er habe instinktiv die Regel Roosevelts erfaßt, wonach „Energie mehr war als der Nutzeffekt".[2] Dort ist auch die Rede von der „happy protection of cost-plus", also der Garantie für die Erstattung der Gestehungskosten und für den Gewinn, wie bei Regierungsaufträgen üblich. Kaiser selbst sah die Sache so: „Ich bin ein Baumeister, und wenn einer das von sich sagt, sollte er alles Mögliche bauen können."[3] Am Ende betrieb er sechs Schiffswerften an der pazifischen, eine an der atlantischen Küste, 58 Hellingen obendrein, und bekam auch deswegen eine standesgemäße Beerdigung in der New York Times, und zwar, ohne daß er im geringsten eines rüden Betragens bezichtigt wurde."[4] Zwar ist die „Encyclopaedia Britannica" von 1975 sich zu fein für

2 Burns, James McGregor, Roosevelt – The Soldier of Freedom, New York 1970, S. 245.

3 Time Magazine, 1. September 1967, S. 52.

4 New York Times, 25. August 1967, S. 1, 31.

ihn, wohingegen sie über Richard Montgomery einiges anführt. Das kann ein Henry J. Kaiser verschmerzen, denn jener Montgomery fehlt, wo das Wissen der Nation Macht ist: in der neuesten Auflage der „Amerikanischen Enzyklopädie“[5] ist Kaiser über zwei Spalten hin aufgebahrt, und von ihm wie seiner Gilde kündet bis auf den heutigen Tag ein Schiff in der Themse, England, Alte Welt.

Die Britannia auf dem Kreuz vor dem Bahnhof Sheerness hat auf dem Sockel Raum lediglich für die Toten des Ersten Weltkrieges, die des Zweiten sind aufbewahrt in einem Ehrenbuch in der Abteikirche im Innern der Insel. Sheerness und Sheppey haben ihr Denkmal für den Krieg 1939–1945 im Wasser statt zu Lande, ein „Häßliches Entlein“. Denn die Liberty-Schiffe trugen unweigerlich auch eine dienstliche Bezeichnung, EC-2, die Zwei wegen der amerikanischen Version eines ursprünglich britischen Entwurfs, und EConomy wegen der sparsamen Ausführung. Bei der Liberty sollte es vordringlich ankommen auf die neue Technik des Schweißens anstelle des Nietens, die fünf Laderäume und die Ladebäume, da durften die Unterkünfte für die Mannschaft von Schiff und Flak kunstlos untergebracht werden in einem dreistöckigen Aufbau mittschiffs. Auf Eleganz war zu verzichten, ebenso wie auf einen Kreiselkompaß oder ein Funkpeilgerät. Die einzige Aufgabe dieses Fahrzeugs war das Befördern von Fracht, geleitet und beschützt von den Wachhunden des Konvois, und nie konnte die zärtliche Achtung für diesen Schwerarbeiter, ausgedrückt in dem Märchennamen, ihn verwandeln in einen weißen Schwan. Diese plumpen, tüchtigen Liberty-Schiffe waren es, die das anfangs von den deutschen Unterseebooten eingesperrte England versorgten mit Waffen, Ausrüstungsgegenständen, Lebensmitteln und

5 American Encyclopedia of Biography, New York 1974.

schließlich mit den Truppen für die Invasion, den Tag D, 6. Juni 1944. In der „Richard Montgomery“ sind keine Toten, aber wer damals ein Liberty-Schiff betrat, ging auch in das Risiko, an den Torpedos der Deutschen umzukommen.

Die juristische Grundlage für solche Lieferungen ohne umgehende Bezahlung war das Leih- und Pachtgesetz vom 11. März 1941, vom amerikanischen Repräsentantenhaus und Senat erst nach schlimmen Auseinandersetzungen mit den Isolationisten angenommen, mit wenig brüderlichen Mehrheiten. Vornehmlich war es Großbritannien mit seinem Commonwealth, dem die Lend-Lease-Hilfe zugute kam; Großbritannien anerkannte deren Gewicht für die Entscheidung des Krieges und hat rund zwei Prozent zurückgezahlt von den etwa 30 Milliarden Dollar, deren Gegenwert es empfing. Mit dem 7. November hatte Roosevelt es endlich legal machen können, daß solche Lieferungen auch an die Sowjetunion gingen, via Murmansk, Archangelsk, Wladiwostok und den Iran. „Die Bedeutung dieser Hilfe für das Durchhalten der UdSSR und ihren Übergang zur Offensive (1942/43) ist kontrovers“[6] und lädt demnach ein zu einer Diskussion im Lichte des historischen Materialismus. In einem offiziellen „Wörterbuch für Geschichte“, erarbeitet durch „insbesondere das Institut für Marxismus beim ZK der SED“[7], kommt dies Leih- und Pachtgesetz weder als Stichwort vor noch in dem Artikel *Großer Vaterländischer Krieg der Sowjetunion* noch unter *Weltkrieg, zweiter*. Unter *Antihitlerkoalition* findet sich die Feststellung: „Die A. wurde weiterentwickelt z. B. durch [. . .] das Abkommen zwischen der UdSSR und den USA über die Prinzipien der gegenseitigen Hilfeleistung vom 11. Juni

6 Lexikon zur Geschichte und Politik im 20. Jahrhundert, Köln 1971, S. 465.

7 Innentitel: „. . . Deutschlands und der deutschen Arbeiterbewegung“, Berlin 1969, S. 1.

1942." Weder der erste noch der zweite Blick wird in dieser Umschreibung amerikanische Lieferungen im Wert von 10,6 Milliarden Dollar vermuten, und das sind nur die angekommenen, weiterhin die britischen und kanadischen ungerechnet. Für das Schweigen, das die amerikanischen Schiffe voller Lastwagen, Erdölprodukte, Lebensmittel, Eisenbahnausrüstungen in drei sowjetischen Häfen noch heute verhängen soll, lassen dialektische Überlegungen sich vermuten; jedoch auch solche der Realpolitik und der schlicht emotionalen Kränkung. Denn vorläufig lieferten die Alliierten bloß Sachen. Obendrein bestanden sie ein wenig taktlos auf ihrer Quittung, so wenn der Botschafter der USA in Moskau schon im März 1943 von einer „undankbaren" Haltung der Sowjets gegenüber den staatlichen wie den privaten Hilfen seines Landes sprach. Die Prawda druckte eine ziemlich vollständige Liste der amerikanischen Lieferungen seit Kriegsbeginn; so viel immerhin lag Stalin an deren Fortsetzung. Aber er durfte es taktlos finden, daß man ihn zwang, so die nazistischen Gegner zu unterrichten über einen Teil seiner Vorräte. Was die umstrittene Offensive angeht, so berichtete der damalige Vorsitzende des Staatlichen Verteidigungskomitees der Sowjetunion am 6. November 1943: „Fügt man zu alledem noch die Tatsache hinzu, daß die Verbündeten uns regelmäßig mit verschiedenem Kriegsmaterial und mit Rohstoffen versorgen, so kann man ohne Übertreibung sagen, daß sie durch all das die Erfolge unseres Sommerfeldzuges bedeutend erleichtert haben."[8] So spricht der Militärschriftsteller, zu Lebzeiten unumstritten, so spricht der Generalissimus, der mit diesem Titel auch die Verantwortung für die Erfolge seiner Politik auf sich genommen hat. Vorläufig ist seine Politik gegenüber den Alliierten ein Mißer-

8 Stalin, J., Über den Großen Vaterländischen Krieg der Sowjetunion, Moskau 1946, S. 137 f.

folg. Damals, als die Sache mit Hitler schiefging, hat er doch gleich, am 18. Juli 1941 schon, von den Briten eine zweite Front gegen den Verräter „im Westen (Nordfrankreich) und im Norden (der Arktis)“[9] erbeten, und ohne Verzug hat die Sowjetunion die Atlantik-Charta unterzeichnet. Was Molotow im Sommer 1942 in Washington abholen sollte, war gewichtiger als Ersatzteile und Schinkenfleisch in Dosen, es war der Hauptsatz in dem gemeinsamen Communiqué mit Roosevelt: „[. . .] wurde volle Verständigung erreicht in Hinsicht auf die dringende Aufgabe, in Europa eine zweite Front zu errichten“[10], und so ist das einem frohlockenden Obersten Sowjet verlesen worden, in Gegenwart der eigenen Person. Dann bleibt die zweite Front 1942 aus. Blamiert steht man da vor seinen Leuten. Man ist doch der große Stalin selbst, der Churchill ermahnt, daß ein solches Versagen „der gesamten sowjetischen Meinung vom Ausland einen tödlichen Schlag“[11] zufüge. Blamiert ist man auch vor den Soldaten dieses Hitler, denen man Flugblätter abwirft mit der zweiten Front 1942. Keine zweite Front an der gewünschten Stelle im Jahre 1943, statt dessen immer andere Entschuldigungen, seien sie nun dem mittelmeerischen oder dem pazifischen Kriegsschauplatz entnommen, zwischendurch Kürzung der Leih- und Pacht-Lieferungen, angeblich zum Aufbau der zweiten Front, die mittlerweile unsichtbar bleibt. Wer Jahr nach Jahr eine Kriegführung auf dem Boden des eigenen Landes, auf dem Rücken der eigenen Leute zu verantworten hat, darf solch Zögern seiner Verbündeten oft verstehen als ihren Wunsch, die Rote und die deutsche Armee möchten einander erst einmal ausbluten – bis eine zweite Front in Frankreich steht. Im Februar

9 Werth, Alexander, Russia at War, New York 1966, S. 271.

10 Burns, a. a. O., S. 234.

11 ebd., S. 237.

1945 ist es nur schicklich, sich freiwillig zu bedanken und Lend-Lease als „eine der bemerkenswertesten und lebenswichtigen Leistungen"[12] des amerikanischen Präsidenten zu bezeichnen. Kaum aber ist der Krieg zu Ende und der Mai 1945 vergangen, da kündigen diese USA einem ihre Leih- und Pacht-Sachen, so daß der ausländische Anteil an der Ernährung der Roten Armee wegfällt von einem Tag auf den anderen, zehn Millionen Soldaten zur Gänze der ohnehin unterernährten Zivilbevölkerung auf dem Brotbeutel liegen. Dann darf man allerdings bemerken, „daß die Russen vorgehabt hatten, den Vereinigten Staaten für die Lend-Lease-Unterstützung in angemessener Form ihren Dank auszudrücken, aber die Art, in der das Programm abgebrochen wurde, hat dies nun unmöglich gemacht".[13] Dann wollen wir also, Genossen, dieses Roosevelts eigene Worte gebrauchen und die Angelegenheit eine Berieselung mit dem „Gartenschlauch" nennen! (Bis heute gibt es keinen vertraglichen Abschluß für Lend-Lease zwischen der Sowjetunion und ihren Alliierten.) Es war diese Praxis, den sowjetischen Verbündeten allzulange abzuspeisen mit bloß Gütern, die neben dem Streit um Polen zu den frühesten Wurzeln des Kalten Krieges gerechnet werden muß, und so liegen denn aufwärts des Hudson – „eingemottet", aber in vier Wochen einsatzbereit zu machen – eine Flotte von Schiffen und in der Themse vor Sheerness ein einziges, deren Baureihe hat in einem kommunistischen Bewußtsein (stalinistischer Observanz) keinen Namen: Liberty.

Das Anrichten des Unglücks: In der Morgendämmerung des 20. August 1944, bei mildem Wetter und guter Sicht, bog im Englischen Kanal die „Richard Montgomery", unterwegs nach Cherbourg, nach Westen in die

12 Werth, a. a. O., S. 884.
13 ebd., S. 912.

weite Mündung der Themse ein, wo sie auf einen Geleitzug warten sollte. Als sie, weisungsgemäß, auf eine Untiefe zusteuerte, wurde sie von anderen Schiffen mit Sirenengeheul gewarnt. Auch im gegenüberliegenden Southend hatte der stellvertretende Hafenmeister inzwischen bemerkt, daß diesem Schiff mit 32 Fuß (etwa zehn Metern) Tiefgang ein Liegeplatz zugewiesen war, an dem das Fahrwasser bei Ebbe nur in einer Tiefe von 24 Fuß (etwas mehr als sieben Meter) sicher war. Er war gerade dabei, der Molenkopf-Aufsicht günstigere Anweisungen für den Fremdling zu erteilen, als sein Vorgesetzter ihn störte. Von Berufs wegen wußte der, daß die „Montgomery“ an die vorgesehene Stelle gehörte, und machte die Entscheidung seines Untergebenen rückgängig. (Der erbat sich eine schriftliche Ausfertigung des Befehls, wurde zwei Tage später versetzt und fehlte, als Ende August eine Untersuchungskommission ergründen wollte, was denn hier vorgegangen war. Die Antwort des Ersten Offiziers auf die Frage, warum er den Kapitän habe schlafen lassen: Weiß ich nicht.) Die „Montgomery“ warf Anker vor Sheerness. Dann kam eine Springtide, warf das Schiff hin und her gegen die Sandbänke und setzte es schließlich fest. Entweder wurde der Kapitän jetzt aus dem Bett geholt, oder die Stöße weckten ihn. Es war der Kapitän, der das Hilfsangebot eines Schleppers zurückwies. An die vier Stunden später lief die Flut aus, dem Rumpf fehlte die Stützung durch Wasser, unter der Spannung bogen sich die ersten Stahlplatten und brachen auf (geschweißt, statt genietet). Wiederum zwei Tage später zersprang das Schiff in zwei Stücke und sank. Es gelang noch, die Laderäume drei, vier und fünf zu leeren. Aber die britischen Schauerleute hatten Gefahrenzulage verlangt, als sie erfuhren, was da bei ihnen angekommen war, und so manches Kind in Sheerness sollte an diesem Tag im Hause bleiben.

Denn die Ladung war bestimmt für die Luftwaffe der Vereinigten Staaten, und so führt das Manifest der „Richard Montgomery" als im Wrack verblieben auf:

2893 t Bomben, enthaltend ungefähr
1200 t Trinitrotoluol (TNT)

173 t Selbstzerlegerbomben mit eingebautem Zündmechanismus, beste Wirkung gegen Personen, und

107 t Behälter mit Phosphor, entzündlich bei bloßem Kontakt mit Sauerstoff.[14]

In deutschem Gewicht sind das nahezu
2,9 Millionen Kilogramm, 2885 Tonnen.
(Die Ladung war bestimmt für die Deutschen.)

Eine Explosion dieser Mischung wird unter die größten im menschlichen Gedenken gerechnet werden, wenn man die nichtnuklearen aufzählt. Nimmt man die „Richard Montgomery" als den Mittelpunkt eines Kreises mit einem Radius von zwei Meilen (drei Kilometer), ist an festem Land vorerst nur die Nordwestecke der Insel betroffen, mit Stadt und Hafen Sheerness. Dort würden ältere Gebäude und unabgestützte Mauern einstürzen, Gas- und Wasserleitungen zerrissen werden. In einem Radius von sieben Meilen noch sind Glasschäden, der Einsturz wackliger Schornsteine und lockerer Dächer zu erwarten. Das bezieht die halbe Stadt Sittingbourne ein, dazu den Ölhafen und den Komplex der Raffinerien auf der Insel Grain westlich von Sheppey. Die Detonation kann einen Feuerball hervorbringen, dessen Luftdruck schwere Gegenstände oder Trümmer über eine Meile weiterschleudert, etwa in einen der Supertanker mit über hunderttausend Tonnen Öl im Bauch. (Die „Richard Montgomery" liegt neben dem recht belebten Fahrwasser der Themse.) Die gleichzeitige Explosion der gesamten Ladung wird eine Flutwelle verursachen,

14 The Sunday Times, 27. August 1978, S. 4 f.

die Flüsse Medway und Themse hinaufrauschen und weitere Siedlungen in Ufernähe zerstören. Bei Niedrigwasser wäre die Wirkung vervielfacht, wegen der geringeren Dämpfung. Über den endlichen Umfang wird das Wetter entscheiden. Hängt über dem explodierenden Bombenlager eine schwere, tiefliegende Wolkendecke, wird sie die von unten kommenden Druckwellen zurückprallen lassen, und die mehrfache Reflektion erreicht dann auch die Insel Canvey zehn Meilen flußaufwärts und trifft dort auf Tanks mit einem Fassungsvermögen von fünfundvierzigtausend Hektolitern Öl, auf Chemikalien- und Methangaslager. Eine Kettenreaktion oder Domino-Wirkung könnte die östlichen Außenbezirke Londons mehr oder minder beschädigen. Daß das Unterhaus oder Whitehall in Mitleidenschaft gezogen würden, gilt für unwahrscheinlich.[15]

Eine Verlautbarung aus Whitehall: Wie Ihnen bekannt ist, vertreten die Sprengstoffsachverständigen der Regierung die durchgehende Auffassung, daß jeder Versuch, das Wrack oder seine Ladung zu bergen, in sich gefährlicher ist, als es unberührt zu lassen (Herbst 1977). Das bekam schon die Regierung der USA zu hören, als sie 1948 diese ihre Habseligkeit abholen und auf tiefstem Meeresboden deponieren wollte. 1967 empfahlen die Amerikaner abermals, die Bomben bergen zu lassen. Die Hilfe wurde höflich verbeten.

Lange Zeit war überdies unklar, welchen Arm Whitehall im Falle eines Unglücks hinzuhalten hätte. 1952 schien eine parlamentarische Anfrage zu ergeben, die „Richard Montgomery“ liege unter der Zuständigkeit des Hafenamtes London. Jedoch diese Behörde zog es vor, zu dieser öffentlichen Vermutung zu schweigen. Erst achtzehn Jahre später bekannte sich das Handelsministerium zu dem Wrack. Jedoch auch das Ministerium für

15 Kent Evening Post, 2. Oktober 1978, S. 9.

Verteidigung (und Kriegssachen) unterhält Beziehungen zu der „Montgomery“, so wenn es den Leuten vom Handel für die Inspektionen Taucher, Boote und Gerät ausleiht. Wäre hier eine Soziologie zu versuchen, fiele sie in die Bürokratie.

Die britischen Gastgeber dieses Liberty-Schiffes scheinen zu zweifeln, ob denn die Amerikaner sich auskennen mit ihren eigenen Bomben. Das Ausmaß der britischen Kenntnisse läßt sich ersehen aus der Auskunft des Unterstaatssekretärs für Handelsgesellschaften, Luft- und Schiffahrt an den Abgeordneten für Gravesend: Der Regierung ist der Zustand des Sprengstoffs unbekannt, und sie wird kein Risiko eingehen, ihn zu erforschen.[16] Dies betreibt sie gründlich. Zum letzten Mal wurden die Bomben amtlich betrachtet im Jahr 1952. Seitdem lautet die amtliche Legende: je mehr und je länger ihnen das Seewasser zusetze, desto unschädlicher würden sie, gänzlich unbeschadet des Umstandes, daß sie wasserdicht in Stahlkisten verpackt sind, und der wissenschaftlichen Mitteilung, wonach TNT gegen Wasser unempfindlich ist. (Und: „Let sleeping bombs lie.“ Aber die Hunde, mit denen hier abgewiegelt werden soll, haben es an sich, gelegentlich aufzuwachen.) Seit 1952 ist es nur noch der Rumpf, der einer Untersuchung für bedürftig befunden ist, alle vier Jahre einmal. Im September 1978 ging es vor allem um die Frage, ob das Wrack inzwischen an einer zweiten Stelle auseinandergebrochen sei. In Sheerness war der zweite Riß seit vier Jahren keine Neuigkeit, da auch von der Regierung angestellte Taucher nach der Arbeit ein Bier trinken und dabei ins Reden kommen. „Das Ministerium für Verteidigung teilt mit, es habe von einem zweiten Riß im Rumpf seit einer Reihe von Jahren gewußt, wohingegen das Handelsministerium mitteilt, eines der Ziele der gegen-

16 Kent Evening Post, 28. September 1978, S. 16.

wärtigen Inspektion sei die Feststellung, ob in der Tat ein zweiter Riß vorhanden ist."[17] Die vorläufige Mitteilung des Handelsministeriums über die „Richard Montgomery" im Jahre 1978: „Der Zustand des Wracks ist nicht wesentlich verändert, und es sind keine weiteren Bomben herausgespült worden."[18] Dieser Satz enthält Bomben, die bereits durch die vorhandenen Löcher herausgespült wurden.

Das zuständige Ministerium gibt zu, daß ihm sogar die Anzahl der Bomben unbekannt ist, die 1944 in der wrakken „Montgomery" belassen wurden. „Als einige der Bomben aus dem Schiff entladen wurden, sind die Zahlen nicht getreu aufgenommen worden. Es ist seit einigen Jahren bekannt, daß das Manifest nicht zur Gänze genau ausgefüllt war." Der Minister selber: „In anderen Worten, die Ladung kann jetzt völlig sicher sein, oder sie kann noch reagibel sein."

Die Möglichkeit einer Explosion ist unumstritten. Eine davon, bei dem Versuch einer Bergung, fiele als Verantwortung auf die jeweils amtierende Regierung; der Versuch muß daher vermieden werden. Die anderen sind: Kollision eines anderen Schiffes mit dem Wrack (die Station der Küstenwache Warden hat 24 Fast-Zusammenstöße verzeichnet). Einwirkung starker Flutwellen und Bruch von Zwischenböden, wobei höher gelagerte Bomben auf die unter ihnen fallen. Selbstzündung des Sprengstoffs durch Quetschung des Bombenmantels. Sogar die Druckwellen niedrig fliegender Düsenflugzeuge sind erwähnt. Schließlich: ein Selbstmörder, der die Einsamkeit fürchtet. Terroristen. (23 einzelne Terrorakte zur See seit 1974.) Studenten, die sich einen Jux machen wollen (wie geschehen im Jahre 1969). Oder ein eigensinniger Philologe, der die Redensart prüfen

17 Sheppey Gazette, 28. September 1978, S. 1.

18 ebd., 2. November 1978, S. 36.

will, wonach Wunder wirkt, wer die Themse in Brand steckt.

Wie immer das Problem verwaltet wird, die Administration ist mustergültig. So ist ein Schild dran.

Achtung
GEFAHR
Unexplodierte
Munition
Mindestentfernung
500 Fuß
Vom Wrack halten
WRACK

Zwei Leuchtbojen. Piepende Warnsignale in der Nacht. Auch ist das Betreten verboten (Gesetz zum Schutze von Wracks, 1973). Das Hafenamt Medway hat das Dilemma auf dem Radarschirm, und seine Barkassen besuchen es viermal am Tag. So ungefährlich ist es. Amtlich erwogen werden noch an Variationen: die „Richard Montgomery" solide einzuzäunen, ihre Bomben unter Wasser abzuschleppen, sie in einer Betonkuppel einzuschließen. Und: der Bau eines Flughafens ihr gegenüber, dessen Lande- und Startbahnen gewichtige Jets auf einen Kurs über das Wrack führen, notwendig in geringer Höhe.

Belletristische Verarbeitung: ein Kriminalroman.[19] Die deutsche Entsprechung des Titels: Der Hausblockknakker.

Anläßlich der Atombombe haben wir einen Theologen fragen hören, ob Gott am Ende der Menschen müde sei. Muß es gleich die Menschheit im ganzen sein? Die Anrainer der „Richard Montgomery" sollten doch genügen, fürs erste.

Letzte Meldung. „Für die Bewohner Sheppeys muß es sehr beruhigend sein zu erfahren, daß das Wrack der

19 Barlay, Stephen, Blockbuster, New York 1977.

‚Richard Montgomery' immer noch den Vereinigten Staaten von Amerika gehört, ebenso wie ihre tödliche Ladung. In einem Schreiben neueren Datums[20] stellte der parlamentarische Unterstaatssekretär für Handel fest: Sollte das Wrack explodieren, würde jegliche Schadensersatzforderung an die Regierung der Vereinigten Staaten zu richten sein."

– Die sind es also, die wir dann verklagen müssen.

– Das schon. Bloß wir sind dann weit entfernt davon, da zu sein . . .

(Seit der Flut vom Januar 1978 haben die Bewohner Sheppeys das Versprechen eines Wahlbeamten, die Insel werde niemals mehr überschwemmt, solange er im Amt sei, und anderen Falles werde er zurücktreten. Sie hatten fast zwölf Monate Zeit zu beobachten, daß die Seepromenade wieder begehbar gemacht wurde, den Londoner Tagestouristen zuliebe; sie fragten einander, warum denn die Flutmauer so im geheimen befestigt werde, daß ihr Ausbau dem willigsten Auge unsichtbar bleibe. Am 30. Dezember 1978 um 23 Uhr, kurz vor einem im amtlichen Tidenverzeichnis vorhergesagten Hochwasser über Normalstand, plätscherte es schon über das vielbetrachtete Mäuerchen, und so viel hatten die Behörden inzwischen gelernt, daß der Alarm erst zwei Stunden später ausgelöst wurde – mit Lautsprechern statt der versprochenen Sirenen. Rüstig, einen vorhersagbaren Sturm im Rücken, ging das Wasser spazieren auf der Insel, machte es sich gemütlich in über fünfhundert Wohnhäusern und Geschäften, ließ Sicherungen durchbrennen, Gasrohre platzen, Telefonkontakte ertrinken, und verdarb eine Menge Sachen, die noch zu brauchen gewesen wären als Lebensmittel und Bekleidung. Und weil es ihr so leicht gemacht war, kam die Flut am Nach-Silvesternachmittag noch einmal, die

20 Zirka November/Dezember 1978.

Pump- und Räumarbeiten des Vormittags zunichte zu machen, das Acker- und Weideland gründlicher zu vergiften. Zwar sind in ihr unmittelbar wiederum nur Schafe umgekommen. Aber die Versicherungsgesellschaften ziehen sich zurück aus einer Gegend, in der sie tatsächlich umgehend zahlen müssen, wann immer das Wetter es will. Für die neuen Schäden werden die Betroffenen aus ihren Grundsteuern mehr zahlen müssen als die Viertelmillion Pfund, die im Januar fällig wurde. Und abermals wird eine Untersuchungskommission sich befragen, wie dies geschehen konnte, und viele Leute werden versprechen, hieraus wollten sie nun aber grundsätzlich etwas lernen. [Jener Rücktritt ist ausgeblieben.])

Was I deceived, or did a sable cloud
Turn forth her silver lining on the night?[21]

Darauf antwortete der Statistiker Murphy mit seinem einzigen Gesetz: Gibt es für eine Sache auch nur die geringste Chance, schlecht auszugehen, fällt sie dahin aus.

Murphys Gesetz in der ausgearbeiteten Fassung: Nichts ist jemals so einfach, wie es scheint. Alles dauert länger, als der Mensch erwartet. Ist es möglich, daß mehrere Sachen schiefgehen, so wird diejenige den meisten Schaden anrichten, die als erste schiefgeht.

Gedrängt, seine Unausweichlichkeit ein wenig weiter zu lüften, fährt Murphy fort: The importance of a subject can be judged by the lack of interest in it, woraus folgt: Sobald eine Gefahr unsere Aufmerksamkeit und unsere Gegenwehr verlangt, kann sie unserer theoretischen Bemühung gewiß sein. Sei das ein zerbrochenes Bombenschiff in der Mündung der Themse.

etwa 1979

21 Milton, John, Comus, A Mask, I/272.

. . . ein Sprachgebundener, Herkunft nicht als Wappen, aber als unvertauschbare Bedingtheit: die selbstverständliche Anerkennung dieser Bedingtheit.

Max Frisch

III. Geschichten und Deutungen

Jonas zum Beispiel

Jehova war der Herr, der das Meer und das Trockene gemacht hat, und die Juden waren sein Volk, er schloß einen Vertrag mit ihnen. Der ging über die menschlichen Kräfte, von Zeit zu Zeit geriet er in Vergessenheit. Dann erweckte Jehova einen Vorbedachten und Auserwählten in seinem Volke zum Propheten, der sollte dem König mit seinen Großen und ihren Untertanen sagen, wie der Herr es meine. Jesaja lebte im Unglück mit seinen Reden, Jeremia kam in die Kloake zu sitzen. Die Seele des Propheten ist empfindlich und wissend und zweiflerisch, um die Stimme des Herrn zu hören und das Unglück zu erfahren.

Als die Bosheit und Sünde der Stadt Ninive vor Jehova gekommen waren, geriet er in Zorn wegen seines Gesetzes. Er berief Jona (den Sohn Amitthais, von Gath-Hahepher) und beauftragte ihn mit dem Ausrufen seines großen Ärgers und mit der Verkündung des nahen Untergangs in den Straßen von Ninive.

Da wollte Jona nach Tharsis fliehen. Die gelehrte Forschung dieser Hinsicht meint, daß diese Stadt vielleicht in Südspanien vermutet werden könne, und hält eine unvergleichliche Entfernung für jedenfalls wahrscheinlich. Als das Schiff aus dem Hafen von Joppe gelaufen war, drückte Jehova einen gewaltigen Wind ins Meer, und es entstand ein gewaltiger Sturm auf dem Meere: so daß das Schiff zu scheitern drohte. Die Besatzung warf das Los über den Schuldigen, und das Los fiel auf Jona. Er soll ja geschlafen haben. Sie holten ihn an Deck und schmissen ihn über Bord, zumal er es selber für das beste hielt. Und das Meer wurde still. Und Jehova entbot einen großen Fisch, der verschlang Jona, und Jona sang drei Tage und drei Nächte im Bauch des Fisches zu Jehova, seinem Herrn. So heißt es. Dann spie der Fisch ihn ans Land, und Jona ging nach Ninive.

Ninive war eine über alle Maßen große Stadt und nur in drei Tagesreisen zu durchqueren. Und Jona ging in die Stadt hinein eine Tagereise weit; dann predigte er: Noch vierzig Tage, und Ninive ist zerstört! und die Leute von Ninive erkannten Gott in seinem großen Ärger. Sie riefen ein schlimmes Fasten aus und kleideten sich in ihre Trauergewänder. Und der König von Ninive bedeckte sich mit dem Trauergewand, und bestrich sich ein wenig mit Asche. Der König befahl: Menschen und Vieh sollen nichts genießen, sie sollen nicht weiden noch Wasser trinken. Sie sollen sich in Trauer hüllen: Menschen und Vieh, und mit Macht zu Gott rufen, und sollen ein jeder sich bekehren von seinem bösen Wandel und von dem Frevel, der an seinen Händen ist. Wer weiß, vielleicht gereut es Gott doch noch. Als Gott nun diese Dinge alle sah, die sie tun wollten, gereute ihn das angedrohte Unheil, und er tat es nicht.

Das verdroß Jona sehr, und er ging zornig weg. Er baute eine Hütte östlich der Stadt und saß darunter, bis er sehe, wie es der Stadt ergehen werde. Und zum dritten Male redete Jehova mit ihm: Ist es recht, daß du hier sitzest und lieber sterben möchtest als noch weiter leben? Aber Jona antwortet, das sei recht, denn warum habe er nach Tharsis fliehen wollen? Weil du nie tust, wie du gesagt hast und wie es gerecht ist nach deinem Gesetz! Und der Herr entbot einen Rizinus, dessen Saft als castor oil gehandelt wird anderswo in der Welt; der wuchs über Jona empor, um seinem Haupte Schatten zu geben und ihm so seinen Unmut zu nehmen. Über diesen Rizinus freute Jona sich sehr. Am folgenden Morgen entbot Jehova einen Wurm, der beschädigte den Rizinus, so daß er verdorrte. Und der Herr setzte Jona zu mit hartem Wind und großer Hitze. Da wünschte Jona sich den Tod. Der Herr aber sprach zu Jona: Ist es recht, daß du so zürnest um des Rizinus willen? Jona antwortete: Das Leben ist mir verleidet. Da sagte Jehova, sein Herr: Dich jammert des Rizinus, um den du keine Mühe hattest, der groß gewachsen ist und verdorben von einem Morgen zum anderen. Warum jammert dich nicht der großen Stadt Ninive, in der über hundertundzwanzigtausend Menschen sind, die zwischen links und rechts noch nicht unterscheiden können, dazu die Menge Vieh?

Und Jona blieb sitzen im Angesicht der sündigen Stadt Ninive und wartete auf ihren Untergang länger als vierzig mal vierzig Tage? Und Jona ging aus dem Leben in den Tod, der ihm lieber war? Und Jona stand auf und führte ein Leben in Ninive? Wer weiß.

1957

*Auf eine Umfrage**

Bitte, erlauben Sie mir, meine Erfahrungen und die anderer in einer erfundenen Person zusammenzufassen:

Gesine Cresspahl, zum Beispiel. Geboren 1933, ist sie mit dem Plattdeutschen aufgewachsen, in einer Kleinstadt, auf dem Lande, mit Großeltern und einem Vater, für die es noch Handlungen und Erlebnisse gab, die konnten sie allein überlegen und aufbewahren in niederdeutschen Worten. Ihr aber, als sie zurückkam von der Oberschule, fehlten viele mecklenburgische Worte für die Kenntnisse, die sie mitbrachte; die Stadt und die Universität boten keine gesellschaftliche Praxis im Niederdeutschen. Heute benutzt sie Sprichwörter, Redensarten, Zitate aus der plattdeutschen Literatur (die sie übrigens mühelos liest), aber sie tut das im vertrauten Umgang und oft zu Zwecken des Neckens, des Spaßens; das Niederdeutsche ist eine Privatsache geworden. Selbst wenn sie in Bremen oder Hamburg lebte, Niederdeutsch würde von ihr kaum öffentlich verlangt, ihr selten angeboten. Sie beneidet jeden, der in dieser Sprache lieben, träumen, denken kann; es ist die der verlorenen Heimat.

Friedrich Schult in seinem „Frühen plattdeutschen Kabinett" hat endgültig befunden: „Als 1603 auf ein schon hochdeutsch gehaltenes Schreiben der Hansestädte an den Großfürsten Baryssa Fedorowitsch die Antwort der russischen Kanzlei noch in reinstem Niederdeutsch einlief, da war das für die hansische Weltsprache von ehedem nichtsdestoweniger ein schlimmes Zeichen." Erst zerfiel der große Bund, nach und nach die kleineren Gemeinschaften, die sich im Niederdeutschen zusammenhielten. Das Ende kam mit den Wörterbüchern, den Sammlungen: Die Archivierung löste den Gebrauch ab.

Was mich angeht, so bin ich vom Insel-Verlag gebeten worden, für eine neue Ausgabe des Märchens „Von dem Fischer un syner Fru" eine hochdeutsche Nacherzählung anzufertigen, bedaure diesen Auftrag ungemein und werde ihn ausführen.

etwa 1976

*Zu Runges Märchen „Von dem Fischer un syner Fru“ **

Von dem Fischer un syner Fru

Es waren einmal ein Fischer und seine Frau, die lebten zusammen in einem Eimer, dicht an der See, und der Fischer ging alle Tage dorthin und angelte – und er angelte und angelte.

So saß er wieder einmal bei seiner Angel und sah beständig in das klare Wasser hinein – und er saß und saß.

Da ging die Angel auf den Grund, tief nach unten, und als er sie heraufholte, zog er einen großen Plattfisch heraus. Da sagte der Plattfisch zu ihm: Hör mal, Fischer. Ich bitte dich, laß mich leben. Ich bin kein richtiger Plattfisch, ich bin ein verwünschter Prinz. Was hilft es dir, wenn du mich totmachst? Ich würde dir doch nicht recht schmecken. Setz mich wieder in das Wasser, und laß mich schwimmen.

Na, sagte der Fischer, du brauchst nicht so viele Worte zu machen – einen Plattfisch, der sprechen kann, hätte ich doch gewiß schwimmen lassen. Damit setzte er ihn in das klare Wasser zurück, da ging der Plattfisch zu Grund und zog einen langen Streifen Blut hinter sich her. Dann stand der Fischer auf und ging zu seiner Frau in den Eimer.

Mann, sagte die Frau, hast du heute nichts gefangen?

Nein, sagte der Mann. Ich habe einen Plattfisch gefangen, der sagte, er wäre ein verwünschter Prinz. Da habe ich ihn wieder schwimmen lassen.

Hast du dir denn nichts gewünscht? fragte die Frau. Nein, sagte der Mann. Was sollte ich mir wünschen? Ach! sagte die Frau. Das ist doch schlimm, hier in einem fort in einem Eimer zu wohnen, es stinkt und ist so eklig. Du hättest uns doch eine kleine Hütte wünschen können. Geh rasch hin und ruf ihn. Sag ihm, wir wollten eine kleine Hütte haben. Er tut das gewiß.

Ach, sagte der Mann, wozu sollte ich da noch hingehen?

Mensch, sagte die Frau, du hast ihn doch gefangen, und hast ihn wieder schwimmen lassen. Er tut das gewiß, geh gleich hin!

Der Mann wollte erst nicht recht, mochte aber auch nicht seiner Frau entgegen sein und ging an die See.

Als er da ankam, war das Meer ganz grün und gelb, und gar nicht mehr so klar. Er stellte sich hin und sagte:

Großer Plattfisch dort im Meer!
Bitte, schwimme zu mir her!
Meine Frau, die Ilsebill,
Will nicht so, wie ich es will.

Da kam der Plattfisch angeschwommen und fragte: Na, was will sie denn?

Ach, sagte der Mann, ich hatte dich doch gefangen. Nun sagt meine Frau, ich hätte mir etwas wünschen sollen. Sie mag nicht mehr in dem Eimer wohnen, sie hätte gern eine Hütte.

Geh nur nach Hause, sagte der Plattfisch, sie hat sie schon.

Da ging der Mann nach Hause, und seine Frau saß nicht mehr in dem Eimer. Aber da stand eine kleine Hütte, und seine Frau saß auf einer Bank vor der Tür. Dann nahm seine Frau ihn bei der Hand und sagte: Komm bloß erst herein. Siehst du! nun ist es doch viel schöner. Da gingen sie hinein, und in der Hütte war ein kleiner Vorplatz und eine kleine prachtvolle Stube mit einer Kammer, wo ihrer beider Bett stand, und eine kleine Küche mit Speisekammer, alles auf das beste bestellt, die Gerätschaften auf das prächtigste aufgeputzt, Zinnzeug und Messing, alles was dazugehört. Und hinten war noch ein kleiner Hof mit Hühnern und Enten, dazu ein kleiner Garten mit Gemüse und Obstbäumen. Siehst du, sagte die Frau, ist das nicht hübsch?

Ja, sagte der Mann, so soll es bleiben. Nun wollen wir recht zufrieden leben!

Das wollen wir uns überlegen, sagte die Frau.

Dann aßen sie und gingen zu Bett.

So ging das an die acht oder vierzehn Tage, dann sagte die Frau: Mann, hör. Die Hütte ist ganz und gar zu eng, und Hof und Garten sind so klein. Der Plattfisch hätte uns gut und gern ein größeres Haus schenken können. Ich wollte, ich lebte in einem großen Schloß aus Stein. Geh hin zum Plattfisch, er soll uns ein Schloß schenken.

Ach Frau, sagte der Mann, die Hütte ist doch gut genug, wozu sollen wir in einem Schloß wohnen!

Unsinn! sagte die Frau. Geh du nur hin, der Plattfisch kann das leicht machen.

Nein, Frau, sagte der Mann. Der Plattfisch hat uns schon die Hütte gegeben, nun mag ich nicht schon wieder ankommen. Es könnte den Plattfisch verdrießen.

Nun geh doch, sagte die Frau, er kann das ganz gut, und tut es gern, geh du nur hin!

Dem Mann war das Herz ganz schwer, und er wollte nicht. Er sagte bei sich selbst: es ist nicht recht. Er ging aber doch hin.

Als er an die See kam, war das ganze Wasser violett und dunkelblau und grau und schlammig, gar nicht mehr so grün und gelb, aber es lag noch still. Er stellte sich hin und sagte:

Großer Plattfisch dort im Meer!
Bitte, schwimme zu mir her!
Meine Frau, die Ilsebill,
Will nicht so, wie ich es will.

Na, was will sie denn? fragte der Plattfisch.

Ach, sagte der Mann ziemlich betrübt, sie will in einem großen Schloß aus Stein wohnen.

Geh nur hin, sagte der Plattfisch, sie steht vor der Tür.

Da ging der Mann zurück und meinte, er käme nach Hause. Als er aber anlangte, stand da ein großer steinerner Palast, und seine Frau stand gerade auf der Treppe und wollte hineingehen. Sie nahm ihn bei der Hand und sagte: Komm nur herein! So trat er mit ihr ein, und in dem Schloß war eine große Halle mit Marmorfliesen, und eine Menge Bediente, die rissen die hohen Türen auf, und die Wände glänzten und waren mit prächtigen Tapeten behangen, und in den Räumen standen lauter goldene Stühle und Tische, und kristallene Kronleuchter hingen an der Decke, und so war es in all den Stuben und Kammern, mit Teppichen auf dem Boden, und auf den Tischen stand Essen und der allerbeste Wein, als sollten sie gleich zusammenbrechen. Und hinter dem Haus war noch ein großer Hof mit Pferde- und Kuhställen und den prächtigsten Kutschen. Dazu gab es da einen großen wunderbaren Garten mit den schönsten Blumen und erlesenen Obstbäumen, und einen Park von wenigstens einer halben Meile Länge, darin waren Hirsche und Rehe und Hasen und alles, was der Mensch sich nur wünschen kann. Na, sagte die Frau, ist das nun nicht schön?

Ach ja, sagte der Mann, und so soll es auch bleiben.

In diesem schönen Schloß wollen wir denn wohnen, damit wollen wir zufrieden sein.

Das wollen wir uns überlegen, sagte die Frau, das wollen wir uns beschlafen. Damit gingen sie zu Bett.

Am anderen Morgen wachte die Frau als erste auf. Es war eben Tag, und von ihrem Bett sah sie das schöne Land vor sich liegen. Der Mann reckte sich noch, als sie ihm mit dem Ellbogen in die Rippen stieß und sagte: Mann, steh auf und sieh mal aus dem Fenster. Hör mal, können wir nicht König werden über all dies Land? Geh zum Plattfisch, wir wollen König sein!

Ach Frau, sagte der Mann, wozu wollten wir König sein? Ich mag nicht König sein.

Gut, sagte die Frau. Willst du nicht König sein, so will ich König sein. Geh zum Plattfisch, ich will König sein.

Ach Frau, sagte der Mann, wozu wolltest du König sein? Das mag ich ihm nicht sagen.

Warum nicht? sagte die Frau. Geh auf der Stelle hin, ich muß König sein. Danach ging der Mann los und war ganz betrübt, daß seine Frau König werden wollte; es ist nicht recht, es ist nicht recht, dachte er. Er wollte nicht hingehen und ging dennoch.

Und als er an die See kam, war sie ganz dunkelgrau und schwarz und schlammig, und das Wasser gärte stark aus der Tiefe, dazu roch es ganz verfault. Da stellte er sich hin und sagte:

Großer Plattfisch dort im Meer!
Bitte, schwimme zu mir her!
Meine Frau, die Ilsebill,
Will nicht so, wie ich es will.

Na, was will sie denn? sagte der Plattfisch.

Ach, sagte der Mann, sie will König werden.

Geh nur hin, sagte der Plattfisch, sie ist es schon.

Da ging der Mann zurück, und als er bei dem Palast ankam, war das Schloß viel größer geworden und hatte einen großen Turm mit prachtvollen Verzierungen, und Wachtposten standen vor dem Tor, und da waren Soldaten und Pauken und Trompeten in Mengen. Und als er in das Haus trat, war darin alles aus reinem Marmor und Gold, da hingen Samtdecken und dicke goldene Quasten. Dann öffneten sich die Türen des Saales, darin war der ganze Hofstaat, und seine Frau saß auf einem hohen Thron aus Gold und Diamanten, und sie trug eine große goldene Krone, und in der Hand hatte sie das Zepter aus purem Gold und Edelsteinen, und zu ihren beiden Seiten standen sechs Jungfrauen aufgereiht, eine immer um einen Kopf kleiner als die andere.

Da trat er vor und fragte: Ach, Frau, bist du jetzt König?

Ja, sagte die Frau, jetzt bin ich König. Da stand er und sah sie an, und als er sie so eine ganze Weile angesehen hatte, sagte er: Ach, Frau! Wie gut steht es dir, König zu sein! Nun wollen wir uns auch nichts mehr wünschen.

Nein, Mann, sagte die Frau, und war ganz unruhig, die Zeit wird mir zu lang, ich kann das nicht mehr aushalten. Geh zum Plattfisch. Ich bin König, nun muß ich auch Kaiser werden!

Ach, Frau! sagte der Mann. Wozu möchtest du Kaiser werden?

Mann, sagte sie, geh zum Plattfisch, ich will Kaiser sein.

Ach Frau, sagte der Mann, Kaiser kann er nicht machen. Ich mag das dem Plattfisch nicht sagen; einen Kaiser gibt es nur einmal im Reich. Kaiser kann der Plattfisch doch nicht machen; das kann und kann er nicht.

Was? sagte die Frau, ich bin König, und du bist bloß mein Mann, willst du wohl gleich hingehen? Geh auf der Stelle los! Kann er einen König machen, kann er auch

Kaiser machen. Ich will und will Kaiser sein; geh auf der Stelle hin!

Da mußte er gehen. Aber unterwegs war ihm sehr bange zumute, und er dachte bei sich: dies geht und geht nicht gut aus. Kaiser, das ist zu unverschämt; am Ende wird der Plattfisch es leid.

Damit kam er an die See. Da war sie ganz schwarz und dick und fing schon an, aus der Tiefe zu gären, daß sie Blasen warf, und ein Wirbelwind ging über sie hin, daß das Wasser sich drehte, und den Mann kam ein Grauen an.

Er stellte sich hin und sagte:

Großer Plattfisch dort im Meer!
Bitte, schwimme zu mir her!
Meine Frau, die Ilsebill,
Will nicht so, wie ich es will.

Na, was will sie denn? fragte der Plattfisch.

Ach, Plattfisch, sagte er, meine Frau will Kaiser werden.

Geh nur hin, sagte der Plattfisch, sie ist es schon.

Da ging der Mann zurück, und als er ankam, war das ganze Schloß aus poliertem Marmor und hatte alabasterne Statuen und goldene Verzierungen. Vor dem Tor marschierten die Soldaten, die bliesen Trompeten und paukten und trommelten; aber drinnen im Hause gingen die Barone und Grafen und Herzöge schlicht als Bedienstete umher, die machten ihm die Türen auf, die waren ganz und gar aus Gold. Und als er hereinkam, saß seine Frau auf einem Thron, der war aus einem einzigen Stück Gold und an die zwei Meilen hoch, und sie trug eine große goldene Krone, die war drei Ellen hoch und besetzt mit Brillanten und Karfunkelsteinen. In der einen Hand hielt sie das Zepter und in der anderen den

Reichsapfel, und zu ihren beiden Seiten standen die Trabanten in zwei Reihen, einer immer kleiner als der andere, vom allergrößten Riesen, der zwei Meilen lang war, bis zu dem allerwinzigsten Zwerg, der war nur so lang wie mein kleiner Finger, und vor ihr standen Fürsten und Herzöge in Mengen, et cetera, et cetera. Der Mann stellte sich zwischen sie und fragte: Frau, bist du jetzt Kaiser?

Ja, sagte sie, ich bin Kaiser.

Er stand da und besah sie sich ausgiebig, und als er sie eine lange Weile angesehen hatte, sagte er: Ach Frau! Wie gut steht es dir, Kaiser zu sein!

Mann, sagte sie, was soll das, daß du da stehst? Ich bin jetzt Kaiser, nun will ich aber auch Papst werden, geh zum Plattfisch.

Ach Frau! sagte der Mann. Was gibt es denn, das du nicht willst? Papst kannst du nicht werden, einen Papst gibt es nur einmal in der Christenheit, zum Papst kann er dich niemals machen.

Mann, sagte sie, ich will Papst werden, geh sofort hin, ich muß heute noch Papst werden.

Nein, Frau, sagte der Mann, das mag ich ihm nicht sagen. Das geht nicht gut aus, das ist ein zu starkes Stück, zum Papst kann der Plattfisch dich nicht machen.

Mann, was für ein Geschwätz! sagte die Frau. Kann er Kaiser machen, kann er auch einen Papst machen. Geh sogleich hin. Ich bin Kaiser, und du bist bloß mein Mann, willst du wohl hingehen?

Da wurde ihm angst, und er ging los. Aber er fühlte sich ganz schwach, und er zitterte und bebte, und seine Waden schlotterten. Ein mächtiger Wind strich über das Land, und die Wolken flogen, als es gegen Abend dunkel wurde, die Blätter wurden von den Bäumen geweht, und das Wasser toste und brauste wie kochend und stürzte sich an das Ufer. In der Ferne sah er die Schiffe, die schossen Notsignale und tanzten und sprangen auf den Wellen. Zwar war in der Mitte des Himmels noch ein kleiner blauer Fleck, aber an den Seiten zog es so rot herauf wie ein schweres Gewitter. Da stellte er sich recht verzagt auf in seiner Angst und sagte:

Großer Plattfisch dort im Meer!
Bitte, schwimme zu mir her!
Meine Frau, die Ilsebill,
Will nicht so, wie ich es will.

Na, was will sie denn? sagte der Plattfisch.

Ach, sagte der Mann, sie will Papst werden.

Geh nur hin, sagte der Plattfisch, sie ist es schon.

Da ging der Mann zurück, und als er ankam, sah es aus wie eine mächtige Kirche, von nichts als Palästen umgeben. Er drängte sich durch das Volk, aber drinnen war alles mit tausend und abertausend Kerzen erleuchtet, und seine Frau war in lauteres Gold gekleidet und saß auf einem noch viel höheren Thron und hatte drei große goldene Kronen auf dem Kopf. Und um sie wimmelte es von geistlichen Würdenträgern, und links wie rechts von ihr standen zwei Reihen Kerzen, die größte so dick und groß wie der allerhöchste Turm, bis zur allerkleinsten Küchenkerze, und alle die Kaiser und Könige lagen vor ihr auf den Knien und küßten ihr den Pantoffel.

Frau, sagte der Mann, und sah sie eindringlich an, bist du jetzt Papst?

Ja, sagte sie, ich bin Papst.

Er stand da und sah sie genau an; das war, als sähe er in die helle Sonne. Als er sie lange betrachtet hatte, sagte er: Ach Frau! Wie gut steht es dir, Papst zu sein!

Sie saß aber so steif wie ein Stück Holz, sie rührte und regte sich nicht.

Frau, sagte er, nun sei zufrieden. Nun bist du Papst. Mehr kannst du doch nicht werden.

Das will ich mir überlegen, sagte die Frau. Damit gingen sie zu Bett, aber sie war nicht zufrieden, und die Gier ließ sie nicht schlafen; sie dachte immer darüber nach, was sie noch werden wollte.

Der Mann schlief gut und tief; er war am Tag viel auf den Beinen gewesen. Aber die Frau konnte überhaupt nicht einschlafen und warf sich die ganze Nacht lang von einer Seite auf die andere und dachte in einem fort darüber nach, was sie denn noch werden könnte, und nichts Größeres wollte ihr einfallen.

Als die Sonne eben aufgehen wollte, und sie das Morgenrot sah, setzte sie sich auf im Bett und starrte hinein, und als sie im Fenster die Sonne heraufkommen sah, dachte sie: Ha! Könnte ich nicht auch die Sonne und den Mond aufgehen lassen?

Mann, sagte sie, und stieß ihn mit dem Ellenbogen in die Rippen, wach auf, geh hin zum Plattfisch. Ich will werden wie der liebe Gott! Der Mann war noch tief im Schlaf, aber er erschrak so, daß er aus dem Bett fiel. Er meinte, er hätte sich verhört, rieb sich die Augen und sagte: Ach Frau! Was hast du gesagt?

Mann, sagte sie, wenn ich nicht die Sonne und den Mond aufgehen lassen kann, und es ansehen muß, wie die Sonne und der Mond aufgehen – ich kann das nicht aushalten. Ich habe keine ruhige Stunde mehr, wenn ich sie nicht selbst aufgehen lassen kann – dabei sah sie ihn so schrecklich an, daß ihn ein Schauer überlief – geh sofort hin, ich will werden wie der liebe Gott.

Ach Frau! sagte der Mann, und fiel vor ihr auf die Knie, das kann der Plattfisch nicht. Er kann den Kaiser und den Papst machen, aber ich bitte dich, geh in dich und bleibe Papst!

Da wurde sie sehr böse, die Haare flogen ihr wild um

den Kopf, sie riß sich das Leibchen auf, sie stieß mit dem Fuß nach ihm und schrie: Ich halte das nicht aus, ich halte das nicht länger aus, willst du wohl hingehen?

Da zog er sich die Hosen an und lief weg wie ein Wahnsinniger. Draußen aber tobte und brauste der Sturm, daß er sich kaum auf den Beinen halten konnte. Die Häuser und die Bäume wurden umgeweht, und die Berge bebten, und die Felsbrocken stürzten in die See, und der ganze Himmel wurde pechschwarz, und es donnerte und blitzte, und die See warf schwarze Wellen so hoch wie Kirchtürme und Gebirge, die hatten alle eine weiße Schaumkrone obenauf – da schrie er, und konnte sein eigenes Wort nicht hören:

Großer Plattfisch dort im Meer!
Bitte, schwimme zu mir her!
Meine Frau, die Ilsebill,
Will nicht so, wie ich es will.

Na, was will sie denn? fragte der Plattfisch.

Ach, sagte er – – sie will werden wie der liebe Gott.

Geh nur hin, sie ist schon wieder im Eimer.

Darin sitzen sie noch heute, bis auf diesen Tag.

Zu Runges Märchen

So lange den Hilflosen unbewußt war, sie selber könnten ihrer Unzufriedenheit mit den irdischen Verhältnissen abhelfen, war geheimnisvolle Abhilfe dringend erwünscht und wenigstens im Märchen willkommen in vielerlei Gestalt. In diesen Märchen ist es oft der Fisch. Zu einem „petit poisson Kreupelenteen“ hält ein flandrisches Märchen, eine Forelle und ein goldener Fisch spenden im Französischen, in Spanien tut der besugo es, auch in Polen wird auf einen hochkarätigen Fisch ein Vertrauen gesetzt, wie Puschkin es für die Russen in Verse gebracht hat, das estnische Märchen weiß einen Verwandten, den Krebs. Im Elsässischen und Tschechischen bringt ein goldköpfiger Vogel das Gewünschte, wie er auch bei den Russen vorkommt, denen wird das Erbetene aber obendrein gewährt von einem Baum, einem Fuchs, einem goldköpfigen Kater, für den die Tataren eine wundertätige Katze haben, die aus einem Baumstumpf springt. In Rumänien wird ein Haselstrauch gebeten, in Japan ein Berggeist. In Island entschädigt ein Elf, im Hügel sitzend, für Unrecht mit einer Kuh, einer Tonne Mehl und einer Leiter zur Himmelstür, wohin man in flandrischen, französischen, italienischen Märchen vermittels einer wundersam wachsenden Bohnenranke gelangt. Der wendische arme Mann, „der die vielen Kinder hat", klettert über eine Eiche zu Petrus, in Polen spricht der heilige Michael aus der Birke, als sie gefällt werden soll. In einem jüdischen Märchen aus Ostgalizien schenkt der Prophet Elias einem armen Mann ein paar Gulden und dann das ganze Dorf und dann das ganze Land, nur allwissend will er ihn nicht machen. Die deutschen Märchen rufen meistens den Fisch an. Im friesischen heißt er Pintermann, im hessischen das Männchen Dominee, im schlesischen ist es ein Fischlein, die Pommern lassen sich liefern von einem Hechtlein und dem Butt, den sie noch ausgesetzt haben in Mecklenburg und der Welt, jenen ganz unscheinbaren Plattfisch, der gar kein rechter verwunschener Prinz ist und Gewalt hat über alles auf Erden.

Es sollte aber bestraft werden, wer sich vermaß und erhoben sein wollte über seinen Stand; so sind die Drohungen vielfältig. Der Isländer und seine Frau fallen von ihrer Leiter herunter zu Tode, wie ein französischer Mann abstürzen muß beim letzten Wunsch vor der Himmelstür. Das Mädchen Oudelette, das von Gott immer mehr will, und einmal zuviel, einen Mann, erwacht im Brunnenloch. Tantalos durfte von Zeus begehren, wonach ihm der Sinn stand; als er aber speisen wollte wie die Götter, hing ihm ein Steinklotz über dem Kopf, und er vermochte nichts anzurühren. Ein französisches Paar scheitert, als die Frau eine Bettlerin abweist, da wird die Kutsche zu einem Kürbis, die Pferde zu Flöhen, und der Wohlstand zu Armut. Ein anderes Ehepaar in Frankreich wird verwandelt in eine Eule und Kauz, aus einem rumänischen wird Kuckuck und Wiedehopf. In Flandern wohnt ein Anselmus im Blumentopf und Janneken Tietentater in einem Mostrichtopf, sein Landsmann Pier wird für seines Weibes Wünsche mit ihr zu Eulen. In Polen und Lettland sollte die Unersättlichkeit bestraft werden mit Bärengestalt, wie in Rußland, wo einem auch das Los der Hunde zuteil werden konnte. Der unzufriedene Steinmetz in Japan wurde zum Felsen gemacht, und hätte doch lieber wie früher Keile in ihn getrieben. Im Elsaß sitzen Mann und Frau im Essigkrug, in Schlesien ist es der Bunzeltopf, in Friesland müssen sie sich mit dem Aschentopf begnügen, in Hessen müssen Hans Dudeldee und Frau Dinderlinde zurück in die selbe Behausung wie Düffelkee in Pommern, wie Mann und Frau in Mecklenburg, wie der Fischer und syne Fru an der See bei Wolgast.

Aber das Märchen enthält mehr als den Rat zur Bescheidung. Die meisten Fassungen haben gemeinsam, daß die Frau mit ihren unvernünftigen Wünschen sich und ihren Mann zurückbringt in das frühere oder in ein schlimmeres Elend (nur im lettischen Märchen ist der Mann der ewig Unzufriedene). Es ist also auch die Geschichte einer unglücklichen Ehe, so selbstgefällig vorgeführt, als sei da eine Nachbarin am Erfinden gewesen. Der Mann, dümmlich in seiner Genügsamkeit, erkennt immerhin die Gefahr eines Umgangs mit magischen Mächten und will mit bescheidener Verbesserung zufrieden sein (in der anderen pommerschen Fassung kommt noch ein Bauernhof auf die Wunschliste). Jedoch ist er seiner Frau ergeben, er mag nicht „ihr entgegen sein", und wenn auch seine Mahnungen zur Vorsicht kräftiger werden, er läuft und bittet doch für sie, wie er früher für sie geangelt hat. Es ist eben kein glücklich liebend Paar, für das Raum wäre in der kleinen Hütte; jedoch, statt das zu begreifen, sucht sie ihr Wohlbefinden in der Vergrößerung des Ausmaßes. Sie ahnt wohl, worauf und mit wem sie sich einläßt, sie verdrängt das Nachdenken mit Ungeduld; so entgeht ihr der Genuß an den jeweils verschönerten Umständen. Der Mann gönnt es ihr, aber sie schließt ihn schon von der vierten Stufe der Erhöhung aus und behandelt ihn als einen Dienstbaren. Er nun hat gleich als unerreichbar eingesehen, was sie in ihrem wirren Verstande begehrt: zu sein wie Gott, was im Märchen so viel ist wie die Befreiung vom Tode, vom Sterben. Das will sie für sich allein, das bringt beide zurück in das Unglück von ehedem.

Das Märchen wurde vor der Verschollenheit bewahrt durch einen Verleger. Im Jahre 1805 übersandte Johann Georg Zimmer, damals Buchhändler in Heidelberg, dem Maler Philipp Otto Runge den ersten Band der Volksliedersammlung „Des Knaben Wunderhorn". Im Nachwort hatte Achim von Arnim die Aufforderung geäußert: „Es wird uns, die wir vielleicht eine Volkspoesie erhalten, in dem Durchdringen unserer Tage, es wird uns anstimmend sein, ihre noch übrigen lebenden Töne aufzusuchen." Und: „Wir wollen allen alles wiedergeben, was im vieljährigen Fortrollen seine Demantfestigkeit bewährt . . . hat zu dem allgemeinen Denkmale des größten neueren Volkes, der Deutschen." Das war ein nationales Programm gegenüber Frankreich, lange bevor es Preußen überhaupt angriff. Clemens Brentano, der andere Herausgeber des „Wunderhorns“, übersah jedoch den politischen Stellenwert des Märchens von dem Fischer und seiner Frau; nur das andere von Runge eingesandte Märchen, „Von dem Machandelboom“, wurde in der „Zeitung für Einsiedler“ veröffentlicht. 1814 erschien in Berlin eine hochdeutsche Fassung, „Von einem Fischer und seiner Frau. Eine moralische Erzählung“, die viel gekauft und gelesen wurde als Biographie des endlich gestürzten Napoleon.

Als Achim von Arnim im Jahre 1809 den Brüdern Jacob und Wilhelm Grimm die beiden Märchen Runges übergab, wurden sie bestärkt in ihrem Entschluß, Märchen nunmehr systematisch zu sammeln statt wie bisher gelegentlich. Da auch Brentano eine Märchensammlung plant, übergeben sie ihm die Urschriften ihrer Funde, wenn auch in der Sorge, daß Brentano „sie sehr vergrößern und verbrillantieren wird“, im Gegensatz zu der philologischen Sorgfalt, die die Brüder Grimm auf jedes Literaturdenkmal wenden wollen. Brentanos Vorhaben ist liegengeblieben; die Grimms haben sich vorsorglich Abschriften gesichert, so daß auch „Von dem Fischer un syner Fru“ 1812 in ihren „Kinder- und Hausmärchen“ erscheinen kann, allerdings mit verschiedenen Änderungen, die der Berliner Verleger Georg Reimer an der Urschrift vorgenommen hat. 1840 gab Daniel Runge die Werke seines Bruders heraus, darin dieses Märchen, allerdings „meist, doch nicht vollständig dem Hamburger Dialekte anbequemt“. In dieser neuen Fassung ist der Text dann endgültig in die Grimmschen Märchen übernommen worden.

Philipp Otto Runge wurde am 23. Juli 1777 in Wolgast (Pommern) geboren. Malschüler der Kopenhagener Akademie war er von 1799 bis 1801. Danach bildete er sich in Dresden weiter, wo die Freundschaft mit Ludwig

Tieck ihn in die romantische Ideenwelt einführte. Anfangs versuchte er sich im klassizistischen Stil, aber sein Bild „Achills Kampf mit den Flüssen" gewann keinen Preis bei Goethes Weimarer Kunstwettbewerb von 1801. 1802 und 1803 entwarf er seine „Vier Tageszeiten". Damit, und mit seinen „Arabesken", bemühte er sich um die Entwicklung einer sinnbildlichen, naturreligiösen Malerei, die subjektives Empfinden wiedergibt: er gilt als der Begründer der deutschen romantischen Malerei. Seit 1803 lebte er in Hamburg, beschäftigt mit farbtheoretischen Versuchen und Vorarbeiten für den Zyklus der Tageszeiten. 1809 beendete er die zweite Fassung seines Gemäldes „Morgen". Bevor er die zweite, vergrößerte Version fertigstellen konnte, starb er an einem Lungenleiden am 2. Dezember 1810 in Hamburg.

Seine beiden Märchen, „wie sie die Kinderfrauen wohl erzählen", schickte er am 24. Januar 1806 an Johann Georg Zimmer. Im Begleitschreiben sagt er anläßlich des „Wunderhorns": „Nur fällt es einem auf, zuerst, daß man vieles, das darin ist, vollständiger kennt und gehört hat, und hernach, daß durch das Übertragen oder Verhochdeutschen eine Sache oft platter geworden ist. An einem rechten Volksliede, Ballade, Märchen usw. hangt eine geistige Färbung, wie die Staubfäden an den Blumen, dieses haben auch die Herausgeber gefühlt. Es liegt dieses wohl bisweilen in der Geschichte oder Materie, am gewöhnlichsten aber doch in dem Wie? oder Wodurch? Herder hatte Recht, daß die Melodien dabei gehören und selbst dem Fremdesten das höchste Interesse geben; sollte es nicht dasselbe mit dem Dialekt sein, in welchem so ein Lied gemacht worden, und sollte man nicht, wenn man darauf denkt, den Reiz solcher Sachen festzuhalten, grade das Flüchtige, ich möchte sagen die Blüte, in welcher sie einem erscheinen, festzuhalten suchen? Und diesen Moment der Blüte hat, so gut wie alles Große und Gewaltige, auch jedes Lebendige, das uns reizt, und wer grade diesen festzuhalten sucht, kommt dahin, auch die Blume und Blüte einer langen Bestrebung vieler Geschlechter in jeder Kunst wahrzunehmen." Er versichert sodann, er habe sich bemüht, die beiden Märchen „so aufzuschreiben, wie sie sich anhören", und rät, „vorzüglich wäre nie zu vergessen, daß die Sachen nicht gelesen, sondern erzählt werden sollten".

Die vorliegende hochdeutsche Fassung kann sich lediglich verteidigen mit dem Umstand, daß kaum ein Angehöriger einer oberdeutschen Sprache heute so über das Niederdeutsche urteilen würde wie noch Gottfried Keller 1875 über den Dialekt in den Werken Fritz Reuters: „das Idiom stört mich an sich nicht". Der „Duden" kennzeichnet „Butt" nun einmal als niederdeutsches Wort, weshalb zurückgegangen werden mußte auf diese Sprache, in der sein Name „stumpf, platt" bedeutet, wobei ja erhalten bleibt, daß gerade ein so gewöhnlicher Meeresbewohner Wunder zu stiften imstande ist. Jeder Versuch, die lautmalende Zeile „Manntje, Manntje, Timpe Te" nachzubilden, wäre albern ausgegangen; Manntje ist in der Urform wahrscheinlich Männeken, Timp ist nach dem Grimmschen Wörterbuch eine polnische Münze, und Te könnte der märchenhaft teure Tee sein. Wörtlichkeit wurde angestrebt, aber nicht streng durchgehalten, schon weil der Sinn von Ausdrücken wie „herrlich" oder „Bosheit" längst gespalten ist. Was die erste und letzte Behausung des heimgesuchten Paars angeht, so mußten leider auch hier die Bestimmungen des „Duden" befolgt werden: ihr Name ist niederdeutsch; verlangt war etwas anderes.

etwa 1976

Vorschläge zur Prüfung eines Romans

Sie könnten beginnen, indem Sie etwas zählten.

Zu zählen wären die Beziehungen zwischen den Personen, Vorfällen, Schauplätzen, Zeiteinheiten, Motiven, Techniken der Substruktur und, abermals, den Personen. Versuchen Sie die Beziehungen innerhalb des Romans darzustellen, indem Sie sie durch Linienziehung verbinden. Jedoch sind simple Erwähnungen nicht tauglich. Es sollte etwas mehr sein, als daß Mrs. Brown in einem Eisenbahnwagen sitzt, und eine andere Person auch, durch nichts als Zufall. Das andere Extrem könnte sein, daß Mrs. Brown in ihrem Nachbarn, dem Straßenbahnschaffner, endlich ihren Urenkel erkennt, der seit achtzig Jahren als vermißt galt, und das noch nach einem Flugzeugabsturz. Ungültig. Nein, solche Beziehungen müssen fest sein, vielfältig verwirklicht, lebensfähig, etwa gleich denen im tatsächlichen Leben. Sie sollten zumindest in Reichweite dessen kommen, was Mrs. Brown der Virginia Woolf in einem Eisenbahnwagen angetan hat.[1] Von dieser unteren Grenze an können die Beziehungen gezählt werden. Je dichter das Netz verbindender Linien wird, desto mehr haben Sie von und an einem Roman.

1 vgl. Virginia Woolf, Mr. Bennett und Mrs. Brown, in: Virginia Woolf, Die schmale Brücke der Kunst. Ausgewählte Essays, Leipzig 1986, S. 40–67.

Darauf könnte es ankommen: Auf die Menge der Beziehungen.

Und: Auf die Beschaffenheit der Beziehungen. Es genügt nicht, daß wir sie für möglich halten. Sie sollten von neuer Art sein.

Vielleicht geht es mit Worten: Neu, weil so noch nicht gezeigt. Andere Vorschläge sind: Novum, nicht Nouveauté; eben erst gefunden, nicht Trouvaille; ursprünglich, nicht originell. Neu: nicht brandneu.

Hierzu meldet sich als Zeuge Ben Akiba. Alles schon da gewesen: sagt er uns.

Wir verweisen den Zeugen Ben Akiba auf unsere Erwartungen an die Zukunft.

Ben Akiba sagt ein Gedicht von Heine auf, mit musikalischer Umrahmung durch die Rolling Stones.

Im Verhör durch die Verteidigung gibt Ben Akiba den Wortlaut zu. Es ist eine alte Geschichte: und immer wieder neu.

Im Protokoll haben wir: Und wem sie heut passieret, dem bricht nicht gerade das Herz dabei. Was da bricht, ist anders.

Wir danken dem Zeugen für die Lieferung des Anlasses und entlassen ihn ins Publikum. Der Anlaß ist alt, und kehrt wieder: die gekränkte, die getäuschte, die verhinderte, die nicht gelebte Liebschaft. Was soll daran neu sein? Was wir davon wissen wollen. Noch heutzutage hat Leander unseren sportlichen Beifall für nächtliche Schwimmkünste im Hellespont, aber wir können nicht applaudieren, wenn er die Wirkung von Sturmwind auf eine wegweisende Fackel verkennt, und wir nähmen schwerlich hin, daß Hero nicht ungehorsamer ist gegen ihre Eltern. Das war damals, da verstieß Titus seine Berenike, vielleicht aus Gründen der Philosophie, oder weil sie zwölf Jahre älter war, oder weil sie nach einem Reitunfall die Füße nicht mehr setzte mit jener im ganzen

Orient berühmten Anmut; neuerdings fänden wir eine solche Geschichte lückenhaft. Romeo und Julia, wenn dergleichen uns heute erzählt würde, wir gäben uns nicht zufrieden bloß mit der Feindschaft zwischen ihren Familien, wir fragten auch nach den Grundstücksspekulationen der Montecchis gegen die Cappelettis. Gewiß ist eine dieser Geschichten immer neuer als die andere, auf dem Dorfe wird der Streit um den Acker schon gezeigt, es gibt einen so unheiligen Anlaß wie Armut, aber eine heute verunglückte Liebe fände sich darin nicht vollständig wieder. Eine solche Geschichte in unserer Zeit soll uns zeigen, was jetzt oder demnächst zwischen Liebesleute kommen kann, wenn Sie wollen den Fortschritt in unseren Beziehungen, der längst hinaus ist über Hindernisse wie bewachte Staatsgrenzen. So sind die Neuigkeiten nicht absehbar, die wir bekämen aus einer Vernunftehe im Jahr 1973.

Neu wäre ein Roman, der zu tun hat mit der Zeit, in der der Leser lebt.

Nicht etwa, daß wir binnen Jahresfrist in einem Roman jenes Ereignis finden müßten, das im vorigen Frühjahr die Gemüter der Nation und der Fernseher beschäftigte (wie überhaupt ein historischer Katalog aus Romanen nicht erwartet werden kann).

Zwar wäre die Zeit des vorigen Frühjahrs willkommen, ebenso die Frühzeiten dieses Jahrhunderts und wahrhaftig das Zeitalter Titus', nur soll die jeweils erzählte Vergangenheit uns unsere gegenwärtigen Verhältnisse erklären. Wir können die Nachrichten von unseren Vorgängern gebrauchen, wenn sie auch Nachrichten für und über uns sind.

Die Geschichte in einem Roman muß also mehr tun, als der Welt des Lesers etwas hinzufügen. Sie muß sie erweitern, zwar auch durch Neuigkeiten, gründlich aber durch Erfahrung, die der Leser aus Mangel an Zeit oder

Erlaubnis bisher versäumte, so daß er wählen kann, ob er sie probieren will oder vermeiden. Das wäre was Neues.

Neu, nicht bloß modern, muß das Bewußtsein sein, in dem der Leser sich mit dem Roman befindet. Die Geschichte allein tut es nicht, der Roman muß sie mit der Welt verbinden. Was wir bisher gelernt haben über unsere Situation, ist nur die Voraussetzung; der Roman muß ein neues Ergebnis einbringen.

Eine Auslegung solcher Philosophie wäre die Einsicht, daß Menschen selten als Einzelwesen angetroffen werden. Es versteht sich, daß die delikaten Eruptionen im Gemüt des Individuums uns kostbar bleiben. Sie können nur zunehmen an Belang, wenn den Veranlassungen solcher Happenings nachgegangen wird, etwa jenem Vorgang, in dem der Einzelne von Kindheit an zu- und abgerichtet wird von den anderen Einzelnen um ihn herum und der Gesellschaft, die sie sich gefallen lassen, bis endlich einer begreift, was für eine Art von Erziehung dies ist und auf welche Zwecke sie aus ist.

Anhänger des klassischen Entwicklungsromans sind freundlich eingeladen, hierin nicht eine Schändung zu erblicken, sondern einen Ausbau und eine Vervollständigung.

Einen anderen Fund moderner Philosophie sollte ein Roman unserer Zeit zumindest respektieren.

Es ist der Umstand, daß die meisten von uns die lebendigsten Stunden ihrer Tage an Arbeit wenden müssen. Allerdings ist dies nicht berücksichtigt in der Lehre vom Schönen, und nichts als eine Tatsache.

Es geht da nicht allein um den bedauerlichen Verlust an Zeit, eines Drittels vom menschlichen Leben.

Die Arbeit einer Person tut mehr als sie oder ihre gesellschaftliche Umgebung identifizieren.

Die Arbeit einer Person ist Teil von ihr. Uns muß vorgeführt werden, was die Arbeit Einem antut, was er dafür bekommt, und was andere dafür kriegen.

Das nähme der Schönheit nichts.

Dann gäbe es noch mehr als Ästhetik zu sehen in einem stillen Morgen auf dem Lande, mit Geranien auf dem Fensterbrett und keinem Geräusch von Straßenbahnen.

Nicht bloß Schönheit, sondern eine Qualität des Lebens, die arbeitenden Leuten verwehrt wird.

Und einmal auch eine Art Arbeit, die eine Person zum Leben bringen kann.

Zu prüfen wäre da nicht nur das Bewußtsein, in dem wir erkennen: So leben wir. Stimmt. Auch ein anderes, das der Frage hilft: Aber wollen wir so leben? Stimmt das?

Eine Rose ist eine Rose ist eine Rose ist eine Rose unzweifelhaft. Das Nähere regelt die Gewerkschaft Gartenbau in Kassel, oder Öffentliche Dienste, Transport und Verkehr in Stuttgart, im Verein mit der Gelehrtenrepublik.

Nun die Sache mit der Wahrheit des Romans.

Sie unterliegt der Kontrolle des Lesers.

Der Leser weiß Bescheid mit Leuten. Wenn er das Angebot an Betrieb und Verkehr unter Menschen gelten läßt, können wir auch auf ihn rechnen als Trauergast bei der Beerdigung des Romans.

Der Leser ist fachlich vorgebildet. Er weiß, wie es ist, wenn man eine Treppe hin- und herunterfällt, wie Charlie Chaplin das machte und wie ein Hund es ins Werk setzen würde.

Das stimmt weiterhin für Beerdigungen, Spazierengehen an Meeres Rand, die endgültige Verabschiedung eines Vorgesetzten und was Sie sonst noch vorschlagen möchten.

Und wenn die Erzählung den Vorgang in einer anderen Geschwindigkeit bewegt als der Leser voraussah oder gewöhnt ist, liegt es doch bei ihm, ob er das verrenkte Bündel am Fuß der Treppe als empfangen bestätigt, und auch, wie es dahin kam.

Jeder sachliche Irrtum, ob er bei einem historischen Datum passiert oder bei der Unschuld eines Staatsmannes am Tode von Millionen Menschen, an dem er schuldig ist; jede Schlampigkeit in der Arbeit, jede lügenhafte Spekulation gilt als Grund zur Beschwerde, in schlimmeren Fällen als Anlaß zu öffentlichem Protest, in den schwersten Fällen die Verwandlung des Buches in Altpapier.

Wahrheit ist Bimsstein.

Ein paar Minuten für die Werbung.

Zur „Schwierigkeit" neuartiger Romane:

Das Problem von Form und Inhalt darf nicht mehr sichtbar sein. Die Geschichte muß sich die Form auf den Leib gezogen haben. Die Form hat lediglich die Aufgabe, die Geschichte unbeschädigt zur Welt zu bringen. Sie darf vom Inhalt nicht mehr ablösbar sein.

Zur Chronologie: Wie sie eine Erfindung ist, gemacht zu einer Sortierung der Dinge, so ist es eine Erfindung, daß auch nur die Romane des neunzehnten Jahrhunderts sie streng befolgt hätten. Wir benutzen in unserem Denken die zeitliche Folge, aber auch andere Methoden. Warum sollten wir nicht als Kompliment ansehen, daß Romane unserer Zeit wenigstens sich versuchen an den artistischen Fertigkeiten zeitgenössischer Gehirne?

Zu ungewöhnlichen Worten, unregelmäßiger Zeichensetzung, unverhofften Wendungen der Geschichte, Wechseln im Benehmen der Erzählung: Gedenken Sie der Mrs. Brown. Diese alte Dame, so arm wie stolz, mit ihrem unsicheren sozialen Hintergrund, sie wär sich nicht zu gut für den Griff zu einem Lexikon, wenn sie in einem Roman auf unbekannte Ausdrücke stieße. Deswegen müßte der Roman noch gar nicht über sie selbst sein. Mrs. Browns unentmutigter Schlachtruf lautet: Warum auf das Lernen schon in jungem Alter verzichten? Sie räumt nicht eben aus Höflichkeit ein, daß solche befremdlichen Worte oder Passagen oft genug die einzigen gewesen sind, die die Geschichte in einem bestimmten Zustand beherbergen können. Denn Mrs. Brown, ihrer betrüblichen Lage zu trotzen, hat sich ihre Vorliebe für Genauigkeit bewahrt. Gern zu Diensten, Madame.

Zugegeben, die Manieren neuerer Romane können weit weg sein von den Wahrnehmungsfähigkeiten des Publikums.

Wie in anderen Künsten auch.

Das mag ein Dilemma sein. Eine Alternative ist es nicht.

Im Interesse der Geschichte in einem Roman muß das schreibende Gewerbe alle Techniken und Reserven und Auskünfte anwenden. Anders wird sie nicht haltbar.

Wenn der Mehrheit einer Gesellschaft jene Ausbildung verweigert wird, die nötig ist, einen (sagen wir) Roman ohne Nebenarbeiten zu genießen, ist das nicht die Schuld dieser Kunstform oder ihrer Produzenten.

Anders herum würde es ein Schuh, der paßt: indem die Gesellschaft in einen Zustand gebracht ist, in dem die Schulen mehr sind als Zulieferindustrie der Industrie.

Ende der Werbung.

Ein Geständnis, gerichtet an Freunde und Feinde auf der linken Seite: Ein Roman ist keine revolutionäre Waffe.

Er bringt nicht unmittelbare politische Wirkung hervor. Die taktischen Aussichten sind ärmlich, strategische kaum nachweisbar.

Gedenken Sie der Millionen jenes Romans zum Weltkrieg I, und gedenken Sie der Millionen, die der Wehrdienstpflicht von 1935 gehorchten.

Gedenkt des Generals Friedrich Engels und seiner Auskunft an die bedauernswerte Miss Emma Harkness: sie habe ihren Roman verdorben, indem sie ihn für ihre politischen Absichten benutzte.

Warnung vor dem Hunde: Wenn ein Roman als ein Ziel die Abschaffung eines bestimmten Gesetzes oder die Förderung einer politischen Gruppe ankündigt, bekommt Ihr nicht einen Roman, sondern, mit Glück, ein Behältnis mit Agitationsmaterial. Wenn eine politische Gruppe im Besitz der Macht bei den Romanschreibern des Landes eine Version der Vergangenheit in Auftrag gibt, wie sie nicht verlief, oder, ebenso, einer Gegenwart, wie sie sein sollte nach den Wünschen der Regierung, wird die Erinnerung an die tatsächlichen Vorgänge, desgleichen die Kenntnis davon, bei den Lesern die Oberhand behalten, und solche Romane werden schon als Information auf Gegenwehr stoßen.

Wozu also taugt der Roman?

Er ist ein Angebot. Sie bekommen eine Version der Wirklichkeit.

Es ist nicht eine Gesellschaft in der Miniatur, und es ist kein maßstäbliches Modell. Es ist auch nicht ein Spiegel der Welt und weiterhin nicht ihre Widerspiegelung; es ist eine Welt, gegen die Welt zu halten.

Sie sind eingeladen, diese Version der Wirklichkeit zu vergleichen mit jener, die Sie unterhalten und pflegen. Vielleicht paßt der andere, der unterschiedliche Blick in die Ihre hinein.

Verteidigen Sie Ihre Unabhängigkeit bis zur letzten Seite des Buches. Wird Ihnen ausdrücklich gesagt, was der Roman zu sagen versuchte, ist dies der letzte Augenblick zur Entfernung des Buches. Sie haben sich das Recht erworben auf eine Geschichte. Die Lieferung einer Quintessenz oder einer Moral ist Bruch des Vertrages. Mit dem Roman ist die Geschichte versprochen.

Was dazu gesagt wird, sagen Sie.

Der Roman muß Sie unterhalten.

Unterhalten in allen Bedeutungen des Wortes: Wie man unterhalten werden kann durch ein Schauspiel, durch eine Musik, durch ein spielendes Kind; wie eine Brücke, ein Verkehr, ein Haushalt unterhalten wird.

Als ob Sie solcher Nachrichten von Ihren Nachbarn bedürftig wären.

Dann wäre zumindest Teilung der Arbeit festzustellen. Während Sie anders beschäftigt sind, beschafft der Romanschreiber Ihnen Unterhaltung und Information.

Dann hätte er seine Verantwortung gegenüber der Gesellschaft, sofern sie einseitig bestehen kann, erfüllt.

etwa 1975

Wilhelm Tell von Schiller

ERSTER SCHWEIZER. Hastn Landvogt gesehen?

ZWEITER SCHWEIZER. Nee, habn nicht gesehen.

ERSTER SCHWEIZER. Mußtn Landvogt sehen!

ZWEITER SCHWEIZER. Brauche Landvogt nicht zu sehen. Habe mal einen Landvogt in Queveda gesehen. War ganz große Klasse. Ritt immer mit Sporen aus, auch aufm See. Schoß pfundschwere Äppel. Warn großer Landvogt.

ERSTER SCHWEIZER. Mußtn Landvogt doch sehen. Ist ein Biest, der Landvogt.

ZWEITER SCHWEIZER. Wieso ein Biest?

ERSTER SCHWEIZER. Schießt keine Äppel. Läßt andere schießen.

ZWEITER SCHWEIZER. Wen?

ERSTER SCHWEIZER. Tell zum Beispiel.

ZWEITER SCHWEIZER. Welchen Tell?

ERSTER SCHWEIZER. Den von Schiller.

ZWEITER SCHWEIZER. Der von Schiller ist gut.

ERSTER SCHWEIZER. Kannte einen Tell in Madrid. War Barkeeper bei Queveda. Hatten immer Gäste dort.

ZWEITER SCHWEIZER. Hier schlechte Gäste.

ERSTER SCHWEIZER. Liegt an Landvogt.

ZWEITER SCHWEIZER. Eine Art von Bedrückung.

ERSTER SCHWEIZER. Habe die Bedrückung immer gespürt.

ZWEITER SCHWEIZER. Müssen raus aus der Bedrückung. Wollen schwören!

ERSTER SCHWEIZER. Schwören ist gut.

ZWEITER SCHWEIZER. Schwören ist immer gut. Habe in Pamplona auch geschworen. Hat viel genützt.

ERSTER SCHWEIZER. Los, wollen schwören!

ZWEITER SCHWEIZER. Mit oder ohne Formel?

ERSTER SCHWEIZER. Ich will Formel. Formel ist immer gut.

ZWEITER SCHWEIZER. Also los!

ERSTER SCHWEIZER. Ich würde sagen: Wollen sein ein einzig Volk von Brüdern.

ZWEITER SCHWEIZER. Klingt gut. Weiter!

ERSTER SCHWEIZER. In keiner Not uns trennen und Gefahr.

ZWEITER SCHWEIZER. Beste Formel, die ich gehört habe. Hör auf zu schwören.

ERSTER SCHWEIZER. Dort kommt er.

ZWEITER SCHWEIZER. Wer?

ERSTER SCHWEIZER. Der Landvogt.

ZWEITER SCHWEIZER. Der Landvogt?

ERSTER SCHWEIZER. Der Landvogt!

LANDVOGT. Tell gesehen?

ZWEITER SCHWEIZER. Schwört noch.

LANDVOGT. Schwören alle heute. Wohl eine Verschwörung? Appel her!

ERSTER SCHWEIZER. Tell fehlt noch.

LANDVOGT. Dann warte ich.

ZWEITER SCHWEIZER. Gut, warten wir.

ERSTER SCHWEIZER. Habe auch mal gewartet.

ZWEITER SCHWEIZER. Wo?

ERSTER SCHWEIZER. Am Kilimandscharo. Fünf Wochen.

ZWEITER SCHWEIZER. Auf wen?
ERSTER SCHWEIZER. Stare.
ZWEITER SCHWEIZER. Stare sind gut. Kommen von Kunkel. Hat noch Welche.
ERSTER SCHWEIZER. Wie viele?
ZWEITER SCHWEIZER. Nicht rauszukriegen. Spricht nicht.
ERSTER SCHWEIZER. Dort kommt Walter.
ZWEITER SCHWEIZER. Welcher Walter?
ERSTER SCHWEIZER. Walter Tell.
ZWEITER SCHWEIZER. Hat Appel aufm Kopp.
ERSTER SCHWEIZER. Hat immer Appel aufm Kopp.
ZWEITER SCHWEIZER. Warum?
ERSTER SCHWEIZER. Sucht seinen Vater.
LANDVOGT. Brauche 'ne Stange.
ZWEITER SCHWEIZER. Wozu?
LANDVOGT. Hut drauf. Leute sollen grüßen.
ERSTER SCHWEIZER. Werden kaum grüßen.
LANDVOGT. Wer nicht grüßt, muß Appel schießen.
ZWEITER SCHWEIZER. Alter Bedrücker!
ERSTER SCHWEIZER. Istn Gag.
ZWEITER SCHWEIZER. Istn Bedrückungsgag.
ERSTER SCHWEIZER. Da ist Tell.
LANDVOGT. Wo kommst du her?
TELL. Habe geschworen. War großartig.
ZWEITER SCHWEIZER. Warst doch gar nicht dabei.
TELL. Schwor im Walde so vor mich hin.
LANDVOGT. Los, Hut grüßen!
TELL. Warum?
LANDVOGT. Bloß so. Strenge Bräuche. Los, grüßen!
TELL. Keine Lust.
LANDVOGT. Grüße! Bin Staatsapparat!
TELL. Kammer nichts machen. Ich schieße. (schießt.)
ERSTER SCHWEIZER. Gut, Appel ist weg.

TELL. Habe Wut, los, macht hohle Gasse!

ZWEITER SCHWEIZER. Hohle Gasse ist gut. Ham in Madrid hohle Gasse gemacht. Beste hohle Gasse meines Lebens. Einen Landvogt nach dem anderen erschossen.

LANDVOGT. Schwyz, Uri, Unterwalden.

ERSTER SCHWEIZER. Spinnt schon.

ZWEITER SCHWEIZER. Landvögte spinnen immer. Kannte einen Landvogt in Madrid. Spann prima.

ERSTER SCHWEIZER. Ist reif für hohle Gasse. Los rein!

TELL. Guter Freiheitsgag gegen Bedrückung.

ZWEITER SCHWEIZER. Tell, schieße!

TELL. Längst geschossen.

ERSTER SCHWEIZER. Nischt gehört.

TELL. Habe Schalldämpfer.

LANDVOGT. Bin tot. Noch nie so tot gewesen.

ZWEITER SCHWEIZER. Mach mer nu?

TELL. Knechte frei.

ERSTER SCHWEIZER. Ist gut.

LANDVOGT. Schwyz, Uri, Unterwalden.

TELL. Ruhe, bist tot!

LANDVOGT. Gut.

ZWEITER SCHWEIZER. Tell, deklariere!

TELL. Alle Knechte ab sofort frei.

ERSTER SCHWEIZER. In Ordnung.

ZWEITER SCHWEIZER. War ein prima Abend.

ERSTER SCHWEIZER. Der Abend war prima.

ZWEITER SCHWEIZER. Einer der besten.

ERSTER SCHWEIZER. War was los heute!

ZWEITER SCHWEIZER. Bye bye!

ERSTER SCHWEIZER. Bye bye!

Ernest Hemingway

1957

Einatmen und hinterlegen

Für Günter Eich

> Milz-Erkrankungen entstehen, wie bei jedem Organ, entweder in Abhängigkeit von einer vorwiegend an anderer Stelle ablaufenden Krankheit oder eigenständig, also aus in der Milz selbst gelegenen Ursachen; letzteres ist sehr selten.
>
> *F. A. B.*
>
> Es ist ein langweiliges Organ.
>
> *G. E.*

Ein sicheres Versteck ist unerläßlich.

Narrensicher muß es nicht sein.

Dieser ruft nicht mehr um Hilfe.

Als Lieblingskind, ehemals, vielleicht. Eine zulässige Vermutung, diesen trifft sie nicht.

Das Versteck muß so beschaffen sein, daß die Suchenden blind werden im Findenwollen.

Die Lebus auf der zweiten Silbe betonen, mögen sie darin auch diesen gefangen glauben; er war in einem anderen Ort.

Er gibt den Kalmus hinzu, pfingstens durch die gescheuerten Stuben gestreut; er kann sich verlassen auf den Wurzelstock der Wasserschwertlilie.

Noch einmal auf den Wiesen links der Oder, zeigte er sich da, sichtbar wäre er nicht.

Er gibt sich ganz kenntlich, verkleidet in Gemeinsamkeiten. Dieser kann Manieren gebrauchen.

Er will jemandem zustimmen in der Sache Tod; er läßt ihn herausbitten nach dem Komment des Duells.

Und verrät sich doch, in Schreckgebärde, wenn die Tür vertrauter ist als er das Gesicht dahinter geplant hat. Angehalten in der Flucht, ergibt er sich in Bilder seiner selbst und zieht sie tarnend auf den Leib.

Gehorsam gefangen in Erwartungen, ein Kobold weiss hinaus. Es geht durch das Wort, das Brecht den Liebenden änderte, durch Rilkes Jubel nach Hartleibigkeit: Fürstin, es ist.

„Und einiges, was ich niemand verrate."

Er hat auf einen Bart nicht geachtet, schon soll der Bart ihn bedeuten. Stück für Stück nimmt er ihn ab, gern verborgen hinter voreiligen Fotografien.

Sein Leben läßt er sich zeigen in einem Buch, nun kann er es abstreiten. Wenn er es nicht weiß, wer will es behaupten?

„Den Humanisierungsversuchen des bürgerlichen Dichters steht jedoch eine resignierende Auffassung entgegen, die an der Undurchschaubarkeit der ihn umgebenden ‚Trugwelt' festhält." Er will da nicht Umstände machen, er antwortet: Ja wenn das so ist . . .

Noch die türkische Enkelin glauben sie ihm.

Mit Haut und Haaren verwandelt er sich in benutzbare Worte, da bleibt nichts im Ohr und das Auge wird trokken. Der Leser kommt zu etwas; wozu er?

Dafür nimmt er nicht Titel, nicht einmal causa honoris. Was soll er die kränken, die nichts wünschen als das.

Es ist nicht an ihm, Exegeten Mores zu lehren; vorführen wird er ihnen etwas. In Frankfurt war eine Freundin am Bahnhof, brachte ihm Blumen, das Essen, den Wein; in Berlin eine andere Freundin. Nun spricht er in Berlin von der Frankfurterin, bedankt sich für Braten in Frankfurt, Blumen am Flugplatz Rhein/Main, und lobt an der in Berlin die Anmut der anderen. Dreimal muß ein Großkritiker sprechen: Meister, es reicht. Und sieht nicht das innig abgeschmeckte Lächeln im abgewandten Mund. Das Spiel ist doch über die Bühne gegangen, mit fremder und eigener Zeit.

Die Kritiker sollte man alle auf den Mond schießen: sagt Höllerer einst in der Pension Elite, und dieser nickt trübe, zweifelnd an der technischen Machbarkeit. Sonst gerne.

Er meint die Leser. Den hörenden Lesern zuliebe steht er in einer Küche bei Kollegen, angetan mit weiblichen Hosen, nicht erstaunt über die Paßform, und läßt sich sein schwarzes Beinkleid bügeln, für die Leser, morgen in Bremerhaven, denn darin werden sie ihn besser verstehen.

Auf der Flucht.

Vertrauliche Mitteilungen im Gehen nebeneinander, dagegen hat er nichts; nur sollen sie schweigend geschehen.

Ein Tütchen Kalmus als Pfingstgeschenk, fast hätte es ihn eingeholt, es ist der Geruch von Oderzeiten; er verbirgt sich und wünscht ein besseres Abendbrot, von heute eins, denn essen muß man.

Morgen, übermorgen, und jeden Monat viertausend Mark verdienen. Beschäftigung willkommen.

Im Elend wird er nicht sterben, das schreibt erst einer, der benutzt sein Verständnis für eine Zeitung.

Gespräche helfen nicht viel, jedoch ordnen sie, wenn auch das Unnötige. Noch viele Abende zu verwenden auf die Entstehung der Sprache versus die Möglichkeiten von Freilassung oder Festhaltung, auf die Rückläufigkeit gewisser Reime und das Veilchenasyl in der Nähe von Rosenheim; tadelnd lobt er die Gastgeber für ihr Schaukeln zwischen Urquatsch und dem Urknall, dem nicht erwiesenen. Liebe ja, aber keine Intimitäten.

In einem Gedicht aus der Jugend sah er die Langeweile warten auf ihn, nach gleicher Langeweile vom zehnten Jahre an gibt er die Auskunft, betreffend das Überleben, er antwortet, eine krumme Frage aus Rücken und Armen: Ja . . .

In der Stunde vor dem Tod will er dennoch denken, daß die Erde schön war.

Er prüft es noch nach, drei Finger zwischen den Augen.

Er sagt nicht zu, es auszusprechen.

Er ist im Feuer, in der guten schwarzen Jacke für die hörenden Leser, mitsamt den Papieren zur Person.

Im Versteck.

Er hat endlich den Löffel abgeben dürfen, damit war er noch zu sehen. Was er damit ausgeteilt hat, ist vorhanden.

etwa 1973

Zu Montauk

Montauk auf der Titelseite, Montaigne auf der nächsten, sie setzen die Erwartung in ein Wechselbad. Der Name eines kleinen Küstenortes auf Long Island (circa 900 Einwohner) kündet einen Schauplatz an, von dort her erzählte Handlung. Die Stücke aus Montaignes Vorrede erinnern an seinen ursprünglichen Plan der autobiographischen Konfession. Tatsächlich setzen und halten diese beiden Bewegungen den Text zusammen.

Die eine richtet sich auf die erzählende Rekonstruktion eines Wochenendes, das der Autor mit einer Frau in und bei Montauk verlebt. In der anderen Bewegung blickt der Autor zurück aus dieser Zeiteinheit in frühere, so in die Vorgeschichte dieser Beziehung, in das Zusammenleben mit anderen Frauen, in eine unter Schmerzen ausgestandene Freundschaft, auf die Veränderung der eigenen Person durch Vorräte an Geld, auf die Geschichte der eigenen Person überhaupt. Die Konstruktion ist also eine Abwandlung der Rahmenerzählung, gegen die klassische Form unterschieden durch fortlaufende Rückgriffe statt bloß je eines zu Anfang und zu Ende. Ein Stück Gegenwart enthält durch Erinnerung Vergangenheit. Da nur Zeit war für einmaliges Durchlesen, kam ich nicht dazu, die Gelenke des jeweiligen Einsatzes zu vergleichen, oder die Quantitäten durchzurechnen. Der Lese-Eindruck enthält die Konstruktion als ökonomisch, stabil wie federnd, also als tragfähig, wie zu erwarten, wenn sie sich ganz und gar der Natur des Anlasses verdankt.

Der Gestus ist der der Fiktion. Der Entschluß zur Niederschrift rührt aus der Zeit von Montauk, der spätere Zeitpunkt des Aufschreibens setzt literarische Mittel für die Dokumentation voraus. Ebenso arrangiert ist das Material der anderen Ebene, da die Personen und Themen der Erinnerung durchaus damals das Bewußtsein des Autors passiert haben können, jedoch nicht in diesem Zustand. Deswegen ist es möglich, das vom Autor meist verwendete Ich als Instrument zur Herstellung eines Blickwinkels einzuschätzen und den Text auf lange Zeit als fingierende Erzählung zu lesen. Einem in der Ferne lebenden Menschen, der weder mit dem Personalstil noch dem Namen des Verfassers vertraut ist, könnte dies bis zum Ende gelingen.

Jedoch das Material ist unfingiert, autobiographisch, wie versprochen mit dem Vorsatz Montaignes. Allerdings ist es bearbeitet, nämlich mit zwei Manieren. Die eine ist die des Journals, dem Tagebuch verwandt trotz der beliebigen statt täglichen oder regelmäßigen Aufzeichnung, eben als Notat, sei es eines erinnerten Splitters Realität, eines intellektuellen Prozesses, oder einer Maxime. Die andere Manier ist die der Fiktion, obzwar das Material in seiner Tatsächlichkeit nicht angetastet wird, der Autor auf den angeblich zusammenfassend planenden Blick des herkömmlichen Erzählers aus freien Stücken verzichtet und seine Sicht ausdrücklich als seine Version reklamiert (womit er das Vorgebrachte in seiner Wahrheit beschränkt auf ihn allein). Er baut also den Text, nach der Verträglichkeit der Motive, ihren statischen Bedingungen, ihren quantitativen Abhängigkeiten. Er verschafft den einzelnen Anlässen den ihnen eigentümlichen Formzustand: den der Nacherzählung, des

Dialogs, des Essays. Wie nur je ein Romancier läßt er aus, hebt hervor, arbeitet Entwicklungen aus, spannt verbindende Linien, sorgt für unterschiedliche Spiegelungen und überhaupt für Beleuchtung, als wolle er einer erfundenen Sache ihr volles, auch angemessenes Recht werden lassen. Das Bild, das so entsteht, entspricht aber seinem Bewußtsein, seiner Realität. Das nenne ich Erzählen auf seine Natur zurückgeführt, garantiert durch Wirklichkeit. Der Leser wird intellektuell amüsiert, weil die literarische Technik im Verein mit dem Personalstil ihn immer wieder hineintäuscht in die Spannung nach dem Fortgang einer Geschichte, den Spaß an dem dialektischen Wachstum eines Gedankens, den Genuß an lebendiger Landschaft, die Freude am Wiedererkennen von Gesten oder Orten, die, als bekannt angenommen, doch erst im Wort des Schriftstellers erkannt wie fixiert werden. Dann fällt der Leser zurück, oder vorwärts, in die Tatsächlichkeit des Berichteten, entweder aus eigener Kraft oder weil der Autor ihm mit unverhofft variiertem Zugriff genau diese Falle bereitet hat, und lernt, daß erst die Optik des Verfassers aus einzelnen Vorfällen eine Geschichte macht, allerdings und Ausnahme halber eine wahre.

Ästhetisch hat er sich da in eine Ecke geschrieben: wie wir Angelsachsen sagen. Denn er hat die Form des von ihm entwickelten Tagebuchs hinter sich gelassen; dahin darf er nicht zurück. Zum anderen hat er den Ton der Erinnerung recht endgültig an dieses Buch vergeben; ein später folgender Nachtrag Memoiren ist schwer vorstellbar. Diese Leistung, aus dem eigenen Leben mit Mitteln der Literatur ein Kunstwerk herzustellen, ohne der Form noch dem Inhalt Gewalt anzutun, er muß sie in der nächsten Arbeit übertreffen. In dem Maß, wie die Entwicklung der Form die Entwicklung der Erkenntnisfähigkeit widerspiegelt, wird er es in der nächsten Zeit, eine Weile lang, hübsch schwer haben. Indessen verabschiedet er sich nur von zwei Gattungen. Und auf einen Roman, gedacht und geschrieben von der hier erreichten Höhe formaler Logistik und Versatilität, möchte ich nicht allzu lange warten müssen.

Aus einem Brief vom 13. Januar 1975

Es ist natürlich nicht Zufall, wo einer herkommt, aber diese Art der Spurensicherung, herauszufinden, wo einer herkommt, ist richtig, wichtig, und doch wird dabei Klagenfurt so unwichtig wie Augsburg, Koblenz oder Köln. Städte, die sich durch derartige Äußerungen beleidigt fühlen, bilden sich einfach zuviel ein. Sie sind wichtig, aber nicht auf diese Weise, in der sie sich wichtig nehmen.

Heinrich Böll

IV. Todesarten

Rede zum Bußtag

19. November 1969

Ich lebe in einer Berliner Straße, aus der die Bomben drei Mietshäuser herausgetrennt haben, gegenüber der einstmals leeren Fläche, auf der die evangelische Kirche ein Haus für den Dienst an Gott und eins für die Geselligkeit hat hochziehen lassen, in einer recht modeseligen Auffassung von Baukunst, und nicht nur die auswärtigen Besucher stehen versonnen an meinem gemieteten Fenster und sprechen unverhofft von einem Ski-Übungshang. Dennoch sind unsere Beziehungen zu dieser Niederlassung Gottes verblüffend innig. Das kommt von dem frei stehenden Glockenturm, der, besonders am Freitag, zu oft knalligen Lärm in die Schallkanäle zwischen den vierstöckigen Häusern drückt, die Fenster dröhnen macht und nicht nur Kleinkindern Ohrenschmerzen bereitet. Einer Fluggesellschaft würde die Bürgerschaft zumindest fahrlässige, wahrscheinlich vorsätzliche Körperverletzung vorwerfen. Aber diese Körperschaft des öffentlichen Rechts nimmt ein jungmädchenhaft gekränktes Wesen an, wenn man sie behandelt wie eine Körperschaft des öffentlichen Rechts, und ich habe nicht angefangen, Unterschriften zu sammeln. Und wenn diese Kirche nicht nach mir ruft in ihrer grobianischen Manier, traue ich mich in ihre Nähe und lese die Ankündigungen im Schaukasten, die Farblichtbildervorträge über die Seilstraßenbahnen in San Francisco oder die Erstickung des Individuums in den Zwängen und Isolierungen der modernen Industriegesellschaft, mit Diskussion, und bin regelmäßig verdutzt durch die Hartnäkkigkeit, mit der dies Institut die feuilletonistischen Entwicklungen verfolgt, nicht nur in der Architektur, auch in der zeitgemäßen Reform seines Betriebsauftrags, der in der Erklärung der Welt für Mitglieder und Schwankende besteht. Und wie viele meiner Nachbarn drücke ich meine Hochachtung schweigend aus, und gehe nicht hinein.

Vielleicht sollte die Kirche es billiger geben.

Einmal, es kann dem Bürger nicht ungemein schmeicheln, daß die Kirche für nötig hält, ihn zu ködern mit bunten Bildern aus Kalifornien, womöglich mit dem passenden Schlager (I lost my heart in San Francisco), damit sie ihm gelegentlich mehr grundsätzliche Andeutungen über seine Lage machen kann. Zum anderen, der Bürger befindet sich gewiß unter den Bedingungen der Wettbewerbsgesellschaft, die die Kirche ihm bei solchen Anlässen als theoretische Hochebene hinzeichnet; Ratschläge müssen ihm willkommen sein, selbst unberechnete. Aber das Individuum im Bürger, um das die Kirche sich die besseren Sorgen macht, hat womöglich mehr einfache Fragen, etwa die, warum es denn zustande kommt, und warum nur für unsere begrenzte Zeit. Nun zählt die Kirche sich zu den wenigen Beratungsfirmen der Erde, die der Welt und dem Leben in der Welt ein System von Erklärungen gegenüberstellen könnten, demzufolge ist der Bürger ausführlich bedient mit der christlichen Sicht auf die Sexualerziehung, die Beatles und die Minoritätenprobleme in Bessarabien, aber wenn es um die Beendigung der individuellen Existenz geht, ist die Äußerungssucht der bescheidwisserischen Instanz eingetrocknet zu trüben und ungreifbaren Formeln, widersprüchlich und widerwillig abgegeben.

Dabei ist das Individuum, noch ehe es ideologisiert ist, eine Voraussetzung für mögliche Verhältnisse eines Gottes. Denn jene Stelle im Bewußtsein, in der eine eigene und abgetrennte Anwesenheit im Leben zusammengefaßt wird zum Ich, muß ja nach christlicher Deutung eigens stark und unabhängig werden, ehe es überhaupt ein echter Partner für den Gott werden kann, ein Subjekt, dessen Entscheidungen gegen oder für Wünsche des Gottes durch Bindung an kalkulierten Entschluß und Willen überhaupt erst Gewicht bekommen sollen. Warum nun wird dies Individuum nach wenigen Jahren vernichtet, wenn es womöglich eben erst den komplizierten Anforderungen des hypothetischen Verhältnisses zupaß gewachsen ist? Der natürliche Tod ist ein Vorbehalt, den die Kirche der individuellen Verantwortlichkeit entzieht und für den Gott reserviert, und sie spricht von einer gütigen Einrichtung, wo das Individuum zwangsläufig Grausamkeit und Enttäuschung empfinden muß. Daher ist der christliche Tod nicht begreiflich, und wo jugendliches Vertrauen sich einen Notausgang sucht in die ausnahmsweise persönliche Unsterblichkeit, vermag das Alter wenig gegen die Klage: warum denn eine solche persönliche Möglichkeit, Schmerz und Genuß zu empfinden, überhaupt erst wachgemacht worden ist. Und warum, wenn man hier eine begrenzte Leidensfähigkeit des Menschen gütig aufgehoben sehen will durch das Verscheiden, warum ein Verscheiden mit Vorbereitung? Warum die Beschwerden des Alters, warum das Abnehmen mit Schmerzen, das Sterben unter Qualen, alles als Vorwarnung und Einstellung auf einen Abschied, der dadurch das Wesen einer Strafe und Züchtigung annimmt? Denn der bevorstehende Ort ist schrecklich. Wenn man das bürgerliche Zeremoniell bei Beerdigungen abzieht, bleibt es die Erde, also ein Ort ohne Bewußtsein, ein Defizit. Außer in Worten läßt sich jenes individuelle Zentrum, von der Kirche die Seele genannt, abgelöst nicht halten, ausgenommen im Gedächtnis Überlebender, denen in manchen Fällen immerhin die persönliche Anwesenheit der Abgeschobenen lieber wäre. Es mag egoistisch sein, daß Einer sagt, er werde sich doch sehr fehlen, aber warum soll er nicht sich zurückziehen auf seinen eigenen Verlust, wenn der Partner Gott sich den selber zufügt. Hierzu sind die Erklärungen der Kirche nicht annehmbar. Ich weiß von einer alten Frau, die ihren Vertrag mit Gott, so wie er von der pommerschen Landeskirche aufgesetzt war, bis zum Schluß erfüllt hat, sie hat nicht mal mit dem Eiergeld gemogelt, sie war auch darin mit der Bibel einig, daß siebzig Jahre genug sind, aber sie hat sich erkundigt, als sie noch zwei Stunden hatte, ob sie jetzt ins Paradies komme. Es ist ihr mit Ja beantwortet worden. Das ist nach den neueren Streitigkeiten in der evangelischen Theologie eine nicht unbezweifelbare Antwort. Das Paradies ist verlegt worden, oder sein Name steht nicht mehr dafür. Jetzt liegt die Frau verrottet zwei Meter tief in der Erde und hat ihre zwei letzten Stunden gelebt mit einer falschen Antwort von einer Auskunftsbehörde, die sie für unfehlbar halten mußte und die ihre letzte war. Hier wird mir die Belehrung zuteil, daß die Kirche den Anspruch auf ein solches Letztes Wort nicht erhebe, oder nicht mehr. Jedoch erweckt sie den Eindruck, und durchaus heutzutage. So hat die Evangelische Kirchgemeinde zu Schöneberg in Berlin einen Schaukasten unter der S-Bahn am Innsbrucker Platz hängen, für die mehr grundsätzlichen Bekanntmachungen, die eines bestimmten Termins nicht bedürfen. Dort konnten Sie seit dem Sommer, bis in den späten Oktober hinein, ein Plakat besehen, das zu drei Vierteln schwarze Farbe zeigte. Unten in dieser Mitte all dieses Schwarz' war ein weißes, wenn Sie wollen ein erleuchtetes Viereck, und darin stand hübsch schräg und dekorativ ein Sarg, kein überaus elegantes Modell, beileibe nicht so schick wie die für Überführungen im Flugzeug, aber auch kein billiges Stück, so mit Schmuckrillen und eingefrästen Pflanzensymbolen. Der beleuchtete Raum in der finsteren Erde war also das Grab, und das Licht, in dem der sehr saubere und ganz heile Sarg ausgestellt war, kam von oben, nämlich in der Form eines Blitzes, und der Blitz verdankte seine Leuchtkraft dem oberen weißen Rand des Plakats, weil der die Worte trug „Des Herrn Wort ist wahr, und was er zusagt, das hält er". Was könnte das bedeuten sollen? (Da ist ja nicht eine Bibelstelle angegeben, sondern die graphische Agentur.) Es ist ein Versprechen, unter anderem, es werde im Grabe hell sein, oder werden, zumindest außerhalb des Sarges, der bekanntlich verschraubt oder vernagelt ist. Andererseits, man kann auch etwas Fürchterliches versprechen oder zusagen, und so, als eine Drohung, ist dies Plakat bei einer Umfrage unter Freunden denn auch verstanden worden. Hier hat sich nicht eine Werbefirma im Geschmack vergriffen, hier hat eine Kirche mit ihrem Bescheidwissen renommiert, mit einer Kompetenz, deren unverbindliche Formulierung ihr ausgedehnte Weiterungen vorbehält. So billig sollte die Kirche es nun wieder nicht geben. Es ist nicht witzig, hier noch zu unterscheiden zwischen der Kirche überhaupt und einem punktuellen Versagen ihres Personals. Für den Laien ist die Kirche, schon wegen der Unverrückbarkeit ihrer Baulichkeiten, eine einzige, ganze, zusammengefaßte Größe. Hier drängt die Kirche sich ein in die metaphysische Notlösung, die das Individuum sich mühselig genug und aus eigenen Kräften für den Fall seiner eigenen Vernichtung zusammenbasteln muß, und wem das nicht lästig ist, dem ist das eine Belästigung, mitten auf dem Bürgersteig. Wäre es da nicht besser, die Kirche verzichtete darauf, uns bei dieser

Amtshandlung mit der Ursache des Sterbens zu vermitteln, und beschränkte sich darauf, zwar nicht die Abgehenden, aber die anderen am Grabe bürgerlich zu trösten?

Es wäre nicht viel besser. Denn die Kirche hat ihren Anspruch als Sachwalterin des Lebens, des Schutzes von Leben, regelmäßig aufgegeben zugunsten der Geschäftsverbindung mit der jeweils regierenden Gewalt. Ihre Funktionäre kommen nach dem Ende des Krieges zusammen zu einem Stuttgarter Sühnebekenntnis und legen schriftlich nieder, sie hätten „nicht mutiger bekannt, nicht treuer gebetet, nicht brennender geliebt", was ins Gemeindeutsch und ins Positive übersetzt bedeutet, daß sie dem Hitler die Soldaten kampfesmutig gehalten haben mit ihrem Segen, und wenn da militärisches Gerät auf dem Kasernenhof stand, galt der Segen eben auch dafür, und für die Feldkriegsordnung. Und richtig, kaum waren ein paar Jährchen vergangen, da bestellten sie einen Bischof für die Militärseelsorge in der westdeutschen Bundeswehr, der heißt Hermann Kunst. 1959 hieß es noch nur, in theologischer Sprache, es sei eine „heute noch mögliche christliche Handlungsweise", „durch das Dasein von Atomwaffen einen Frieden in Freiheit zu sichern", durch das Dasein von Atomwaffen (8. Heidelberger These). 1969 führt Herr Kunst schon geheime Verhandlungen mit dem Militärministerium der Bundesrepublik und schränkt das Grundrecht auf Wehrdienstverweigerung insofern ein, als natürlich erst einmal der Bedarf an Soldaten gedeckt werden müsse und die Unwilligen bestraft werden sollen mit einem Arbeitsdienst auf längere Zeit, als die zum Töten bereiten Typen ihn ableisten müssen. Wenn hier eine Sorge um das Militär vorliegt, so richtet sie sich offenkundig auf etwas anderes als die Seele. Die Kirche will eben auch überleben und siegen mit dieser Armee. Sie mag nicht verzichten auf ihr Ansehen als Immobilienhändlerin, Wertpapiermaklerin, Dollarmilliardärin, Körperschaft des öffentlichen Rechts, indem sie das Bündnis mit dem Staat aufkündigte; lieber nimmt sie sich die Lizenz, ihren Angehörigen beim Sterben für diese Art des öffentlichen Rechts behilflich zu sein.

Und die abweisende Haltung der Kirche gegenüber der Armee der DDR beweist nicht etwa Tapferkeit, sondern daß sie da nicht erwünscht ist mit militärischer Seelsorge, unter anderem auch, weil sie immer noch nicht sich hat lösen können aus der traditionellen Frontstellung, wie sie im Währungsgebiet der Westmark fortgesetzt wird. Offenbar ist es ein Problem nur für die extravagante Theologie, wieso ihr heikler Begriff von „Freiheit" ausgerechnet mit der Freiheit des Kapitalismus zusammenfällt, statt mit dem Freiheitsbegriff der sozialistischen Idee; ein Laie wäre damit wohl überfordert. Allerdings, da die Kirche in der DDR unter dem Druck der gesellschaftlichen Umformungen eine Intensivierung ihres Gemeindelebens erfahren haben mag, werden wahrscheinlich auf der dortigen Seite prozentual mehr gläubige Christen fallen als auf dieser, wenn auch ohne Pfarrer im Felde. (Und es ist ein Argument nachzureichen, mit dem evangelische Vertreter dort einander den Rücken stärken: Die Partei wisse nichts gegen den Tod. Never say die.) Wie weit die Identifizierung der Kirche mit früheren Geschäftsfreunden gehen kann, zeigt ein Vorfall in der DDR im Jahre 1957. Da starb die neunzehnjährige Edeltraut Andersson in dem westmecklenburgischen Dorf Holthusen an Lungentuberkulose. Der Propst Maercker aus dem Kirchendorf Pampow verweigerte Besuche, als das Mädchen noch lebte, mit der Begründung, sie solle erst einmal den Konfirmationsunterricht nachholen, den sie wegen der „Jugendweihe" versäumt habe. Die Jugendweihe ist eine pseudoreligiöse

Einführung in den Vulgärmarxismus und die Pflichten des Staatsbürgers in Ostdeutschland. Entsprechend betrachtete der Rat der Evangelischen Kirche in Deutschland die Teilnahme an dieser Zeremonie als Absage, und als einen Grund für den Entzug der kirchlichen Rechte. Edeltraut Andersson war offenbar zu krank, um noch rasch den Konfirmationsunterricht nachzuholen, denn sie starb in diesem Oktober 1957. Propst Maercker erwischte sie aber doch noch, indem er ihr eine kirchliche Bestattung verweigerte. Der Vater Andersson war Mitglied der evangelischen Gemeinde, und der Friedhof wurde auch von seiner Kirchensteuer unterhalten. Der Propst verweigerte weiterhin die Aufbahrung der Tochter in der Friedhofskapelle des Kirchdorfs, mit der Begründung, Leichen dürften nicht an gottesdienstlichen Stätten liegen. Das wissen wir besser. Dann verweigerte Propst Maercker eine Aufbahrung, indem er sich auf seuchenhygienische Gründe berief, wegen der Lungenschwindsucht. Schließlich ließ er der Mutter durch den Totengräber eröffnen, daß das Mädchen nicht in der Reihe, sondern abseits am Zaun beigesetzt werden müsse. Damit hatte die Kirche sich endlich vergangen gegen eine Vorschrift für das Gebiet der mecklenburgischen Landeskirche von 1922, die die Armesünder-Ekken aufgehoben hatte. Das Mädchen wurde ordentlich begraben, denn nun griff die Staatsmacht ein und verhaftete diesen Diener der Kirche wegen Verstoßes gegen die verfassungsmäßig garantierte Gleichberechtigung der dortigen Bürger. Wieder ein Märtyrer der christlichen Kirche, nicht wahr? Und sogar der Kölner Kardinal Frings schrieb einen Brief an die Evangelische Kirche in Deutschland und erklärte sich mit ihr solidarisch im Fall Maercker, als müsse der Fall nicht Andersson heißen, nach einem Kind, dem der Sinn des Lebens materialistisch dargestellt worden war, nicht mit dem endlichen Triumph des Individuums im kapitalistischen Sinne, jenes angenommenen, durchschnittlichen, namenlosen Individuums, an dessen Beispiel die Kirche uns Nachholkurse bietet im Fortschritt des theologischen, philosophischen, soziologischen Jargons, an Hand der beliebten Frage: Wird das Individuum sterben? Das halte ich für die Frage eines Ausländers.

Vorderhand ist es in den meisten Fällen der Tod selbst, der seine Würde herstellt, und nicht die Kirche, so passende Dekorationen sie liefert. Meine Erfahrungen – und es steht Ihnen frei, mir ihre Verallgemeinerungen zu verbieten; es wird nicht möglich sein, sie mir wegzunehmen –, meine Erfahrungen mit Beerdigungen, die ich selbst besorgt habe, sind in der Tat nur meine Erfahrung. Der eine Pfarrer sagte bei der Vorbesprechung für seinen Auftritt am Sarg: Ja, wenn Sie eine Spende geben wollen? Der andere sagte: Wo denken Sie hin, uns für Beerdigungen bezahlen zu wollen! Dafür sind wir doch da.

Das mag ja sein.

1969

Beisetzung Giangiacomo Feltrinelli

28. März 1972

Mittags Verabschiedung durch einen Kollegen Feltrinellis am neuen Flughafen von Frankfurt: Beerdige vorsichtig! (Kann Amerikanisch, der Mann: BURY WITH CARE.)

In Mailand die Kreuzung der Straßen Romagnosi und Andegari, bei aller Enge, dicht besetzt durch Polizei und Militär in einzelnen Wachen, aufgesessen auch. Ein Verkehrspolizist, in dunkelblauer Uniform mit weißbeschirmtem Tschako, stellt eine zivile Aufsicht dar. Als ob es vor kurzem gebrannt hätte, oder es sei ein Angriff durch Fallschirmjäger vorhergesagt.

Das Institut geschlossen. Der Eingang zum Verlag bewacht von einem jungen Mädchen, das den Fremden mehrmals den Weg weist, und dann noch einmal (weil der eine nur Französisch spricht, womöglich). – Era niente, signori.

Das Haus Feltrinelli am hellen Nachmittag mit der ganzen Außentür zugestellt, jedoch die kleine zum Klappen nicht verschlossen. Die Hausmeisterei besetzt mit Pförtner, Kinderfrau, Dienstmädchen. Alle mögen erst gemeinsam erlauben, daß die Besucher in den vierten Stock dürfen. Die beiden Fahrstühle, noch aus den Anfängen der Erfindung, knarren vertraulich. In der Enge vor den Innenflügeln: Mi scusa. Dienerschaft, die ungebührlicher Weise vorangeht.

Wieder zu ebener Erde fällt die mannshohe Eichentür auf, die den großbürgerlichen Innenhof verteidigt. Mit Messern, mit Hämmern, durch Sprünge nicht leicht zu überwinden. Unverhofft dahinter der einstürzende Himmel, in der Enge bequem gelagert das letzte Modell von Citroën, elegant in seiner grauen Farbe, seinem durch Chauffeurs Pflege erhaltenen Neuzustand.

All diese Türen öffnet das Personal sehr gewandt, schließt sie rasch, wie der Herr es gewohnt war. Man kann einem Toten recht wohl bedienstet sein. Von außen sieht das Haus gleich wieder reglos aus. Militär und Polizei haben beobachtet, woher der Wagen kam, wohin er sich einordnet. Einer mit Gummiknüppel sähe die beiden fremden Insassen gern deutlicher.

(Eine Taktfrage: Geben die Gäste dem für solche Fahrt doch auch Angestellten ein Geld zum Trinken? – Im Zweifel ja. Gesprochen in verläßlich konservativem Ton.)

Die Stadt ist besetzt von Streitkräften. An strategischen Punkten, die fast ohne Ausnahme Bankportalen ähneln, stehen sie in Reihe, nicht stramm, den Gewehrlauf nach unten. Der kommandierende Offizier versucht jeweils um die Ecke zu sehen, dirigiert Verhalten der Mannschaft mit Fingerzeichen, kündigt Ereignisse an, mag eins nur ein Wagen mit einer gewissen Nummer sein.

Die Straße, die auf den Hauptfriedhof zuführt, ist in ihrer ganzen Länge mit dicht besetzten Transportwagen von Polizei und Militär bestellt. Die Polizei gibt sich mit Aufschriften zu erkennen, die anderen verweisen auf ihre Zugehörigkeit zur N.A.T.O. vermittels frisch gemalter Trikolore. Die Uniformierten halten Maschinenpistolen im Schoß, jedem lehnt am Knie ein plastenes Schutzschild, es sind Holzknüppel zu sehen, lockere oder verschnallte Kinnriemen, Offiziere mit Funksprechgeräten. Der „Corriere della Sera“ schreit in Ampelpausen von Kiosken her MILANO SUL CONTROLLO. Bis in den letzten Wortsinn hinein geben die Hubschrauber über dem Aufmarschgebiet der staatserhaltenden Zeitung recht.

Vor der Friedhofskapelle bestehen Leute in grauen Uniformen den ganzen Platz in Doppelreihe, Ehrenwache umgebaut in drohende Sperre, die wiederum von einem Zivilpolizisten angeleitet wird. Dies eine Auto winkt er auf den Platz ein, nachdem der Kommandeur die Meldung des Chauffeurs gebilligt hat: Sono compagni di Feltrinelli. Der Wagen darf die bewachte Fläche vollständig durchfahren, bis an den Bogengang der Kapelle.

(Der Chauffeur windet sich mit lang erübter Geschwindigkeit vom Sitz, um doch wenigstens eine Tür für Herrn öffnen zu können. Das Problem mit dem Geld fürs Trinken wird ordentlich und altfränkisch erledigt, in der Verbeugung ist das Schließen der Tür enthalten.)

Aus dem Innern der Kapelle schwankt ein steifes grünes Gebinde in den Bogengang, schräg vorwärts gehalten. Dem folgt, auf den Stufen schräg, der eichengelbe Sarg, in betonter Abweichung von der Form eines Kastens, mit wenigen Knubbenstummeln verziert. Sobald er wieder in Linie mit dem grünen Ding ist, heben fast alle schweigend die linke Hand als Faust. Die acht unter dem Sarg gehen langsam, das Gedränge steht noch still, dennoch scheint der Vorgang zu laufen, zu rennen.

Noch vor dem offenen Himmel hält der Sarg an. Hinter ihm wird so rasch ein freier Raum gerissen, als würden die Menschen abgesaugt. Vorangerissen wird auch die Witwe, als wehrte sie sich gegen die Männer an ihren Armen. Ein jetzt zerfetztes Gesicht, ohne Besinnung, der Mund wie zum Schreien offen.

Die Angehörigen sind eben hinter dem Sarg zum Stehen gekommen, schon befiehlt eine Stimme: Avanti. Das Stimmengemurmel ist inzwischen laut genug, dennoch bleiben Schritt des gärtnerischen Kunstwerks und des Sargs synchron beim Einschwenken in den Durchgang zum Gräberfeld. Zehn Meter hinter dem Sarg ist das nicht mehr zu schaffen, einmal wegen des nun von außen einsetzenden Menschendrucks, zum anderen, weil die Polizei mit Ketten Hand in Hand die Mittelsäule des Trauergefolges eingefangen hat. In den Schultern sieht man, wie Leute über die Schuhspitzen derer hinter ihnen stolpern.

Allmählich haben die verschiedenen Gruppen des Zuges sich auf die gleichen Takte und Worte der Internationale geeinigt. Der jugendliche Gesang ist getragen, betrübt, betulich; nicht energisch, nicht wütend. Trauergäste weiter vorn im Zug heben blind Fotoapparate über sich und versuchen den eigenen Hintergrund aufs Bild zu kriegen.

Weißes, ferienhaftes Vorsommerlicht. Staub kommt hoch.

Die Polizei sieht an den singenden Leuten vorbei. Es sind auch junge Kerle, und sie verstehen den Text; sie wüßten ihn nicht auf sich selber anzuwenden. Ihre Gesichter bleiben still, stumpf, wenden höchstens Neugier auf, als nach der Internationale der Schrei einsetzt

BORGHESIA! AS-SAS-SI-NA!

Den haben womöglich die marmornen Todesvillen ausgelöst, die mittlerweile den Weg säumen. Die Namen unterhalb der Simse sind die einzige Repräsentanz des mailänder Großbürgertums. Sind sie ferngeblieben aus Angst, so müßte es eine sein von der dümmlichen Art, denn die einmütig schreiende Masse bemerkt wohl das

Schweigen der Andersdenkenden oder Ausländer, ohne sie zu bedrohen. Der Tote war mit seinen kapitalistischen Kollegen nicht freund; erst haben sie ihn belächelt, nunmehr ächten sie ihn.

Ein Kollege anderer Art ist gekommen: Giulio Einaudi.

Fünf Meter entfernt, an der Fuß-Seite des Sarges, schlagen neun Stimmen vor: Bandiera rossa . . . Wenige Takte, und die Menge verspricht einander wehmütig: Facciamo revoluzione.

Als das gärtnerische Gebinde am Portal der Grabeshalle Feltrinelli angelangt ist, verharrt der Sarg. Es ist so still, man hört eine Kleinbürgerin (Hausnäherin, etc.) die Umstehenden bitten um mehr Atemraum für ihr Kind, ein achtjähriges Mädchen mit einem Sträußchen aus meist Osterglocken. Während der Sarg den Weg in das Gefängnis antritt, in diesem Ruck, kommt wie einstudiert die Anrede, das Gelöbnis

FELTRINELLI!
COMPAGNO!
E STATO!
AS-SAS-SINATO!
SARRAI — VENDICATO!

Wieder sind viele linke Arme mit Faust oben. Von den rechten bleiben viele in Brusthöhe, wo die Nikon ruht in der schützenden Armbeuge, unter recht aufmerksamem Zeigefinger in der Nähe des Auslösers. Sehr teure Maschinen, für die jugendlichen Trauergäste durch Ankauf kaum erschwinglich.

VIVA MASS!
VIVA LENIN!
VIVA MAO-TSE-TUNG!

Es sind auch Junge ohne Umweg von der Universität gekommen, halten Lehrbücher vor der Brust, ein Mädchen einen Kalender für das Jahr 1972.

Der Sarg wird in die Familiengruft gequetscht, behindert von den schwarzuniformierten Angestellten der Friedhofsverwaltung (schmutzig blaue Hemden, Kragen zerknüllt, verschmutzt). Die Polizeikette (die bei einem Einschnürungsversuch auch von jungen Händen, zivil gekleideten Kerlen im Oberschulalter, geflickt wurde) fädelt sich aus dem Gedränge weg, in Richtung Grufteingang. Wiederum wird die Bourgeoisie eine Meuchelmörderin genannt, Feltrinelli Rache versprochen; gelegentlich klappt einer nach. Immer von neuem das Klikken von Kameraverschlüssen. Endlich macht eine jener Hände in der Nähe des Eingangs, die sonst Sprechchöre mit Krümmung anforderten, abwinkende Bewegungen.

Für Unaufmerksame wird übersetzt: Shsht! Shsht!

Es spricht eine Abgeordnete der K.P.I., Onorevole, auch Autorin des Verlages Giangiacomo Feltrinelli. Aus acht Metern Entfernung sieht sie aus wie eine Bäuerin, die trösten kann wie sie Erbitterung verabfolgt. Eine Schwester könnte so reden. Sie wird mit dem Weinen nicht ganz fertig, und die Zuhörer nehmen sich immer mehr Schweigen an.

Applaus. Linke Fäuste. Sprechchöre.

Es spricht ein westberliner Verleger im Namen der anwesenden Verleger, Schriftsteller, etc., des Auslandes. Er macht es auf italienisch, indem er abliest von Stichworten auf Zetteln mit dem modischen Aufdruck DON'T FORGET in Rot. Der ist zu leise; an ihm probiert das Publikum seine Rechte aus: VOCE! Ungeduldige, verlegene Handbewegung.

Weniger Applaus. Keine linken Fäuste. Zum Füllen der Zeit einen der drei Sprechchöre.

In der Pause klettert ein Mädchen in Hosen, neunzehn oder einundzwanzig Jahre alt, einen toten Baum hinauf und richtet sich zwischen den abgesägten Aststümpfen ein. Sie will aber nicht besser sehen als andere, sie läßt sich ihre Kamera hochreichen, dann die Leinentasche mit den Filmen. Später wird sie auch Gefälligkeitsaufnahmen machen für einen ihr Fremden, der unten mit seinem Teleobjektiv nicht so recht zum Schuß kommt.

Es spricht jemand auf französisch. Es ist sein erster öffentlicher Auftritt, seit er mit dem Tode Che Guevaras zu tun hatte, und offenbar setzt er seine Berühmtheit voraus. Ostentativ kümmert er sich nicht um Rufe nach größerer Lautstärke, diagnostiziert und doziert vor sich hin. Da im Hintergrund auch noch ins Italienische übersetzt wird, kommt nicht viel durch. Das war eben irgend so ein Franzose. Anständig von ihm.

VIVA MARX.

VIVA LENIN.

VIVA MAO-TSE-TUNG.

BOR-GHE-SI-A . . .

Das Mädchen läßt sich vom Baum herunterhelfen. Die fremden jungen Herren fassen gern zu, und sie muß vielmals sagen: GRAZIE. Oh! Oh! GRAZIE!

Die Geräusche, die während der ganzen Zeit aus dem Inneren der Gruft zu hören waren, sind nicht mehr zu bemerken. Offenbar steht der Sarg nun fest und sicher bei denen der Familie (aus einer Pietät. Gegen den Wunsch des Toten, der anderswohin wollte als in dies Monument des Reichtums). Es werden die letzten Blumensträuße nach vorn weitergegeben. Nicht alle treffen genau durch die Türöffnung, fallen den Soldaten zu Füßen, werden zertreten (wie dem einen Fotografen, zur Rechten des Eingangs, ein ungeschickt zugeschleuderter Film). Eine von zwei roten Nelken schafft es noch.

In dem gelben Gesträuch rechts neben dem Eingang verfangen sich rote Blumen. Es scheint auch, als würden rote Bänder dort hinübergeschlungen.

Leute drängen nun schon rückwärts aus dem zu dicht bestandenen Gelände. Dabei merken einige, daß sie auf Grabsteinen gestanden haben.

Rechts vorn läßt ein junger Mann sich ein wenig anheben und fordert die Massen auf, den Toten auch zu lieben als einen Kommunisten, als einen . . . Für Ausländer schwer faßlich. Aus dem Hintergrund schreit ein einziges Wort dagegen. Die Antwort ist ganz von Heiserkeit zerkratzt, der Agitator versinkt wieder.

Die Angestellten der Friedhofsverwaltung schieben den linken Türflügel zuerst zu. Von innen ist noch einmal etwas zu hören: wie die Deckplatte über ihre Fassung gewuchtet wird, ungleich einsetzt, dann sauber absinkt. Die in den schwarzen Uniformen, fett, amtlich, blank im Gesicht, sind auch Sieger. Schließlich sind sie dienstlich am Werke.

Jedes Mal, wenn Einer nicht hinsieht, ist der linke Flügel ein wenig vorgeschoben. Es ist bereits die Verglasung zu erkennen. Auch der rechte Flügel hat sich erheblich bewegt.

Wer will, kann den Rauch von Zigarette in der Luft spüren (non si fuma nel cimitero).

Die Trauergäste versichern einander: nunmehr könne man gehen. (Giangiacomos Chauffeur sucht nach seinen beiden Schutzbefohlenen, den Fremdlingen.) Es heißt: jetzt komme nichts mehr; und dergleichen. Es klingt nicht ganz behaglich, weil vor dem Friedhof Militär und Polizei warten. Die Streitkräfte hätten am Ende gern über die Fahrübung hinaus ein mehr vollständiges Manöver.

Die Türflügel sind geschlossen. Der Direktor des Friedhofs, eleganter grauer Anzug, elegant geschnittene Beamtenhaare, verschließt die Tür nicht ohne Umstand, prüft nach, richtet sich auf, nimmt mit nachsichtigem Lächeln Abschied von der Versammlung. Fragt man ihn, so war er es, der die Sache erledigte.

Fragt man die Kommunisten, so war der Tote am Ende ein Kommunist.

Fragt man Kapital und Industrie, so war er nach wie vor einer der ihren.

Fragt man die Maoisten . . .

Immerhin die Jugend Mailands, nach wohlmeinender Schätzung zu zehn-, nach vorsichtigerer zu siebentausend anwesend, sie hat dem Toten versprochen: rächen werden sie ihn.

(Der Todesfall ist nicht aufgeklärt.)

Siebentausend. Sie werden dem Apparat der kapitalistischen Herrschaft nicht erliegen. Noch in zehn Jahren nicht werden sie Prämien zahlen für das erste oder ein zweites Kind, für sie wird es das bürgerliche Wohnen nicht geben, ein Leben als hätten wir Frieden, das nicht. In zehn Jahren muß man sie nur noch suchen, sie finden, sie an das Versprechen für Giangiacomo Feltrinelli erinnern.

Rächen werden sie ihn.

1972

Eine Reise nach Klagenfurt

Klagenfurt, Montag, 29. Oktober 1973

Außerdem ist sowieso jeder Nachruf zwangsläufig eine Indiskretion. (a)

Nachruf, gehalten am 4. November 1973 in der Akademie der Künste, Westberlin:

Ingeborg Bachmann, außerordentliches Mitglied der Abteilung Literatur seit 1961, lebte vom 25. Juni 1926 bis zum 17. Oktober 1973. Geboren ist sie in Klagenfurt, der Hauptstadt des österreichischen Bundeslandes Kärnten. Sie studierte, von 1945 bis 1950, Philosophie an den Universitäten Innsbruck, Graz und Wien. Sie wurde 1950 in Wien promoviert für eine Dissertation über „Die kritische Aufnahme der Existentialphilosophie Martin Heideggers". Sie arbeitete mit dem „Wiener Kreis", einer philosophischen Richtung, die versucht, ohne Benutzung der Metaphysik die erkenntnistheoretischen und logischen Grundlagen der Wissenschaft freizulegen. Von 1951 bis 1953 war sie angestellt bei der Sendergruppe Rot-Weiß-Rot. An späteren wissenschaftlichen Beschäftigungen sind vor allem zu nennen Beiträge zum Verständnis des Werkes von Ludwig Wittgenstein, Übersetzungen von Werken Sigmund Freuds ins Italienische und Beihilfen zur neuen Ansiedlung des Psychoanalytischen Instituts in Wien. Sie schrieb drei Libretti, alle für Opern von Hans

(a) Anmerkungen am Ende des Beitrags.

Werner Henze. Ihre literarischen Veröffentlichungen sind:

Die gestundete Zeit. Gedichte. 1953.
Anrufung des Großen Bären. Gedichte. 1956.
Zikaden. Hörspiel. 1955.
Der gute Gott von Manhattan. Hörspiel. 1958.
Das dreißigste Jahr. Erzählungen. 1961.
Malina. Roman. 1971.
Simultan. Erzählungen. 1972.
Übersetzungen von Gedichten Ungarettis,
Prosastücke wie „Was ich in Rom sah und hörte". In Rom lebte sie zwanzig Jahre lang, mit Unterbrechungen, so in Bayern, in England, der Schweiz, den USA, in Westberlin, in Frankreich, in Hessen, gelegentlich in Österreich. In Rom ist sie gestorben.

> *Das Ärgste ist, daß ich an der fixen Idee, nach Rom gehn zu wollen, selber schuld habe (. . .). (b)*

Aber Ingeborg Bachmann liegt nicht in Rom begraben. Ihr Grab ist in Klagenfurt.

> *Man müßte überhaupt ein Fremder sein, um einen Ort wie Kl[agenfurt] länger als eine Stunde erträglich zu finden (. . .). (c)*

„Der Präsident des Landesfremdenverkehrsverbandes, Karl Koffler, berichtete (bei der Vorstellung des neuen Winterprospektes, am 30. Oktober 1973) über seine Goodwilltour bei deutschen Reisegroßveranstaltern. Es seien von dieser Seite einige Anregungen gemacht worden, die bereits demnächst in der Kärntner Werbung ihren Niederschlag finden werden. Um was es sich konkret handelt, wurde allerdings noch geheimgehalten.

Kärnten hat sein Badeland-Image, das gepflegt werden müsse. Nun müsse nur noch ein Winter-Image gefunden werden. Die ‚heile Umwelt' in Kärnten könnte als Werbeaussage dienen, preisgünstige Familienarrangements müßten die Attraktivität Kärntens vervollständigen.

Das Preisgefüge bleibt Angelpunkt des Fremdenverkehrs auch in der kommenden Sommersaison. Im Vorjahr dürfte in Kärnten ein Preisplafond erreicht worden sein, für die kommende Sommersaison wurden keine neuen Preiserhöhungen bei den Ferienarrangements gemeldet.

Die bedeutendste Anregung aus Deutschland betrifft wohl die Preisgestaltung in der Vor- und Nachsaison: Bisher war es in Kärnten üblich, für die Vor- und Nachsaison Preisreduktionen von 10 oder höchstens 15 Prozent zu geben. Dies ist im Vergleich zu den Vor- und Nachsaisonangeboten in Italien und Jugoslawien lächerlich wenig. Man sollte nun eine ‚Zwischensaison' für Juni und die erste Septemberhälfte einführen, wo die bisherigen Vorsaison-Preisreduktionen angewandt werden könnten. In der tatsächlichen Vor- und Nachsaison sollten dann die Preise so kalkuliert werden, daß gerade die Kosten gedeckt sind. Dadurch könnte die Saison außerordentlich verlängert und die wirtschaftliche Gesamtnutzung der Fremdenverkehrsinvestitionen erhöht werden.

Allerdings müssen die Fremdenverkehrsgemeinden in einem umdenken: Das Unterhaltungs- und Betätigungsservice an den Vor- und Nachsaisongästen müsse verstärkt werden. Dafür könne man die Fülle der Veranstaltungen zur Hauptsaison ein wenig in die Vor- und Nachsaison verlagern."[1]

Außerdem ist unsere Provinz hier wirklich völlig ruiniert, den See habe ich schon vom Programm gestrichen, weil jeder Quadratmeter von Rhein-Ruhr-

Menschen okkupiert ist, die im billigen (!) „Sonnenland Kärnten" kostspielige Ferien verbringen, alles ist teuer und schlecht, und wer da auf wen hereingefallen ist, das stelle ich dahin. (c)

Auf den Übersichtskarten, die das italienische Ministero dei Transporti e dell'Aviazione Civile in den Wagen seiner Ferrovie dello Stato aushängt, ist Klagenfurt leicht festzustellen: rechts neben dem 14. Längengrad, im Norden.

Von Italien aus ist Klagenfurt direkt zu erreichen mit dem Italien-Österreich-Express von Siracusa in etwa 30 Stunden, mit dem Romulus-Express von Rom in ungefähr zehneinhalb Stunden.

Nach dem Sommerflugplan der Austrian Airlines (OS) landet in Klagenfurt täglich um 11:25 eine D.C.9 aus Frankfurt am Main, abgeflogen um 10:10 Uhr.[2]

Diese Angaben erfolgen ohne Gewähr. Sollten die westdeutschen Fluglotsen Ihnen eine Verspätung beschert haben, werden Sie vergeblich nach einem Bus suchen vor dem enormen Flughafengebäude, das am 11. September 1971 in Anwesenheit zahlreicher Würdenträger der Kärntner Flughafenbetriebsgesellschaft m.b.H. übergeben wurde: er bedient eine ländliche Linie, sein Fahrplan ist weniger antastbar.

Sie werden sich auf die Reise vorbereitet haben, etwa durch den Erwerb von Wertpapieren, die Sie, neben runden Ziffern, mit den Bildnissen von Carl Ritter von Ghega (1800–1860), Ferdinand Raimunds (1790–1836), Angelika Kauffmanns (1741–1807) und Bertha von Suttners (1843–1914) wenigstens in die Anfänge österreichischer Kulturgeschichte einzuführen versuchen. Bertha von Suttner zum Beispiel ist bekannt für das Verfassen eines zweibändigen Romans „Die Waffen nieder" (1889); 1892 inspirierte sie Alfred Nobel zur Stiftung eines Friedenspreises; 1905 erhielt sie ihn. Diese papiernen Scheine sind etwas unhandlich. Für Telefongespräche würden Sie Schillinge in Münzen benötigen.

Weniger gut wären Sie beraten durch jene Prospekte, wie das Landesfremdenverkehrsamt Kärnten (A-9010 Klagenfurt, Alter Platz 15) oder dessen Werbestelle für die BRD (D-4358 Haltern/Westf., Rekumerstraße 11) sie ausgibt. „So schön ist Kärnten" unterrichtet Sie über Möglichkeiten von Segeln, Rudern, Wasserski, über architektonische, landschaftliche, gastronomische Genüsse und solche der lokalen Bekleidungsindustrie, jedoch scheint ausgeschlossen, daß hier jemand begraben wird. „Klagenfurt/Wörthersee" bietet Ihnen zusätzlich städtische Ansichten und den Anblick jenes viermotorigen Propellerflugzeuges, das die Austrian Airlines früher benutzten, zwar ist im inneren Blatt die Lage der Stadt in einem Tal zwischen Bergen und am See zeichnerisch angedeutet, jedoch fügt es sich, daß just eine Bergkuppe Ihnen den Blick auf das Gesuchte verstellen muß. Zu empfehlen ist „Klagenfurt/die Gartenstadt am Wörthersee", da dieser Prospekt auf der Rückseite einen Straßenplan enthält, auf der vorderen ein Hotelverzeichnis und noch eine Darstellung der Landschaft von demselben E. Kucher. Hier erblicken Sie jenen Maria Saaler Berg im Norden, aber wiederum ist zu einer Undeutlichkeit zugestrichelt, was ihm zu Füßen liegt, und ebenso unterdrückt der instruktive Stadtplan die Annahme, es könnte hier irgendwo ein Friedhof sein.

Jemand ist auf die Idee gekommen, den Flugplatz neben den Friedhof zu legen, und die Leute in K[lagenfurt] meinten, es sei günstig für die Beerdigung der Piloten, die eine Zeitlang Übungsflüge machten. Die Piloten taten niemand den Gefallen, abzustürzen. (d)

Wer aber das Wort *neben* nicht so wörtlich nimmt, da er auch vorbereitet ist auf ein *Niemandsland* zwischen *Friedhof und Flugplatz*, fährt im Taxi, ehe er sich's versieht, schon entlang an einem weißlichen langen Gebäude, muß vielleicht warten vor den Doppelschranken bei der Station Annabichl, der Strecke Klagenfurt – St. Veit an der Glan, gewinnt die Richtung nach Süden, die St. Veiter Straße, kann mit einer ersten Besichtigung der Stadt beginnen, wird rechts das Landeskrankenhaus neu bemerken und die berühmten Gebäude und Bildmale bloß nach den Prospekten wieder erkennen, bis er am Bahnhof abgesetzt wird, wo er ebensogut hätte ankommen können, auf dem Walther-von-der-Vogelweide-Platz. Inzwischen wird er ahnen, daß die Bahnhofstraße um ein weniges zu lang ist und will, daß ein Fußgänger sich die Stadt erst einmal verdient; daß in der Stadt hingegen ihn des öfteren die Frage erwartet, ob dieser Platz, jenes Palais, welche Kirche denn nun am besten gelungen sei, welche Wortwahl zumindest offene Vorsätze andeutet.

> *Man müßte überhaupt ein Fremder sein, um einen Ort wie Kl[agenfurt] länger als eine Stunde erträglich zu finden, oder immer hier leben (. . .). (c)*

Die Stadt Klagenfurt (Stadt mit eigenem Statut) umfaßt, seit der letzten Eingemeindung vom 1. Januar 1973, als die Bürgermeister von Klagenfurt und St. Veit einander auf dem *Ulrichsberg mit seinen Rübenfeldern, Lärchen und Fichten* als neue Nachbarn die Hände drückten:

die Stadtbezirke I – XII,

mit den Katastralgemeinden

Blasendorf
Ehrental
Goritschen
Grossbuch
Grossponfeld
Gurlitsch I
Hallegg
Hörtendorf
Klagenfurt
Kleinbuch
Kleinponfeld
Lendorf
Marolla
Nagra
Neudorf
Pubersdorf
St. Martin
St. Peter
St. Peter am Karlsberg
St. Peter bei Tentschach
St. Ruprecht
Stein
Tentschach
Waidmannsdorf
Waltendorf
Welzenegg

und den Ortschaften

Amelsbichl
Bach
Berg
Dellach
Ehrenbichl
Emmersdorf
Faning
Görtschach
Gottesbichl
Grossbuch
Gutendorf
Hallegg
Hörtendorf
Kleinbuch
Limmersdorf
Lippitz
Mörtschen
Nagra
Nessendorf
Pitzelstätten
Polkeritsch
Ponfeld
Poppichl
Retschach
St. Jakob an der Straße
St. Martin
St. Peter am Bichl
Seltenheim
Stegendorf
Schönfeld
Tentschach
Trettnig
Tultschnigg
Weißenbach
Winklern
Worounz.

Die Stadt Klagenfurt befindet sich 445 Meter über dem Meere (auf dem Neuen Platz).

Ihre Fläche umfaßt 122,11 Quadratkilometer.

Sie zählt neuerdings 83,872 Einwohner.

Sie besitzt eine Wörthersee-Schiffahrt, die auf der Strecke Klagenfurt–Velden verkehrt.

An Wochentagen wird allgemeiner Markt auf dem Benediktinerplatz gehalten.

Der Wochenmarkt wird gehalten an jedem Donnerstag und Samstag auf dem Benediktinerplatz. Der Markt in der Kanaltaler Siedlung findet statt an jedem Mittwoch und Samstag. Jeden Donnerstag ist Viehmarkt auf dem Schlachthofgelände.

Regelmäßiger Zugverkehr. (Bahnsteig I und II.)[3]

> *Man müßte überhaupt ein Fremder sein, um einen Ort wie Kl[agenfurt] länger als eine Stunde erträglich zu finden, oder immer hier leben, vor allem dürfte man nicht (. . .) auch noch wiederkommen. (c)*

Inzwischen werden Sie nicht nur ein Hotelquartier sondern auch im Bahnhof einen Stadtplan erworben haben, einen brauchbaren, herausgegeben 1963 vom Stadtbauamt Klagenfurt, Vermessungsabteilung, sogar ein Maßstab ist angegeben, 1:12,500, mit einem Strichnetz, in dem das einzelne Feld 500 Meter andeutet. Eine Friedhofstraße gibt es im Verzeichnis der Straßen, aber wo sie nach seinen Angaben dargestellt sein sollte im Plan, steht das Wort Flughafenstraße. Sie werden die Entfernung bis zum Zentralfriedhof Annabichl auf etwa 5 Kilometer schätzen, die Stadtwerke Klagenfurt berechnen die Strecke auf 4,7 Kilometer; vor Ihnen steht der Bus A, Hauptbahnhof-Annabichl, die Fahrt kostet 4 Schilling und dauert 20 Minuten.

Annabichl werden Sie nicht nur als Endhaltestelle erkennen, denn im Aussteigen bereits geraten Sie vor reichhaltige Assortiments ziergärtnerischer Produkte. Im Norden des Wendeplatzes, rechts von der Straße in Richtung Wien, bemerken Sie ein Etablissement, das Dürnsteiner Flohaxn anbietet, desgleichen Fremdenzimmer. Rechts daneben ein Wirtshausgarten, das Café Blumenstöckl, eine Blumenhandlung im Umbau, diese mit zwei Anleitungen in Lebenskunst:

BETRETEN DER BAUSTELLE VERBOTEN.
WÄHREND DES UMBAUS GEHT DER VERKAUF WEITER.

Sie haben Zeit, dies nachzuprüfen, denn über der nach Osten führenden Flughafen-(nicht Friedhof-)Straße sind abermals die Doppelschranken niedergelassen, wie zu erwarten bei einer werktäglichen Durchfahrt von 35 Zügen nach Wien oder Villach, die Gütertransporte nicht gerechnet, alles übrigens auf einem Gleis. Rechts von Ihnen die Haltestelle Klagenfurt–Annabichl der Ö.B.B. Links voraus die Städtische Friedhofsgärtnerei, eine schulterhohe Mauer und das längliche weiße Gebäude, das Ihnen bekannt ist. Die Fenster zur Straße sehen weder verhängt noch zugestrichen aus. An den Seiten ist der Bau bezeichnet als LEICHENHALLEN. Der Torpfosten verspricht Ihnen einen

GARTEN DER RUHE

GEÖFFNET
April – Oktober 6 h – 20 h
November – März 8 h – 17 h.

Die gewünschte Auskunft bekommen Sie im Büro der Friedhofsverwaltung: Es ist Feld XXV, Klasse I, in der Reihe 3 die Nummer 16. Sie werden gebeten, den

Hauptweg zu benutzen, bis zum Hauptkreuz, sich dann rechts zu wenden und wieder links Stufen hinauf.

Es kann sein, daß Ihnen Totendiener begegnen, Leute mit barettähnlichen Mützen, in schwarzen Kutten mit einem Umhang über der Brust. Vielleicht bemerken Sie am Hauptweg links, daß das Feld III beginnt mit der Gedenkensanlage

DEN OPFERN FÜR EIN
1 1
9 9
3 4
8 5
FREIES ÖSTERREICH,

vor der eine blecherne Bank für Kerzen aufgestellt ist. Das Hauptkreuz zeigt tatsächlich eine gekreuzigte Figur in schlichter Ausführung, rechts daneben sind geringfügige Stufen. Sie betreten das Feld XXV. Sie sind da.

Eine Klasse fällt Ihnen kaum auf. Eine dritte Reihe können Sie feststellen. Das Grab Nummer 16 finden Sie nach Umständen. Wenn der Sarg am 25. Oktober beigesetzt wurde, dürfen Sie vier Tage später noch kein Schild erwarten. Ein Abschreiten der Reihe drei nach dem Maß der belegten Stellen hilft Ihnen die Stelle im unbelegten Rasen nicht gleich finden. Sie werden sich entschließen müssen zu dem frisch aufgeworfenen Hügel unter den neueren Kränzen, in ungefähr südlicher Richtung angelegt, links von vier Birkengruppen.

Nicht weit davon, am nördlichen Rand des Gräberparks, steht am schütter durchwachsenen Maschendraht eine Bank, von der aus das Grab gut zu betrachten ist. Hinter Ihnen eine Bauernwirtschaft, zu Terndorf gehörig, im späten Sonnenlicht die wiesigen Hänge des Maria Saaler Berges, oberhalb nicht gänzlich ohne Dunst.

Non si fuma nel cimitero?

Der Kranz des Landeshauptmanns von Kärnten, links, trägt auf seiner Schleife die Farben Gelb/Rot/Weiß. Das Amt der Kärntner Landesregierung, vertreten durch sein Kulturreferat, zuvorderst: dunkelrote Schleife. Rot/Weiß/Rot, rechts hinten: Der Bundesminister für Unterricht und Kunst. (Auch bekannt als eine Sendergruppe.) Weiter vorn mit Grün/Weiß/Rot: Der Bürgermeister der Landeshauptstadt. Dazwischen eine lockere Abdeckung des Hügels aus Blumen, meist Nelken, mit nadligem Gestrüpp, auch kleineren Tannengebinden. Vorn rechts vier Kerzen aus weißlichem Material, nicht ganz ausgebrannt. Die Gebinde verstecken die Erde nicht ganz. Es ist gut zu sehen, daß sie schwere rundliche Steine enthält. Der ausgehobene Boden ist in diesem Jahr schon einmal gefroren gewesen.

vor allem dürfte man nicht hier aufgewachsen sein und ich sein und dann auch noch wiederkommen. (c)

Klagenfurt

Eines Tages ziehen die Kinder um in die Henselstraße. In ein Haus ohne Hausherr, in eine Siedlung, die unter Hypotheken zahm und engherzig ausgekrochen ist. Sie wohnen zwei Straßen weit von der Beethovenstraße, in der alle Häuser geräumig und zentralgeheizt sind, und eine Straße weit von der Radetzkystraße, durch die, elektrischrot und großmäulig, die Straßenbahn fährt. Sie sind Besitzer eines Gartens geworden, in dem vorne Rosen gepflanzt werden und hinten kleine Apfelbäume und Ribiselsträucher. Die Bäume sind nicht größer als sie selber, und sie sollen miteinander groß werden. (d)

Ein Weg zur Schule von unterhalb des Kreuzbergls. Der lohnt die Straßenbahn nicht: heute der Bus P hält ab Beethovenplatz noch drei Male und ist da. Vom *Laubengang* durch die Karner- oder die Lerchenfeld- auf die Radetzkystraße, dem Anschein nach auf einen Kirchturm zu. *Die Kinder wissen nicht, wieviel es geschlagen hat, denn die Uhr auf der Stadtpfarrkirche ist stehengeblieben.* Die Häuser der Radetzkystraße sehen nicht aus wie in der Gründerzeit gebaut; der Schulweg ging ein paar Jahre lang zwischen Ruinen hindurch. Solche Bomben fallen manchmal mitten auf den Fahrdamm, auf den Gehsteig. Noch nicht. Über den nach Villach benannten Ring, der zusammen mit dem von St. Veit und Völkermarkt und Viktring die Innenstadt zusammenhält. Hier lagen einst die Wälle der Festung Klagenfurt, jedoch als die Gründer drankamen, wünschten sie etwas in der Art der wiener Ringstraßen. Dabei sprang um 1904 ein Stadtpark ab, nun rechts des Weges, aber 1905 mußte Friedrich Schiller noch einmal sterben, so heißt die Anlage denn nun nach der ihm gepflanzten Eiche. Die auf der linken, welchen Namen konnte sie dann noch bekommen als den Wolfgang Goethes? Lauter Ausländer. Der nächste Park, gleich im Norden anschließend, sollte nunmehr einem Musiker *und* Österreicher gewidmet sein, Schubert hieß der. Da geht es nicht entlang. Es geht vorbei am Künstlerheim, dem Sitz des Kunstvereins für Kärnten, 1914 gestiftet von Seiner k. u. k. Apostolischen Majestät Franz Joseph I. unter Mitwirkung des Adels und Akademischer Künstler, da lernt man schon unterwegs, wie die Kunst wohnt. Rechts, zwischen den Lärchen Schillers, ist schon die Rückseite der Schule zu sehen, wenigstens die Hofmauer; erst einmal steht links das Stadthaus, in dem heute die Abteilung Kultur lebt mit, ganz recht, den Luftschutzakten Klagenfurts. Noch nicht. Unverhofft sind Sie doch nicht auf den Turm der Stadtpfarrkirche zugegangen, sondern entgegen einem Platz, angestochen von zu vielen Straßen, unverläßlich umbaut, an den Theaterplatz. *An schönen Oktobertagen kann man, von der Radetzkystraße kommend, neben dem Stadttheater eine Baumgruppe in der Sonne sehen. Der erste Baum, der vor jenen dunkelroten Kirschbäumen steht, die keine Früchte bringen, ist so entflammt vom Herbst, ein so unmäßiger goldner Fleck, daß er aussieht, als wäre er eine Fackel, die ein Engel fallen gelassen hat. Und nun brennt er, und Herbstwind und Frost können ihn nicht zum Erlöschen bringen.* Was für ein Stadttheater. Jugendstil? Nämlich, 1908 regierte der zuständige Monarch (seinen Namen sollt ihr nicht erfahren) im 60. Jahr, so ehrte die Gemeinde sich in ihm, und 1910 war es fertig. Der Kenner denkt, er steht in Gießen an der Lahn! Es war eben eine spezialisierte Firma, diese Fellner & Helmer aus Wien, dies wurde bereits ihr 49. Kunstwerk, mit ungarischen Farben im Dach, denn bestimmt war es ursprünglich für Osijek (inzwischen gar nicht mehr ungarisch). Die unter der Sonne blitzenden Farben werfen dem Betrachter Gold ins Auge, er blickt sich wund, REGIERVNGSJAHR steht da zwischen den Wappen; so lernt man Latein und ist noch gar nicht in der Schule. Jetzt aber nimmt der Bürgersteig die Schritte sanft und stramm in eine rechtswärtige Biegung, das tun viele Straßen so nicht, Ursulinengasse heißt sie nun, und ehe Einer sich's versieht, bekommt das ockerfarbene Gemäuer ein falsches Rundportal, dann ein echtes, und wer jetzt die rechte Hand ausstreckt, ist schon in der Schule. Das war einmal ein Mädchenrealgymnasium, das erste seiner Art in Kärnten, 1929 als Privatschule gegründet, vom Konvent der Ursulinen.

So steht es auf einer Urkunde, die an der Ecke der Jergitsch- und Koschatstraße in einen Grundstein eingemauert ist, nicht weit von hier, aber ganz woanders. Die Ursulinen meinen, das sei 1928 gewesen. Es kann ihnen nicht darauf ankommen. Sie sind schon seit dem 20. April 1670 in Klagenfurt. Anfangs unterhielten sie ihre Schulen im Ursenbeck'schen Haus (der Mitgift einer Novizin) in der hochadligen Herrengasse gegenüber, 1694 hatten sie genug Geld für ein eigenes Konventsgebäude neben der Heiligengeistkirche, der Kärntner Adel half einzeln und als Löbliche Landschaft im ganzen. 1688 kauften die Ursulinen einen Bauplatz vom Grafen Rosenberg hinzu, 1690 verloren sie Reparaturkosten an einem Erdbeben, 1728 brannten sie ganz allein ab. (1723 brannte fast die ganze Stadt ab, aber als das Feuer ins Kloster wollte, drehte der Wind und schmiß einen Platzregen auf die schon rauchenden Dächer.) Im 19. Jahrhundert war es Zeit zum Aufstocken, 1900 mußten sie ein ganzes Schulhaus neu errichten lassen, so daß ihr Areal endlich zusammenhing und am Heiligengeistplatz eine Länge aufwies von 85 Metern und nahezu selber die Ursulinengasse darstellte mit dort 180 Metern. 1670 gingen fünfzig Mädchen zu ihnen in die Schule,

1690: 300
1824: 800
1838: 1000,

da gab es in ganz Klagenfurt nicht einmal das Zehnfache an Einwohnern. Die Ursulinen wollten Kinder im Catechismo unterweisen, auch „wass einen Christen Zu wissen obliget“, die „Dienstmagden undt Einfältige Weiber“ am freien Tag versorgen mit der Christlichen Lehr, dann neben der Elementarschule richteten sie eine Hauptschule ein, ab 1856 bildeten sie Lehrerinnen aus, ein Haus für Waisenkinder unterhielten sie, 1900 bekamen sie das Öffentlichkeitsrecht, sie hatten zu tun. Aber man ließ sie nicht in Ruhe. Sie wurden gestört bisweilen. Feuersbrunst. Erdbeben. Nach einem ungarischen Aufstand, wer mußte da Sippenhaft ausüben an einem elfjährigen Mädchen? Die Ursulinen von Klagenfurt. Kaiserliche Sondersteuern für die österreichische Rüstungspolitik. Nach der glorreichen Befreiung Wiens von den Türken im Jahre 1683 eine Vorschreibung von 9800 Talern für das Ursulinenkloster Kl. Die Kriege der Maria Theresia kamen abermals teuer; bei einer Durchreise gab die Dame nicht mehr als 100 Dukaten zurück, als Spende. Unter der französischen Besetzung im Jahr 1809 wurden sie erst die Kirche los und dann alles; drei Monate Asyl in Gurk. Im Krieg 1914/1918 mußten sie ein Militärspital aufnehmen.[4] Am 15. März 1938, zur Zeit des Mittagessens, stellte ein davongelaufener Landsmann sich hin in Wien und meldete den Eintritt seiner Heimat in das Deutsche Reich. „Deutschland und sein neues Glied": so sagte er. Die Ursulinen gehörten nun dem neuen Reich. Die Schülerinnen auch. Noch nicht. Noch nicht. Die Straßenfront des Gebäudekomplexes wird gerade in einer elfenbeinernen Farbe renoviert. Sind die Haken noch zu sehen, an denen einst die Oberleitung der elektrischen Straßenbahn befestigt war? Doch, einer ist noch zu sehen.

Solch ein Schulweg kann neunzehn Minuten dauern. Auch einundzwanzig, und darüber. Aber ihn in zwei Minuten zu schaffen, zu Fuß ist es ganz unmöglich.

(Die Kinder) lernen Französisch. Madeleine est une petite fille. Elle est à la fenêtre. Elle regarde la rue. (d)

Carinthia abounds in forests. The sun shines often in this province. It has Klagenfurt as its capital. The city is distinguished by fine wide streets and an airport. The cemetery is outside. We are proud of a cloth and leather industry. Please change these sentences by using the progressive participle. Die Klassenräume für die jüngeren Kinder sind im ersten und zweiten Stockwerk. Wer nicht aufpaßt, kann hinaussehen auf die Rückseite von Kirche und Konvent, auf die Bäume in den Höfen und die Jahreszeiten. Wieviel ist 83,849 durch 6,8 Millionen? Die Klassenzimmer sind ausgelegt mit schlichtem Parkett, im steinernen Fußboden der Gänge sind die Nähte zu erkennen zwischen den gewölbigen und den neuzeitlichen Bauteilen der Schule, die Striche vergehen nicht unter den Schuhsohlen. Kärnten wurde 976 ein deutsches Reichsherzogtum, damit ist es vorbei. Auf den Pausenhof geht es über viele Treppen hinab und hinauf, da stehen zwei untersetzte Apfelbäume, kugelig. Die Henselstraße ehrt das Andenken von Friedrich Hensel, im Alter von 25 Jahren, am 17. Mai 1809, kam er zu Tode als Kommandant der Festung Malborghet, weil eine Übermacht französischer Truppen unter dem Befehl des Vizekönigs von Italien das Fort unter Beschuß nahm. Manche der Ursulinen tragen einen weißen Kittel, manche die schwarze Kutte, alle die schwarze Haube; Gottverbundenheit und Hingabe an die Jugend sind die beiden Pole, um die das Leben der Ursuline kreist. Ein protestantisches Kind jedoch bekommt seine geistliche Unterweisung separat. Von daher kommt es nach Hause mit eines Mörders *Schatten, den die Bäume in der Dämmerung werfen.* Ab Mitte Februar 1672 bewahrten die Ursulinen ein damals elfjähriges Mädchen auf, das durfte mit niemand sprechen, weil sein Vater, der Banus von Kroatien, für sein Komplott gegen Habsburg mit einer Enthauptung nicht genug bestraft war; ihr Sarg steht in der Gruft unter dem Langhaus der Heiligengeistkirche, bei der leisesten Erschütterung zerfiele er zu Staub. En Austriche les boites à lettres publiques sont peintes en jaune.

Die Kinder wissen nicht, wieviel es geschlagen hat, denn die Uhr auf der Stadtpfarrkirche ist stehengeblieben. Sie kommen immer zu spät von der Schule heim. (d)

Kinder, die die Schule schwänzen möchten, brauchen nur geradeaus zu gehen, wie abgeschossen von der Richtung, schon sind sie auf der anderen Seite der Ursulinengasse. Durch die Theatergasse ist es nicht weit bis zur Stadtpfarrkirche. Hier haben die Klagenfurter bis 1776 ihre Toten begraben, danach nur noch bei einer Strafe von zwölf Dukaten. Von den alten Grabdenkmälern sind einige in die Kirchenmauern von St. Egyd eingelassen. 1622 klagt das Ehepaar Grimming von Stall, es seien ihm sechs Kinder „bald nacheinand tot fürworden"; sechs Särge stehen auf dem Stein in einer Reihe, nach rechts abfallend, perspektivisch. Von 1610 ist der Stein der Catarina Pacobello, die ist als kleines Mädchen gestorben. Das ist alles lange her, Annabichl liegt weit entfernt und gehört nicht einmal zur Stadt. Es genügt auch, bloß auf der anderen Seite der Ursulinengasse zu bleiben. Dorthin können die Lehrerinnen der Oberstufe blicken über den Rand des Milchglases, aber auch ihnen ist es ja nicht gestattet. Hier steht, gerade gegenüber dem Schuleingang, ein Sockel mit der Büste von Franz Josef Reichsgraf von Enzenberg, 1747–1821, unten liegt sein mit Dornen umwundenes Wappen. In Regierungsdiensten von Klagenfurt und Venedig, ein Schutz und Schirm den Bürgern gegen die maßlosen Franzosen, wirkte er als Schriftsteller und Dichter unter dem Pseudonym Gerbennez. Wer wird es einem schulfreien Kind verwehren, das Landhaus auch einmal vom Hof her anzusehen, es ist so gut wie Unterricht. Die Burg und Kanzlei der Kärntner Landstände, das Hufeisen mit den Türmen, die Arkadienstiegen, die Arkadiengalerie, der

Brunnen. Von außen? Renaissance. Eine Zwei ins Buch! Die Wiesbadener Straße ist fast schon aus dem Blickwinkel der Schule, deren Name ist in Geschichte vielleicht nicht vorgekommen, da hilft eine schwere Tafel nach mit den Jahreszahlen 1920 und 1930 zwischen zwei Wappen und dem Text in Fraktur: Die Stadt Wiesbaden / im Jahre der Rheinlandbefreiung / der Stadt Klagenfurt / zum Gedenken an die Volksabstimmung. Das kriegen wir später. Dann kommt schon der Neue Platz mit dem Rathaus und dem Lindwurmbrunnen. *Der heilige Georg steht auf dem Neuen Platz, steht mit der Keule, und erschlägt den Lindwurm nicht.* In Wahrheit zwar waren es Fischer, die erbauten einen Hochsitz am Rande des Lindwurmsumpfes vor der Stadt und köderten das Tier mit einem fetten Bullen an einem mächtigen Widerhaken und schlugen es tot. Von hier gibt es kein Zurück mehr in die zweite Schulstunde. Nun bleiben nur noch die kleinen Gassen, und wenn sie krumm sind, waren sie schon da im Mittelalter.

Wenn die Reifeprüfung der 8. Klasse 1944 abgehalten wurde, begann die dritte Klasse 1938. Da war es nicht mehr das Mädchengymnasium der Ursulinen.

> *Es ist kein Geld im Haus. Keine Münze fällt mehr ins Sparschwein. Vor Kindern spricht man nur in Andeutungen. Sie können nicht erraten, daß das Land im Begriff ist, sich zu verkaufen und den Himmel dazu, an dem alle ziehen, bis er zerreißt und ein schwarzes Loch freigibt. (d)*

Geheime Kommandosache. Der Oberste Befehlshaber der Wehrmacht. OKW. L I A Nr. 427/38. Betr.: Unternehmen Otto.

Die „Klagenfurter Zeitung“ vom Dienstag, dem 15. März 1938, im 163. Jahrgang, Nummer 61, meldete unter dem Titel eine „Heimkehr Österreichs ins Mutterland“, vorgefallen am 13. März. Die Schlagzeile ist flankiert von zwei Kreuzen mit rechtwinklig angesetzten Balken. Die Unterbrechung zwischen Kreuzenden und Balken ist deutlich auszumachen und läßt Behelfsarbeit in der Setzerei vermuten, jedenfalls noch nicht ein gegossenes Zeichen. Auch steht das Symbol entgegen den Ritualvorschriften hier noch platt auf einem unteren Balken. Die Meldungen der ersten Seite:

In der Nacht auf Samstag 3 Uhr seien Panzerabteilungen und Kraftfahrkolonnen in Wien eingetroffen. Begrüßung des ersten Transportzuges auf dem Matzleinsdorfer Güterbahnhof.

5:22 Uhr Grenzübertritt deutscher Truppen in Oberösterreich
5:45 Uhr Übertritt bei Sallbrücken
5:52 Uhr reichsdeutsche Tanks in Salzburg
9:00 Uhr reichsdeutsche Truppen in Kufstein
10:00 Uhr reichsdeutsche Truppen in Salzburg
10:00 Uhr reichsdeutsches Kraftfahrregiment in Scharnitz,
kurz darauf (der Reporter ermüdet sichtlich):
reichsdeutsche Truppen in Bregenz und Innsbruck.

Es war nicht eigens die Rede davon, daß dies gerade die 8. Armee war. Womöglich galt schon als militärisches Geheimnis, daß die Reichsdeutschen ungenügend vorbereitet waren für das Chauffieren in einem Lande, wo links gefahren wurde, daß sie dadurch und durch die Entleerung öffentlicher Tankstellen an vielen Orten ein Verkehrschaos organisierten. Es gab Tote. Von fast allen Fahrzeugen blieben welche liegen: Panzerkampfwagen, Panzerspähwagen, Lastkraftwagen, Personenkraftwagen, Motorräder, Sonderkraftfahrzeuge, Zugkraftwagen,

Mannschaftswagen. Auch der österreichischen Lager von Bauxit, jenes für den Flugzeugbau so nützlichen Rohstoffs, wurde nicht Erwähnung getan. Vielleicht war dies einer Redaktion in Klagenfurt nicht zugänglich. Andernfalls begann auch auf solche Weise schon die verschworene, die verschwiegene Waffenbrüderschaft.

Um so detaillierter wurde eine andere Art Nachrichten traktiert. Die Klagenfurter Zeitung vom selben Tag meldete, was sie beim örtlichen Polizeikommissariat habe erfahren können: Die folgenden politischen Häftlinge befänden sich im Polizeigefangenenhause:

FRANZ KOMATZ	KARL HENHAPL
KARL KRUMPL	EMMERICH PERNEGGER
ALOIS KARISCH	GABRIEL WALDHAUSER
FELIX HURDES	GEORG SIMETSBERGER
FRITZ KRÖGLER	SILVESTER LEER
BRUNO KRISTLER	F. MIKLAUTZ
HANS GROSSAUER	THOM. WEISS
ROSA ORISCHNIG	FRANZ STEINER
VALENTIN ORISCHNIG	HEINRICH LAUER
ANTON HAFNER	HUGO SCHWENDENWEIN
FRANZ MITTERDORFER	KARL SCHUSCHNIG
ADOLF TASCHLER	PETER SCHLOIF
JOSEF HÖCHTEL	FRANZ PUGANIGG
IGNAZ TSCHURTSCHENTHALER	HERMANN LIESTOCQ
ALOIS KROBATH	OTTO ZHUBER
HUBERT PETZ	RUDOLF HAJEK
HEINRICH GALLHUBER	FRITZ WOLDRICH
THOMAS BÜRGER	ALBIN SWETLICH
FERDINAND GRAF	ALOIS HALLER
JOSEF JARITZ	KARL OLIVOTTO
JOSEF MÜLLER	JOSEF NOWAK
FRANZ MÜLLER-STROBL	LEONHARD KUTTNIG

In Wien sei der Bürgermeister in Schutzhaft genommen, höhere Beamte der Staatspolizei, darunter ein Hofrat; Dr. Gleissner (der Landeshauptmann von Oberösterreich) sei aus Wien verschwunden. Beim Bundespolizeikommissariat Villach seien die Kriminalbeamten Gross und Grundschnig enthoben, desgleichen die Sicherheitsbeamten Enko, Pingist und Grailer.

Das reichte bei weitem nicht. Die dringenden öffentlichen Bedürfnisse waren nicht einmal fürs erste gestillt. Es fehlte noch etwas.

„Was sich in Klagenfurt seit Samstag an Begeisterung abspielte, läßt sich nur mit dem Freudentaumel nach der Volksabstimmung vergleichen. Am Nachmittag des Samstags schon standen die Leute dichtgedrängt auf dem Neuen Platz, der übrigens in der Zwischenzeit zum Adolf-Hitler-Platz umgetauft wurde, um auf den Einmarsch der deutschen Truppen zu warten. Stunden um Stunden standen sie da, um endlich zu erfahren, daß Samstag noch keine Truppen kommen würden. Doch immer wieder wußten Ankommende zu sagen, daß die Truppen doch, gegen Mitternacht, zu erwarten seien, und so harrte die Masse geduldig bis in die späteren Nachtstunden, sich mit dem Absingen deutscher Lieder und Sprechchören die Zeit vertreibend.

Der Sonntagvormittag sah die gleiche Masse wieder geduldig der Ankunft der deutschen Truppen harrend. Auf dem Hitler-Platz erfolgte gegen Mittag ein Aufzug aller militanten Formationen der NSDAP., der auch gefilmt wurde.

Um 11 Uhr endlich verlautbarte man im Rundfunk die Ankunft von deutschen Fliegern. Gleich darauf wälzte sich eine ungeheure Menge zum Flugfeld, um den Ankommenden herzliche Willkommensgrüße zu entbieten. Es trafen dann nach und nach dreißig Flugzeuge ein, deren Insassen von dem Gauleiter der NSDAP., vom Landeshauptmann und vom Bürgermeister begeistert begrüßt wurden.

Der Fackelzug.

Um 8 Uhr abends veranstalteten die gesamte Garnison von Klagenfurt sowie Gendarmerie und Polizei einen imposanten Fackelzug durch die reichbeflaggte Stadt. Die Teilnehmer sammelten sich in der Gasometergasse und zogen durch die Bahnhofstraße vor das Gebäude der Landeshauptmannschaft. Hier brachte die Kapelle des Infanterie-Regiments Nr. 7 dem Gauleiter der NSDAP. ein Ständchen, wobei sie das Deutschland-Lied und das Horst-Wessel-Lied spielte, die von Teilnehmern und Zuschauern mitgesungen wurden. Unter Sprechchören und dem brausenden Jubel der Zehntausende zählenden Zuschauermenge nahm der Fackelzug, dessen Ende durch die *ehemaligen illegalen SS.–Leute* der Klagenfurter Bundespolizei gebildet wurde, den Weg weiter durch die Bahnhofstraße und Burggasse auf den Adolf-Hitler-Platz, wo die einzelnen Formationen Aufstellung nahmen. Die Offiziere der Garnison Klagenfurt begaben sich nun vor das hellerleuchtete Rathaus, wo sie sich mit den deutschen Fliegeroffizieren vereinigten. Gemeinsam mit den deutschen Fliegertruppen erfolgte hier der Abmarsch durch die Sternallee, Pernhartgasse, von der über den Adolf-Hitler-Platz und durch die Karfreitstraße vor die Jesuitenkaserne. Hier erfolgte sodann die Auflösung des Fackelzuges. Der Jubel, den die Menschenmassen den Teilnehmern am Fackelzug entgegenbrachten, zeigte neben der allgemeinen Begeisterung für die Ereignisse der letzten Tage auch die innere Verbundenheit des Volkes mit seiner strammen Wehrmacht.“[5]

Ja. Aber auf dem Flughafen von Graz war schon am 13. März um 12:18 Uhr eine deutsche JU 52 mit dem Kennzeichen D-APOW gelandet. Als in Deutschland Heldengedenktag war. Um 12:18. Schon am 13. März. In Graz-Thalerhof. Nicht in Klagenfurt.

Hait måch i main Hund a Fraid:
eerst hau i ihn recht, nåchher heer i
auf. (e)

„Um etwa 1 Uhr nachts trafen in Klagenfurt mehrere Lastkraftwagen mit deutscher *Schupo* in Klagenfurt ein, die sich jedoch nicht weiter aufhielten, sondern mit unbekanntem Ziel weiterfuhren.“[5]

Es war kein Abschied für immer, oder für lange. Am 16. März waren sie schon in einer Stärke von tausend Mann in Klagenfurt stationiert. Anläßlich einer Parade dankte der Chef der Schutzpolizeitruppe für die überaus herzliche Begrüßung durch die Klagenfurter Bevölkerung mit der Versicherung: Die Deutschen Schutzpolizeitruppen fühlten sich schon nach wenigen Stunden Klagenfurt wie zu Hause in Deutschland. Liebe Menschen und herrliches Landschaftsbild machten den Aufenthalt in der Landeshauptstadt zu einem Erlebnis; leider werde die Zeit zu kurz sein, um alle Naturschönheiten Kärntens bewundern zu können.[7] Die Bevölkerung bewunderte vornehmlich die disziplinierte Frontausgleichung und den stramm langgestreckten Stechschritt.

„Bald wird hinter jedem tätigen und untätigen Österreicher ein Preuße stehen, und er wird mit bitter treffendem Tadel nicht sparen, wenn es irgendwo hapert.“[8]

Es hat einen bestimmten Moment gegeben, der hat meine Kindheit zertrümmert. Der Einmarsch von Hitlers Truppen in Klagenfurt. Es war etwas so

Entsetzliches, daß mit diesem Tag meine Erinnerung anfängt: durch einen zu frühen Schmerz, wie ich ihn in dieser Stärke vielleicht später überhaupt nie mehr hatte. Natürlich habe ich das alles nicht verstanden in dem Sinne, in dem es ein Erwachsener verstehen würde. Aber diese ungeheure Brutalität, die spürbar war, dieses Brüllen, Singen und Marschieren – das Aufkommen meiner ersten Todesangst. (f)

Die bewaffnete Truppe war da, die Schupo war angekommen, die S.S. hatte ihre Stellungen bezogen: nun noch „Klagenfurt in Erwartung des Führers"? Stand dies in der allmächtigen Vorsehung? War es vorstellbar?

Das Gerücht regte zumindest das Straßenbild Klagenfurts seit Montag auf. In den Geschäften für Fahnen und Wimpel wurde so gedrängt, daß von Zeit zu Zeit die Sachen mit dem Hakenkreuz ausgingen. Immer neue Fuhren mit Tann und Fichtenreisig kamen in die Stadt, allenthalben angeblich waren Frauen und Mädchen damit beschäftigt, Girlanden anzufertigen. Wenn einer nicht wußte, wie er sein Haus oder seine gemieteten Fenster nach deutscher Ordnung schmückt, konnte er sich im Alten Rathaus, 2. Stock, Tür 8-9, beraten lassen. Vorläufig waren überhaupt nur Hakenkreuz- und Kärntner Fahnen zur Hissung zugelassen; verboten waren die ehemaligen Staatsfarben Österreichs und die Fahnen der ehemaligen österreichischen Front; gewarnt wurde ferner vor dem Anbringen von Hakenkreuzen auf den kärntner Fahnen. Das Ziel war ein „einheitlich geschlossenes" Straßenbild: es galt als nicht angängig, daß neben langen Fahnen ganz kurze gehißt wurden. Wettbewerb der Stockwerksbewohner war, weil geschmacklos, zu unterlassen. „Volksgenossen stehen in einer Richtung und überbieten sich nur im Arbeitseifer." Den bezüglichen Anordnungen der Amtswalter der Partei war sofort Folge zu leisten. Lampions, Kerzen, Vasen und ähnlicher Kitsch waren von den Fenstern zu entfernen. Besondere Vorsicht bei der Anbringung von Kranzgebinden! Keine Juden in der Rechtspflege. Es komme vor, daß Abteilungen oder Dienststellen ohne vorherige Weisung Privatautos anfordern. „Dies ist sofort einzustellen, da sonst die S.S. gegen jede Übertretung auf das schärfste vorgehen wird."[9] Das Tragen von Hakenkreuzen und Parteiabzeichen ist deutschen Volksgenossen vorbehalten und hat jeder Andersrassige, der Hakenkreuze tragen sollte, Unannehmlichkeiten zu gewärtigen. Mittwochs Aufmarsch des N.S.B. vor der klagenfurter Arbeiterkammer. 7000 Kundgebungsteilnehmer angetreten! 9000! Der N.S.B. übernimmt mit der Kammer die Angestelltenkrankenkasse, die Landeskrankenkasse, die landwirtschaftliche Krankenkasse und die Landwirtschaftliche Versicherungsanstalt. Die Reichsmark gilt neben dem Schilling, 1 RM = 1 Schilling 50 Groschen. Begeisterte Kundgebungen der Arbeiterschaft. Absingen des Zuhälterliedes. Zum ersten Mal gemeinsamer Marsch mit der Unternehmerschaft. Ansprache des Landeshauptmanns Wladimir von Pawlikowski an die Arbeiter: „Ohne euch hätte Kärnten diesen Tag nicht erleben können, denn keine Regierung und kein Staat kann leben ohne seine Arbeiter. Dies wußte auch unser geliebter Führer, der, selbst aus dem Arbeiterkreis stammend, von allem Anfang an die Arbeiterschaft auf seinen Weg mit sich nahm."[7] Nochmalige Absingung der Zwillingshymnen. Vor Begeisterung tosende Menge löst sich auf dem Kardinalplatz auf. 36 mit Lautsprechern ausgestattete Autos der Gaufilmstellen Berlin, Magdeburg-Anhalt, Baden, Düsseldorf und Thüringen fuhren durch die Kramergasse auf den Adolf-Hitler-Platz. Aus den Wagen wurden kleine Hakenkreuzfähnchen verteilt. Erster Wagen bringt Gruß des Rheins an die Donau! „Nur allmählich zerstreuen sich die riesigen Menschenmassen, die frohbewegte Stimmung jedoch hielt bis in die späten Nachtstunden an. Der nächtliche Bummel auf dem Adolf-Hitler-Platz bot ein interessantes Bild insofern, als zwischen heimischer Bevölkerung und der Schutzpolizei eine herzliche Allianz geschaffen wurde, wie sie eben nur durch gleiche Gesinnung zustande kommen kann."[7] Achtung! Aufruf! Die Deutsche Kärntner Frauenhilfe Klagenfurt bittet dringend um alkoholfreies Getränk sowie um Lebensmittel zur Bewirtung der Leibstandarte unseres Führers. Vor Alkohol wird gewarnt! Abzugeben in der Westschule, in der Küche, Erdgeschoß.

Was aber, wenn er nicht kam?

War jener je in Klagenfurt?

Diese Frage erregt in Klagenfurt am 30. Oktober 1973 kaum Unwillen, ob sie nun Straßenpassanten, auf Parkbänken, im Hof des Landeskrankenhauses oder Eisenbahnern beim Bier gestellt wird. Sie scheint nicht zu gelten als taktlos, zudringlich oder provokativ; auch mag ein ausländischer Zungenschlag sie entschuldigen. An diesem Dienstag traf sie auf ein historisches Interesse, das mit privatem vermischt war.

Eine hochbetagte Dame, sehr freundlich, ohne geringste Bedenkzeit: das wisse sie auf den Tag genau. Am 20. Juli 1938 wars.

Andere Auskünfte:

Ja, er war hier. Aber er ist durchgefahren.

Ach was, ausgestiegen ist er! Incognito!

Im Krieg mal. Da bin ich auf dem Bahnhof von Kripo durchsucht worden, nicht durchgelassen worden! 1943 war ich verwundet, da – nein, da wars nicht.

Auch am 16. März war es noch für lange Zeit nicht deutlich. Es konnte einem erscheinen, als sei dies Alles gewesen. Als komme nun nichts mehr. Der Zeitung saß das Hakenkreuz inzwischen dauerhaft in der Titelmitte, und zwar vorschriftsmäßig schief aufgestellt. In der Zeitung stand: Die Aufhebung der Zollgrenze mit dem Deutschen Reich. Die Verordnung zur Durchführung der Wiedervereinigung des Landes Österreich mit dem Reich (von Hitler selbst erlassen!). Am Dienstag, dem 22. März, erträgt der Verlag der Klagenfurter Zeitung es nicht mehr, daß der Völkische Beobachter (Ausgabe Wien) den Mißbrauch des Hakenkreuzes „mit ironischer Schärfe" angeprangert hat, entfernt das indische Fruchtbarkeitssymbol aus ihrem Titel und lehnt dessen Verwendung bei Inseraten ab. Am 1. April wurde der erste Transport von Österreichern ins Konzentrationslager Dachau überführt: Hundertfünfzig, alle gezählt. Am Ende mochte H. durch vorzeitige Reisen in Österreich nicht jene Volksabstimmung vom 10. April beeinflussen, der er schon im März so wirksamen Respekt bezeugt hatte. Vielleicht kam er nie nach Klagenfurt.

Den Mitarbeitern der Hochschule für Bildungswissenschaften (vormals Studienbibliothek) in der klagenfurter Kaufmann-Gasse darf man solche Frage nicht stellen, es sei denn, es werde eine prompte Auskunft gewünscht, mag deswegen der Dienstbetrieb durch bibliophile Diskussionen ein wenig aufgehalten werden. Schon beim dritten Mal bringt der Aufzug das Gewünschte: Dienstag, den 5. April 1938.

Um 9 Uhr verläßt Adolf Hitler das Parkhotel zu Graz und begibt sich zu seinem Sonderzug nach Klagenfurt. Während der viereinhalbstündigen Fahrt durch die Berge Steiermarks und Kärntens wird der klagenfurter Höhepunkt vorbereitet: in allen durchfahrenen Bahnhöfen sind die Bahnsteige dicht bestellt mit jubelnden Menschen, angeblich auch „aus den entlegensten Gebirgsdörfern zur Straße des Führers herbeigeeilt", um ihm zu danken.[10] Noch kurz vor 14 Uhr war der Bahnhof Klagenfurt erfüllt von dem Jubel der Verehrer, die mit Sonderzügen anderer Art angekommen waren. Um 14 Uhr tritt die schlagartige Ruhe ein: Adolf Hitler betritt einen Bahnsteig in Klagenfurt. Erster Händedruck mit S.S.-Obergruppenführer Lorenz, danach Begrüßung der übrigen Würdenträger. Auf dem Bahnhofsvorplatz Abschreiten österreichischer Infanterie, der Ehrenkompanie des bayrischen Jägerbataillons, der Ehrenkompanie der Luftwaffe, einer Hundertschaft Schutzpolizei, der Ehrenkompanie der Leibstandarte. Brausender Beifall von allen Seiten der dicht gedrängten Bevölkerung. Abfahrt zum eigenen Platz. Die Bahnhofstraße soll keinen Fleck gehabt haben, der nicht rot war von Hakenkreuzfahnen, alle Fenster dicht besetzt, vielfaches militärisches und ziviles (mehrstöckiges) Spalier. Vor dem Rathaus steht dann das kleine klagenfurter Mädchen in Landestracht mit Tränen in den Augen. Händedruck.

Im Rathaus erwarten den Besucher unter verbündeten Funktionären auch der Senior der evangelischen Geistlichkeit, Herr Pechel, und der Fürstbischof, Herr Dr. Hefter. Adolf Hitler begrüßt den Fürstbischof beim Eintritt mit herzlichen Manieren. Der Fürstbischof tritt vor und dankt dem Führer und Reichskanzler dafür, daß er wieder Glück in das Land bringe. Weiterhin spricht der Fürstbischof die Überzeugung aus, daß nun der Friede auch in Österreich wieder einziehe.[10]

Der Bürgermeister bittet den „Einiger aller Deutschen", die Ehrenbürgerschaft von Klagenfurt anzunehmen und seinen Namen als erster in das goldene Buch der Ehrenbürger einzutragen. Der Geehrte lehnt nicht ab und hält eine Rede. Von draußen die Sprechchöre der Bürger von Klagenfurt und Kärnten, denen es zu lange dauert und die ihren Führer sehen wollen. Vom Neuen Rathaus bis zum Hotel Sandwirt in der Pernhartgasse sind es wenige Schritte. Der Reichskanzler legt diese im Automobil zurück. Während er das Hotel betritt, stimmt die vierzig Reihen tief gestaffelte Menschenmenge das Deutschlandlied an. Das Hotel ist von S.S. umstellt.

Hofer, Andreas, Führer der Tiroler im Volkskampf von 1809, geboren am 22. November 1767 im Gasthaus „Am Sand" bei St. Leonhard im Passeiertal, am 20. Februar 1810 im Italienischen von den Franzosen exekutiert. Innsbruck, ich muß dich lassen, zu Mantua in Banden, Freiheitskämpfer, Sandwirt.

Gegenüber dem Hotel im kalten Schatten stehen Bewohner des Gailtals und singen das Kärntner Heimatlied. In den Bäumen sitzende Kinder rufen immer wieder sehr laut „Hitler", worauf jedes Mal die Menge einfällt mit „Heil". Zweimal folgt der Ausgerufene und tritt auf den mit goldenem Lorbeer geschmückten Balkon.

Zwischen präsentierten Gewehren verläßt er das niedrige Haus und betritt den Wagen, der auf dem roten Läufer vor dem Eingang vorgefahren ist. Abfahrt zur Kundgebung. Da die Straßen eng sind, brechen sich die Heilrufe an den Häuserwänden. Im Eingang der Messehalle steht ein kleines Mädchen in blauem Kleid und weißer Seidenschleife und überreicht dem Ortsfremden einen Strauß roter Nelken, welchen er mit Rührung entgegennimmt.

Die Reden wurden von einer Kanzel herab gehalten, über der ein goldener Adler angebracht war. Die Reden wurden von Sprechchören unterbrochen (Wir danken . . ., Ein Volk, ein Reich . . ., Sieg . . ., etc.). Hitler führte unter anderem etwas zur Volksabstimmung aus: es werde keine Wahl sein, es werde eine Wallfahrt sein.[10]

„In den Abendstunden bot die Stadt ein noch nie gesehenes Bild. Zu Zehntausenden zogen die Volksgenossen aus dem ganzen Lande durch die Straßen. Viele Tausende trugen die uralten Trachten des Landes. Gesang und Lachen, Musik und begeistertes Erzählen überall, das war das Bild eines frohen, glücklichen Volkes. Am Abend scharte sich eine zu Tausenden zählende Menge um das Hotel Sandwirt, die in Sprechchören das Erscheinen des Führers erbat. Der Führer trat immer wieder auf den Balkon oder an ein Fenster und dann war des Jubels kein Ende."[10]

Uralte Trachten (in Auswahl):

Große schwarze Hüte, weiß-rot-grüne oder rote Leibgürtel, Reindlhüte, kurze Faltenröcke, gestärkte weiße Hauben (Glantal, Rosental, Gailtal, Lavanttal).

Trachten der slowenischen Minorität.

Bleiberger Bergleute mit blau/gelb gestreifter Fahne.

S.A.-Uniform der Verbotszeit.

Bürgergarde von St. Veit: Purpurrote Leibröcke, weiße Hosen, schwarze Stulpenstiefel.

Kärntner Kreuz Erster Klasse (graues Eisen).

Auf den Straßen ziehen Kolonnen von Marschierenden. Die Fahnen schlagen über den Köpfen zusammen. „... bis alles in Scherben fällt", so wird gesungen draußen. (d)

Da war des Jubels kein Ende.

Am 19. Juli 1938, an einem Mittwoch abends traf der Reichsminister Pg. Dr. Goebbels in Klagenfurt ein. In einer Rede versprach er: „Wir nehmen dieses Kärntner Volk und Land ganz fest und treu an unser deutsches Herz."[11] Obwohl dieser nicht viel länger als eine Stunde in der Stadt blieb, konnten ihm im Landhaushof die folgenden Gesangs- und Tanzstücke zu Gehör gebracht werden:

„Diandle, tief drunt' im Tal"

Der „Rosentaler Steirische"

„Der Deutsche" (aus der slowenischen Gemeinde Mieger, aber mit echt germanischen Ausdrucksformen)

„Kein schöner Land".

Am 24. Juli 1938, einem Sonntag, verkündete der „Stellvertreter des Führers", Rudolf Hess, in Klagenfurt vermittels eines Staatsaktes die Errichtung eines Mahnmals für die „schicksalsschweren Julitage des Jahres 1934" in Klagenfurt. Das Gaupropagandaamt hatte eigens an die Bevölkerung appelliert, Rudolf Hess nicht mit Blumen zu bewerfen (wegen der Gefahr von Verletzungen).[11]

Da mochte nun eines Tages Krems a. d. Donau sich hinstellen und behaupten, es sei immer „eine Hochburg des nationalsozialistischen Gedankens" gewesen. Hatte Krems solche Besucher gehabt, und in solcher Menge? (Mochten sie auch nicht direkt von Berlin, sondern von Graz hergekommen sein.) Und überhaupt, wo lag Krems an der Donau? Klagenfurt hingegen war „die südöstlichste Gauhauptstadt, die südlichste Grenzstadt des Großdeutschen Reiches"!

Die Volksabstimmung, von Hitler erweitert auf seine Handlungen und den Zustand des Reiches, blieb keineswegs vergessen. Pünktlich am 10. April, ordentlich war sie durchgezogen worden.

Stimmberechtigt waren	4,484,000 Österreicher
Für Hitler stimmten	4,453,000 Nazis
Ungültig stimmten	5,776 Österreicher
Gegen das Reich stimmten	11,929 Österreicher.[12]

1938 auch kamen die Toten Klagenfurts zurück in die Stadt. Annabichl samt dem Friedhof wurde eingemeindet. Ein anderer Zug, forsch, schlagartig eben, die reichsdeutsche Kommunalpolitik.

Eingemeindet wurde 1938 weiterhin das Mädchenrealgymnasium der Ursulinen. Für die Eltern, die nicht begreifen konnten, was die Kinder für Geschichten von der

Schule nach Hause brachten, gab es, gerade noch rechtzeitig, öffentliche Unterweisung. In der Klagenfurter Zeitung wurde am 9. August aus Wien mitgeteilt, was „Nationalsozialistischer Staat und Schule“ bedeuteten. Die großdeutsche Pädagogik berief sich auf Maria Theresias „Allgemeine Schulordnung“ vom 6. Dezember 1774, sowie auf die von Kaiser Franz II. erlassene „Politische Verfassung der deutschen Schule in den k. u. k. deutschen Erblanden“ sowie auf das österreichische Reichsvolksschulgesetz vom 14. Mai 1869 und leitete aus dieser Tradition einen staatlichen Vorrang der Jugenderziehung her. Die daneben bestehenden religiösen, privaten und Koedukationsschulen werden angeprangert als eine „Freizügigkeit“, die Kastenschulen hervorgebracht habe, entsprechend den Schranken, welche Unterschiede der Herkunft, des Standes und der Konfession durch das Volk zogen. Solche Unterschiede kenne der Nationalsozialismus nicht, also entspreche ihm eine Schule, die für alle gemeinsam sei. „Durch die gemeinsame Schule soll das ganze deutsche Volk zu einem einheitlichen Ganzen geformt werden, zu einem kraftvollen, lebensbejahenden, in sich geschlossenen Volkskörper, der alle Schicksalsproben bestehen wird, denen er unterworfen werden mag.“ Die neuen Erzieher sollen durch die nationalsozialistische Lehrerbildungsanstalt gegangen sein und gleichzeitig in den Formationen der Partei und der Wehrmacht ihren Pflichten gegenüber dem Volke genügt haben. Nach Punkt 20 des Parteiprogramms wird das Öffentlichkeitsrecht den staatlichen Schulen vorbehalten.[13] Eine „allgemeine Bildung“ wird abgelehnt. Die zusammengefaßte Aufgabe der Schule bestehe darin, im „Verein mit den Erziehungsmächten des Volkes, aber mit den ihr eigentümlichen Erziehungsmitteln, den nationalsozialistischen Menschen zu formen.“[14] Die Schule blieb im Haus der Ursulinen, aber es war ihnen genommen wie das Recht zum Unterricht. Mit dem neu eingesetzten Lehrkörper wurde sie ab Herbst 1938 nach dem reichsdeutschen Lehrplan geführt als Staatliche Oberschule für Mädchen. *Mein altes Gymnasium* war gestohlen.

> *Stadt mit dem Viktringer Ring und St. Veiter Ring . . . Alle Ringstraßen sollen genannt sein mit ihren Namen wie die großen Sternstraßen, die auch nicht größer waren für Kinder, und alle Gassen, die Burggasse und die Getreidegasse, ja, so hießen sie, die Paradeisergasse, die Plätze nicht zu vergessen, der Heuplatz und der Heilige-Geist-Platz, damit hier alles genannt ist, ein für allemal, damit alle Plätze genannt sind. (d)*

Nach dem reichsdeutschen Lehrplan mußten die Kinder auch ein Klagenfurt lernen, wie sie es nicht gekannt hatten:

Arnold Riese-Straße wurde damals Arnoldstraße

Ausstellungsstraße	Maulbeerallee
Benediktinerplatz	Platz der S.A.
Paulitschstraße	Egger-Lienz-Weg
Schloßstraße	Eichengasse
Feldgasse	Hans Sachs-Straße
Dollfußplatz	Feuerwehrplatz
Dollfußstraße	Ramsauerstraße
Dollfußstraße	Adolf Hitler-Straße
Fischlstraße	Georg Weber-Straße
Südliche Grabengasse	Geyerschütt
Ignaz Seipel-Straße	Griesgasse
Viktringer Gürtel	Schönererstraße
Heiligengeistplatz	Platz der Saarpfalz
Heinrich Heine-Gasse	ich weiß nicht/was soll es/bedeuten

Esperantogasse	Dr. Herrmann-Gasse
Heuplatz	Otto Planetta-Platz
Ignaz Seipel-Straße	Palmgasse
Florian Gröger-Straße	Peter Wunderlich-Straße
Mühlgasse	Papiermühlgasse
Kardinalplatz	Stuttgarter Platz
Hauptplatz	Hermann Göring-Platz
Kolpinggasse	Karl Meinhardt-Gasse
Obstplatz	Flensburger Platz
Karl Marx-Straße	Holzweberstraße
Neugasse	Memelgasse
Neuer Platz	das hatten wir schon
Priesterhausgasse	Krefelder Straße
Fürst Starhemberg-Straße	Nibelungen-Straße
Sternallee-Gasse	Heldenplatz
Theaterplatz	Max Seunik-Platz
Viktringer Ring	Hubert Klausener-Ring
12. November-Straße	Leo Schlageter-Straße
Hauptstraße	(ab 1944) Heydrichstraße
Villacher Ring	(ab 1944) Dr. Todt-Ring.

Die Friedensgasse konnte so bleiben, da ihr Name zurückging auf bloße Phantasie und keinen Anlaß sonst. Aber die Ursulinengasse, an der die Schule stand, hieß nun Langemarckstraße.[15]

Am Freitag, dem 5. August 1938, war in den Vormittagsstunden im Rainerhof in der Kramergasse ein Dachstuhlbrand ausgebrochen, der an Gerümpel reichlich Nahrung fand, Ursache des Feuers unbekannt. „Wer von den Lesern dieser Nachricht oder den Zuschauern selbst hat wohl dabei an die Brandschutzvorkehrungen des Selbstschutzes im zivilen Luftschutz gedacht? Wer hat daran gedacht, daß ähnliches morgen schon bei seinem Dachboden geschehen könnte? Kaum einer! Und doch ist der Gedanke so naheliegend. Da wird immer noch von Volksgenossen genörgelt und gemeckert, Luftschutz wäre Kriegsvorbereitung, Luftschutz wäre nicht so wichtig, usw. Luftschutz ist nicht nur Schutz dann, wenn Fliegerangriffe unsere Stadt bedrohen, sondern hilft jetzt schon, große Werte dem Volksvermögen zu erhalten. Die von Besserwissern vorgebrachten Einwände, daß wir ja noch keine Schutzräume, keine Gasmasken und ähnliche Dinge mehr hätten, sind in keiner Weise stichhaltig. Wir wollen uns erst mal gedanklich mit der Idee des Luftschutzes vertraut machen (. . .) Der Brand im Rainerhof war eine Mahnung an alle Volksgenossen."[13]

Krieg? Kultur!

„Nach der Operette von Franz Grothe ‚Ein bißchen Komödie' hat die Polski-Tobis unter der Regie von Karl Boese nach dem Drehbuch von P. E. Lüthge einen polnisch-deutschen Gemeinschaftsfilm geschaffen, der jetzt unter dem Titel ‚Abenteuer in Warschau' im Stadttheater-Tonkino läuft. Die gefeierte polnische Sängerin und Schauspielerin Jadwiga Janowska (Jadwiga Kenda) ist ihrem Theaterdirektor Stanislaus Bilinski, der sich mit seinem Ensemble auf einer Gastspielreise in Südamerika befand, durchgebrannt, hat den Gesandtschaftsrat Henry de Fontana (Paul Klinger) heimlich geheiratet und sich auf die Hochzeitsreise nach Paris begeben. Exzellenz Bernardo de Rossi, Gesandter in Warschau (Georg Alexander), der Vorgesetzte Fontanas und heimliche Verehrer Jadwigas, weiß nichts von dieser Verbindung. Jadwiga muß noch einmal (. . .)."[13]

Krieg? Nicht in Sicht!

Zwar stellten am Donnerstag, dem 1. September 1938, „Die Freien Stimmen", das „Kärntner Tagblatt" und die „Klagenfurter Zeitung" ihr Erscheinen ein und wurden übergeben an den „Kärntner Grenzruf, Amtliche Tageszeitung der N.S.D.A.P. Kärnten". Die 1. Nummer im

1. Jahrgang vom gleichen Datum dick mit loyalen Anzeigen gestopft. Da saß zwischen den beiden Worten des Titels nun wieder der Adler auf einem mit Lorbeer oder Eichenlaub umkränzten Hakenkreuz.

Wenn dreien was weggenommen wird, und ein vierter kriegt es, das ist doch nicht Krieg.

Krieg? Kultur!

In der Reihe „Österreichdeutsche Schriften" des Verlages Eugen Diederichs Jena waren 1938 angekündigt oder lieferbar, je Titel zu 90 Pfennig oder 1.67 Schilling (bei Kunstdruckbeigaben zu RM 1.20, S 2.24) die folgenden Hefte:

CARL VON BARDOLFF, Deutschösterreichisches Soldatentum im Weltkrieg

BRUNO BREHM, Wien, Die Grenzstadt im deutschen Osten

HEINRICH VON SRBIK, Die Schicksalsstunde des Alten Reiches

FELIX KRAUS, Der Deutsche im Alpenraum

GERHARD NEUMANN, Saint Germain

KARL GIANNONI, Das Erbe in Denkmal und Landschaft

HANS KLOEPFER, Bergbauern

E. VON GLAISE-HORSTENAU, Conrad von Hötzendorf

KARL BAUER, Die deutsche Turnbewegung

WILHELM DEUTSCH, Aus gesamtdeutscher Vergangenheit

JOSEPH KALLBRUNNER, Österreich im deutschen Südosten

EGBERT MANNLICHER, Österreich im deutschen Rechtsraum

Geeignet für Kinder von 12 Jahren an?

Wie konnte von Krieg die Rede sein, wenn Adolf Hitler so übermütig seinen 50. Geburtstag zum Feiern freigab, so öffentlich? In Klagenfurt war der Vormittag des Festtages, des 20. April 1939, den Veranstaltungen der

Wehrmacht vorbehalten. Um 7 Uhr *marschierte* der *Musikzug* des *Gebirgsjägerregiments* 139 mit *klingendem Spiel* durch die Straßen. Um 11 Uhr *marschierten* östlich der Westschule sämtliche *Truppenteile* des *Standortes* Klagenfurt zu einer *großen Parade* auf. Nach der *Ansprache des Standortältesten Abmarsch der Truppenteile* zum Adolf-Hitler-Platz, dort *Vorbeimarsch* am Standortältesten. Haus neben Haus stand in verschwenderischem Girlanden- und *Fahnenschmuck*, der allerdings am späten Mittwochnachmittag hatte abgeschlossen sein müssen. Im Rahmen des Schaufensterwettbewerbs waren der Verwendung der Zahl 50 keine Weisungen entgegengestanden. Die Truppenbesichtigungen, die der Jubilar am 17. April in St. Pölten, Krems, Stockerau und Strebersdorf abgehalten hatte, waren ihm doch wohl als Veranstaltungen der Vorfreude zu gönnen. *Musik! Gesang!* Nörgelnde, meckernde Volksgenossen.

> *Diese Kinder! / Sie fiebern, sie erbrechen sich, haben Schüttelfrost, Angina, Keuchhusten, Masern, Scharlach, sie sind in der Krise, sind aufgegeben, sie hängen zwischen Tod und Leben, und eines Tages liegen sie fühllos und morsch da, mit neuen Gedanken über alles. Man sagt ihnen, daß der Krieg ausgebrochen ist. (d)*

Endlich auch gab es die Volksgasmasken, das Stück zu fünf Reichsmark.

> *Noch einige Winter lang, bis die Bomben sein Eis hochjagen, kann man auf dem Teich unter dem Kreuzberg Schlittschuh laufen. (d)*

Auch dem Fremden scheint der neutralisierende Diminutiv für diesen Waldhügel oberhalb des *Laubengangs* kaum angemessen. Immerhin war er einmal der Steinbruch Klagenfurts (Chloritschiefer), hieß Steinbruchkogel, lieferte den Bürgern Schwellen und Laibungen und Brunnenfassungen, im 16. Jahrhundert den ungeheuren Block, aus dem ein „landschaftlicher Bildhauer und Polier" das Wappentier der Stadt herausgehauen hat, den Lindwurm. Aber 1692 wurde auf dem Berg ein großes Kreuz aufgestellt, das änderte den Namen. Aus dem Steinbruch führen lange Stollen ins Innere des Felsens hinein, ausgebohrt im Krieg. Es gab solche Gänge bei St. Martin, auch unter den alten Befestigungsanlagen bei der Heiligengeistkirche, der Heiligengeistschütt, aber der größte, vermutlich sicherste Luftschutzkeller Klagenfurts war der Kreuzberg.[16]

Auf dem Obstplatz stand noch eine Weile das Denkbild von Kaiser Franz Joseph I., meinen Namen sollt ihr nicht ... Der Obstplatz hieß Flensburger Platz, deutscher Norden grüßt deutschen Süden ... Eingesperrt in seine Bronze beobachtete der Monarch die Leute an den Ständen, rührte den traurigen Backenbart mit keinem Haar. Endlich wurde er erkannt als Buntmetall, eingesammelt und eingeschmolzen.[17] Südgau grüßt nordische Geschütze ...

1941 hatten die Nazis die Grenze Kärntens weit hinausgeschoben über die Karawanken, an denen man einst hatte sehen können, wo Süden war und Österreich zu Ende. Das slowenische Gebiet wurde aufgeteilt, der Reichsgau Kärnten bekam neben dem Mießtal drei Oberkrainer Bezirke dazu, nach dem Sturz Mussolinis obendrein das Operationsgebiet „Adriatisches Küstenland". Slowenische Bürger oder Gemeinden, die der S.S. mißliebig auffielen, wurden festgenommen, ermordet, ausgesiedelt. Josef Friedrich Perkonig, damals Professor an der Klagenfurter Lehrerbildungsanstalt, richtete einen „dringenden und beschwörenden Appell" an den

Gauleiter und Reichsstatthalter von Kärnten, Pg. Rainer. Perkonig, „als ältester Dichter Kärntens", bat ihn, die Slowenenaussiedlungen rückgängig zu machen und damit einen Zustand wieder einzuführen, „der nun einmal zu den historischen Realitäten in Kärnten zählt und keineswegs jene Gefahr darstellt, die in ihm zu sehen manche geneigt sind".[18] (J. F. Perkonig, 1890–1959. Denkmal in Ferlach, Ehrengrab auf dem klagenfurter Zentralfriedhof Annabichl.) Schießereien zwischen S.S. und Partisanen in den Bergen.

Die Bundes- und Waffenbrüder drangen auch in die Schule, die Gebäude der Ursulinen ein. Ämter wie der Luftschutzbund, die Sanitätspolizei, eine Waffenmeisterei wurden in das Kloster eingewiesen. Im Festsaal waren enge Kojen aufgestellt, darin regierte das Wirtschafts- und Ernährungsamt[4] mit Anträgen und Bezugscheinen.

Die Kinder kommen noch einmal ins Staunen: die nächsten Christbäume fallen wirklich vom Himmel. Feurig. (d)

Es begann mit 2 Angriffen im Oktober 1943, 4 im November, 3 im Dezember.

Für die nächsten beiden Jahre verzeichnen die Luftschutzakten im Stadthaus Klagenfurt die folgenden Angriffe auf die Gauhauptstadt:

1944

16. Januar	um 11:41 Uhr
31. Januar	um 11:39 Uhr
22. Februar	um 12:10 Uhr
19. März	um 13:31 Uhr
30. Mai	um 09:50 Uhr
16. Oktober	um 12:15 Uhr

25. Oktober		um 10:54 Uhr
28. Oktober		um 14:35 Uhr
3. November		um 13:14 Uhr
25. November		um 3:15 Uhr
3. Dezember		um 10:28 Uhr
7. Dezember		um 4:32 Uhr
8. Dezember		um 4:47 Uhr
19. Dezember		um 15:10 Uhr
20. Dezember		um 11:43 Uhr
27. Dezember		um 12:17 Uhr
	und	um 12:44 Uhr

1945

21. Januar		um 13:22 Uhr
14. Februar		um 13:00 Uhr
	und	um 13:19 Uhr
15. Februar		um 11:45 Uhr
17. Februar		um 14:02 Uhr
19. Februar		um 12:15 Uhr
22. Februar		um 12:32 Uhr
23. Februar		um 13:44 Uhr
24. Februar		um 12:50 Uhr
25. Februar		um 13:27 Uhr
	und	um 23:02 Uhr
28. Februar		um 11:15 Uhr
1. März		um 13:49 Uhr
9. März		um 13:58 Uhr
13. März		um 12:46 Uhr
15. März		um 11:13 Uhr
16. März		um 12:29 Uhr
19. März		um 12:30 Uhr
20. März		um 11:15 Uhr
	und	um 13:32 Uhr
	und	um 15:07 Uhr
21. März		um 13:58 Uhr

22. März		um 14:28 Uhr
23. März		um 11:36 Uhr
24. März		um 10:58 Uhr
25. März		um 10:59 Uhr
	und	um 11:26 Uhr
30. März		um 11:13 Uhr
	und	um 11:55 Uhr
2. April		um 13:27 Uhr
7. April		um 15:37 Uhr
8. April		um 11:55 Uhr
	und	um 12:21 Uhr
14. April		um 12:10 Uhr
	und	um 12:41 Uhr
19. April		um 12:30 Uhr
	und	um 12:34 Uhr
21. April		um 12:10 Uhr
	und	um 12:29 Uhr
25. April		um 12:08 Uhr
	und	um 12:13 Uhr
	und	um 12:36 Uhr
	und	um 12:57 Uhr
26. April		um 12:34 Uhr
	und	um 12:55 Uhr.

Und das Geschenk, das sie dazu nicht erwartet haben, ist für die Kinder mehr freie Zeit. (d)

Die vollständige in Klagenfurt verlorene Zeit, vom Auslösen der Sirenen bis zur Entwarnung, wird angegeben für
1943 mit 10 Stunden und 14 Minuten,
1944 mit 189 Stunden und 39 Minuten,
1945 mit 272 Stunden und einer Minute.
(In der Buchführung des Luftschutzamtes ist eine Spalte für das Jahr 1946 bereits vorbereitet.)

Sie dürfen bei Alarm die Hefte liegenlassen und in den Bunker gehen. (d)

Da die meisten Angriffe gegen Klagenfurt während des schulischen Unterrichts geflogen wurden, war dies also der Bunker unter den alten Bauteilen des Ursulinenkonvents. So bekamen die Kinder noch einmal ihre Lehrerinnen zurück, von denen sie hatten getrennt werden sollen. Nebenan die Särge, die bei der leisesten Berührung . . .

Später dürfen sie Süßigkeiten für die Verwundeten sparen oder Socken stricken und Bastkörbe flechten für die Soldaten, die auf der Erde, in der Luft und im Wasser. Und derer gedenken in einem Aufsatz, unter der Erde und auf dem Grund. Und noch später dürfen sie Laufgräben ausheben zwischen dem Friedhof und dem Flugfeld, das dem Friedhof schon Ehre macht. Sie dürfen ihr Latein vergessen und die Motorengeräusche am Himmel unterscheiden lernen. Sie (. . .) unterhalten sich über Zeitzünder und Tellerbomben. Die Kinder spielen „Laßt die Räuber durchmarschieren" in den Ruinen, aber manchmal hocken sie nur da, starren vor sich hin und hören nicht mehr drauf, wenn man sie „Kinder" ruft. Es gibt genug Scherben für Himmel und Hölle, aber die Kinder schlottern, weil sie durchnäßt sind und frieren. (d)

„. . . und wenn am frühen Vormittag der Sprechfunk meldete, daß sich amerikanische Bomberverbände im Adriaraum sammelten, dann strömten von allen Seiten Tausende dem (Kreuzberg) zu, auf Rädern, zu Fuß mit Kinderwagen. In den letzten Kriegsmonaten meldete sich der Sprechfunk fast täglich, und täglich zogen die Pulks der bombenbeladenen Riesenvögel dröhnend über die Stadt hinweg nach Norden. An warmen Vorfrühlingstagen hatten die Luftschutzwarte Mühe, die Leute in den muffigen Bunkern zu halten, alle wollten am Eingang stehen und, die bergende Höhle hinter sich, dem schauerlich faszinierenden Schauspiel zusehen. Am nächsten Tag konnten sie im Wehrmachtsbericht lesen, welchen Zielen die Angriffe gegolten hatten. Auch für Klagenfurt selbst fiel noch genug ab dabei."[19]

In diesen Mauern, zwischen den Ringstraßen, wieviel Mauern sind da noch? (d)

Für was immer die Alliierten Klagenfurt ansahen, für einen Abladeplatz nach verfehltem Einsatz oder für eine Gauhauptstadt mit administrativen wie militärischen Anfälligkeiten, sie trafen hier nicht jedes Mal daneben.

Der Besucher erklärt mit unbehilflichem Verhalten, daß er eine Zahl der durch Luftangriffe Getöteten („Gefallenen") nicht hat zuverlässig ermitteln können: vielleicht, ungefähr 400.

Die Alliierten schmissen solche Institutionen kaputt wie ein Grenzlandseminar für Kindergärtnerinnen der Nationalsozialistischen Volkswohlfahrt, eine Mannschaftsunterkunft der Geheimen Staatspolizei, eine Wehrmachtskaserne, die Gaufilmstelle des Propagandaministeriums des Großdeutschen Reiches. Aber den Bahnhof machten sie auch hin, am 15. März 1945 zerschlugen sie den Schlachthof mit 28 Treffern. Von den Wohngebieten heißt es, ganze Stadtviertel seien zerstört gewesen.

(Nicht immer waren es Bomben, die auf Klagenfurt fielen. Für den April 1945 wird versichert, es seien Fotografien der deutschen Untergrundzeitung „Das Neue

Deutschland" abgeworfen worden, und zwar die Südausgabe vom 15. Januar 1945.)

Die Alliierten setzten im Jahr 1944 492 Flugzeuge ein, 1945 dann 514 Maschinen, ob versehentlich oder nach einem Plan. Sie benutzten dabei Sprengbomben von 1000 oder 500 lbs., davon genug mit Langzeitzündern, Splitterbomben von 20 kg, Brandbomben (flüssig) von 30 kg, Stabbrandbomben von 1,7 kg. Für das erste Viertel des Jahres 1945 sind als Abwürfe in Klagenfurt verzeichnet:

73 Sprengbomben	1000 lbs.	
42 Sprengbomben	500 lbs.	
52 Sprengbomben	250 lbs.	
180 Splitterbomben	20 kg	
6 Brandbomben	30 kg.	Das waren die von der flüssigen Art.

Sie nahmen sich weiterhin des öfteren mehr Zeit, als das bloße Abladen erfordert hätte; die Abkürzung BWB für Bordwaffenbeschuß kommt in den Akten nicht selten vor. Die Alliierten hatten in ihrer Moskauer Deklaration vom 30. Oktober 1943 sich geeinigt auf die Wiederherstellung eines unabhängigen österreichischen Staates, aber dieses Österreich sollte es nicht sein, nicht einmal diese Stadt Klagenfurt.

> *Die Zeit der Andeutungen ist zu Ende. Man spricht vor (den Kindern) von Genickschüssen, vom Hängen, Liquidieren, Sprengen, und was sie nicht hören und sehen, riechen sie, wie sie die Toten von St. Ruprecht riechen, die man nicht ausgraben kann, weil das Kino darübergefallen ist, in das sie heimlich gegangen sind, um die „Romanze in Moll" zu sehen. Jugendliche waren nicht zugelassen,*

aber dann waren sie es doch, zu dem großen Sterben und Morden ein paar Tage später und alle Tage danach. (d)

„Romanze in Moll": Ein Film mit Paul Dahlke.

Die Engländer kamen nicht allein. Mit ihnen kamen die Jugoslawen. „. . . Slowenenverfolgungen und Slowenenaussiedlungen. Die Kärntner fühlten sich nicht wohl dabei, sie ahnten, daß sie dafür bezahlen würden. Im Mai 1945, als Jugoslawien seine Gebietsforderungen erneuerte, jugoslawische Partisanen neben den Engländern Klagenfurt besetzten und viele Deutschkärntner – durchaus nicht nur politisch Kompromittierte – ermordeten und verschleppten, wurde die Rechnung präsentiert."[18]

Die Stadt wurde ein wenig aufgeräumt. Nicht nur mußte der Schutt von den Straßen und Plätzen, die Plätze und Ringe und Straßen sollten wieder kenntlich gemacht werden. Der Platz der S.A. wurde der Benediktinerplatz, der Adolf Hitler-Platz wurde der Neue Platz, der Hermann Göring-Platz wurde der Kinoplatz . . . die Hindenburgstraße war auf einmal die Hindenbergstraße, und der Palmengasse war nicht anzusehen, daß sie je die Palmgasse geheißen hatte. Schillgasse? Schildgasse! „. . . auch wurden nicht immer Namen gewählt, die die Erwartungen, die man an einen Straßennamen stellen sollte, erfüllen. Dagegen läßt sich wenig tun, ist doch die Änderung eines Straßennamens eine kostspielige Manipulation, zu der man sich nur selten entschließt."[15] Und eine Straße wurde eigens für den 8. Mai umbenannt. Was Klagenfurt alles gehabt hatte! Einen Bismarckring, einen Nimrodweg . . . Und die Buchengasse führte nicht mehr hinaus zum ausgebombten Gasthaus „Buchenwald"; das würde mal wieder aufgebaut werden als das Espresso Schöfmann. Wieso, übrigens: 8. Mai?

In Wien erschien zwar eine Zeitschrift wie „Der Turm", in der Namen wie Thomas Wolfe oder Robert Musil vorkamen; „Der Plan" brachte von Ilse Aichinger den „Aufruf zum Mißtrauen"; „Das Silberboot", Salzburg, berichtete von Franz Kafka, veröffentlichte Hermann Broch; alles schon bis zum Frühjahr 1946.

Der Vogel Wunderbar, lebt er noch? Er hat geschwiegen sieben Jahr. Sieben Jahr sind um. (d)

Ein deutscher Emigrant, damals als britischer Gefreiter in Kärnten, schrieb am 1. März 1946 etwas nach Hause über den Umgang der Österreicher mit Kafka: „Nebenbei gesagt, die Österreicher sind gerade dabei, Kafka zu entdecken, auf dem Wege über Frankreich und Amerika, und sie werden wahrscheinlich anfangen, ihn ins Deutsche zurückzuübersetzen. Man feiert ihn jetzt nicht als einen Schriftsteller, sondern als einen ‚Einfluß' (. . .)"[20]

Über den Umgang der Österreicher mit Nazis erwähnt derselbe Engländer, was er um den 10. März 1946 in Klagenfurt gesehen hat: „Gestern nacht hatte ich meinen ersten ernsthaften Ärger mit deutschen Kriegsgefangenen. Sie machten da Tanz, und die deutsche Kapelle spielte das Horst Wessel-Lied, getarnt als eine Melodie zum Tanzen. Ich befahl ihnen, aufzuhören, und verwarnte sie. Darauf antworteten sie, indem sie abstritten, es gespielt zu haben. Ich nannte sie Lügner, und ein erregter Auftritt schloß sich an. Alle die Frauen (Österreicherinnen) waren auf der Seite der Deutschen. So verhielten sich auch einige von unseren Soldaten, deren Grundsatz Friede um jeden Preis heißt. Die Deutschen hier (. . .) haben die Atmosphäre des laissez-faire ausgenutzt, die unterbrochen wird durch (vorgetäuschte) Donnerwetter aus dem Mund des sanftherzigen Wachunteroffiziers. Aber als Einzelne sind sie kriecherische

Feiglinge. Wenn du sie so anschreist, wie sie es gewöhnt sind, kannst du sehen, wie sie zusammenschrumpfen. (...) Du kannst dir vorstellen, wie froh ich sein werde, von diesem Ort wegzukommen."[21]

Und eines Tages stellt den Kindern niemand mehr ein Zeugnis aus, und sie können gehen. Sie werden aufgefordert, ins Leben zu treten. (d)

Last, and least, das Abiturium. (Im curriculum vitae zur Dissertation steht unbeirrt: Matura.) Die 8. Klasse wurde 1944 geprüft. Es war die erste Oberklasse, die nicht mehr hatte geteilt werden können, so viel Raum hatten die Nazibehörden der Schule abgezwängt. 28 Mädchen waren es. Es ging nicht zu wie bei Kindern vorher und nachher, mit Einzeltischen, die in feierlichem Abstand in der Festhalle oder der Aula aufgestellt werden, mit vor Rührung strengen Lehrerschritten in den Gängen; diese Klasse schrieb ihre Arbeiten im gewöhnlichen Unterrichtszimmer, dicht neben dicht an den alten Tischen. Im vorigen Jahr hatte es noch Prüfungsergebnisse mit Auszeichnung gegeben; in diesem Jahr keines. Abitur. Das Recht, wegzugehen.

Weil ich, in jener Zeit, an jenem Ort, unter Kindern war und wir neuen Platz gemacht haben, gebe ich die Henselstraße preis, auch den Blick auf den Kreuzberg, und nehme zu Zeugen all die Fichten, die Häher und das beredte Laub. (...) überlasse ich anderen den Weg durch die Durchlaßstraße und ziehe den Mantelkragen höher, wenn ich sie blicklos überquere, um hinaus zu den Gräbern zu kommen, ein Durchreisender, dem niemand seine Herkunft ansieht. (...) Im bewegungslosen Erinnern, vor der Abreise, vor allen Abreisen, was soll uns aufgehen? Das Wenigste ist da, um uns einzuleuchten, und die Jugend gehört nicht dazu, auch die Stadt nicht, in der sie stattgehabt hat. (d)

Rom

„Frau Bachmann, Sie leben als deutschsprachige Schriftstellerin in Rom, also in einer fremden Sprachumgebung. Hat das für Sie keinen Einfluß auf Ihre literarische Arbeit, daß Sie nicht die Sprache um sich haben und dauernd sprechen, in der Sie schreiben?“[22]

Nein, das hat überhaupt keinen Einfluß auf meine Arbeit, aber es stört mich auch nicht. (. . .) Dann wird man natürlich sehr oft gefragt, warum denn Italien? Für mich war das keine sentimentale oder romantische Entscheidung; denn ich komme ja von der Grenze, von der italienisch-jugoslawischen; schon für meinen Vater war es selbstverständlich, italienisch zu sprechen, er hat auch gewünscht, daß ich es lerne. (. . .) Zugegeben, daß die Leute hier auch nicht besser sind als anderswo, aber fünf Minuten auf der Straße und ein kleiner Anflug von Wahnsinn, eine Versuchung, das alles ganz aufzugeben, sind dann doch plötzlich abgewendet. Zugegeben, die Leute sind etwas schöner und sehr freundlich, aber man weiß ja, was dahintersteckt. Weiß man es aber wirklich? Man weiß doch gar nichts. Mir genügt es, daß die Leute nicht unfreundlich sind, sondern freundlicher sind.[22]

1954: Piazza de la Quercia 1, Roma VII. Einen Block entfernt von der Via Giulia.

„Im schlampigen Make up einer Anna Magnani, mit furiosen Gebärden, die sie ihrer großen Landsmännin nicht zu entlehnen braucht, überschüttet eine junge schwarze Römerin zwei Carabinieri mit wildem Wortschwall. Ein Chor kleiner Leute, die das Gratis-Schauspiel auf dem Frühmorgenwege zur Arbeit genießen, umsteht den Auftritt, spendet Beifall und feuert an.

Immer wieder schießt der Arm des Mädchens in die Richtung des grauen Palazzinos, das sich mit schwer kreuzvergitterten Fenstern als stiller Aristokrat vom rotgelben Gewimmel der wirr ineinandergebauten Häuschen abhebt. Endlich nicken die beiden Vertreter der römischen Staatsgewalt und setzen sich würdevoll in Bewegung. Die Menge beobachtet und kommentiert aus dem Stehparkett.

Die Signorina, die, noch halb im Schlaf, auf das polizeiliche Sturmläuten im Palazzino öffnet, ist keine Römerin: viel blondes Haar, sanftbraune Augen, still und scheu in Ausdruck und Rede: Der Lärm? Ja, der sei mitunter so groß auf der Piazza Quercia, daß man auch bei fest angezogenen Läden kaum arbeiten könne. Nein, sagen die Carabinieri, die Signorina verstehe falsch: nicht um den genußvollen Lärm ihrer Nachbarn tagsüber auf der Piazza gehe es, sondern um den entsetzlichen Radau, den die Signorina nachts mache. Das Mädchen dort drüben könne nicht mehr schlafen – vor Schreibmaschinengeklapper.

Endlich hat die Fremde begriffen. Sie holt eine uralte Koffermaschine herbei: So klein sei der Lärmapparat, und sie müsse nachts arbeiten, nur nachts kämen die Gedanken.

Was die Signorina denn nachts arbeite?

Verklärtes Verständnis bei der Polizei, als ein Blatt mit ein paar Zeilen in einer barbarischen Sprache vorgewiesen wird: ‚Oh, poeta!' Aber beim Rückzug gibt es doch Kopfschütteln: ‚So kleine Gedichte und so viel Lärm!' "[23]

Dann kommen in Rom die Adressen:
Via Vecchiarelli 38
Via Giulia 102
Via G. de Notaris 1 F
Via Bocca di Leone 60.

(. . .) ein paar Bäume und Sträucher habe ich für die Terrasse gekauft, aber ein Wiener Bierlokal verpestet die Gegend, weil die Abgase auf meine Terrasse anstatt in den Himmel gehen. Und das ist noch das Geringste. Das Ärgste ist, daß ich an der fixen Idee, nach Rom gehen zu wollen, selber schuld habe (. . .) Und ich habe mich in diese Stadt so verbissen, nicht weil ich sie, was nur halb stimmt, sehr liebe, sondern weil sie mir dreimal genommen worden ist auf die unwürdigste Weise, und weil man von einem Ort nicht loskommt, in dem man so viel investiert hat. (. . .) Glauben Sie mir also nur mit Vorbehalt, wenn ich Ihnen noch einmal sagen sollte, wie sehr es mir in Rom gefällt. (b)

„Haben Sie mir zugeredet? Sie hätten mir zugeredet, wären Sie nicht verzogen. Verzogen ist kein nettes Wort, das sagen jeweils die anderen von einem, aber was sollte ich von Ihrem Umzug sagen?"[24]

Ich kann Ihnen Rom nicht beschreiben, denn Sie kennen es, obwohl es das alte nicht ist, sondern für mich das neue, meine Gasse, meine Wohnung, die machen mir Vergnügen, d. h. die Wohnung macht immer noch Arbeit (. . .). Aber ich bau starrköpfig an dieser Wohnung. Hätt ich früher gelebt, so wäre ich mit Befestigungsarbeiten an einem Castell beschäftigt. Deswegen finde ich den Ausdruck „casa“ richtig, den man hier auch für ein eigenes Zimmer verwendet, für mich geht es immer um die casa. Um la casa, la mia casa, per la mia casa. (g)

Grazie, Maria

Ja, ich leb wieder gern, und Rom war, in fin dei conti, das Richtige. Warum, das weiß ich nicht, ich bin bloß so gerne hier, es gefällt mir wieder. Was? Das weiß ich nicht. (g)

„Sehr geehrte Damen und Herren:

Bekanntlich beschränkt sich der Grundbesitz Frau Dr. Bachmanns auf den Central Park von Manhattan, New York. (Siehe SPIEGEL 25/1958, p. 56 f.) Ihre Wohnung in Rom hat sie nicht durch Kauf erwerben müssen, da diese Räume ihr gestellt werden als Entgelt für ihre Dienste als Oberkommandierende der italienischen Marine. Mit der Bitte um Richtigstellung (. . .).“[25]

(. . .) wollte ich mich aufs Heimkommen freuen, aber gefreut habe ich mich erst nachts in Rom, auf der Stazione Termini, wo gleich der übliche Ärger mit den Taxis losging (. . .). (h)

„Zweitens. Sie haben so eine Art, zu sagen, ich erzählte . . ., mag sein von einer römischen Sommerwohnung, aber eben Erzählen ist es, worauf Sie mit ausgesucht zartem Mißtrauen deuten, und es ist leicht zu finden, daß Sie sämtlichen Vorurteilen gegen ein ‚Erzählen‘ die Zügel lassen, in wildem Lauf gegen solche erfundenen, nicht wahren, nicht eßbaren, solche erzählten Sachen ... und kratzen sich so vorstellbar am Kopf, daß ich mich an eine Verteidigung des epischen Gewerbes gegen solche Herkömmlichkeiten gar nicht traue. (...) Fortsetzung zu Punkt zwei. (...) Nicht nur mit den Bewohnern der hinteren Räume des Hotels Condotti, auch mit den anderen Anliegern Ihrer Terrasse sind wir [Familie Johnson] in einem auskömmlichen Benehmen, das schon etwas wirklicher ist als gedacht. Da ist die Frau, die im zweiten Stock ziemlich gegenüber der Tür Ihres Salons wohnt, meist hinter grünen Jalousien. Es ist ausgemacht, daß wir einander nicht bemerken, (...) so wenn die Dame ihre Wäsche rasch aufhängt an ihrem rätselhaften Bambusstock oder nur einmal rasch das Gesicht ins Wetter hängen möchte. Keiner von uns beiden würde zugeben, daß er den oder die Andere gesehen hat, und doch ist es so. Ein Verhältnis in Blicken. (...)

Wenn Sie Ihren Standort, in der Ausgangstür Ihres Salons, noch ein wenig beibehalten mögen, so sehen Sie fast den ganzen Abend lang rechts oben, im dritten Stock, den jungen Mann erscheinen, den wir für einen Schneider halten. Er lehnt sich nie lange hinaus, er sieht nur nach, ob die Leute auf der Terrasse immer noch da sitzen und reden. Manchmal hat er Besuch und führt ihn unter seinem Arm ans Fenster, damit auch er es sieht: zwei Leute bei kleinem Licht inmitten einer Blumenausstellung. Auch mit ihm haben wir ein Verhältnis der gegenseitigen Wahrnehmung, das wir alle miteinander leugnen würden. Wenn Sie sich nun doch einen Augenblick setzen wollen. Sie wenden den Blick ein wenig nach links, ohne ihn sehr zu heben. Sie bemerken auf der Seite der Via della Croce zwei ausländisch zweiteilige Fenster, in denen eine Lampe mit drei Schirmen aus der Petroleumzeit ein Wartesaallicht herstellt. Es sind darunter aber denn doch keine zurückgekehrten Italoamerikaner zu Gange, sondern (. . .) ‚drei alte Weiber immer umeinander herum'. Bitte denken Sie sich dies in begeistertem Ton gesprochen. (. . .)

Hoffentlich sitzen Sie bequem. Sie sind ja nur für einen Moment von der Schreibmaschine gekommen, Sie möchten sich nur erholen beim Anblick der wechselnd beleuchteten Fenster, bei den vielfältig kooperierenden Stimmen und Arbeitsgeräuschen. Sie wissen ja wer wo wohnt. Rechts hinten oben über Ihnen, das ist das ganz kleine Kind, das eben wieder aufgewacht ist und mit behaglichem Schreien nach Nahrung verlangt. Es ist nicht das Kind, das mehr in der Mitte über Ihnen beheimatet ist; das erkennen Sie nicht nur an der Stimme, sondern auch mit der Erinnerung an das zu kurze Bein der Mutter, das dies Kind zum Glück nicht hat. Nun kommt die Ausnahme. Die Ausnahme sind die Leute, die auf dem Dach über Ihnen wohnen, die gelegentlich, und sei es kurz vor Mitternacht, ihre Blumen begießen, ohne vorher nachzusehen, ob die nach unten hinüberspringenden Tropfen vielleicht die Beine oder die Druckfahnen von Frau Bachmann treffen werden. Nach dem ersten Mal, als Sie sich davon überzeugen mußten, daß es eben doch kein Gin war, strafen Sie diese Leute ja ohnehin mit Mißachtung und warten auf die Zeiten, wo die eben gar kein Wasser mehr haben werden und Sie im Überfluß Ihre Terrasse kühlen können. Es mag sein, daß Sie nun wieder aufstehen. Denn Sie haben sich vergewissert, daß alle Leute, die rings um Ihre Terrasse leben, im Grunde in Gemeinschaft mit Ihnen an der Sache arbeiten, die sich zusammensetzt aus Kochen und Waschen und Kinderhauen und Kinderstreicheln und Klagen und Singen, und zwar jeder auf das taktvollste für sich, da eine Einschränkung der eigenen Äußerungen schon eine indirekte Kenntnisnahme der Verhältnisse der Anderen bedeuten würde und man in der Nachbarschaft wie in der Untergrundbahn doch besser tut, als hätte man den Anderen nicht bemerkt, damit er es bequemer hat und doch keinen Anlaß findet zu glauben, man sei ihm feind. Jetzt stehen Sie wieder in der Tür Ihres Salons, halb zum Hineingehen gewandt. Sie gehen aber noch nicht. Es fehlt Ihnen etwas. Ist es einer von den drei Hunden, die eigentlich um diese Zeit schnell noch einmal die Macht der Liebe anbeten müssen? Die können es nicht sein, denn sie schlafen alle. Aha! Links oben, im obersten Stock, wo die alte Frau bis jetzt einen Eimer Wasser nach dem anderen hochgezogen hat, da ereignet sich das Fehlende. – Domee-nico! Al let-to! ruft die Alte. Ja richtig Domenico. Und Domenico erscheint an seinem Balkongitter und sieht noch einmal rasch hinunter auf die Terrasse, wo das Licht noch brennt, wo er etwas vermissen würde, wären Sie nicht da, wie die rote Lampe verspricht. Dann geht er weg in sein unverhofft wegweichendes Licht, und Sie gehen zurück zu der Schreibmaschine und legen ein für alle Male die Farben des Oleander in einer unausweichlichen Beschreibung fest. Denn zwar waren Sie nicht deswegen auf die Terrasse getreten, es hat sich aber nun als Ergebnis dieser Ruhepause herausgestellt."[26]

(. . .) ein Lärm, der einem die Nerven durchscheuert, muß sein wie die fünfhundertsiebzigste Aufführung eines Broadwaystücks, man muß wachend, schlafend, teetrinkend, lesend, tippend wissen, aha! jetzt kommt das, jetzt Ugo, jetzt Domenico, jetzt die Nachrichten, jetzt der Krimi, jetzt Italowestern, jetzt der Hund von oben rechts, und wenn man dann plötzlich aufsteht mit rasenden Kopfschmerzen und in die Bar hinunterläuft, dann sind Geräusche wirklich ein voller und nicht mehr zu

leugnender Erfolg, dann haben sie sich endgültig durchgesetzt. (i)

„Um keinen, aber auch wirklich keinen Ihrer Klagepunkte gegen die oben angegebene Adresse [Via Bocca di Leone 60, Roma] zu versäumen, befassen wir uns heute mit den Geräuschen, die Sie umgeben, mit dem, was Sie Lärm nennen.

Wir beziehen uns eingangs auf die bereits erwähnten Eingeständnisse: die Äußerungen der beiden Kinder, die Gesänge der drei Hunde, Domenicos Großmutter. Wir fügen aus freien Stücken hinzu: Das knallende Auftropfen des Wassers aus der frisch aufgehängten Wäsche auf den Blechsimsen. Das Scharren der Töpfe im Wiener Bierhaus. Die drei hilflos winselnden Telefone rechts neben, rechts, und ganz links ganz oben über Ihnen. Daß den ganzen Abend in irgendeiner Wohnung das Eßgeschirr abgewaschen wird. Daß bis zu drei Malen am Tag die in der Via della Croce eingeklemmten Autos in ihrer Angst zu jaulen anfangen. Daß gelegentlich die Funkwagen der Polizei etwas zu eintönige Geräuschsituationen mit einer zierlichen Franse aus Sirenengeheul umhäkeln. Das Gurgeln in den frei laufenden Abwässerröhren. Das Rascheln des abonnierten Nachmittagswindes in den sommerstarren Oleanderblättern. Die nächtlichen Diskussionen quer über den Hof hin bezüglich der Temperatur, Marias Abwesenheit, Gianfrancos Blasenleiden und der Güte der Eier vom Land. Die gewalttätigen Verrichtungen der Zimmermädchen im Hotel Condotti. Das Knallen einer Glühbirne, die zu unverhofft und an Stelle der Blumen von den Leuten aus dem obersten Stock begossen wurde. Die abendlich aufatmenden Jalousien. Die Rundfunk- und Fernsehprogramme. Ein verirrter Düsenklipper, auch Kolbenmotorflugzeuge mit einem bunten Reklameschwanz.

Wir brechen hier ab, und erklären uns für sehr befriedigt. Wir nennen das nicht Lärm. Wir nennen das im besten Fall Geräusche, im Eigentlichen aber eine Erlaubnis zum Mitleben, und im übrigen einen Vorhang gegen die übrigen Existenzen von Rom, deren eine wir Ihnen andeuten mit dem Hufgeklapper eines müden Pferdes, das fünf Stunden nach Mitternacht endlich nicht mehr Touristen schleppen muß und nach Hause darf, und sei dies ein löcheriger Baumschatten gegenüber dem Kolosseum.

Wir beschließen unser Gutachten mit der Feststellung, daß keines der von uns aufgezählten Geräusche rund um Ihre Wohnung und Terrasse einen zu niedrigen, oder zu undeutlichen Grad an Information aufweist.“[27]

> *Die Henselstraße (in Klagenfurt) von 2 bis 30 hat eine aufgerissene tiefe Wunde, jeden Tag ging es stetig mit Preßlufthämmern weiter, und ehe die Arbeiter anfangen, frühstücken sie ausgiebig vor meinen Fenstern, und muntre Reden begleiten immerzu, denn wir sind ja in Österreich, wo die fröhlichen Scherze und muntren Reden nicht nur in die Dichtung, sondern leider auch ins Leben einfließen. (i)*

„und werde (ich) diese Stadt (Klagenfurt) ja ohnehin nur unter Ihrer sachkundigen Führung aufsuchen, betreten und hinter mir lassen.“[28]

> *ich bin froh, daß ich wieder im Löwenrachen bin. (i)*

Aber dem Geräusch um die Terrasse an der Löwenmaulstraße wurde doch gekündigt, zugunsten der Via Giulia. Bei einem Besuch am Abend des 21. Februar 1973, drang in die Wohnung in der Via Giulia 66 erheblich weniger Lärm, fast gar keiner.

Unser Freund Giangiacomo befindet sich in Klagenfurt, das wird Sie kaum interessieren, aber mich amüsiert es sehr, denn es gibt dort nur mein altes Gymnasium, den Bürgermeister Außerwinkler, einen kleinen Park und das Café Moser. In der Umgebung römische Ruinen, die man aber nicht mehr sehen kann. (k)

Mein altes Gymnasium. In Klagenfurt gibt es ein Schulamt, Gabelsbergerstraße. Es gibt einen Stadtschulrat, einen Landesschulrat. Am Völkermarkter Ring ist das 1. Bundesgymnasium, in der Lerchenfeldstraße das Bundes- und mus. päd. Realgymnasium, viele gibt es und obendrein das Gymnasium am Kreuzberg (l). Gerade dies letzte, so bequem es stünde zum *Laubengang* der Henselstraße, es ist erst neuerdings eröffnet, das kann es nicht sein. Welches immer von diesen Telefonen Sie anrufen, Sie werden begrüßt in einem Ton, als seien die Personen am anderen Ende der Verbindung geradezu freudig überrascht mit der Aussicht, Ihnen einen Gefallen erweisen zu können, und heftig betrübt, das Begehrte nicht leisten zu können. Die Dame, die sich auskennt mit der Registratur, sie wird erst am Nachmittag da sein. Die Sekretärin, die es wissen müßte, führt gerade Protokoll in einer Konferenz. Morgen, gewiß. Schon am Nachmittag, mit Vergnügen. Wenn Sie es auch einmal mit der Schule an der Jergitschstraße versuchen wollen? Mit der Schule wo, bitte wie. Mit dem Bundesgymnasium und Realgymnasium und Wirtschaftskundlichen Realgymnasium für Mädchen an der Ferdinand Jergitsch-Straße 21 doch. Da Sie nicht reinweg an der Hand dahin geführt werden möchten, suchen Sie sich diese Nummer selbst und fragen nach dem Namen. Der Name ist dort bekannt, und Sie sind eingeladen.

Auf das splendide Gebäude an der Ecke Jergitschstraße/Koschatstraße werden Sie anfangs mit Zuversicht zugehen, denn es steht kaum fünfhundert Meter entfernt vom *Laubengang*; ein zumutbarer Schulweg. Betreten werden Sie die Baulichkeit mit Vorbehalten, denn selbst ein architektonisch unbeholfener Blick kann nur für eine Tausendstelsekunde festhalten an einer Einbildung von Neuer Sachlichkeit, vor kurzem renoviert. Im Foyer bemerken Sie einen Laden mit Süßigkeiten und Getränken, so war es in Gymnasien nicht üblich. Hier könnten Sie an der falschen Stelle sein. Hier sind Sie gleichermaßen richtig. Denn im Sekretariat dieser Schule spricht man von „der Inge". Nur, hier ist sie nicht unterrichtet worden. Es ist die Schule, und sie ist es nicht. Sie könnten die Herren Professoren von damals sprechen, es ist gleich Pause; zuverlässige Erinnerungen sind Ihnen sicher. In Ihrer Verwirrung lassen Sie sich die Festschrift zur Neueröffnung dieses Instituts schenken, und es hilft nicht gerade, daß Sie das Druckwerk bezahlen möchten. Das müßte verbucht werden, das macht Umstände, da schenkt man es besser weg. Sie bedanken sich bei der Sekretärin. Sie läßt sich nichts anmerken. Ihr Wunsch war es, dem Besucher behilflich zu sein, nicht, sich zu verwundern über ihn.

Sie könnten sich verziehen auf der Koschatstraße in Richtung der westlichen Vororte, des Wörthersees oder des Schillerparks, wenn Sie denn das Schaffen dieses „vaterländischen Tondichters" gern im Ohre mittragen. Denn es mag ja sein, daß sein elegisches „Verlassen, verlassen . . ." als Inbegriff des Kärntner Liedes vielen hat die Augen feucht werden lassen über Jahrzehnte hinweg[32], er hat doch wohl zu unbekümmert musikalische Folklore als eigene Komposition ausgegeben, da hilft ein Ehrengrab in Annabichl nicht viel. Nehmen Sie aber die Jergitschstraße, gelangen Sie auf Platz und

Straße Beethovens, zwar nicht zur *Straßenbahn, elektrischrot und großmäulig*, wohl aber zum Bus P. Und Ferdinand Jergitsch hat immerhin die erste Feuerwehr der ganzen großen k. u. k. Monarchie erfunden, Sohn eines Siebmachers und Gitterstrickers. In der anderen Richtung seiner Straße wird Ihnen obendrein der Jergitschsteg geboten, der 1942 über den Lendkanal als Holzsteg für die Angestellten der N.S.D.A.P.-Dienststellen im Priesterseminar gebaut wurde und den die Stadt Klagenfurt im Juni 1955 verewigt hat als eine Betonbrücke, 28 Meter lang, zwei breit, Kostenpunkt 100,000 Schilling. Ist es eine üble Gewohnheit, im Gehen zu lesen?

Nach und nach erfahren Sie aus der Festschrift, daß die falsche Schule doch auch die richtige geworden sein soll. Unter der englischen Besatzung wurden die deutschen Oberschulen zurückverwandelt in die österreichischen Schultypen. Die Ursulinen hätten ihr Realgymnasium zurückhaben können; sie verzichteten. Sie nahmen das staatliche Institut noch einmal auf, als die Engländer die beschlagnahmten Räume freigegeben hatten, von 1948 bis 1965 war die entfremdete Schule Gast, bis sie in den Neubau übersiedelte. Nunmehr besitzen Sie auch eine Andeutung zum architektonischen Stil. Die Tradition der Ursulinen wird in der Festschrift übernommen, auch die *sieben Jahr*: der gesuchte Name steht in der Liste der Reifeprüfung 1944. (Ist es schlimm, wenn vier Kinder in der Klasse den gleichen Vornamen tragen, und man ist eines von ihnen, und obendrein steht man nach dem Alphabet an erster Stelle?) Nach dem Verzeichnis der zwischen 1945 und 1965 an der Anstalt tätigen Professoren ist nur für eine Oberstudienrätin das Jahr 1932 als Dienstantritt angegeben (D, H), für eine das Jahr 1934 (M, NI), für fünf Lehrer das Jahr 1938, für einen das Jahr 1939. Nationalsozialistischer Staat und Oberschule. Sie erinnern sich, daß es richtig heißt *mein altes Gymna-*

sium. Den Konvent der Ursulinen und die von ihnen fortgeführten Lehranstalten finden Sie nach dem berichtigten Verzeichnis der Straßen im Stadtplan von Klagenfurt in der Ursulinengasse.

den Bürgermeister Außerwinkler (k)

„Hans Außerwinkler wurde am 2. Februar 1919 in Stokkenbroi geboren, wuchs auf dem väterlichen Bauernhofe auf, besuchte eine Landwirtschaftsschule und legte später die Reifeprüfung ab. Im zweiten Weltkrieg wurde er zum Oberleutnant der Luftwaffe (Fallschirmtruppe) befördert. Nach Kriegsende wurde er auf Grund seiner Fachkenntnisse und seines Organisationstalents in den öffentlichen Dienst berufen."[30]

Vom Herbst 1957 bis zum Frühjahr 1973 war Hans Außerwinkler (S.P.Ö.) Bürgermeister der Landeshauptstadt Klagenfurt und residierte im Neuen Rathaus, dem weiland Palais der Orsini-Rosenberg am Neuen Platz. Seitdem bekleidet er neben einer Vielzahl öffentlicher Funktionen die Ämter eines Landtagsabgeordneten und Gemeinderates von Klagenfurt. Es gibt ihn.

einen kleinen Park (k)

Die Auswahl an Parks ist vielfältig in Klagenfurt. Zu den kleineren wäre der nach Schubert benannte zu rechnen. Dicht am Laubengang, bloß durch einen Fahrdamm von ihm getrennt, liegt der Maria Theresia-Park. Oberhalb des *Laubengangs* kauert sich der Kreuzberg, hergerichtet mit Botanischem Garten, Stationen des Kalvarienberges (jetzt Gedächtnisstätte für die „Gefallenen"), Schießstand, Sternwarte, drei malerischen Teichen, und sicherlich geschieht es auch heute noch Kindern, daß *sie auf dem Kreuzberg über dem Haus spazieren gehen müssen, Blumen bestimmend, Vögel bestimmend.* Auswärtigen Besuchern werden im „Naturpark Kreuzbergl" insgesamt 60 Kilometer markierter Wanderwege angeboten, darin ein Fitness-Parcours mit drei Kontrollpunkten (bei der Sternwarte, bei St. Primus und nahe bei St. Martin), deren Passieren beiträgt zum Erwerb der „Gästesport-Medaille der Landeshauptstadt Klagenfurt". Die Rückseite der Medaille zeigt einen im Flugzustand befindlichen Lindwurm vor einem stilisierten Stadttor und in künstlerischem Latein die Umschrift CHLAGENVVRT + S CIVITATIS. „Erwerben auch Sie unsere Gästesport-Medaille!" *Auf der Wanderkarte für das Kreuzberglgebiet, herausgegeben vom Fremdenverkehrsamt, in Zusammenarbeit mit dem Vermessungsamt der Landeshauptstadt Klagenfurt, Auflage 1968, sind 10 Wege eingetragen. Von diesen Wegen führen drei Wege zum See, der Höhenweg 1 und die Wege 7 und 8. Der Ursprung dieser Geschichte* („Drei Wege zum See") *liegt im Topographischen, da der Autor dieser Wanderkarte Glauben schenkte.* (l) Wem der Kreuzberg erscheint als ein weitläufiger Park, der mag sich sein kleines Stück davon abgeschnitten haben.

und das Café Moser (k)

Das Café Moser befindet sich im Hotel Moser-Verdino, einem ansehnlich anmutenden Gebäude, dessen Balkons mit gußeisernen Blumen umwunden, festlich überdacht und in Teilen mit Neonlicht nachgezeichnet sind. Zwischen Burggasse, Domgasse, Rennplatz und Renngasse umfaßt es einen ganzen Block am Neuen Markt. Das Hotel wird empfohlen vom Automobil-Club der Schweiz, dem Österreichischen Automobil-, Motorrad- und Touring-Verband, dem Automobilclub von (West-) Deutschland e.V., dem R.A.C.; es empfiehlt sich mit einem Restaurant und allabendlicher Stimmungsmusik im „rustikalen Kärntner Stöckl“ (1. Stock); es ist ein Vertragshotel internationaler Handelsvertreter, Kommissionäre und Vermittler, es ist das Hauptquartier sowohl des Lions’ Club als auch des Kärntner Bridge-Club. *Das Café Moser.* Dieses betreten Sie von der Burggasse aus. Es bietet Spannteppich, darauf Tische und Stühle mit Plastik überzogen, an mancher Wand aber Sofas und Stühle mit Stoffpolstern in Lila, mal einfarbig, mal dunkel gestreift, geeignet für längeren Aufenthalt, wenn auch besser in Gesellschaft, obwohl die Bedienerinnen ohne Fehl „eine Zeitschrift?“ anbieten. Allerdings geht das Café Moser früh schlafen.

> *In der Umgebung römische Ruinen, die man aber nicht mehr sehen kann. (k)*

Die man aber nicht mehr sehen kann.

> *An der Bahn wartet Frau Bachmann mit einem sehr großen Kopf und sie sagt Gutentag und was sie will und sie hat es bei der Hand, Gepäck zu tragen und sie kauft ein kilo Eis und sagt: Doch, doch. Und: Politik (m)*

Der fremde Besucher wird in die jüngere Geschichte Kärntens eingeführt mit etwa solcher Belehrung: „Sie wissen, daß wir nach dem ersten Weltkrieg keine Geschichte hatten, sondern den Abwehrkampf.“ Wenn Sie genickt haben, werden Sie nachlesen müssen über die Versuche des jungen Staates Jugoslawien, aus den Trümmern des k. u. k. Österreich jene Gebiete zu erobern, die ihm nicht nur sprachlich, sondern auch territorial nahelagen. Jugoslawische Truppen beschossen Klagenfurt mit Artillerie (wobei „Heldentode“ gefunden wurden), sie besetzten die Stadt und zwangen die Landesregierung zur Flucht nach Spittal. Dennoch versuchte der U.S.-amerikanische Präsident Wilson, am Kärntner Grenzproblem seine Vorstellungen vom Selbstbestimmungsrecht der Nationen zu verwirklichen und entsandte einen Oberstleutnant Miles, dessen Gutachten die geographische Eindeutigkeit der Karawankengrenze betonte und die Abtrennung größerer Gebiete von Kärnten ablehnte. Nach internationalen Konferenzen wurde 1920 unter Aufsicht englischer, französischer und italienischer Diplomaten eine Abstimmung abgehalten (eben jene, an deren emotionale Wirkungen beim Einmarsch Hitlers erinnert wird[5]), mit dem Ergebnis, im Sinne der amerikanischen Expertise, daß die deutschen wie die slowenischen Kärntner in einem Lande zusammenbleiben wollten. An dieses Plebiszit erinnert die 10. Oktober-Straße. Lediglich kleinere Stücke Südkärntens gingen an Jugoslawien, so das Mießtal. Italien, übrigens, bekam das Kanaltal. Wenn dann auskömmliche Beziehungen zwischen den ethnischen Gruppen entstanden waren, der Beitritt Österreichs zum Deutschen Reich, die Besatzungsherrschaft der Deutschen in Jugoslawien zerstörten sie. Es gibt in Kärnten nahezu fünfzig slowenische Partisanendenkmäler, deren Sprengung manchen Deutschkärntnern Spaß macht. Von einem klagenfurter Schöffengericht können sie dafür Zuchthausstrafen zwischen sechs und fünfzehn Monaten beziehen.[31] Nach der offiziellen Darstellung der Landesregierung ist die slowenische Minorität (ein Viertel der Kärntner) in der schulischen Versorgung, in der Berufswahl, den Verdienstchancen der Majorität ebenbürtig versehen; nicht alle Slowenen scheinen dies zu erleben. Als die Ortstafeln im Grenzgebiet zweisprachig beschriftet wurden, wie im Staatsvertrag zwischen Österreich und Jugoslawien vorgesehen, gab es Aufläufe, Zusammenstöße, Proteste, so eine große Kundgebung im Oktober 1972 auf dem Alten Platz in Klagenfurt.[32]

Am 25. Oktober 1973 in Klagenfurt:

„Das vor einigen Wochen gegründete ‚Solidaritätskomitee für die Rechte der Kärntner Slowenen', dem verschiedene Organisationen von der äußersten Linken bis zur Katholischen Arbeiterjugend und der Slowenen angehören, nahm den österreichischen Staatsfeiertag zum Anlaß, am Vorabend einen Demonstrationszug durch die Stadt Klagenfurt und eine Kundgebung auf dem Alten Platz zu veranstalten. Ein sehr starkes Polizeiaufgebot sorgte für die Aufrechterhaltung der Ordnung und verhinderte Zusammenstöße mit Gegendemonstranten. Die Teilnehmer am Demonstrationszug, etwa 1200 Personen, darunter viele Jugendliche, sammelten sich am Bahnhofsvorplatz und trugen Transparente in deutscher und slowenischer Sprache, auf denen die Forderung nach Durchführung der Bestimmungen des Artikels 7 des österreichischen Staatsvertrages erhoben wurde. Als der Demonstrationszug an der Westseite des Alten Platzes angekommen war, riegelte ein Polizeikordon den Platz ab, denn es hatten sich auch einige hundert Gegendemonstranten eingefunden, die ‚Heimatverräter', ‚Kärnten frei und ungeteilt' schrien und das Kärntner Heimatlied sangen. Auch Flugzettel des Heimatdienstes wurden verteilt. Die Kundgebung konnte abgewickelt werden, was anfangs nicht sicher schien."[33] „Das Land ist friedlich, die Leute sind freundlich."[34] Sind aber kärntner Philologen unter sich, veranstalten sie ein launiges Feuilleton über die Eigenschaft „windisch", die Charakteristik „ein Windischer", und weisen einander nach, daß hiermit nichts Abträgliches ausgesprochen werde, weder sozial, noch ethnisch, nicht einmal mental, nur eine kleine, scherzhafte Anspielung auf die slowenische Sprachheimat einer Person, vielleicht auf liebenswerte

Eigentümlichkeiten einer Gruppe. Nur daß eben die Slowenen die Bezeichnung „windisch" nicht zur Herstellung einer Solidarität oder auch zur gegenseitigen Identifizierung benutzen, daß der Ausdruck von den Deutschkärntnern in eine Richtung geht, aus der er nicht zurückkommt, und daß man so manchem Eisenbahner nicht auf das herzigste sagen darf, er sei eben ein Windischer. Der Eisenbahner ist ein Beispiel; es gibt ihn.

Rom hat mich wieder. (n)

Aus Rom kommt ein Telegramm: BEERDIGUNG [GIANGIACOMOS] DIENSTAG VOM INSTITUT FELTRINELLI AUSGEHEND (o); Äußerungen wie: „In Rom kann man nicht einmal mehr *reden.*" (p)

(Klagenfurt) *mit blassen genesenden Häusern unter dunklen Ziegelschöpfen (. . .). (d)*

1973: „Klagenfurt hat eine Aufbauphase hinter sich und steckt zum Teil noch mittendrin, die nur der des 16. Jahrhunderts vergleichbar ist. Wie damals mußte man von einem Tiefpunkt ausgehen. Der Krieg hatte ein Trümmerfeld hinterlassen, in (den) Luftangriffen waren ganze Viertel zerstört und mehr als die Hälfte aller Häuser beschädigt worden. Seither wurde die Stadt einem Erneuerungs- und Erweiterungsprozeß unterzogen, der sie, genau wie vor vierhundert Jahren, zeitweise in eine Kette von Baustellen verwandelte. Allmählich wird nun das künftige Gesicht erkennbar, und es verspricht einiges . . . ‚Es macht sich', sagen die Klagenfurter."[35] Tatsächlich wissen inzwischen auch ältere Bürger der Stadt einem Neubau nicht mehr mit Sicherheit nachzusagen, was für ein Haus vor den Bomben an dessen Stelle gestanden habe. Diese Empfindung des Abschieds vom Zerschlagenen, oder einer leicht flimmernden Undeutlichkeit, sei wohl gegen 1960 zuerst aufgetreten.

es gibt dort nur (. . .) (k)

Vielleicht gibt es nicht genug Telefonzellen auf den Plätzen, an den Straßenecken Klagenfurts. Aber wenn auch die Postämter über Mittag schließen, die Hauptpost in der Ecke des Benediktinerplatzes tut es nicht, da können Sie schon für 12 öS. bequem mit Leuten in einem Ausland sprechen, wenn Sie nur anderthalb Fragen haben, oder die Person da draußen bloß drei . . . In der Hauptpost erblicken Sie die Bildnisplakette von Emanuel Alexander Herrmann, Doktor der Wissenschaft, der am 26. Januar 1869 die Postkarte erfand, die Correspondenzkarte, 1870 von den Deutschen mit einem K nachgeahmt, wonach die Postkarte ihren Siegeszug . . . und wenn Sie es nicht glauben, schlagen Sie doch im Brockhaus nach oder prüfen einmal, nach wem die Gasse an der Hauptpost denn heißt. Klagenfurt hat seine Buchwoche jedes Jahr, am 16. Oktober fing sie an dies Mal, es hat seine Woche der Begegnung, da sprach Reinhard Baumgart 1972 über den „trostlosen Ehrgeiz der Faktentreue" in der erzählenden Literatur, Klagenfurt hat seit 20. Oktober eine Britische Woche gehabt im Hotel B. Musil und Sohn, gestern abend ging sie zu Ende, geboten wurden Ihnen britische Spezialitäten und zu den Hauptmahlzeiten jener originale Dudelsackpfeifer, um den jene echten weiblichen „Scottish dancers" in unvergesslichen Stellungen Bewegungen vollführten, und als man ihn fragte nach den Arbeitsbedingungen, sagte er frei heraus: Die Arbeit sei es nicht, sondern . . . Das war die britische Woche, und Sie hätten ja auch im Hotel Sandwirt wohnen können, Sie erkennen es am Namen, nicht mehr an dem ocker Rillenstuck oder an den grau eingefaßten Fenstern, deren zwei durch ein halb offenes Giebeldach verbunden sind, noch erkennen Sie es an dem leicht vorgesetzten Erker, der in eigener Dachleiste HOTEL SANDWIRT zeigt, Sie brauchen ja nur das rotweiße Neon zu lesen, Prospekte kostenlos, Prospekte auf Anfrage, nix da Freiheitskämpfer, nix da Führerbesuch, semplicemente l'albergo nel centro della città che vanta una lunga tradizione. Sie wünschen etwas einzukaufen, etwas zum Beweise von Klagenfurt? Sie haben das Kärntner Heimatwerk an der Ecke, die der Alte Platz mit der Herrengasse aufführen, da gibt es Geschnitztes, Gebasteltes, Gewebtes, Genähtes . . . mit Garantie unverfälscht nur hier. Es genügt Ihnen immer noch nicht? Sie begehen die Gustav Mahler-Gasse von der Ehrentaler Straße bis zur Ehrenhausener Straße, im Stadtplan F 11, nicht bloß so, sondern der Komponist verbrachte die Sommer von 1900 bis 1907 am Wörthersee, woselbst seinerseits Johannes Brahms 1878 sich seinen Vollbart wachsen ließ, siehe Brahmsgasse; vergleiche dazu Robert Musil-Straße, so benannt durch Stadtratsbeschluß vom 29. März 1960, im Plan I 13; bemerkenswert auch die Anbringung der Gedenktafel für den Schriftsteller an seinem Geburtshause in der Bahnhofstraße 50, obwohl der spätere Emigrant doch dort nur elf Monate verlebte und dann über den Platz zum Bahnhof getragen wurde, von wo er abreiste aus Klagenfurt, aber gegeben hat es ihn hier. Die Freundlichkeit, mit der die Einwohner Ihre Fragen beantworten nach Klagenfurt, Sie begreifen es nicht; da Sie nicht sich erkundigen möchten nach der ausnehmenden Hübschheit der hiesigen Mädchen, versuchen Sie es mit der Frage nach dem so überaus zivilen Betragen, da haben Sie die Antwort: wir sind hier in Kärnten, wir sind hier nicht in Wien! Und sollten Sie im Kärntner Heimatwerk das Gewünschte nicht gefunden haben, versuchen Sie es mit dem Spezialgeschäft für Kindermoden am Heiligengeistplatz, besser verkauft man es Ihnen auch nicht in Rom. Diese Läden an der Heiligengeistkirche, übrigens, sind neueren Datums; früher war das ganze Gemäuer die Ursulinengasse entlang Konvent und Schulanstalt der Ursulinen. Auch die gibt es, immer noch, in Klagenfurt.

ich weiß nicht, ob Sie schon einmal ein Erdbeben erlebt haben (p)

Das sollte es in Klagenfurt nicht geben? Bereits im Jahr 1511 kam in die Stadt ein „erschrecklicher Erdbidden, desgleichen niemalen soll gewesen sein", und die Ursulinen wissen noch von einem anderen in den Nachmittagsstunden des 4. Dezember 1690. Könnte durchaus wieder vorkommen. Ein wenig Wartens . . .

Ligusterstadt, aus der alle Wurzeln hängen. (d)

Das ist nun doch eine Frage, die ein Bürger von Klagenfurt sich ungern stellen läßt, so im Vorübergehen, von einem Fremden. Aber in ihrer Gutmütigkeit gegen Auswärtige vermuteten fast alle Interviewpartner einen Hörfehler, als Gemeintes Klagenfurt die Lindwurmstadt und erzählten dem Wißbegierigen eine Geschichte von Nikita Sergejewitsch Chrustschow.

Die Chrustschow-Geschichte. Das war 1960, da stand jener Erste Vorsitzende der K.P.d.S.U. und Vorsitzende des sowjetischen Ministerrats im 66. Lebensjahr, da schlenderte er mit dem österreichischen Bundeskanzler und dem kärntner Landeshauptmann in Klagenfurt über den Neuen Platz zum Lindwurmbrunnen, bestaunte das Wahrzeichen der Stadt ausführlich, ließ sich dessen Geschichte erzählen und sprach: „Ungeheuer muß man töten!“ Dabei soll er dem keulenschwingenden Herkules aufmunternd zugenickt haben. Die Gastgeber bedauerten sehr, über keinen jagdbaren Lindwurm mehr zu verfügen, aber Gäste muß man trösten. So schenkten sie ihm denn ein Ferlacher Jagdgewehr, originales Produkt aus dem Bezirk Klagenfurt – „für den Fall, daß ihm einmal anderswo ein Ungeheuer unterkommen sollte“. Es soll dann nicht geholfen haben.

Wer die Geschichte nicht glaubt, wird mit Nachlesen bestraft.[36] Andere meinen freilich, die *törichten Denkmäler mit einem Blick auf Utopia* auf dem Neuen Platz in Klagenfurt hätten zum Mitspieler nicht den Herkules, sondern den heiligen Georg. Wer immer es ist, sie erschlagen beide den Lindwurm nicht.

Ligusterstadt (d)

Liguster. Er steht denn auch nicht so recht im Blickfeld bei den Gelegenheiten der Umfrage, Ligustrum, die Rainweide, dieses asiatische Ölbaumgewächs! und müßte doch auffallen mit seinen ledrigen Blättern, die um diese Jahreszeit die Farbe Violett aufweisen sollen. Die befragten Klagenfurter räumen ohne Zögern ein, daß die Park- und Landschaftsgärtnerei ihrer Stadt eine Vielfalt von Gesträuchen anbietet, aber dem Liguster wollen sie nicht den Vorzug einräumen. Manche sprechen unbefangen von „Klagenfurt, Kastanienstadt“ . . .

> *(. . .) Jugendorte ausprobieren (. . .:) am besten sind sie in der Erinnerung, auch am brauchbarsten. (c)*

Und es gibt in Klagenfurt einen Zentralfriedhof, benannt nach der ehemals selbständigen Gemeinde Annabichl. Gelegen zu Füßen des Maria Saaler Berges, wird er seit dem 5. Oktober 1901 von Klagenfurt benutzt. Die amtliche Einweihung fand statt am 29. April 1906.

Es ist nicht der einzige, bei weitem; Sie haben eine Wahl (immer ausgenommen den aufgelassenen Friedhof der Stadtpfarrkirche):

Es gibt den Friedhof im Stadtteil St. Peter an der Friedensgasse (städtisch). Es gibt den katholischen Friedhof im Stadtteil St. Martin (Bahnverbindung: Klagenfurt Lend, Fahrzeit ab Hauptbahnhof drei Minuten). Es gibt den städtischen Friedhof in Waidmannsdorf (Buslinien S und K). Es gibt den städtischen Friedhof in St. Ruprecht, eben jenen, der voll von zwei Bomben getroffen wurde, unweit jenes Platzes, dessen damaliger Namensgeber seinen Volksgenossen geschworen hatte, er wolle Hermann Meier heißen, wenn auch nur ein einziges feindliches Flugzeug . . .

Neben dem Friedhof von St. Ruprecht, aber von ihm durch eine Mauer getrennt, finden Sie den Israelitischen Friedhof (städtisch). Auch er wurde damals zerstört. Als die britische Besatzung 1956 abzog, richtete sie dort nicht nur die Gräber der jüdischen Soldaten des Ersten Weltkrieges her, sondern alle. Das Land Kärnten und die Stadt Klagenfurt stifteten einen finanziellen Zuschuß. Es reicht in Klagenfurt nicht mehr zu einer jüdischen Gemeinde; dieser Friedhof wird betreut von der Israelitischen Kultusgemeinde Graz.

Die Briten hinterließen ihren eigenen, den Englischen Friedhof, in Waidmannsdorf, Richtung See, an der Lilienthalstraße. Er ist durch ein Bundesgesetz gesichert, gepflegt wird er von den Engländern.

Der Haupt- und Zentralfriedhof Klagenfurts jedoch liegt in Annabichl und ist seit der Eingemeindung von 1938 Bestandteil der Stadt (des IX. Bezirks). Seine Grundfläche umfaßt 1973 18 Hektar und 34 Ar; er kann nach Osten hin auf 30 Hektar erweitert werden. Die vorläufigen Grenzen sind nicht nur durch Hecken markiert, sondern auch durch Maschendraht, der die Füchse, die Hasen, die Rehe von den Pflanzungen fernhalten soll, beigesetzt sind hier ungefähr 75,000 Tote. Kremationen müssen in der Nachbarstadt Villach vorgenommen werden; die Urnen können nach Wunsch in der Erde oder in den bestehenden Mauern untergebracht werden. Wird ein Grab bezeichnet mit dem Zusatz „I. Klasse", bedeutet dies eine Lage an einem Hauptweg; die Abschaffung dieser Praxis, die zwar zur Orientierung dienlich sein kann, steht bevor. „Zweistellig" ist der Name für ein Familiengrab; der erste Sarg muß in einer Tiefe von 2,40 Metern stehen, wenn er einen zweiten tragen soll. Der Zentralfriedhof ist offen für Personen allen Glaubens: die Katholiken, die Protestanten, die Altkatholiken, die Mohammedaner wie die Konfessionslosen. So haben zum Beispiel die Mohammedaner unter den 35 Feldern des Friedhofs ihr eigenes, 3/VIII östlich, und sie werden mit dem Kopf in Richtung Mekka hingelegt.

Das Recht auf eine Beisetzung in einem Friedhof in Klagenfurt ist beschrieben im Beschluß des Gemeinderats der Landeshauptstadt Klagenfurt vom 9. November 1972, 21.7031/1 16 g, mit dem für alle Benützung der Friedhöfe der Landeshauptstadt allgemeine Vertragsbedingungen festgesetzt werden:

„§ 1.

Die Friedhöfe der Landeshauptstadt Klagenfurt dienen der Beisetzung aller Verstorbenen, die im Zeitpunkt ihres Todes den Wohnsitz oder Aufenthalt in Klagenfurt hatten. Personen, die ein Benützungsrecht an einer Grabstätte besitzen sowie deren Ehegatte, Verwandte, Verschwägerte und andere nahestehende Personen des Benützerberechtigten können auch dann auf einem städtischen Friedhof beerdigt werden, wenn sie zur Zeit ihres Todes den Wohnsitz oder Aufenthalt nicht in Klagenfurt haben. Andere Verstorbene können nach Maßgabe des vorhandenen Platzes auf einem städtischen Friedhof beigesetzt werden."

Stiftet die Landeshauptstadt Klagenfurt ihren Bürgern ein Ehrengrab, so in der Regel auf dem Zentralfriedhof Annabichl. Beispiele: Thomas Koschat, 1845–1914. Josef Friedrich Perkonig, 1890–1959. Das symbolische Ehrengrab für die Kämpfer um ein freies Österreich, 1938–1945.

Der bauliche Zustand der Leichenhallen in der Südfront der Begräbnisstätte rührt aus dem Jahr 1962. Bis dahin waren das zwei Häuser mit dem Haupttor dazwischen. Den Raum des Haupttors baute der Architekt Huainig zur Verabschiedungshalle um, mit abstrakten Dekorationen, die den interkonfessionellen Prinzipien der Friedhofsverwaltung entsprechen. Seit dem die zwei Eingänge zu den Seitenkanten des Gebäudes. Es enthält neben den Kühl-, Geräte-, technischen Räumen noch drei Blumenhallen für die Aufbahrung, die je nach Größe und Ausstattung zu unterschiedlichen Gebühren vermietet werden. Die bloße Anlieferung und stille Beisetzung eines Sarges wird von der Verwaltung wie jeder andere Wunsch der Angehörigen respektiert. „Man soll die Leute mit ihren Wünschen in Ruhe lassen." Auf dem Dach der Verabschiedungshalle zeigt ein vierarmiges Kreuz ungefähr in die Hauptwindrichtungen.

Was ich in Rom sah und hörte (q)

In Rom sind die meisten Begräbnisstätten Bürgern katholischen Glaubens vorbehalten, aber eine für protestantisch Getaufte oder sonstwie Fremde finden Sie dort auch.

Die Gastfreundschaft Roms gegenüber Fremden ließ sich langsam an.

Es war nicht Rom unfreundlich, Rom nur so lange, wie die katholische Kirche glaubte, Rom zu sein.

Aber als der bewaffnete Streit um die wahre Religion einmal zu Ende war und die Unterschiede im Glauben staatsrechtlich festgeschrieben, konnte der Heilige Stuhl kaum noch grundsätzlich verhindern, daß akatholische Besucher aus England, Deutschland und den skandinavischen Ländern gelegentlich am Orte wohnten und starben. Die Entdeckung Roms durch den gebildeten Tourismus im 17. Jahrhundert gebot überdies wirtschaftliche Rücksichten. Mochten sie doch ihr Geld ausgeben in der Stadt und bleiben, bis der Beutel leer war; wenn sie nur keine verbotenen Schriften einschleppten. Ihre Neugier auf die hier heiligen Bräuche vermehrte so mancher Zeremonie sogar den Schmuck. Nur in gleicher Erde mit Katholiken sollten sie nicht liegen, die Häretiker, die mit Verbrechern in einem Atem genannt wurden, „heretici e simili delinquenti“ (1638). Sie wurden von ihren Freunden heimlich vergraben, in der Campagna oder an wüst liegenden Stellen näher der Stadt. Zu Beginn des 18. Jahrhunderts wurde dann gelegentlich der Platz an der Pyramide des Heiden Caius Cestius für ein Begräbnis freigegeben, die Gegend am Testaccio, dem Scherbenberg. Jedoch mußte der Tote im Leben eine Person von Stand gewesen sein, am besten ein Engländer, und jedesmal ging es ab nur mit besonderer Bewilligung des Papstes. Beglaubigt ist eine solche Ausnahme innerhalb der Stadtgrenzen erst für das Jahr 1738.

Die Gegend an der heutigen Porta Ostiense (Untergrundbahnstation), damals Porta S. Paolo, wurde seit dem Mittelalter von den Ämtern geführt als „Prati del Popolo Romano“, Gemeindewiese. Der Magistrat veranstaltete hier bis spätestens 1464 die Faschingschauspiele: Wettrennen von Pferden, Eseln und Menschen; Ringelstechen und als glanzvollen Höhepunkt die Jagd auf Ochsen und Schweine mit blutigem Gemetzel. Außerhalb der Festsaison wurde das Gelände als öffentliche Weide genutzt, noch bis ins 19. Jahrhundert. Es war so öde und abgelegen, 1752 wurde das Pulvermagazin, als für den Campo Vaccino zu gefährlich, von dort hierher verlegt, dann konnte es sogar als Übungsplatz für die Artillerie verwendet werden. Wann diese leere Wildnis den Ketzern als Begräbnisplatz zugewiesen wurde, ist undeutlich. Auf den Ansichten und Stadtplänen des 17. und 18. Jahrhunderts ist die Friedhofsbestimmung der Gemeindewiese nicht erkennbar. Die Stadt- und Reisebeschreibungen erwähnen bis weit ins 18. Jahrhundert hinein wohl die Cestiuspyramide und den Testaccio, nicht aber die letzte Ruhestätte der Akatholiken. Als solche könnte sie kaum eher als 1740 zugelassen worden sein, und wiederum als solche nicht, denn die Fläche war nicht eingezäunt, entbehrte aller Pflege, konnte von jedermann zu jedem Zweck zu jeder Stunde betreten werden und diente als Viehweide wie zuvor. Ein Reisender berichtet aus dem Jahr 1758, daß dort die Ketzer „als an einem unheiligen Ort" bestattet würden. Desgleichen waren Symbole auswärtiger Religionen verboten, Kreuze zum Beispiel; zugelassen waren Steinplatten oder Denkmäler in antiker Form. Von diesen Denkmälern ist das älteste mit 1765 datiert; es gilt einem königlich britischen Hofrat. Piranesis Kupferstich der Pyramide von 1750 zeigt noch nichts dessen gleichen. Wenn die päpstliche Regierung Ketzerbestattungen erlaubte, blieben ihre Vorschriften strikt: der Sarg mußte des Nachts zur Cestiuspyramide überführt werden, und zwar auf einem gewöhnlichen Mietwagen. Der Transport wurde von einem Polizeiaufgebot begleitet, denn die treusten Kinder Seiner jeweiligen Heiligkeit waren nicht unwillens, solche toten heretici lieber gleich in den Tiber zu werfen. (1819 wurden Soldaten zum

Schutz solcher Beisetzungen abkommandiert.) Erst nach der Ankunft bei der Pyramide durfte in dem unwegsamen, verstrüppten Gelände das Grab ausgehoben werden, wegen der Dunkelheit und der Baumschatten bei Fackelschein eine peinliche Arbeit. Die Beteiligung eines Geistlichen von der Konkurrenz war undenkbar; Landsleute des Toten deuteten die pastoralen Funktionen an, später auch schon der preußische Geschäftsträger.[37, 38]

Im Jahre 1787 wohnte J. W. Goethe einem solchen Begängnis bei. Der Flüchtling aus Weimar sah den verwahrlosten Zustand des Platzes, die Schafe und Ziegen auf den Gräbern, die mutwilligen Zerstörungen an den Denkmälern; dort aber wünschte er begraben zu werden. Ein nicht ausgeführter Plan.

> Dulde mich, Jupiter, hier, und Hermes führe mich später,
> Cestius' Mal vorbei, leise zum Orkus hinab.[39]

> Vor einigen Abenden, da ich traurige Gedanken hatte, zeichnete ich mein Grab bei der Pyramide des Cestius.[40]

Der preußische Gesandte Wilhelm von Humboldt erlangte für die Gräber seiner beiden eigenen Söhne die Erlaubnis, sie einzufrieden; die Anlage als Ganzes blieb ungeschützt. Die römische Regierung wandte gegen eine Mauer um die verstorbenen Ketzer unter anderem ein, es werde dadurch der Zugang zur Pyramide des alten Heiden Caius Cestius erschwert, auch archäologische Gründe. Dennoch büßte der „luogo dove si sepelliscono i protestanti" an Beliebtheit kaum ein. Here lies One Whose Name was writ in Water. Goethe filius patri antevertens. Allein von deutschen Gästen der Stadt sind zwischen 1787 und 1878 48 Maler und Bildhauer dort bestattet worden (die Zahl ist nicht vollständig); von vielen ist der Wunsch bezeugt. August Graf von Platen-Hallersmünde (1796–1835) besang die Pyramide des Cestius in mehreren Versen:

Ja, es kühlt dein Schatten, o Bau des Cestius,
  Nordische Gräber!

Möchten hier einst meine Gebeine friedlich
Ausgestreckt ruhn, ferne der kalten Heimat,
Wo zu Reif einfriert an der Lippe jeder
  Glühende Seufzer![41]

Da er aber 1835 aus Florenz vor der Cholera floh und sich in Rom nicht sicher genug glaubte, kam er noch bis Sizilien, um dort zu sterben. Wenn auch nicht am gewünschten Ort, so doch im vorgezogenen Land hat er seine Gebeine hinterlassen: im Garten der Villa Landolina von Siracusa (antikes Stadtgebiet). „Der Dichter-Graf August von Platen, der selber den Tod im Süden fand, hat die unheimliche Sehnsucht zum Marmorgrab unter Zypressen in die todestrunkenen Verse gebracht: ‚Wer die Schönheit angeschaut mit Augen / ist dem Tode schon anheimgegeben.' Ingeborg Bachmann zählt diese Zeilen zu den von ihr favorisierten."[23] „Rom, seit Jahrhunderten ein Schmelztiegel von Zeichen, Symbolen und Sprachen; ein Ort, an dem die ausländischen Autoren etwas ihnen Gemeinsames zu finden hofften, und an dem sie ebenso viel Miseren wie Glück fanden."[22]

Es war dann eine Debatte im englischen Oberhaus, die dem Fremdenfriedhof in Rom zum Rang einer Institution verhalf. In London ging es um die Zulassung der katholischen Peers in die Erste Kammer. Ein Redner, der bei dieser Gelegenheit ausdrücklich die Unduldsamkeit der Kurie in der Angelegenheit des Friedhofs rügte, leitete den diplomatischen Kompromiß ein. Ein Monsignore Capaccini hatte gute Beziehungen zur preußischen Gesandtschaft. 1819 durfte ein evangelischer Geistlicher als Gesandtschaftsprediger nach Rom berufen werden, zum Nutzen nicht nur des fremden Rituals, auch des Status, den der Friedhof genoß. Der alte Teil der Anlage wurde geschlossen, ein angrenzendes Stück Land längs der Stadtmauer ausdrücklich für künftige Begräbnisse freigegeben, 1822 eingeweiht. Im Jahre 1824 ertrug Papst Leo XII. die wiederholten Vorstellungen protestantischer Diplomaten nicht mehr und erteilte die Genehmigung, einen „ausgemauerten Graben als Brustwehr ziehen zu lassen“. Einen Teil der Unkosten übernahm die apostolische Kammer, der Rest wurde bezahlt aus privaten Schenkungen und den Zuwendungen des englischen und des russischen Staates. Zwar waren die akatholischen Symbole noch 1870 nicht erwünscht, selbst das Anpflanzen von Bäumen und Sträuchern wurde unterbunden; gegen Ende des 19. Jahrhunderts jedoch durfte eine Kapelle für häretische Abschiedsfeiern gegenüber dem Testaccio errichtet werden, und heute ist der Cimitero Protestante eine gärtnerisch behandelte, wenn [auch] etwas karge Anlage, auch steht das Beschädigen der Grabdenkmäler unter Strafe. Beim Pförtner des Friedhofs können Sie auf Wunsch ein Verzeichnis derer einsehen, die dort liegen.[37,38]

Wenn Sie also in Rom wohnen und von den übrigen Bewohnern unterschieden sind durch Formalien bei der Taufe – hier haben Sie einen Friedhof, da können Sie sich begraben lassen, falls jemand behaupten sollte, Sie seien tot.

In Rom habe ich in der Früh vom Protestantischen Friedhof zum Testaccio hinübergesehen und meinen Kummer dazugeworfen. Wer sich abmüht, die

Erde aufzukratzen, findet den der andern darunter. Für den Friedhof, der an der Aurelianischen Mauer Schatten sucht, sind die Scherben auf dem Testaccio nicht gezählt, aber gering. Er hält sich eine große Wolke wie eine Muschel ans Ohr und hört nur mehr einen Ton. (q)

Donnerstag, 1. November 1973

Bitte, lesen Sie nur die Stampa, La Stampa aus Turin, denn ich habe herausgefunden: es ist die einzige Zeitung (obwohl sie eine alte Tante ist, nicht?), die objektiv, also so leidlich objektiv ist (. . .) (p)

In Klagenfurt erscheint die Kärntner Tageszeitung. Sie ist jetzt im 28. Jahrgang. Eigentümer, Verleger, Herausgeber und Druck: Kärntner Druck- und Verlagsgesellschaft m.b.H. im Pressehaus, Viktringer Ring 28. Am Montag erscheint sie als Kärntner Montag / Kleine Zeitung zum Preise von 2 Schilling; heute kostet sie zweieinhalb.

Am Dienstag warb sie für Brockhaus (wo Sie nachschlagen können) und setzte hinzu

KTZ
Leser
wissen mehr

Zum Beispiel: Sie „kam meist nur zu kurzen Besuchen nach Klagenfurt, wo sie geboren worden war und Kindheit und Jugend verbracht hatte. (. . .) Oft schien sie wie abwesend, wich Kontakten wohl auch aus".[42]

Gestern hat sie Ihnen in einer ihrer fünf Spalten mitgeteilt, daß der Klagenfurter S.P.Ö.-Bezirksobmann, Hans Außerwinkler, heute in St. Ruprecht einen Kranz niederlegen wird.

Heute kommt sie Ihnen mit 16 Seiten, und es ist alles da: Moskaus SAM-6-Raketen in amerikanischer Hand, im Vorjahr 24,000 Kirchenaustritte, Brandt geht demnächst nicht nach Moskau, slowenische Tageszeitung beschuldigt Kärntner Heimatdienst fortgesetzter Offensive gegen die Slowenen in Kärnten, Flucht aus Gefängnis per Hubschrauber,

eine Schreckensmeldung: Der Fremdenverkehr war auch im September rückläufig, Rückgang der Gesamtübernachtungen um 214, 821 oder 13,8 Prozent,

das Wetter: Vereinzelt Frühnebelfelder, sonst allgemein heiter, Tageshöchsttemperaturen zwischen 9 und 13 Grad,

zu Ehren des Allerheiligentages eine Instruktion in der Produktionstechnik von Kerzen in Wort und Bild,

vermutlich aus gleichem Anlaß einen Artikel zum zwanzigjährigen Jubiläum des Krematoriums in Villach, vierzig Kilometer von hier. Oder aus welchem Anlaß?

„Die Planungen für die Errichtung einer Feuerhalle in Villach reichten bis in das Jahr 1932 zurück. Schon damals bestand die Absicht, auf dem im Osten der Stadt gelegenen Friedhof eine Aufbahrungshalle zu bauen und in einfacher Form auch eine Feuerhalle anzugliedern.

Nach Ende des Zweiten Weltkrieges wurde die Absicht erneut aufgegriffen und das Areal unmittelbar neben dem neu angelegten Waldfriedhof von St. Martin, inmitten eines Bestandes von hohen Föhren, ausersehen. Der Bau wurde im Sommer 1952 begonnen. Die Entwürfe stammten von Professor Arch. Dipl.-Ing. Erich Boltenstern (Wien), die Lebens- und Bestattungsversicherung ‚Wiener Verein' erteilte ein Darlehen. Die Friedhofshalle, wie man sie heute sieht, dient ebenso für

Verabschiedungen bei Erdbegräbnissen wie auch für solche bei Verbrennungen; ein Katafalkraum für die Aufbahrung ist räumlich durch eine lautlos gleitende Doppeltüre von der eigentlichen Halle, in der sich die Hinterbliebenen befinden, getrennt. Der betriebliche Teil ist so ausgestattet, daß ein Mann allein alle nötigen Vorrichtungen durchführen kann.

Nur wenig Leute können sich von der Einäscherung eines Verstorbenen eine Vorstellung machen.

Der Verbrennungsofen im Krematorium von Villach ist ein Erzeugnis der Schweizer Brown-Boveri-Werke, die sich auf den Bau solcher Anlagen spezialisiert hat. Man hätte diesen Ofen auch mit Gas oder Koks heizen können, entschied sich jedoch für Nachtstrom-Elektrobetrieb, und zwar aus hygienischen Gründen. Durch Knopfdruck wird die Anlage in Betrieb gesetzt. Mehrere Stunden benötigt die Anlage, um die erforderliche hohe Temperatur zu erreichen. Zeigt die Skala 800 Grad an, wird der Sarg mit dem Verstorbenen auf einer Laufschiene in das Innere des Ofens befördert und die Hitze dann auf 1000 Grad erhöht. Der Verbrennungsvorgang benötigt bis zu zweieinhalb Stunden, ehe Toter und Sarg in Asche zerfallen. Jeder Leiche wird ein kleiner Schamotteziegel mit Nummer beigegeben, der sich unverbrannt wiederfindet, so daß jedwede Verwechslung ausgeschaltet ist.

Willibald Knabl arbeitet hier seit 1960 mit der seiner Tätigkeit angemessenen Pietät. Im Kellerraum werden die Ascherückstände in einem Gefäß aufgefangen und in einer provisorischen Urne aufbewahrt.

Der stellvertretende Leiter des Villacher städtischen Bestattungsamtes, Heinz Kos, blätterte in der Statistik: Gab es in den Restmonaten des Jahres 1953, also nach der Inbetriebnahme des Krematoriums, erst sechs Einäscherungen, so stieg diese Zahl bis 1963 auf 175 pro Jahr an und beträgt nunmehr jährlich rund 350. Allein für die Lebens- und Bestattungsgesellschaft ‚Wiener Verein' wurden in der Feuerhalle Villach bisher 4037 Einäscherungen vorgenommen. Hiervon bleiben rund 60 Prozent der Urnen zur Beisetzung im Raum Villach, die restlichen 40 Prozent verteilen sich auf Kärnten und das Gebiet um Laibach, für welches man seit ungefähr zweieinhalb Jahren gleichfalls Feuerbestattungen vornimmt.

Die heutzutage für Tausende Menschen durchaus verständliche Art der Bestattung, nämlich der Urnenbeisetzung, der eine Verbrennung des Verstorbenen vorausgeht, war vor 100 Jahren noch keineswegs denkbar. Starker Widerhall und abfällige Kritiken ergaben sich nach der Weltausstellung im Jahre 1873, als Friedrich Siemens in Wien seinen Verbrennungsofen vorführte, bei dem die Leichen nicht auf offenem Feuer – wie bei manchen Völkern anderer Erdteile – sondern bei Gluthitze verbrannt werden. Dennoch wurde 1876 in Mailand der erste und zwei Jahre darauf in Gotha der zweite Leichenverbrennungsofen Europas gebaut. Ein 1880 in Turin durchgeführter internationaler Ärztekongreß beschäftigte sich eingehend mit dem Problem der Feuerbestattung, und der Wiener Oskar Siede gründete 1885 den Verein ‚Die Flamme' und sammelte Anhänger aus allen Schichten der Bevölkerung für diese neue Bestattungsform. Vor allem in den Reihen der Arbeiterschaft hatte man viele Mitglieder werben können. Das Kaiserhaus sprach sich jedoch ebenso gegen Feuerbestattungen aus, wie die römisch-katholische Kirche.

Nach Gründung der Ersten Republik gab die Gemeinde Wien dem starken Drängen nach und ließ gegenüber dem Zentralfriedhof eine nach Plänen von Prof. Clemens Holzmeister entworfene Feuerhalle errichten, die im Dezember 1922 ihrer Bestimmung übergeben wurde. Aber selbst nach den ersten Einäscherungen gab es noch eine harte Auseinandersetzung mit der Staatsgewalt, die jedoch durch den Verwaltungsgerichtshof im Sinne der Gemeinde Wien entschieden wurde. Am 5. Juli 1963 erging vom Vatikan aus die Weisung an die Bischöfe in aller Welt, daß auch die Kirche den gläubigen Katholiken die Feuerbestattung erlaube.

Zur Zeit stehen in Österreich sieben Krematorien. Bis zum Jahre 1962 gab es in Wien und den Bundesländern 159.925 Feuerbestattungen.

Die folgenden Jahre bis 1972 wiesen die Zahl von 234.422 Urnenbeisetzungen auf. Eine Zahl, die sich in naher Zukunft noch erhöhen wird, da sich im Hinblick auf das Anwachsen der Bevölkerung und die Abnahme von Grund und Boden für Bestattungen als einzige Möglichkeit die Einäscherung und Urnenbeisetzung anbietet.

Hilde Egger“[43]

Die Italiener haben – man sagt immer, die Deutschen hätten eine Präzision – aber die haben eine Präzision in der Mitteilung, die macht Sie halb wahnsinnig: wenn Sie sechs Seiten lesen, wissen Sie überhaupt nicht mehr aus und ein, was haben Sie jetzt überhaupt gelesen, vor lauter Details, nicht? (. . .) Bitte, lesen Sie nur die Stampa, La Stampa aus Turin (. . .) (p)

Wenn es wenigstens das Krematorium von Klagenfurt gewesen wäre, wo es keines gibt. Wer überhaupt hat von Kremieren gesprochen? Wie gut diese Mitteilungen gemeint sein mögen, es sind nicht die richtigen.

Sie geht das nichts an, Sie reisen ab, Sie frühstücken neben gepackten Koffern, Sie bitten um die Rechnung, einen Beweis dafür, daß Sie hier waren. Daß Sie abgereist sind.

Sie wissen nun, was es heißt, wenn der Flugplatz beschrieben ist als *neben* den Friedhof gelegt, dann ist der eine neben dem anderen im wörtlichen Sinne, ein paar Schritte weiter; Sie brauchen nicht den Bus abzuwarten, der Anschluß zum Flugplatz hätte, der A nach Annabichl genügt allemal, jetzt steht einer vor dem Bahnhof wie wartend.

Der Bus riecht anders als gestern morgen. Spätestens am Heiligengeistplatz merken Sie, warum: hier steigen fast nur solche Passagiere ein, die tannene Kränze, Gebinde, Sträuße über der Schulter, um den Hals, um den Bauch, unterm Arm, in der Hand halten, seit dem Morgen hat der Wagen Nadelduft aufgenommen und nach Annabichl befördert. Wer davon nichts dabei hat, fühlt sich gleich angesehen. Das Wetter ist nicht wie in der Zeitung, sondern neblig bis ins Mark, undeutlich rutscht die Front der Ursulinen vorbei, kein Leuchten auf dem Theaterplatz, irgend wo oben fliegt der Turm von St. Egyd, dies muß der Heuplatz sein, schon beginnt die St. Veiter Straße, die ist bloß zum Abwarten da. Wer jetzt aufstünde und einer älteren Dame seinen Sitzplatz anböte, beginge eine grobe Unhöflichkeit, da er alle anderen zu Bewegungen zwänge in einem Raum, der sie nicht mehr zulassen kann. Sie können voraussehen, wie solche Menge sich abbilden wird im Café Blumenstöckl; viel Erholung wird da nicht sein.

Denn Sie haben Zeit, heute tritt der Winterflugplan der Austrian Airlines in Kraft, die Maschine soll den Platz Wörthersee nicht um 12:35 sondern um 13:30 verlassen; nun werden Sie einmal besichtigen, wie die Klagenfurter Allerseelen begehen.

Das ist mehr als ein Totenfest, was sich zu beiden Seiten des Bahnübergangs Annabichl begibt, eine Messe ist es, ein Markt! Immer wird die langsam ruckende Menge Menschen angehalten von Ausrufungen, Schaustellungen, günstigen Angeboten: verkauft wird das obligate Zubehör: die Öllämpchen in der billigen wie der teuren Ausführung, Kerzen in Dosen, im Glas, in gefälteltem Metall, rote mit Ständern, gelbe Windlichte, weiße Nacht- oder Grablichte, Kränze überall, noch mehr Gebinde (mit Ständer) und Blumen, Blumen aus Eimern, aus Kübeln, in Töpfen, aus dem Karton, in Samentüten. Der Eindruck des Vergnügens mag sich der bunten Werbung auf den Schirmen über den Ständen verdanken, da drängen sich die Leute um die Würste, die Maroni, das Backwerk Allerlei. Die Kinder bestellen bei ihren Begleitpersonen Gummi zum Kauen; es soll jeweils eine bestimmte Marke sein.

Mitten in die Gehströme, in den Weg zur Friedhofsgärtnerei und bei den Leichenhallen, haben dunkel gekleidete Herren sich hingestellt mit schwarzen Kästen. Spendet für das Österreichische Schwarze Kreuz! Sie sehen dem Spender, wenn denn einer sich anhalten läßt wegen der Kriegsgräberfürsorge, deutlich in die Augen und danken ihm vernehmlich.

Der Hauptweg der Bestattungsanlage ist dicht begangen, auch die Nebenwege belebt. Viele Kerzen brennen zum Andenken der Kämpfer für ein Freies Österreich 1938–1945, viele Kerzen brennen auf dem Blechtrog unterhalb des Gekreuzigten. Manche Kinder haben nicht Schnupfen und putzen sich die Nase. Offenbar tragen nur die Angehörigen neuerer Trauerfälle Schwarz. Sie könnten meinen, an diesem Tage, in dieser Versammlung, fehle nicht viel von der Bevölkerung Klagenfurts; die wandernden Familien lassen denken an festliche, aber würdige, Promenade; es kommt zu Begegnungen, Gesprächsrunden, Verabredungen. Leute, die einander sonst nicht treffen. Eine Frau, in ihrer Überraschung bei unverhofftem Wiedersehen, platzt heraus mit der Definition: Treffpunkt Friedhof!

Das Grab Nummer 16 in der Reihe 3 in der Klasse I im

Feld XXV hat Besuch gehabt. Am Kopfende des Hügels lehnt ein kleiner, aus vielerlei Blumen, auch solchen mit Kirschen, geflochtener Kranz, mit eigroßen Steinen umlegt.

Im Café Blumenstöckl bestellen Sie einen Espresso und/oder Campari, denn Sie haben dort in der Küche Ihr Gepäck ablegen dürfen und werden sich doch erkenntlich zeigen. Auch geben Sie ein Trinkgeld, denn Austrian Airlines haben Sie unterrichtet über Tipping: „This is usual in Austria. If service has been satisfactory, the tip should be about 10 % of the bill."[44] Was war an der Bedienung auszusetzen?

Die paar Schritte zum Flughafen merken Sie kaum. Nur noch ein Stratege könnte vermuten, wo hier Kinder einmal *Laufgräben ausheben* mußten.

Um 11:15 fährt auf der Straße in Richtung Flugplatz ein graues Auto mit dem Kennzeichen ROMA, es steht dann aber vor dem Gebäude nicht geparkt. Wenn die noch heute mit dem Auto bis Rom kommen wollen ... Auch im Restaurant des Flughafens, erster Stock, bemerken Sie einen bestürzenden Rückgang des kärntnerischen Fremdenverkehrs. Dabei wäre dem Kellner zu glauben, er habe nur auf Sie gewartet, um gerade Ihre Wünsche zu hören.

Zwischen dem Flughafen und der Stadt sind noch unbebaute Flächen übrig. Felder, *Herbststickereien.* Das Licht ist nicht so heiter wie versprochen, aber es reicht, den Turm der Stadtpfarrkirche kann man in ihm sehen. Nur die Uhr, die Uhr – das ist ganz unmöglich.

Es ist schon Eins, aber die Maschine aus Frankfurt ist nicht einmal zu hören. Im Foyer vor den Schaltern trägt ein Chauffeur seinem Brotherrn immerfort die Reisetaschen nach, weil der hingeht und hergeht, unruhig wegen der Verspätung. Dem Herrn ist solch Diensteifer genierlich, so vor den Leuten.

Im Duty Free Shop liegt ein Prospekt aus eigens für Klagenfurt-Wörthersee. Cigarettes, American? Cigarettes, Austrian? Cigarettes, Dutch? Whisky, Brandy, liqueurs, shave lotions, perfumes? Der Duty Free Shop ist geschlossen. Um 13:18 Uhr rollt Flug 425 vor dem Gebäude aus. On the apron. Das soll Flug 426 werden.

Sie können „so" durchgehen. Sie werden mit allem Handgepäck zurückgebeten. Der Inhalt wird ein wenig betastet, den Paß jedoch verlangt der Beamte nicht zu sehen. Wer nun will beweisen, daß Sie hier abgeflogen sind?

Die D.C. 9, nunmehr Flug 426, hebt um 13:57 von Kärnten ab. „Tirol" heißt die Maschine. You are flying with the Official Airline of the Vienna Horticultural Exhibition 1974. Sie dürfen wählen zwischen der Kärntner Tageszeitung von heute und dem römischen Daily American von gestern. Kein Suchblick nach den Karawanken, nach dem See? Gestern haben sie in Rom auf die Titelseite des Daily American ein Foto mit Henry Kissinger gesetzt. Talks all the day, Henry does.

Aufsetzen in Salzburg: 14:08 Uhr. Hier sind sie streng mit der Abfertigung. (Ist Ihr Gepäck durchgesehen worden in Klagenfurt? – Ja. Genau!) Wenn Sie hier etwas Zollfreies kaufen wollten, der Laden ist offen. Invalid's Port? Aber sie haben nicht die Stampa von Turin.

Über dem herdenreichen Bayern erfahren Sie von Associated Press, daß die italienische Regierung gestern eine Steueramnestie verkündet hat: man muß nicht alles zahlen von der Differenz zwischen den eigenen Angaben und dem, was das Finanzamt so schätzt, sondern die Hälfte. Aufhebung des Zölibats in Österreich gefordert! Wie immer es stehen mag um den Kärntner Fremdenverkehr, im Bundesdurchschnitt sieht es womöglich besser aus: hier hat eben jemand schwedisch gesprochen. Die Saaltöchter der Luft, die ihre Ansagen bis

Salzburg nur deutsch/englisch gegeben haben, tun bis Frankfurt eine französische Fassung hinzu. Die D.C. 9 ist jenes Fluggerät, in dem die Aschenbecher oben links sind. Landung auf dem Rhein-Main-Flughafen bei Frankfurt 15:18. Da Sie ja nicht drängeln, sind Sie um 15:25 durch die Kontrollen der Polizei und des Zolls.

Anschluß nach Rom? Das wird nicht mehr leicht halten zu dieser Tageszeit. Sie könnten einen Besuch machen in Frankfurt, oder zwei. Sie könnten weiterfliegen nach Amsterdam, Westberlin, Helsinki . . . Sie können sich rasch entschließen und Lufthansa 286 nach Turin nehmen. Die Maschine geht ab um 16:25, das schaffen Sie.

ich werde fleißig sein, gewissenhaft und sparsam sein. Nur grade heute nicht. (r)

Nur grade heute nicht.

1974

Anmerkungen

a) Brief vom 18. Mai 1970
b) Brief vom 24. Januar 1966
c) Brief vom 25. Juli 1970
d) Jugend in einer österreichischen Stadt. In: Ingeborg Bachmann, Ausgewählte Werke in drei Bänden, Berlin und Weimar 1987, Bd. 2
e) Österreichische Verhaltensforschung; volkstümlich
f) In einem Interview mit Gerda Bödefeld. In: Brigitte 27/1971, S. 62
g) Brief vom Sommer 1966
h) Brief vom 3. Februar 1970
i) Brief vom 6. August 1970
j) Brief vom 14. Januar 1971
k) Brief vom 6. März 1970
l) Drei Wege zum See. In: Ingeborg Bachmann, a. a. O.
m) Kindergedicht. 1970

n) erinnert nach einem Telefongespräch vom 14. Februar 1972
o) Empfangsvermerk des Fernamtes 1 Berlin: 25. März 1972, 23:06 Uhr
p) erinnert nach einem Telefongespräch vom 22. März 1972
q) Was ich in Rom sah und hörte. In: Ingeborg Bachmann, a. a. O., Bd. 1
r) Brief vom 18. August 1970

1 Kärntner Tageszeitung, 31. Oktober 1973
2 Austrian Airlines, Sommerflugplan, 1. April bis 31. Oktober 1973 (1. Ausgabe)
3 Herold-Adreßbuch von Österreich, Band II, Wien 1973
4 300 Jahre Ursulinen in Klagenfurt, Klagenfurt 1970
5 Klagenfurter Zeitung, 15. März 1938, S. 289
6 Dieter Wagner/Gerhard Tomkowitz, „Ein Volk, ein Reich, ein Führer!", München 1968, S. 309
7 Klagenfurter Zeitung, 17. März 1938
8 Das Schwarze Korps (Organ der S.S.). Zitiert nach 6 aus dem Kapitel für Dienstag, den 15. März 1938, S. 362
9 Klagenfurter Zeitung, 16. März 1938
10 Kärntner Tagblatt, 6. April 1938
11 Klagenfurter Zeitung, 22. Juli 1938
12 Zitiert nach 6, S. 363
13 Klagenfurter Zeitung, 9. August 1938
14 Erziehung und Unterricht in der Höheren Schule. Zitiert nach der „Festschrift zur feierlichen Eröffnung des Bundes-Gymnasiums und -Realgymnasiums und Wirtschaftskundlichen Realgymnasiums für Mädchen in Klagenfurt", Klagenfurt o. J., S. 23
15 Hermann Th. Schneider, Die Straßen und Plätze von Klagenfurt, Klagenfurt o. J.
16 Trude Polley, Klagenfurt, Wien und Hamburg 1973, S. 279 (dort: Bibliographischer Anhang, S. 320–322)
17 ebd., S. 105
18 ebd., S. 306 f.
19 ebd., S. 279 f.
20 Michael Hamburger, A Mug's Game, Cheadle (Cheshire) 1973, S. 132
21 ebd., S. 133 f.
22 Gerald Bisinger & Walter Höllerer (Hrsg.), Das literarische Profil von Rom, Berlin (West) 1970, S. 76 f.
23 Der Spiegel Nr. 34/1954 (18. August), S. 26 ff.
24 U. J., Brief an Frau Bachmann vom 10. Juni 1966

25 U. J., Leserbrief an Der Spiegel (dort nicht abgedruckt) vom 15. Mai 1970
26 U. J., Brief an Frau Bachmann vom 30. Juli 1970
27 U. J., Brief an Frau Bachmann vom 13. August 1970
28 U. J., Brief an Frau Bachmann vom 20. Januar 1971
29 Polley, a. a. O., S. 100 f.
30 Nach dem von der Pressestelle des Klagenfurter Rathauses ausgegebenen offiziellen Lebenslauf
31 Süddeutsche Zeitung, 14. November 1973
32 Polley, a. a. O., S. 300 ff.
33 Salzburger Nachrichten. Freie Tageszeitung für die österreichischen Bundesländer, 27./28. Oktober 1973
34 Polley, a. a. O., S. 309
35 ebd., S. 317
36 ebd., S. 13 f.
37 Friedrich Noack, Das deutsche Rom, Rom 1912, S. 40–49
38 Hans Geller, Deutsche Künstler in Rom, Rom 1961, S. 55–64
39 Johann Wolfgang Goethe, Römische Elegien, VII
40 ders., Brief an Fritz von Stein am 16. Februar 1788
41 Platen, Gedichte, Heidelberg 1958, S. 177 ff.
42 Kärntner Tageszeitung, 18. Oktober 1973
43 ebd., 1. November 1973
44 Wien Prospekt, Issued by Vienna Tourist Board and Austrian Airlines, Wien, Juli 1972

Identität des verstorbenen Autors zweifelhaft; Verleger verweigern Auskunft

Das erste, wonach ich in der New York Times suche, ist die Nachruf-Seite.

Wystan H. Auden

Sonderbericht an die New York Times

Cobh, Irland, 25. August – in dieser malerischen kleinen Stadt wird ein neues Kapitel im Leben des deutschen Autors Uwe Johnson aufgerollt, eines Lebens, das erst in der vergangenen Woche sein Ende fand. Unser Blatt berichtete darüber im Zusammenhang mit einem Artikel über die hohe Sterblichkeitsrate der Passagiere in den weitverzweigten Gängen des Flughafens Orly, Frankreich.

Nach Mitteilung von Thomas Shean, Rechtsanwalt in Cobh (einer Stadt, die viel von ihrer Bedeutung als Transatlantik-Hafen verloren hat), dürfte Mr. Johnson, der bis zu diesem Tag als Verfasser zahlreicher Bücher galt, kein einziges davon selbst geschrieben haben.

Anwalt Shean legte gestern ein Testament vor, bei dessen Abfassung er selbst vor mehreren Jahren mitgewirkt hatte, als der verstorbene Literat auf der Suche nach einem Haus durch Cobh gereist war. Die Besonderheit des Testaments besteht darin, daß in ihm etwa 700 maschinengeschriebene Manuskriptseiten angeheftet sind. Neben den üblichen Nachlässen an die Familie enthalten die DIN A 4-Bogen in der Hauptsache ein in unregelmäßigen Abständen geführtes Tagebuch der Jahre 1958 bis 1968, ergänzt durch literaturkritische

Kommentare und biographische Notizen. Der Rechtsanwalt, der diese Enthüllungen in seinem kleinen und staubigen Büro unserem Korrespondenten gegenüber machte, betrachtet es als besonders merkwürdig, daß sich die in den Notizen enthaltene Kritik ausschließlich gegen jene Werke richtet, die unter dem Namen Uwe Johnson erschienen sind; die Kommentare sind ohne jeden Zweifel in seiner eigenen Handschrift gefaßt, und der Verewigte bestreitet darin jede Urheberschaft an jenen Büchern, zu denen er in seinem Nachlaß Stellung nimmt.

Der biographische Teil, der bis 1958 reicht, ist im allgemeinen mit dem Lebenslauf, der zu Lebzeiten Uwe Johnsons als Pressematerial ausgegeben wurde, identisch. Demnach wurde er 1934 im heute polnischen Teil Pommerns geboren und verbrachte seine Kindheit bis 1945 in einer kleinen Ortschaft an der Peene. Bis 1954 lebte er in Mecklenburg, einer anderen norddeutschen Provinz, und zwar zunächst in einem Dorf, dann in einer Kleinstadt an der Nebel, wo er auch die Oberschule abschloß, und schließlich in Rostock, wo er mit dem Studium der deutschen Literaturgeschichte begann. Rostock liegt an der Warnow, die dort in die Ostsee mündet. 1956 promovierte er an der Leipziger Universität (benannt nach Marx, dem Wirtschaftsanalysator), und war damit für eine akademische Laufbahn gerüstet. Die staatliche Jugendorganisation, deren Funktionäre oft an seinen Kommentaren über ihr Wirken und Handeln Anstoß genommen hatten, verhinderte jedoch seine Berufung an eine Universität und schloß ihn von jeder Beschäftigung an ähnlichen Instituten in jenem Teil Deutschlands, der nicht unter amerikanischer Kontrolle steht, aus. Zu diesem Zeitpunkt geschah es auch, daß Mr. Johnson einem staatlichen Verlagshaus in Ostberlin einen Roman anbot; als das Manuskript dort abgelehnt wurde, reichte er es an Peter Suhrkamp weiter, den großen, alten Mann der westlichen Verlagswelt, der es jedoch auf den Rat eines Mitarbeiters hin ebenfalls ablehnte. In dieser interessanten Lage – ausgeschlossen aus seinem Arbeitsgebiet und aller Hoffnungen dichterischen Ruhmes begeben – nahm Mr. Johnson ein Angebot an, das ihn buchstäblich in einen anderen Menschen verwandelte. Es verpflanzte ihn in die westliche Welt, in ein Leben bescheidenen Wohlstandes und in Literatenkreise, die ansonsten wohl jenseits seiner Reichweite gewesen wären. (Seine Familie ist bäuerlichen Ursprungs.)

Wie er Schriftsteller wurde

Eine nicht identifizierte Person – die Preisgabe ihres Namens wird im Nachlaß mehrmals angedroht – ohne daß sie jedoch wirklich folgt – erkundigte sich über Mittelsmänner bei Mr. Johnson, ob er daran interessiert wäre, ein Manuskript in den Westen zu bringen und sich als dessen Autor auszugeben. Als Zeitpunkt dieser Gespräche wird der Anfang des Jahres 1958 genannt. Johnson befand das Manuskript mit dem Titel „Die Deutsche Reichsbahn" als literarisch akzeptabel, und nachdem er seine Zukunftschancen in der damaligen Deutschen Demokratischen Republik als gescheitert betrachtete, erschien ihm ein Neubeginn im Westen als willkommen. Er stimmte also den Vorschlägen der unbekannten Person zu. Er änderte den Titel des Manuskriptes in „Mutmaßungen über Jakob" und überreichte es dem Suhrkamp Verlag in Hessen, einer der – geographisch betrachtet – mittleren Provinzen der damaligen Bundesrepublik Deutschland. Der Verleger nahm das Buch – ein Roman von 330 Seiten – zur Veröffentlichung an, freilich erst nach einigem Zögern aufgrund von Mr. Johnsons Ruf als Autor.

Was nun folgte, war nicht die bequeme Existenz geruhsamer Erwartung, sondern ein Leben auf Befehl. Er wurde angewiesen, jederzeit in der Öffentlichkeit in Erscheinung zu treten und alle diesbezüglichen Wünsche des Verlegers zu erfüllen: Mr. Johnson mußte also langweilige Partys besuchen, Unbekannten seine Gefühle offenbaren, im Rundfunk, Fernsehen und vor Literaturzirkeln der Provinz aus seinem Buch vorlesen; außerdem wurde von ihm erwartet, daß er immer wieder zu erklären bereit war, was er mit seinem Buch aussagen wollte. Allerdings war Mr. Johnson zu jenem Zeitpunkt – soviel geht aus den Zeitungsausschnitten der damaligen Periode hervor – für diese Rolle durchaus geeignet. Er kannte sich in der Theorie des Romans aus und war in der Lage, allgemeine Probleme der Literatur intelligent zu diskutieren und seine Gesprächspartner dabei zu der Ansicht zu verführen, daß er einer ihresgleichen sei. Darüber hinaus hatte er den wichtigen Vorzug, nicht wirklich wie ein Mann auszuschauen, der im Stil der „Mutmaßungen" schrieb. Das Jahr 1959 sah ihn als großen, kräftig gebauten Mann von zurückhaltendem und vielleicht etwas formellem Benehmen, der nur selten lächelte. Redlich erfüllte er seinen Teil des Abkommens mit dem wahren Autor (oder den wahren Autoren) über einen Zeitraum von rund zehn Jahren und vier weiteren Büchern, erst dann begannen die ersten Anzeichen seelischer Belastung in Erscheinung zu treten. In zunehmendem Maße weigerte er sich, zu sagen, was die unter seinem Namen erschienenen Romane wirklich bedeuteten; Fragen nach dem Symbolgehalt seiner Bücher beantwortete er, indem er einfach wiederholte, was in den Büchern zu lesen stand.

Ein geplantes Leben

Wie aus Mr. Johnsons Testament hervorgeht, umfassen die Anweisungen seines Auftraggebers nicht nur sein „berufliches“ Auftreten, sondern auch weite Abschnitte seines Privatlebens. Aus den Aufträgen, die zusammen mit ansehnlichen Summen – übermittelt von einem Büro der American Express Company in Stockholm – in der zweiten Woche eines jeden Monats eintrafen, erfuhr Mr. Johnson, wo er sich aufhalten mußte, wohin er zu reisen hatte und was er anziehen sollte. Das Ergebnis war, daß er sich sechs Jahre lang in Berlin aufhalten mußte (jenem Teil der Stadt, der von den drei Westmächten – den USA, Großbritannien und Frankreich – als Folge des Zweiten Weltkrieges besetzt ist); die Ortswahl mußte er mit der Behauptung rechtfertigen, daß ihm das Klima besonders zusage. Jedoch ist das Klima Westberlins nicht anders als das Ostberlins. Aufgrund seiner Aufträge mußte er ferner in Rom leben und die Vereinigten Staaten besuchen, nach Berlin zurückkehren und zwei absurde Tage lang durch die Schweiz reisen. Gewisse Monate mußte er zur Gänze auf Vorlesungstournee verbringen, und schließlich war er gezwungen, in die Vereinigten Staaten zu übersiedeln, ohne daß er sich je über das Schema der Befehle klar wurde. Er wurde aufgefordert, möglichst immer eine schwarze Lederjacke zu tragen, sich niemals ohne seine Brille fotografieren zu lassen und sich – offenbar ein besonderer Wunsch seiner Drahtzieher – im Frankfurter Römer, einem historischen Gebäude, trauen zu lassen. Gemäß der Schilderungen im Testament veranlaßten ihn seine Auftraggeber auch zu der Erklärung, daß er in seiner Jugend Streichholzschachteln gesammelt hätte; und in einem Fall wurde ihm verboten, einen Drink anzunehmen.

Anfang 1966 wurden für Mr. Johnson Vorbereitungen getroffen, nach New York, der Hudson-Stadt, zu übersiedeln und dort eine Stellung anzunehmen, nachdem er sich darüber beklagt hatte, daß es ihm immer schwerer falle, die Zeit totzuschlagen. Dieser neue Auftrag beinhaltete eine geregelte Tätigkeit mit festen Bürostunden, aber auch unter diesen Umständen hatte er immer noch große Schwierigkeiten, sich selbst zu beschäftigen. Schon in früheren Lebensjahren, als er noch Vertreter war, fand er bald keine Erfüllung mehr darin, den Tag mit Büchern oder Filmen zu vertreiben, und mußte zu anspruchsvolleren Methoden Zuflucht nehmen: Er zog es vor, in Städten, in denen er sich gerade einen halben Tag aufhielt, U-Bahn zu fahren, die Menschen zu beobachten und die Pläne der öffentlichen Verkehrsmittel zu studieren. Als auch diese Methode in der Wiederholung ihre Wirkung verlor, fand er einen neuen Weg, um seine leeren Stunden und Wochenenden auszufüllen: Er begann zu schreiben. Es kann angenommen werden, daß der Großteil seines Nachlasses in den Jahren 1967 bis 1969 abgefaßt wurde, und wenn wir von der Annahme ausgehen, daß eine Produktion von drei Seiten pro Tag eine durchaus beachtliche Leistung für eine Person ohne Übung auf diesem Gebiet darstellt, dürfen wir folgern, daß ihm nun nicht mehr viel Freizeit zur Verfügung stand. In allen Einzelheiten brachte er Episoden aus seinem Leben vor dem schicksalsschweren Jahr 1958 zu Papier, ferner Vermutungen über die Absichten der wahren Autoren; mit Eifer und Bitterkeit griff er die Legende an, die seinen Namen trug und die schließlich niemand besser kennen konnte als er selbst. Daneben enthält der Nachlaß einen „Beitrag zum Jargon des oberen Riverside Drive, mit Bemerkungen zum phonetischen System". Diese geregelte Arbeit, die als eine Art Rechtfertigung seiner Existenz gedacht war, hatte aber für ihn nicht die beruhigende Auswirkung, die sie auf einen Fachmann gehabt hätte. Er verbrachte jetzt viel Zeit in den irischen Bars an der 3. Avenue; dann geschah es, daß Mr. Johnson es ablehnte, sich auf dem Tempelhofer Flughafen in Westberlin als Ehrengast behandeln zu lassen, wodurch er einen Zwischenfall hervorrief; ferner flog er an einem Wochenende nach Stockholm, wo er die Niederlassung der American Express Company – die natürlich am Sonntag geschlossen war – besuchen wollte; und schließlich machte sich ein wachsendes Zögern bemerkbar, auf Dichterlesungen in Erscheinung zu treten und über Literatur, geschweige denn über Bücher von „Johnson" zu reden. Sein Gemütszustand – so geht es aus der dicken, verschnörkelten Handschrift des Testaments hervor – war zusätzlich durch die Verpflichtung beeinträchtigt, die Bürostunden eines ganzen Jahres im Verschlag eines New Yorker Verlagshauses ohne eigentliche Arbeit zu verbringen und sich zu benehmen wie jemand, der schreibt und der ein Schriftsteller ist. Um den Demütigungen und den Ansprüchen seines ausgehöhlten Lebens zu entkommen, scheint er nun zu einem ziemlich exzentrischen Schritt bereit gewesen zu sein. Ein Hinweis darauf erfolgte von einem Angestellten der türkischen Botschaft in Washington, D. C., der ungenannt bleiben möchte. Es gilt als beinahe sicher, daß Mr. Johnson sein Verschwinden vorbereitete.

Warum nicht schon früher?

Mit Sicherheit darf angenommen werden, daß es Mr. Johnson einige Jahre hindurch gelang, die Früchte des Vertrages, den er als unerfahrener Akademiker frisch von der Universität unterzeichnet hatte, zu genießen. Damit soll nicht behauptet werden, daß die gegenwärtige literarische Szene viel Anlaß zur Freude bietet (siehe auch Teil 7 dieser Zeitung), aber es könnte durchaus angenehm gewesen sein, daran teilzunehmen, ohne richtig schuldig zu sein. Er brauchte sich nicht einmal Gedanken darüber zu machen, was die Öffentlichkeit von den Büchern „Johnsons" wirklich hielt, weil ein Arrangement alle Geschäftsbriefe an das Anwaltsbüro seines Arbeitgebers weiterleitete. Und da der Verkauf der Bücher „Johnsons" nur mäßig war und das Einkommen daraus ungefähr dem Gehalt, das ihm gezahlt wurde, entsprach, mußte er sich auch nicht – was die finanzielle Seite betrifft – benachteiligt fühlen. Er konnte sich die Erfüllung der meisten Wünsche leisten. Sein Privatleben kam nicht zu kurz. In dem in Cobh vorgefundenen Manuskript ist von einem Plan die Rede, seine eigene Schreibarbeit systematischer zu ordnen und sie unter einem anderen Namen zu veröffentlichen. Durchaus glaubhaft ist auch die Annahme, daß eine Reihe von Gedichten im „Little Magazine", von dessen Autor nicht mehr als ein Postschließfach bekannt ist, aus der Feder Mr. Johnsons stammen. Diese Gedichte sind Wortspielereien und tragen als Unterschrift die Initialen J. U. Die Aussicht auf eine allmähliche Gewöhnung an die Anforderungen dieses 30jährigen Vertrages ging jedoch plötzlich in die Brüche, als Mr. Johnson – nachdem er jahrelang von seinem Vertragspartner kaum Nachricht erhalten hatte – informiert wurde, daß man ihm innerhalb von zwei Tagen ein neues Manuskript auf dem Flughafen Orly (Frankreich) übergeben würde. Aus der beinahe unleserlichen Handschrift des Testaments geht hervor, daß Mr. Johnson auftragsgemäß vor seiner Abreise der Presse mitteilte, daß „sein" neues Buch den Titel „96th and Broadway" tragen würde, daß es sich um einen Roman handele und daß er sich mit dem im Titel genannten Schauplatz befasse. Um Mr. Johnsons Entrüstung verstehen zu können, muß man wissen, daß er selbst in der Nachbarschaft dieses Schauplatzes gelebt und die genannte Kreuzung zweimal jeden Tag passiert hatte. Was er offensichtlich nicht ertragen konnte, war der Umstand, daß nunmehr alles den Anstrich erhielt, als habe er selbst das neue Buch geschrieben, so daß man ihn jetzt auf viel persönlichere Weise als bei seinen früheren Büchern für den Inhalt verantwortlich machen könne. Zusätzlich wurde Mr. Johnson von dem Argwohn geplagt, daß sein Auftraggeber zur gleichen Zeit wie er in der Nachbarschaft der 96. Straße und des Broadway wohnte, so daß er offenbar unter Beobachtung gestanden hatte.

Strategie

Mr. Johnson beabsichtigte, das Manuskript vom Flughafen Orly zum Schauplatz seines Verschwindens mitzunehmen, es zu lesen und es dann für alle Zeiten zu verbergen.

Pariser Polizei unbeeindruckt

Die Pariser Polizei betrachtet den bedauerlichen Zwischenfall, der sich am vergangenen Donnerstag auf dem Flughafen Orly zugetragen hat und am gleichen Tag entdeckt wurde, als „nicht außergewöhnlich". (Orly ist der Flughafen von Paris, der Hauptstadt von Frankreich.)

Freunde zeigen sich enttäuscht

Freunde Mr. Johnsons in der Gegend der Upper West Side Manhattans erklärten auf Befragung gestern abend, daß der verstorbene Betrüger ihnen gegenüber immer den Eindruck eines stabilen Menschen erweckt hatte. Seine gelegentlich traurige Haltung war als „Übermüdung“ ausgelegt worden. Man hielt ihn für „fleißig und arbeitsam“, und niemandem war bewußt gewesen, daß Mr. Johnson nach Stunden geselliger Unterhaltung nur mit dem Ziel aufgebrochen war, für den Rest des Tages U-Bahn zu fahren, um sich so die Zeit zu vertreiben. Mr. Johnson galt als Freund der freien Natur. Er war ein Kenner der sogenannten „Bostoner Steak-Tradition“, und er genoß Ansehen in einem chinesischen Restaurant. Im allgemeinen reagierte sein Bekanntenkreis auf die seltsame Entwicklung mit der Meinung, daß Mr. Johnson ihre Freundschaft verraten hätte, da er ja gar kein Romancier war.

Poststempel Dublin

Das Manuskript, das Mr. Johnson vor seiner Abreise aufgegeben hatte, trug bei seinem Eintreffen in Cobh den Poststempel von Dublin, Irland. (Cobh ist eine Fischerstadt mit Vergangenheit als Anlegehafen der Transatlantikschiffahrt und liegt in einer breiten Bucht.)

Kein Kommentar

Die deutschen „Kollegen“ Mr. Johnsons lehnen jeden Kommentar ab. Informierte Kreise der Literaturbörse führen das Schweigen auf die Reihe von Presseenten zurück, die letzthin von der Londoner Sunday Times – nicht zu verwechseln mit dieser Zeitung – lanciert wurden.

Zahl der Kinder unbekannt

Mr. Johnson hinterläßt eine Witwe und eine Reihe von Kindern, deren genaue Zahl von diesem Korrespondenten nicht ermittelt werden konnte.

Schwester erwähnt Spur

In einem Telefoninterview erinnerte sich die Schwester Mr. Johnsons, daß dieser in der letzten Zeit – vor allem, wenn er leicht angeheitert war – öfter andeutete, daß ihm eine Rundfunkpersönlichkeit für den Fall, daß seine literarische Karriere scheitern sollte, eine Anstellung als Nachrichtensprecher angeboten hätte. Die Schwester erklärte weiter, daß Johnson immer tief gerührt war, wenn er auf diese noble Geste zu reden kam. Näheres wollte sie nicht mitteilen.

Nachlaß soll veröffentlicht werden

Der deutsche Verleger der Bücher Mr. „Johnsons" bezeichnet diese Entwicklung als „üblen Scherz", sandte aber nichtsdestoweniger einen leitenden Verlagsmitarbeiter nach Cobh, um das Copyright des Manuskriptes – hinterlassen von einem Mann, der selbst zwar nicht als Geist geschrieben, aber das Leben eines solchen geführt hatte – zu erwerben. Der reiche Kommunist Giangiacomo Feltrinelli befindet sich angeblich ebenfalls unter den Bietern. Cobh liegt in der Grafschaft Cork, Irland. Mit der Hauptstadt Cork ist Cobh durch eine Eisenbahn entlang des Lee-Flusses, einer Landschaft von romantischer Schönheit, verbunden. Die Urheberrechte werden von einem relativ unbekannten Journalisten namens Mike S. Schoelman betreut, der bisher noch mit keinem größeren literarischen Coup in Verbindung gebracht wurde und auch nicht zum persönlichen Bekanntenkreis von Mrs. Allilujewa gehört. (Allilujewa ist der Mädchenname der zweiten Gattin M. Dshugaschwilis. Mr. Dshugaschwili nannte sich selbst Stalin. Allilujewa ist der Name von Stalins Tochter, den sie für Arbeiten in den Vereinigten Staaten benutzt.) Auch die Rechte zur Verfilmung des Manuskriptes sind zum Verkauf angeboten. Nach Ansicht von Mike S. Schoelman, des voraussichtlichen Biographen von Mr. Johnson, dürfte ein Teil des in Dublin verschickten Manuskriptes in Code abgefaßt sein, vor allem eine Analyse der Änderungen des New Yorker U-Bahn-Netzes; eventuell sind daraus Schlüsse über die Personen (bzw. den Personenkreis oder die Organisation) zu ziehen, die hinter Mr. Johnson stand. Stichproben in jenen Gegenden, wo Mr. Johnson seine Jugend verbrachte, haben ergeben, daß die Bewohner von Güstrow an der Nebel oder Leipzig an der Pleiße Fotos seiner Person nicht identifizieren konnten. Wie ein Sprecher des Verteidigungsministeriums betont, besteht die Möglichkeit, daß der gesamte auf Ostdeutschland bezügliche Teil der „Biographie" Mr. Johnsons gefälscht ist und daß der Verstorbene unter dem Deckmantel eines gemütlichen Literaten Spionagetätigkeiten ausübte. Auch der Name „Johnson" klinge verdächtig, erklärte der Sprecher weiter. Gleichzeitig hat die Suche der Polizei von Cork nach der Familie Mr. Johnsons zu keinem Ergebnis geführt. Nach Aussage von Detektiv Thomas Shean (keine Verwandtschaft mit dem Anwalt) ist die Polizei überzeugt, daß demnächst aus dem Leben des geheimnisvollen Mr. Johnson, der vergangenen Donnerstag auf dem Flughafen Orly (bei Paris) im Schlaf verschied, ein weiteres Kapitel enthüllt werden dürfte.

1969

Garantiert durch Wirklichkeit

Verteidigen Sie Ihre Unabhängigkeit
bis zur letzten Seite des Buches.
Wird Ihnen ausdrücklich gesagt, was der Roman
zu sagen versuchte, ist dies
der letzte Augenblick zur Entfernung des Buches.
Sie haben sich das Recht erworben
auf eine Geschichte.

Uwe Johnson

I.

Sagen Sie nicht Figuren, forderte er immer wieder, und mit Nachdruck, auch Gestalten, mit dem Zusatz: literarische, wollte Uwe Johnson seine Schöpfungen nicht nennen lassen; er sprach von Personen. Sie seien für ihn schon so etwas wie Charaktere „in der Realität". Er habe, sagt er und spricht von sich in der dritten Person, „in ihrer Gesellschaft gelebt, seit er sie erfunden hat, und er hat sie nicht aufgegeben, nachdem *ein* Buch hinter ihnen geschlossen wurde". Auch von Medium, von Konstruktion, von Materialien wollte er im Zusammenhang mit seinen Arbeiten nichts hören. Einer auf eine Festtagsrede eingestimmten Zuhörerschaft rechnete er auf das Nüchternste vor, das Geld, das mit dem Büchner-Preis verbunden sei, habe er bereits zur Erkundung von Einzelheiten für seinen Roman ausgegeben, für diese, am Ende vierbändigen, „Jahrestage", sein Hauptwerk. Immer wieder spricht er davon, seinen Personen eine Version für den Fortgang der Geschichte anzubieten, wie er, andererseits, von Lebenden – Freunden, Nachbarn, Zufallsbekanntschaften – Details „leiht" oder sich „schenken" läßt. „Schamlos habe ich dich gebeten, mir deine Erinnerung abzutreten", schreibt er, den Maler Hann Trier in dem Erinnerungsstück „Schultafel" direkt anredend; im Buch, fährt er fort (wir erinnern uns), taucht der Vorfall natürlich verändert auf, „umgebaut, eingekleidet in ein Hauptmotiv und gänzlich anders belastet", das versteht sich. Es geht nicht schlechthin um Realitätspartikel, die Frage ist, wie teuer ist einem die Wahrheit, was ist einem das Bescheidwissen wert, und will man auch, um den Preis von Nachteilen, Bescheid wissen? Das macht Uwe Johnson in einem Gespräch deutlich, in dem der Interviewer anzweifelte, daß jemand, nach New York verschlagen wie Gesine Cresspahl, seine wichtigste Person aus den „Jahrestagen", achtzehn Dollar vertelefonieren würde ausschließlich zu dem Zweck, herauszufinden, welches Wetter an einem ganz bestimmten Tag in Berlin geherrscht habe.

Manchmal setzten Kritiker, Leser wohl auch, Autor und dieses sein Geschöpf, Gesine Cresspahl, nach dem Beispiel Flaubert – Madame Bovary nahezu gleich. Johnsons Reaktion darauf grenzt schon ans Manische, wenn er, wie in Überreaktionen, sich darauf versteifte, für die „Jahrestage" sei „kaum eine persönliche Erfahrung" von ihm „benutzt worden", er habe seine Kindheit nicht verbracht, wo Gesine Cresspahl aufgewachsen ist, auch sei sie älter, sie hätten nicht die Universitäten geteilt, und was ihm dergleichen mehr einfiel. Und schließlich: diese zugegeben erfundene Person sei früher in die Bundesrepublik eingereist als ihr Autor. Aber daß das nicht ausschließlich Spitzfindigkeiten waren und keineswegs die Abreaktion eines Rumpelstilzkomplexes, machte ein Gespräch deutlich: „. . . eine direkte Ableitung meiner persönlichen Verhältnisse zu machen, das empfinde ich als Herabwürdigung der Mühen, die ich mir gegeben habe."

Der hier scheinbar Mystifikationen mit Fiktionen treibt, war ein scharfsinniger und klardenkender Kopf, und als

Erzähler ist Johnson einer der wenigen, denen es gelang, einen literarischen Kosmos ganz eigener Ausprägung zu entwerfen; ein Beginner, eine Jahrhundertgestalt.

Uwe Johnson wurde am 20. Juli 1934 in Kammin/Pommern, dem heutigen Kamién Pomorski, geboren. Die ersten Lebensjahre wuchs er in Anklam auf; sein Vater, Erich Johnson, vormals Gutsinspektor, suchte im Auftrag der Landwirtschaftskammer die Güter und Meiereien der Gegend auf. Die beiden letzten Jahre des Krieges besuchte Johnson eine nationalsozialistische „Deutsche Heimschule" in Köslin, heute Koscian (die Erinnerung an „Erste Lese-Erlebnisse" berührt die Vorgänge am Rande). 1945 übersiedelte er mit Mutter und Schwester nach Recknitz, einem Dorf im Mecklenburgischen. Der Vater starb, interniert, zwischen 1947/48. Erneut umgezogen, nach Güstrow, besuchte Uwe Johnson die John-Brinckman-Oberschule. Das war eine Schule ganz eigener Tradition; noch in den 60er Jahren war es Usus, einmal im Jahr sich in einem Aufsatz mit diesem bedeutenden Mundarterzähler, Brinckman, und seinem schriftstellerischen Werk oder darüber hinaus mit einem anderen Stück plattdeutscher Dichtung auseinanderzusetzen, zuvor also: sich vertraut zu machen. Die besten Aufsätze wurden prämiiert, die Preisträger öffentlich vorgestellt. Modifiziert auf musische Talente und naturwissenschaftlich-technische Veranlagungen, auf schöpferisches Verhalten ganz allgemein, existiert der Brauch noch heute. Überall im Schulgebäude, im Treppenhaus, in der Aula, in den Fachkabinetten, bemerkt man die Ergebnisse des jährlichen Wettstreits – Grafik und Malerei, etwas ungeschlachte Plastiken, physikalische Modelle . . .

Uwe Johnson studierte in Rostock und Leipzig Germanistik, sein Diplom erhielt er für eine Untersuchung von Ernst Barlachs Roman „Der gestohlene Mond". Johnson blieb ohne feste Anstellung, er hat, der Not gehorchend, Neigungen nachgebend, früh für Verlage gearbeitet: Hermann Melvilles Roman „Israel Potter. Seine fünfzig Jahre im Exil" übersetzte er für die Sammlung Dieterich aus dem Amerikanischen wie später noch John Knowles' Roman „In diesem Land"; das „Nibelungenlied" übertrug er aus dem Mittelhochdeutschen; dem Aufbau-Verlag lag ein Exposé zur Herausgabe einer Wedekind-Ausgabe vor, in Briefen ist von Auswahlbänden aus den Werken Peter Altenbergs und Franz Werfels die Rede. Später hat er für Suhrkamp Bertolt Brechts „Me-ti. Buch der Wendungen" für eine fünfbändige Prosa-Ausgabe zusammengestellt; erst nach ihm sichteten Klaus Völker und Werner Mittenzwei Brechts fernöstlich gewandeten zeitgeschichtlichen Notate. Alles das sind Brotarbeiten, gewiß, und bei dem einen oder anderen Auftrag mag der Zufall seine Hand im Spiele gehabt haben, aber bei dieser intensiven Art, sich seinen Lebensunterhalt zu verdienen, sind nicht nur Wissen und Sprachempfinden gefordert, man ist auch emotional so stark beteiligt, daß Affinitäten sich durchaus ablesen lassen.

Seinen ersten Roman legte Uwe Johnson nacheinander vier Verlagen in unserem Land und, als er sich mit Überarbeitungsvorschlägen nicht anzufreunden vermochte, dem westdeutschen Verleger Peter Suhrkamp vor, doch „Ingrid Babendererde/Reifeprüfung 1953" kam erst postum heraus. Woran eine Veröffentlichung manchmal scheitern kann, an was für Kleinigkeiten oder durch welche Mißverständnisse, macht das warmherzige Porträt „Die Begegnung" sichtbar. Als sein zweites Manuskript, die „Mutmaßungen über Jakob" (1959), in Frankfurt am Main gedruckt wurde, verließ Johnson die

Republik. Er spielte die Entscheidung von Tragweite herunter als fast alltäglichen normalen „Umzug".

Johnson gehört zu den raren Talenten, die gleich mit ihrer ersten Veröffentlichung voll da sind. Sein überragendes Talent wurde mit dieser ersten Veröffentlichung auch erkannt; er wurde überschwenglich gelobt, er wurde geschmäht. Man verglich ihn mit Döblin, mit Joyce und Faulkner (und er hat seinen Hemingway genau gelesen, so genau, daß er ihn trefflich parodieren konnte). Wenn man so viele Namen bemüht, dann signalisiert das doch auch bloß: Wir kommen ihm nicht bei. Der merkwürdige unerklärliche Rest, der Literatur ausmacht, ist bedeutend. Aber weiter: man zog, um den komplizierten Satzbau und die Machart zu erklären, den *nouveau roman* mit der Dominanz von Dingbeschreibungen und versachlichten menschlichen Beziehungen heran, aber im Grunde macht der Roman „Mutmaßungen über Jakob" einen Anfang.

Die Geschichte des Eisenbahners Jakob Abs, der sich mit der republikflüchtigen Tochter seines Quartiergebers Cresspahl trifft, der zurückkommt und am Morgen auf dem Weg ins Stellwerk, zu seinem Arbeitsplatz, verunglückt, wird vom Ende her erzählt, als Rekonstruktion. Vier Stimmen stellen Vermutungen an.

Die Machart wurde prägend für eine ganze Richtung zu erzählen, seitdem spricht man von Mutmaßprosa, und die Stoffwahl, der Ost-West-Konflikt, beharrlich wiederaufgegriffen in dem „Dritten Buch über Achim" (1961) und in dem Buch einer Fluchthilfe, „Zwei Ansichten" (1965), legte den Schriftsteller fest auf das deutsch-deutsche Thema. Wenig kommode Sätze; ein Neuerer in Diktion und Textgestalt, was Lautmalerisch-Slanghaftes und die eigenwillig gehandhabte Interpunktion einbegreift, war Johnson den einen ein schwerfällig Norddeutscher, anderen nichts als ein Manierist. Und: von der Stoffwahl her ein Provokateur, und zwar einer für beide deutsche Staaten. Er hat sich, der Etikettierungen überdrüssig, dagegen zu wehren versucht: „Was ich weiß hat mehr als bloß zwei“ Seiten, und: „... diese Einschränkung meiner Erzählungen auf ein politisches Problem habe ich nie gern gesehen.“

Johnson war um Objektivität bemüht, wo die DDR Parteilichkeit erwartete, und dieses wägende Einerseits/Andererseits bei vielschichtigen Problemen, in komplizierten Situationen, reichte aus, ihn von uns weiter zu entfernen, auch wenn er im Grunde genommen Argumente für das Land seiner Herkunft lieferte. Einem Sozialismus, dem die westliche Welt die staatliche Souveränität absprach, war eine kritisch fragende Zuwendung, wie der Leser sie in den Fernsehkritiken von 1964, in den Texten des Erzählungsbandes „Karsch und andere Prosa“ aus demselben Jahr oder in den Beiträgen zum S-Bahn-Boykott findet, nicht genug. Als sei derjenige, der Probleme benennt, verantwortlich für die Verhältnisse ...

Johnson hatte nicht das unter Schriftstellern verbreitete gestörte Verhältnis zu Zahlen; noch der Journalist aus der hier abgedruckten Erzählung „Eine Reise wegwohin“, die an den Roman „Das dritte Buch über Achim“ anknüpft, dieser unschlüssige Karsch, mißt als erstes, kaum ist er bereit zu schreiben, sein Hotelzimmer mit dem Zollstock aus, und der Autor bezeichnet „ein unbefangenes, nüchternes Erkennen der vorhandenen Lage, dem Zahlen nicht zu unfein sind“, schlicht als Vernunft. Politisch interessiert und geschichtlich bewandert war Uwe Johnson sowieso, er konnte also durchaus ausrechnen und belegen, was an Argumenten stichhaltig war, was lediglich Behauptung. Das brachte ihm, als er vortrug, wie unsinnig ein Boykott der Berliner S-Bahn auf dem Gebiet der westlichen Stadt als Reaktion auf die Grenzsicherungsmaßnahmen sei und daß der Mann von der Straße die kraftmeierische Geste von Senat, Gewerkschaften und Regenbogenpresse zu bezahlen habe, in der BRD Anfeindungen ein.

Manchmal klingen in den Arbeiten dieser Jahre die Parolen des Kalten Krieges an, wir finden das auch in Texten dieses Bandes, da sind sie interessant als Zeitzeugnisse und bedürfen hier der Widerlegung nicht; manche Sätze gehen dem Leser unter die Haut, manche Ansichten wird er nicht teilen können. War es so, fragt man sich manchmal, war es wirklich so? Und: War es nicht auch so manchmal? Hierzulande sah man in Johnson eine lange Zeit nur die zwiespältige Erscheinung.

Dieser gelegentlich zänkischen, immer selbstgerechten, mit sich befaßten geteilten Deutschlands, historisch eine Konkursmasse, aus der längst zwei Staaten geworden waren, muß der damals Dreißigjährige bald überdrüssig geworden sein. Johnson nahm sich das Recht, zu sich zu finden, was einschließt, Ansichten zu äußern selbst im offenkundigen Irrtum.

Als Stipendiat in der Villa Massimo, einer Stiftung in Rom, war er Nachbar von Ingeborg Bachmann und dem Bildhauer Rolf Szymanski. Wie die Bachmann liebte er die Städte, die Schmelztiegel darstellen, Rom, New York, West-Berlin. Johnson lebte einige Jahre auf Einladung mehrerer Universitäten und als Schulbuchlektor in den Vereinigten Staaten.

Nach den vertrackten „Mutmaßungen über Jakob“ wurden Johnsons Romane einfacher in der Machart und, gemessen an dem überragenden Debüt, konventioneller; mit den „Zwei Ansichten“ (1965) schien der Schriftsteller, da hatten die Kritiker die richtige Witterung, an einen Endpunkt gelangt zu sein. Die Aufenthalte fern von Deutschland werden ihm die entscheidende Idee für einen Neuanfang eingegeben haben; der Brotarbeit in den USA dankt Johnson die welthaltige Gegenwartsebene seiner Familiensaga „Jahrestage“, einem Roman großen Stils, in dem er der Vorvergangenheit und dem weiteren Schicksal der Personen aus den „Mutmaßungen“ und seinen anderen Arbeiten nachgeht. Gerade diese Treue zu seinen Geschöpfen, denen er Zugeständnisse wie gleichberechtigten Wesen macht, ist ein wichtiger Zug im Schaffen dieses Schriftstellers.

Die „Jahrestage“ – Eintragungen für 365 fortlaufende Tage aus den Jahren 1967/68, die ein Leben in New York verfolgen; die Erzählung wird um die Vorgeschichte und durch Zeitgeschehen angereichert – sollten Johnson bis zu seinem frühen Tod 1984 nicht mehr loslassen.

In den „Jahrestagen“ lebt Gesine Cresspahl – die Gesine aus den „Mutmaßungen“ – mit ihrer und Jakob Abs' Tochter Marie in New York, und während sich das Kind zunehmend assimiliert, versucht die Mutter, ihr Aufschlüsse über das Leben im Klützer Winkel im Mecklenburgischen zu geben. Sie erzählt, warum Heinrich Cresspahl, ihr Vater, die Kunsttischlerei in Richmond/Kent aufgab und in den Ackerbürgerflecken Jerichow zurückkehrte, obwohl die Nationalsozialisten sich anschickten, ihre Herrschaft anzutreten. Sie äußert Vorstellungen, wodurch ihre Mutter Liesbeth Cresspahl schwermütig geworden sein könnte und weshalb sie sich – halb Unfall, halb vorsätzliche Tat – aus dem brennenden Anwesen nicht rettete. Sie sieht sich wieder als Kind, als Heranwachsende in den Kriegs- und Nachkriegsjahren. Und weil Gesine Cresspahl tagsüber ihre Stunden in einer Bank verbringt, stellt die Lektüre der „New York Times“ ihr Fenster mit Blick auf das Weltgeschehen dar, aus dem sie den Vietnamkrieg verfolgt, aber auch die alltäglichen Verbrechen im Großstadtdschungel der eigenen Stadt aufgezeichnet findet; und so, vermittelt, nimmt sie als Zeitzeuge Anteil an der Ermordung Martin Luther

Kings und Robert Kennedys. Direkt und leibhaftig lernt sie jüdische Emigranten – ehemalige Deutsche oder Tschechen – kennen, mit Hilfe der Zeitung hinwiederum verfolgt sie die Entwicklung, die der Sozialismus in diesem Frühjahr 1968 – der erzählten Gegenwart – zu nehmen sich anschickt; das interessiert sie, geprägt durch ihr Herkommen, sowieso, überdies soll sie eine Geschäftsreise im Auftrag der Bank nach Prag antreten. Das Jahr der tagebuchartigen Eintragungen endet mit dem Datum vom 20. August 1968. Wie in allen seinen Büchern hat Uwe Johnson individuelles Schicksal mit geschichtsträchtigen Daten verquickt.

1974 nahm er seinen Wohnsitz in Sheerness-on-Sea auf Sheppey, einer Insel vor der Themse-Mündung. Die letzten fünf Jahre seines Lebens wohnte er von Frau und Tochter getrennt.

Fünf Monate vor seinem 50. Geburtstag stirbt Uwe Johnson in seinem Haus, in der Nacht vom 23. auf den 24. Februar 1984, am 14. März kommt die Nachricht von seinem Tode durch den Rundfunk.

Bis über die Mitte des vorigen Jahrhunderts hinaus gab deutschsprachige Literatur von Belang zugleich immer Auskunft über eine Provinz, denken wir an Storm, Reuter, Raabe, an Keller. Selbst für Fontane trifft das noch zu. Erst die späte Nationalstaatlichkeit und, mit unserem Autor zu sprechen, andere *Manieren des Erzählens*, um die Jahrhundertwende die des Naturalismus, legten das Schwergewicht aufs Soziale. Ohne diese Determinanten einer Vita zu vernachlässigen, haben sich zeitgenössische deutschsprachige Autoren – vielleicht nur aus dem einen Grund, Durchschnittsleben, die sich einander immer stärker ähneln, unverzichtbare Details einzufügen – verstärkt wieder prägenden Landstrichen zugewendet. Insofern bedeutet die Entfaltung eines Figurenkosmos in den „Jahrestagen“ (1970–73; 1984), wie wiederholt gesagt wurde, eine Entdeckung Mecklenburgs und seiner Wandlungen in mehr als einem halben Jahrhundert. Der von Johnson vertretene komplexe Landschaftsbegriff ist gekoppelt an Spracheigentümlichkeiten, die Mentalität eines Menschenschlages, an Besonderheiten des Brauchtums, an Besitzverhältnisse und Ackerbürgerszenerie, an das Typenarsenal eines differenziert gesehenen aufgefächerten Kleinbürgertums, Mittelstand aller Schattierungen also. Er läßt seine Personen reden, wie ihnen der Schnabel gewachsen ist, aber er weiß auch (und läßt wissen), was sie – manchmal unbewußt – dadurch verraten. Uwe Johnson hat den Landstrich am Rande geschichtlich bedeutsamer Ereignisse mit all seinen Besonderheiten und allen Borniertheiten quasi aufs neue literarisch entdeckt, denn seine Sicht unterscheidet sich von der jeglicher Heimatliteratur überkommener oder neuerlicher Provenienz darin, daß er die Versäumnisse aus Anpassungsbereitschaft und essentiellen Nöten einer subtilen Betrachtung unterzog. Er durchleuchtet mecklenburgische Zustände kritisch, in einer intellektuell schonungslosen Inventur.

Johnson hat vieles aufgenommen und weitergeführt, hat es ein- und umgeschmolzen. Die Spracheigentümlichkeiten sind nicht nur Reuter und seinen Sprüchen und den Redensarten geschuldet, die der Volkskundler Richard Wossidlo überliefert hat, sondern auch Barlach, und selbst Friedrich Schult in Barlachs Schatten hat der in Güstrow Aufgewachsene gekannt und nicht vergessen. Sätze wie die folgenden könnte auch Uwe Johnson ersonnen haben in verquerer Genauigkeitssucht: „Eine Frau kenne ich, und ihre Gesinnung hasse ich aus Herzens-Inbrunst, die wird zwischen Braten und Fisch, oder besser zwischen Vor- und Nach-Dessert, sicher sagen:

Er hat selbst schuld gehabt, – und ihre Tochter Snutewittchen wird sagen: er hat's verdient, ‚värdieent', – und wird meinen, recht ins Schwarze der Zugetroffenheit getroffen zu haben." *Värdieent* – da haben wir die lautmalerische Wiedergabe der norddeutschen Intonation. Die Sätze stammen von Barlach.

Die Landschaft, in der *Kinder das Leben* lernen, war Johnson zu wichtig, als daß er es bei den Zufälligkeiten, die sein Wohnort für ihn bereithielt, bewenden lassen mochte. Auch in dieser Hinsicht hat er keine *Mühen* gescheut; er hat rekonstruiert, er hat erfunden, und er hat zusammengesetzt. Bei Johnsons Landschaften handelt es sich um Vexierbildlandschaften, zwei drei Stätten sind ineinandergeschoben, Gneez wird auf Grevesmühlens Straßen nicht sichtbar, ein Bild von dem Fischerdorf Rande kann man sich nicht in Boltenhagen allein machen wollen; auch wenn Güstrow, auch wenn Wismar namentlich genannt werden, hat der Erzähler doch Partien von ihnen abgehoben und in der Topographie der engeren Heimat Gesine Cresspahls, des Klützer Winkels, untergebracht. Heinckel unterhielt eine Außenstelle seines Rüstungsbetriebes, in der Häftlinge beschäftigt wurden, wohl nicht in Nachbarschaft zur Trave, aber von einem Ort an der Recknitzmündung weiß ich das mit Bestimmtheit zu sagen.

Als Johnson aufgrund einer „Beschädigung der Herzkranzgefäße" infolge einer starken seelischen Erschütterung pausieren mußte, nach Abschluß des dritten Bandes seiner Tetralogie, geriet ihm ein Hinweis auf solcherart hergerichtete Landschaften in einem Brief an seinen Verleger aufs Papier. Das Eingeständnis lautet:

„– Was ist das eigentlich mit der Westküste. Die Nordküste bei Rande lag doch dichter zu Jerichow.

– Das ist die Westküste des Fischlandes. Muß etwas Bestandteil eines Kindes werden, nur weil es in der

Nähe war? Die Westküste sitzt vor den westlichen Winden. Meist ist da Bewegung im Wasser."

Das heißt, Johnson war es selbst schon aufgefallen, daß sich Bilder der Erinnerung in das erfundene Tableau gemischt hatten, er hatte Naturbeobachtungen, ein Zusammenspiel von Wind und Wellengang, wie es in der Lübecker Bucht zu beobachten nicht möglich ist, geschildert. Das ging ihm gegen das Prinzip: Johnson war der Auffassung, Erinnerungen könnten nichts beweisen, sie seien trügerisch, Unbewußtes, Wunschdenken und neue Einsichten wirkten an ihnen mit, veränderten sie von Fall zu Fall, praktisch ständig.

Im vierten Band werden dann – ungewollt natürlich – Reminiszenzen an das Fischland und an den Heidberg von Güstrow übermächtig.

Das alles ist für uns insofern von Belang, als wir die Arbeit des Schriftstellers, seine *Mühen*, nicht geringschätzen wollen.

Und derjenige, der da ankommt auf diesem Bahnhof,
der hat eine ganz andere Sprache,
führt mit sich das Bewußtsein
von Verhältnissen, die es hier gar nicht gibt.
Hier hingegen gibt es eine Wirklichkeit
und Handlungen, Entscheidungen und Gefühle,
die er nicht kennt.

Uwe Johnson

II.

Streng genommen hat Johnson nur *eine* theoretisierende Arbeit geschrieben, das sind seine „Vorschläge zur Prüfung eines Romans". Selbst die als „Aufsätze" deklarierten Arbeiten des Bandes „Berliner Sachen" (1975) gerieten ihm zu Erzählungen oder, weniger belangvoll, zu Gedichten. Dafür hat er ausgiebig innerhalb seiner Prosa davon Gebrauch gemacht, Überlegungen auszubreiten, Argument gegen Argument zu setzen, seine *Personen* und den Leser in Diskursives zu verwikkeln. Manches, was er da einmontierte an Statistischem oder Zeitungszitat in Erzählpassagen, klingt traktathaft. Manches, in dieser Gründlichkeit, könnte auf Unterhaltung bedachte Leser langweilen.

Als 1974 Johnsons einziger Erzählband „Karsch und andere Prosa" erschien, zeigten sich die Rezensenten enttäuscht von den dort gebotenen vermeintlichen Reminiszenzen, soweit sie nicht gar frohlockten, der Wunderknabe habe sich offenkundig leergeschrieben. Der Schriftsteller Reinhard Baumgart griff diese Argumente auf, als er in einer Besprechung schrieb, von Uwe Johnson heiße es, der „könne oder wolle Geschichten und schon gar Kurzgeschichten nicht schreiben. Dieser Band nun, mit vier knappen Erzählstücken und einem mäßig langen, scheint das Gerücht Lügen zu strafen. Doch nur für den ersten Augenschein, denn gesammelt sind hier vor allem Seitenwege, Werkstücke, Postskripten zu Johnsons beiden Romanen (‚Mutmaßungen über Jakob'; ‚Das dritte Buch über Achim'), fast wie Nachlaß zu Lebzeiten."

Die *mäßig lange* Erzählung, das ist „Eine Reise wegwohin".

Johnson hat, als man dachte, nun komme nichts mehr, erst so richtig losgelegt mit dem vieldimensionalen fiktiven Tagebuch, und er ist der Personnage, der Szenerie – der Gegenwartsteil der „Jahrestage" spielt, wie gesagt, allerdings in dem New York der Jahre 1967/68 – und der Logik seiner früheren Geschichten treu geblieben. Insofern ist der wiederholt angestellte Vergleich mit Faulkner richtig: Johnsons Jerichow ist eine andere, eine deutsche Art Yoknapatawpha-County. Auch dieser Autor entwarf einen Kosmos. Und diese sich Stück um Stück entfaltende Welt ist bruchstückhaft eben auch enthalten in den Erzählungen. Noch in den verstreuten Gelegenheitsarbeiten, Erinnerungen an diesen und jenen, in der für die „Mutmaßungen" verworfenen Passage von Gesines Gang nach Osterwasser oder in der Erzählung von den Folgen des ostdeutschen Abenteuers für Karsch bei sich zu Hause; kurz, auf jeder beschriebenen Seite ist Johnson zu finden mit seiner Geduld und seiner Gründlichkeit, mit seinem Gerechtigkeitssinn, mit seiner mecklenburgischen Dickköpfigkeit und dem oft hintergründigen Spott, hinter dem sich Scham verbirgt.

Im kleinen, schreibt Baumgart, bestätige sich sogar „übersichtlicher, wie unglaublich selten seine Talente sind". Womöglich gibt es aber noch einen weiteren, sehr plausiblen Grund, der es nicht zu abwegig erscheinen läßt, einen Autor quasi von der Peripherie her, mit kürzeren Arbeiten, vorzustellen. Uwe Johnson liebte das Werkstattartige, den zutage tretenden Gedankenfluß statt des Denkergebnisses, noch der Sängerin Belina und dem Gitarristen Behrend honoriert er in seiner Kritik den Improvisationscharakter ihres Fernsehauftritts.

Johnsons Eigenheit, selbst was allgemein als bekannt gilt (einen S-Bahn-Bahnsteig von Berlin beispielsweise), zu beschreiben, als sei es brandneu oder das entfernteste, mutet an wie ein Akt künstlerischer Verfremdung, und wenn Johnson schreibt, der Bildhauer Szymanski wolle „den Genuß auch als eine Ausbildung", denkt man unwillkürlich an ähnliche Forderungen Brechts. Da will es schon kein Zufall mehr scheinen, daß Uwe Johnson das am stärksten zur Philosophie hinneigende Stück Prosa (das überdies Stalin einer dialektischen Kritik unterwirft) aus der Hinterlassenschaft Brechts auswählte, um es zu einem Buch zu ordnen. Die Bedeutung, die der konsequent marxistische Dramatiker für den jungen angehenden Schriftsteller gehabt haben mag, ist genauer aufzuspüren; auf der Hand zu liegen pflegt derlei nicht.

Zuerst einmal mag Brecht für Johnson – das macht der Kredit sichtbar, den der so überaus Verletzliche Peter Suhrkamp auch nach Zurückweisung des „Ingrid Babendererde"-Manuskripts einräumte – so etwas wie eine moralische Größe gewesen sein, er war, mit seinem Glauben an die Überzeugungskraft von Argumenten und den Sieg des Vernünftigen, *die* Inkarnation angewandter marxistischer Philosophie. „Was Brecht im Philosophischen, im Weltanschaulichen forderte, realisierte er im Ästhetischen" (Werner Mittenzwei); gerade diese Transmission aber machte Brecht für junge Leute so annehmbar. Und auch im Ästhetischen wird Brecht, wenn ihm schon nicht die Verbindlichkeit eines Vorbildes zukam, Beispielwirkung ausgeübt haben. Er war das andere, die Entgegensetzung zum schwülstigen Pathos, das dem durch die Nazierfahrungen Gebrannten vertraut war. In seinem Abituraufsatz geht der Schüler Uwe Johnson von einer Selbstverständlichkeit aus; die „neue fortschrittliche Kunst mußte sich von völlig anderen Grundsätzen und Zielen" als die im Faschismus „leiten lassen". Die Vorstellung Älterer, die Kunst könne möglicherweise an Ergebnisse und Erfahrungen der Avantgarde aus den zwanziger Jahren anknüpfen, konnte dem Achtzehnjährigen, wie die Dinge lagen Anfang der fünfziger Jahre, nicht einmal als Möglichkeit in den Sinn kommen. Genauso wie den „Formalismus" und, pflichtgemäß, amerikanischen Schund und Schmutz („Unkultur") attackiert er, das mag heute überraschen, die „Fehler des Naturalismus". Daß es Johnson damit ernst ist, verdeutlicht eine Überlegung, die die Sätze zu mehr als dem Bescheidwissen eines Schülers macht, der voraussieht, was man von ihm erwartet: „Der dauernde Gebrauch eines Wortes in Rundfunk, Presse, Plakat kann es seiner ursprünglichen Bedeutung vollkommen entfremden und es – zur Phrase machen."

Und führt nicht seine Beschreibungssucht zu einer – pardon! – „epischen" Epik?

Besucher der Johnsonschen Atelierwohnung in Friedenau bemerkten in dem sonst auf das schmuckloseste eingerichteten Arbeitsraum das an die Wand geheftete Bildnis Bert Brechts.

> ... gleich bekannt mit einer Legende,
> mit einer Ansicht aus Erinnerung und Phantasie,
> die eine ungenaue Vertraulichkeit erlaubt.
>
> *Uwe Johnson*

III.

Häufig hieß es, Johnson sei verstrickt geblieben in die Angelegenheiten seiner Herkunft, noch lange nachdem er dem Land den Rücken gekehrt, er habe auf den Vorstellungen einer Zusammenführung der beiden Teile, wie sie nach dem Kriege eine Weile zum Ziel der Politik erklärt worden sei, über Gebühr lange beharrt und es als seine Aufgabe angesehen, den Westdeutschen die „ostdeutschen Folgen westdeutscher Politik" vor Augen zu halten. Und man könnte das Festhalten an einmal in die Welt gesetzten erfundenen Personen auch in allen folgenden Büchern, deren vorgebliches Mitsprache- und Einspruchsrecht als einen Fall von Pygmalionismus zu erklären suchen, indem man der Vermutung Raum gäbe, eigentlich sei dieser norddeutsche Intellektuelle zu gedankengeplagt und zu desillusioniert gewesen, als daß er sich in der Rolle des Geschichtenerfinders habe gefallen, sich gar – ins Blaue hinein fabulierend – genießen können. Schon deshalb habe er das immerwährende Spiel, als pflege er zu seinen literarischen Erfindungen so vertraulichen Umgang wie zu leibhaftigen Personen, stetig in Szene setzen müssen, aus Gründen der Autosuggestion sozusagen.

Etwas mag an diesen Überlegungen dran sein, es gibt so etwas wie eine Stammesmentalität: Den Norddeutschen sagt man eine Vorliebe für Chronikalisches, für Legenden und Heldengesänge nach, für Überliefertes und Unverrückbares jedenfalls, für das Archivalische, das auszuschmücken und weiterzugeben ihrer Begabung mehr entspräche, als Phantastisches pur zu ersinnen. Und persönlich Mentalitäres – das Naturell, das einen Autor für seine Aufgabe prädestiniert, wie es ihm Grenzen setzt – bestimmt das Vorgehen eines jeden Schriftstellers in gleicher Weise. Ich kann mir den bedächtigen großwüchsigen Kerl trotz Lederjacke und Fotoutensilien kaum in den aufdringlichen Posen des Reporters in der Öffentlichkeit vorstellen, ohne ein Legitimationspapier einer der beherrschenden Zeitungen zum Vorzeigen in der Tasche, nur als Privatmann sich umhorchend, ganz auf die eigene Geschicklichkeit gestellt. Dafür scheint er mir zu höflich, zu wenig geschmeidig, zu anfällig für Scham gewesen zu sein. Er wird sich eher schwergetan haben beim Recherchieren, vielleicht steif in dem Bedürfnis nach Würde; und angewiesen auf Helfer, auf Zuarbeit.

Und auch wenn in jeder künstlerischen Tätigkeit, in jedem Werk ein unerklärlicher Rest steckt, so sind, als dritter entscheidender Faktor, die prägenden Erlebnisse der Generation, die Irrtümer, Vorurteile und Überzeugungen der Zeit, mitzudenken.

In seinem Nachwort zu Runge lobt Johnson die philologische Sorgfalt der Grimms, es mutet ein bißchen albern an, wenn er in unerbittlicher Konsequenz selbst den melodiösen Vierzeiler bis ins letzte verhochdeutscht, weil die Worte Butt und Manntje nachweisbar niederdeutschen Ursprungs seien, das Wort Timpe-Te aber undefinierbarer Abkunft. Ein Purist also, trotz all der Anglizismen und der Neu- und Umbildungen vertrauten Wortguts in seinen Texten? Und obendrein von einer in manchem puritanischen Strenge. So kann Hans Albers, der manchem als Inkarnation alles Norddeutschen gelten mag, in Johnsons Augen nicht bestehen, obwohl er im Winter von 1912 auf 1913 als „jugendlicher Liebhaber und Bonvivant" im Theater der Stadt an der Nebel engagiert war, in Güstrow, ehe er zum Hoppla-Hans der Ufa wurde. Johnson befragt den Streifen aus dem Archiv nach seiner Funktion im Fernsehprogramm. Das Wedekind-Exposé im Besitz des Aufbau-Verlages läßt – drittes Beispiel – Rigorosität ein übriges Mal erkennen. Erst auf Zuspruch Hans Mayers will der junge selbstsichere Herausgeber „Die Büchse der Pandora" und „Der Kammersänger" aufnehmen, der „Anspruch von Realismus als Grundsatz" habe ihm diese Enthaltsamkeit auferlegt. Auch Johnson war in den Vorstellungen der Zeit befangen – wie denn auch anders? –, und die Zeit, das waren die 50er Jahre.

Einmal läßt Johnson uns bei seinem Vorgehen in die Karten gucken. Wenn er in dem Nachruf für eine Freundin nämlich den umgekehrten Weg zu seiner eigenen Methode einschlägt und ausfüllt, was an Realität hinter ihren Zeilen steht, wenn er ihre Sätze entzaubert, indem er sie in die Sprache der Amtsstuben und der Fremdenwerbung überführt, gelegentlich auch Zeitungssprache mit hineinnimmt in den Text, dann deckt er nicht zuletzt die eigene Denk- und Arbeitsweise auf. Statt Recherche, wie das Kind Ingeborg gewesen sei, wie die heimkehrende Studentin Fräulein Bachmann, wie die junge Frau Doktor Bachmann gewirkt habe auf die Leute im heimischen Annabichl, bietet er die nüchterne Rekonstruktion der Voraussetzungen und Begleitumstände ihres Schreibens. Das scheint mir die Bedeutung des „Klagenfurt"-Buches (1974) auszumachen, daneben enthält es auch – natürlich – die wichtigsten der zentralen Motive dieses Autors. Johnson geht systematisch vor. Den Einflüssen von Landschaft und Milieu auf die Heranwachsende geht er nach und der Übersiedlung – in diesem Falle: nach Rom –; von Bestattungsmodalitäten und -ritualen kommt er auf Todesarten zu sprechen, und dann liegt es nur nahe, daß sich Belege einstellen für die Gewalt, den staatlichen Terror nach dem, wie man sagte, Anschluß der Ostmark an das Reich. Ingeborg Bachmann wollte in die Stadt ihrer Geburt lediglich besuchsweise zurückkehren und fand doch in ihrem Klagenfurt eingemeindeten Dorf die letzte Ruhestätte. Ohne daß dadurch etwas über das Verhältnis der Geburts-, der Heimatstadt zur Dichterin ausgedrückt wäre.

Es fällt auf, wie oft vom Reisen, von Abreisen schon in den Titeln dieser Texte die Rede ist, und immer wieder auch von Erinnerungen, denen gleichfalls ja etwas Endgültiges anhaftet. Unser Jahrhundert ist durchdrungen von Aufbrüchen, Umbrüchen, Umwertungen alles Überkommenen, ganze Völker erlitten das Schicksal des Exodus, ganze Gruppen erfahren an sich die Gefühle von Ausgestoßensein und Fremdsein. Abreise, Fremdwerden erreicht den Punkt, von dem aus nur die Annäherung an den Tod übrigbleibt. Uwe Johnson hat das Abscheiden, zu dem sich die Abschiede auswuchsen, ein Abscheiden in immer tiefere Sterbenseinsamkeiten, durchgespielt von Jakob Abs' Unfall bis zu Joachim Hinterhands annulliertem Dasein. „Und selbst die Toten sind ja in der Literatur nicht völlig beseitigt, weil sie in der Erinnerung der Personen weiterleben und durch die Vorstellung ihrer Wirklichkeit immer noch einwirken können auf Entschlüsse, auf Emotionen, auf Zustände", hat er in einem Interview geäußert. Weil er die den Toten vorbehaltene Stätte, den Boden, *die Erde, also ein(en) Ort ohne Bewußtsein, ein Defizit*, als „schrecklich" empfand, hat er die Toten dem Gedächtnis der Überlebenden anvertraut und der Literatur, als einem wichtigen Stück fortdauernder Gegenwart, dabei ihren Teil zugemessen.

Das Abschiedsmotiv assoziiert ja noch ein zweites thematisches Moment, darauf hat einer der gründlichsten Johnson-Forscher, Norbert Mecklenburg, hingewiesen. Neben der – naheliegenden – Deutung von Heimat als Herkunft bot er als zweite Interpretationsmöglichkeit die im Sinne von Asyl, von Zuflucht an. Wir wollen hier einmal außer acht lassen, daß Johnsons Mecklenburg keine Kindheitsidylle, nichts wehmütig Erinnertes ist, sondern daß dieses Mecklenburg ausdrücklich kritisch gemustert wird, und daß dieser Heimatbegriff folgerichtig durch ein utopisches Moment, das Möglichkeiten bedenkt, im Blochschen Sinne bestimmt wird: Heimat als das, was „allen in die Kindheit scheint und worin noch niemand war".

Wie die Gewißheit des Sterbens in allen Arbeiten Uwe Johnsons gegenwärtig ist, so der Gedanke des Fremdwerdens. Was mag ihn am Schicksal des Siedlers Israel Potter aus Massachusetts gereizt haben, der sich in englischen Landhäusern versteckt halten muß und wider Willen auf Schiffen zweier kriegführender Parteien dient, unter jeweils anderer Flagge, je nachdem, wohin das Kriegspech ihn verschlägt? Ja, man könnte sogar soweit gehen, schon in der Zuwendung zu Fontane das Thema des Exils zu wittern, die Flüchtlingsproblematik der Hugenotten allerdings fern aller aktuellen Bezüge, sondern als Spätfolgen, die kulturelle Einflußnahme der Zugewanderten auf die Lebensweise im Gastland. Die Schmelztiegel, die Johnson bevorzugte: Auch Preußen war mal einer. Daß in dem Fontane-Kapitel aus den „Jahrestagen“ übrigens eine literarische Trope, nach der gemeinhin die Schule ihre Schelte bekommt, umgedreht wird und hier, im Gegenteil, der Lehrer, dieser Praktikant Mathias Weserich mit seinen Kriegserfahrungen und der Beinprothese, enttäuscht wird, sei nur am Rande angemerkt. Lehrer und Literatur sollten etwas gemeinsam haben, sie sollten sich an den einzelnen wenden. Für ihn sind sie da. Wollte man nach dem Positiven des, wie Uwe Johnson sich manchmal selbst nannte, *Genossen Schriftsteller* fragen, in dem launigen Porträt seines Lehrers Hans Mayer steckt es, wie es in dem Mathias Weserichs offen zutage liegt.

Interessant sind die Varianten, die Uwe Johnson anbietet, damit der Leser etwas zu denken habe. Jonas hadert mit seinem Gott und darf das, der pommersche Fischer aber wird von seiner Ilsebill in die Versuchung geführt bis an die Grenzen der obrigkeitlichen Toleranz, dann setzt eine strafende Allgewalt ihren Wünschen einen „Pahl vör“, wie irdische Mächte das für eine andere Geschichte auch besorgen. Uwe Johnson fällt, im Vergleich mit dem Fischer, der griechische Tantalos ein, der auch zu hoch griff und im Angesicht der Göttertafel scheitert, und von Fontane leiht er sich den Gedanken, daß das Niederdeutsche zum zerstritten lebenden Ehepaar auch das Bild eines einträchtig zusammenstehenden parat halte, das Märchen vom „Swinegel un siner Fru“. Allerdings schummeln die ein bißchen, um bestehen zu können.

Wie verhält es sich nun überhaupt mit dem Schenken von Details und Erfahrungen für Geschichten, dem Zu-Besuch-Gehen bei einem anderen Autor, wie Johnson das nannte, als er für den Thomas-Mann-Preis dankte, wie also mit all den Motiv- und Zitatanleihen? Und zu welchem Zweck trägt er all die Fakten Brocken um Brokken zusammen, für letzten Endes erfundene Geschichten? Literaturwissenschaftler und Kritiker sind auf diese pingelige *Benennungssorgfalt*, auf die *Buchhalterattitüde* in Johnsons Werk zu sprechen gekommen und verhängten häufiger das Verdikt, dieser müsse originalitätssüchtig sein. Aber verbinden sich Fiktives und Fakten nicht doch zu etwas qualitativ Neuem, das ein Spannungsbogen trägt? Und wie, drittens, verhält es sich mit der Beziehung zu Brecht?

Der in England lebende Lyriker Michael Hamburger will, nach eigener Aussage, Johnson die Erklärung der Vokabel *wets*, Waschlappen, geliefert haben und „Informationsmaterial über Richmond im Jahre 1932", einem Ort, in dem Heinrich Cresspahl sich eine Tischlerei einrichtet; und seine – Hamburgers – Kinder Mary Anne, Richard, Claire tauchten „en passant" im dritten Band der „Jahrestage" auf. Damit wird es seine Richtigkeit haben; andere werden andere Details als von ihnen „entliehen" wiedererkennen. Gegenwärtig trachtet man danach, das Leben des Dichters möglichst lückenlos zu dokumentieren, als sei damit dann alles gesagt.

Bücher bestehen nicht einfach aus verwischten Lebensspuren. Anders als dieser Karsch in unserer Titelgeschichte „Eine Reise wegwohin" hat Johnson, als es im wirklichen Fernsehen in einer Gesprächsrunde ums Tagebuchschreiben ging, nicht so grundsätzlich gegen das vorgegebene Thema angeredet, er hat es nicht verworfen, wie Karsch seines verwirft, und er hat Canetti, Frisch, Lars Gustafsson und Höllerer, die Mitdisputanten, nicht mit Aufstehen und Weggehen brüskiert wie Karsch hier; nichts ist bei Johnson so platt autobiographisch und einfach erlebt.

Allmählich ahnen wir, von welchem Ausmaß die *Mühen* des Schreibens in der Ausbalancierung von Recherche und Erfindung gewesen sein dürften; Uwe Johnson hat sich nichts geschenkt, zu keiner Zeit, und wenn er sich selbst manchmal eine Seite zum Geschenk machte, wie den Anfang der „Skizze eines Verunglückten" (1982), den er wörtlich so elf Jahre zuvor als Danksagung für den Büchner-Preis zu Papier brachte, dann bezeugt das eher, wie deutlich ihm seine Personen vor Augen standen, und daß sie sich einzustellen pflegten, lange bevor er sie für den Fortgang einer Geschichte benötigte. Ingeborg Bachmann spricht schon von „La Stampa Turin", wie Gesine Cresspahl später über die „New York Times" urteilen sollte, als einer alten Tante, zuverlässig, gradlinig, etwas verschroben; und Werner Düttmanns Vater („Erinnerung") kam hinter eine Stacheldrahtumzäunung, wie Cresspahl, der Bürgermeister von Jerichow, in „Folge jähzorniger Mißverständnisse", wie Erich Johnson, nur daß Cresspahl da wieder heraus- und mit dem Leben davonkommt. Uwe Johnson hat Margret Boveri (1900–1975), prominente Journalistin beim „Berliner Tageblatt" und bis zum Eintritt Amerikas in den Krieg Auslandskorrespondentin der FAZ in New York, in Tonbandprotokollen ihr Leben abgefragt, er hat sie immer wieder unterbrochen und attackiert, warum sie noch zu diesem späten Zeitpunkt zurückgegangen sei, er hat gefragt, bohrend gefragt, wo sie sich in der sogenannten „Reichskristallnacht" aufgehalten, was sie danach mit ihren einstigen jüdischen Freunden noch habe reden können. Und eben dieses unbegreifliche Verhalten hat er seinem Cresspahl geschenkt, der in der Zeit der Weimarer Republik bereits in Richmond/England warm und trocken sitzt, Arbeit hat als Möbeltischler, und dann doch zurückkehrt in den dumpfigen Mecklenburger Winkel, nur weil seine Frau ihr Kind nicht in der Fremde zur Welt bringen will. So ändern Einflüsse von außen einen Lebensplan.

Uwe Johnson ging es um die kleinen Leute, die ein

Zufall an die großen historischen Ereignisse bindet oder in ihren Strudel zieht, doch seine Personen, die ganz durchschnittlichen Arbeiten nachgehen, sind gründliche Denker, und das, ohne Käuze zu sein – das alles war für ihn kein Widerspruch, oder richtiger: Er hielt Widersprüche aus, auch diesen. Seine Sprache war ein wesentliches Mittel, das scheinbar Private und Kleine als bedeutsam auszustellen; das gibt seiner Rede manchmal etwas Emblematisches, etwas Sentenzenhaftes. Für sich genommen wäre das ein romantizistisches Verfahren und nicht der Rede wert. Ihn bewegten dabei andere Gründe. Da er die Alltagssprache an die jeweilige politische Realität gebunden, sie von ihr beeinflußt sah, war er gezwungen, sich nicht mit dem eigenen Reim auf die Dinge zu begnügen, er mußte sich die Worte neu erfinden (oder, was auf dasselbe hinausläuft: den vorhandenen auf den Grund gehen). Sein erster westdeutscher Lektor, Walter Maria Guggenheimer, hat im Nachwort zu den „Karsch"-Erzählungen festgestellt, heutzutage genüge es nicht, „ein Ding bei seinem Namen zu nennen; der trägt längst die Fälschung in sich. Nun heißt es, den Dingen neue gültige Namen zu finden". Mit welcher Gewichtigkeit Johnson einmal Gesagtes belastet, lassen zwei Texte in dieser Sammlung erkennen: Die „Drohung, die Gültigkeit der Worte abzuschaffen", treibt Joachim Hinterhand zu seiner Tat, und der Architekt Werner Düttmann sieht sich an ein einmal gegebenes Versprechen gebunden, „eine Ruine in Ordnung (zu) bauen, für eine Frau", selbst als die „tot ist".

Johnson mußte sich also seine Worte passend machen, wie Guggenheimer das gesagt hat, all die geläufigen Formeln konnte er nicht gebrauchen für das, was er zu sagen hatte. Er wollte nicht überreden, er war nicht auf Einfühlung aus, nicht aufs Psychologisieren, auch wenn das psychologische Öffnen der Figuren bis dato die überzeugendsten Ergebnisse brachte. Johnson hat die Lektion der Formalismusdebatte, die mit Döblins Frage „Woher weiß der Erzähler das?" in Hans Mayers Leipziger Hörsaal 40 zuerst auf ihn zugekommen sein mag, als gründliche Lektion gelernt. Doch von den drei Stufen intuitives Erfassen der Wirklichkeit, analytisches Erkennen der Zusammenhänge und neue Naivität, „künstlerisches Zudecken", von denen Lukács handelte und Anna Seghers sprach, bediente er sich nur der beiden ersten: ein aufgeklärter, gleichberechtigter Leser sollte beteiligt werden an der Wahrheitsfindung. Wir kennen die Bedeutung des Blochschen Wortes von der Veränderung bis zur Kenntlichkeit. Johnson bediente sich manieristischer Techniken, seinen Beitrag zum Realismus – er sagte: „tatsächliche Erfindungen" – einzubringen. Dazu der Autor selbst: Vor die Wahl gestellt zwischen den „populären und den unbekannten Methoden", könne der Schriftsteller gar nicht anders, „als sich für die genaueren (zu) entscheiden". So mischte er sich selbst noch im Widerstreit mit uns in die poetologischen Debatten, die auch ihn, als jugendlichen Leser (auch: als Zeitungsleser), geprägt haben werden.

Uwe Johnson maß die neue Gesellschaft an ihren Versprechen, und an ihren Möglichkeiten. Wenn wir seine Vorhaltungen jetzt zur Kenntnis nehmen und ihn zu drucken beginnen, ist das nicht allein ein Zeichen zunehmender Toleranz, vielmehr gehören seine Einwände und Einwürfe dazu, wenn wir uns, zu unserem eigenen Nutzen, unserer eigenen Geschichte in all ihrer Vielfalt und in ihrer ganzen Widersprüchlichkeit versichern.

Jürgen Grambow

Anmerkungen

12 *busy* – (engl.) geschäftlich.

33 *car tel est notre plaisir* – (franz.) denn das ist unser Vergnügen.

36 *Gens d'armes, au Mayon Âge, soldats, cavaliers du roi* – (franz.) Bewaffnete, im Mittelalter, Soldaten, Ritter des Königs.

hic haeret – (lat.) dieser hängt.

40 *de tout mon cœur* – (franz.) von ganzem Herzen.

41 *Le choix du Schach* – (franz.) Die Wahl Schachs.

45 *beauté du diable, coquette, triviale, céleste* – (franz.) teuflische, kokette, alltägliche, himmlische Schönheit.

beauté, qui inspire seul du vrai sentiment – (franz.) Schönheit, die allein wahres Gefühl einflößt.

46 *Et dissipati sunt* – (lat.) Und sie sind verschwunden.

112 *How do you like America?* – (engl.) Wie gefällt Ihnen Amerika?

De Motu Cordis et Sanguinis – (lat.) Über die Bewegung des Herzens und des Blutes.

motio cordis et sanguinis – (lat.) die Erregung des Herzens und des Blutes.

113 *Congratulations! The Germans have lost another battle!* – (engl.) Gratuliere! Die Deutschen haben noch eine Schlacht verloren.

115 *Over my dead body* – (engl.) Nur über meine Leiche.

121 *s' arrangiarsi* – (ital.) sich arrangieren.

essere stato a Roma senza aver veduto il Papa – (ital.) in Rom gewesen sein, ohne den Papst gesehen zu haben.

sleeping dictionary – (engl.) wörtlich: Schlafwörterbuch.

122 *à jour* – (franz.) auf dem neuesten Stand.

dirty weekends – (engl.) unsaubere Wochenenden.

127 *Rudolf the Red-Nosed Reindeer* – (engl.) Rudolf, das rotnasige Rentier. Im amerikanischen Weihnachtsmärchen kommt der Weihnachtsmann mit einem Rentierschlitten.

127 *It would be like paying a stranger . . .* – (engl.) Es wäre so, als würde man einen Fremden dafür bezahlen, daß er mit der eigenen Frau ins Bett geht.

I do love you for my heart – (engl.) Ich liebe dich um meines Herzens willen.

151 *Prinz von Theben* – So nannte sich Else Lasker-Schüler.

221 *essentials* – (engl.) hier: vitale Interessen.

227 *Werner Düttmann* (1921 in Berlin – 1983 in Berlin (West), Architekt. 1960–1966 Senats-Baudirektor des Landes Berlin (West), 1963–1970 Professor an der Technischen Universität, Berlin (West), 1971–1983 Präsident der Akademie der Künste, Berlin (West).

230 *Niezapominajki* – (verballhorntes Russisch) Vergessen Sie mich nicht.

Thresholds of Peace – (engl.) deutsch unter dem Titel „Auf der Schwelle zum Frieden".

232 *Let's compromise; do it my way* – (engl.) Schließen wir einen Kompromiß; machen wir's so, wie ich will.

240 *Rolf Szymanski* (1928 in Leipzig), Bildhauer, lebt in Berlin (West).

241 *uomo del nasino* – (ital.) Nasenmensch.

242 *noi altri* – (ital.) unsrige.

féria – (ital.) Feiertag.

amico del nostro amico – (ital.) Freund unseres Freundes.

247 *Hann Trier* (1915 Kaiserswerth), Maler und Graphiker. 1957–1980 Professor an der Hochschule für Bildende Künste, Berlin (West). Lebt in Mecherich-Vollem (Eifel).

250 *Absolvo te* – (lat.) Ich spreche dich los.

258 *any of the colors normally seen . . .* – (engl.) Jede der Farben, die man normalerweise sieht, wenn der Abschnitt des physikalischen Spektrums von Wellenlängen von 571,5 bis 578,5 Millimicrons, besonders von 574,5 Millimicrons als Anreger verwendet wird.

261 *Great Society* – (engl.) Große Gesellschaft.

295 *no-strike-pledge* – Verpflichtung, nicht zu streiken.

305 *Let sleeping bombs lie* – (engl.) Schlafende Bomben soll man nicht wecken.

309 *Was I deceived, or did a sable cloud . . .* – (engl.) Täuschte ich mich, oder zeigte ein schwarz Gewölk/Des Mantels innern Silbersaum der Nacht? (Aus: John Milton, Comus, Canto 1).

The importance of a subject . . . (engl.) Die Bedeutung eines Themas läßt sich an dem Mangel an Interesse daran ablesen.

328 *petit poisson* – (franz.) kleines Fischchen.

besugo – (span.) Seebrasse.

336 *Nouveauté* – (franz.) Neuheit.
Trouvaille – (franz.) glücklicher Fund.

365 *Never say die* – (engl.) Nie vom Tod reden.

368 *Giangiacomo Feltrinelli* (1926 in Mailand – 1972 in Segrate), gründete 1950 das Istituto Feltrinelli für Geschichte des Sozialismus und der internationalen Arbeiterbewegung, 1954 das Verlagshaus G. Feltrinelli Editore. Während der Vorbereitung eines terroristischen Attentats getötet.

368 *Era niente, signori* – (ital.) Es war nichts, meine Herren.
Mi scusa – (ital.) Entschuldigen Sie mich.

370 *Milano sul controllo* – (ital.) Mailand unter Kontrolle.
Sono compagni di Feltrinelli – (ital.) Das sind Freunde von Feltrinelli.

371 *Borghesia! As-sas-si-na!* – (ital.) Bourgeoisie! Mörderin!

372 *Giulio Einaudi* (1912 in Turin), gründete 1933 in Turin den Giulio Einaudi Verlag.
Facciamo revoluzione – (ital.) Wir machen Revolution.
Compagno! È stato! As-sas-sinato! Sarrai – Vendicato! – (ital.) Genosse! Er hat gelebt! Er ist ermordet worden! Du wirst gerächt werden!

373 *Don't forget* – (engl.) Vergiß nicht.
voce – (ital.) lauter.

375 *non si fuma nel cimitero* – (ital.) Man raucht nicht auf dem Friedhof.

380 *Ministero dei Trasporti e dell' Aviazione Civile* – (ital.) Ministerium für Transport und Zivilluftfahrt.
Ferrovie dello Stato – (ital.) Staatliche Eisenbahn.

391 *Madeleine est une petite fille . . .* – (franz.) Madeleine ist ein kleines Mädchen. Sie ist am Fenster. Sie schaut auf die Straße.
Carinthia abounds in forests . . . – (engl.) Kärnten besitzt viele Wälder. Die Sonne scheint oft in dieser Provinz. Sie hat Klagenfurt als Hauptstadt. Die Stadt zeichnet sich aus durch schöne breite Straßen und einen Flughafen. Der Friedhof liegt außerhalb. Wir sind stolz auf eine Tuch- und Lederindustrie. Bitte verändern Sie diese Sätze durch Verwendung des progressive participle.

392 *En Austriche les boites à lettres publiques sont peintes en jaune.* – (franz.) In Österreich sind die öffentlichen Briefkästen gelb gestrichen.

427 *la casa, la mia casa, per la mia casa* – (ital.) das Haus, mein Haus, für mein Haus.
in fin dei conti – (ital.) schließlich.

430 *Al let-to* – (ital.) ins Bett.

443 *semplicemente l'albergo nel centro della città . . .* – (ital.) einfach das Hotel im Zentrum der Stadt, das berühmt ist für eine lange Tradition.

449 *heretici e simili delinquenti* – (ital.) Häretiker und ähnliche Delinquenten.

451 *luogo dove si sepelliscono i protestanti* – (ital.) Ort, wo die Protestanten beerdigt werden.

Here lies One Whose Name was writ in Water – (engl.) Hier ruht einer, dessen Name auf Wasser geschrieben war.

Goethe filius patri antevertens – (lat.) Goethe, der Sohn, der dem Vater voranging.

461 *This is usual in Austria . . .* (engl.) Das ist üblich in Österreich. Wenn die Bedienung zufriedenstellend war, wäre ein Trinkgeld von etwa 10 % der Rechnung angemessen.

462 *On the apron* – (engl.) Auf dem Vorfeld.

You are flying with the Official Airline . . . (engl.) Sie fliegen mit der offiziellen Linie der Wiener Gartenbauausstellung 1974.

Talks all the day, Henry does. – (engl.) Redet den ganzen Tag, der Henry.

Nachweise

Auszüge aus Büchern Uwe Johnsons wurden nur dann in unsere Auswahl aufgenommen, wenn der Autor sie selbst für die separate Veröffentlichung bestimmt oder der Suhrkamp Verlag sie für Vorabdrucke ausgewählt hatte.

Die Anmerkungen im Text stammen vom Autor, jedoch wurde bei den Angaben zu Werken von Ingeborg Bachmann und Virginia Woolf auf die DDR-Ausgaben verwiesen. Die eigenwilligen Textanmerkungen zu „Eine Reise nach Klagenfurt" mußten so unvollständig übernommen werden, wie sie Uwe Johnson vorgegeben hatte; sie wurden lediglich vorsichtig vereinheitlicht. Am Ende des Buches stehen die Anmerkungen des Herausgebers.

Uwe Johnson vertrat vom Duden abweichende Rechtschreibungs- und Zeichensetzungsprinzipien. Sie wurden beibehalten. Uneinheitlichkeiten der Orthographie und Interpunktion sind nach diesen Prinzipien behutsam angeglichen (besonders wenn die Quelle der Texte in einer Zeitungsveröffentlichung bestand), offenkundige Druckfehler und ungenaue Zitate verbessert worden.

Marthas Ferien – In: Uwe Johnson, Versuch, einen Vater zu finden. Marthas Ferien, Hrsg. Norbert Mecklenburg,

© Suhrkamp Verlag, Frankfurt/M. 1988. Norbert Mecklenburg rekonstruierte die Erzählung nach einer Rundfunklesung Uwe Johnsons vom 21. 2. 1978.

Osterwasser – In: Uwe Johnson, Karsch, und andere Prosa, © Suhrkamp Verlag, Frankfurt/M. 1964.

Schach von Wuthenow* – In: Die Zeit (Hamburg) vom 9. 9. 1983. Vorabdruck aus Band 4 der „Jahrestage" unter dem Titel „Krieg und Liebe". Text nach „Jahrestage", Bd. 4, © Suhrkamp Verlag, Frankfurt/M. 1983.

Eine Reise wegwohin – In: Karsch, und andere Prosa, a. a. O.

Uwe Johnson, Skizze eines Verunglückten, © Suhrkamp Verlag, Frankfurt/M. 1982.

Erste Lese-Erlebnisse – In: Erste Lese-Erlebnisse, Hrsg. Siegfried Unseld, © Suhrkamp Verlag, Frankfurt/M. 1975.

Beihilfe zum Umzug – In: Karsch, und andere Prosa, a. a. O.

Geschenksendung, keine Handelsware – ebd.

Einer meiner Lehrer – In: Uwe Johnson, Hrsg. Rainer Gerlach und Matthias Richter, © Suhrkamp Verlag, Frankfurt/M. 1984.

Begegnung mit Peter Suhrkamp* – In: Uwe Johnson, Porträts und Erinnerungen, Hrsg. Eberhard Fahlke, © Suhrkamp Verlag, Frankfurt/M. 1988, unter dem Titel „‚Schicksalhaft' war es nicht".

Der 5. Kanal, © Suhrkamp Verlag, Frankfurt/M. 1987. 1964 schrieb Uwe Johnson ein halbes Jahr lang fünfmal wöchentlich Kritiken über das DDR-Fernsehen für den Westberliner „Tagesspiegel“. Wir bringen Beispiele.

Berliner Stadtbahn – In: Uwe Johnson, Berliner Sachen. Aufsätze, © Suhrkamp Verlag, Frankfurt/M. 1975.

Boykott der Berliner Stadtbahn – ebd.

Das soll Berlin sein – ebd.

Nachtrag zur S-Bahn – ebd.

Erinnerung an Werner Düttmann* – In: Porträts und Erinnerungen, a. a. O., unter dem Titel „Erinnerung“.

Erinnerungen an Titus – ebd.

Schultafel – ebd. unter den Titeln „‚Schultafel‘ – Hann Trier zum vierundsechzigsten Geburtstag“ und „Photographie der ‚Schultafel‘“.

Über eine Haltung des Protestierens – In: Berliner Sachen, a. a. O.

Ein Brief aus New York – In: Johnsons Jahrestage, Hrsg. Michael Bengel, © Suhrkamp Verlag, Frankfurt/M. 1985. Ursprüngliche Fassung eines Abschnittes aus den „Jahrestagen“, Bd. 4.

Ein Teil von New York – ebd.

Ach! Sie sind ein Deutscher? – In: Die Zeit (Hamburg) vom 6. 2. 1978. Text nach: BRD heute. Westberlin heute.

Ein Lesebuch, Berlin 1982. © Suhrkamp Verlag, Frankfurt/M. 1978.

Ein Schiff – In: Stichworte zur „Geistigen Situation der Zeit“, Band 2: Politik und Kultur, Hrsg. Jürgen Habermas, © Suhrkamp Verlag, Frankfurt/M. 1979.

Jonas zum Beispiel – In: Karsch, und andere Prosa, a. a. O.

Auf eine Umfrage* – In: „Ich überlege mir die Geschichte ...“ Uwe Johnson im Gespräch, Hrsg. Eberhard Fahlke, © Suhrkamp Verlag, Frankfurt/M. 1988.

Zu Runges Märchen* „Von dem Fischer un syner Fru“ – In: Von dem Fischer un syner Fru. Ein Märchen nach Philipp Otto Runge, mit sieben Bildern von Marcus Behmer, einer Nacherzählung und einem Nachwort von Uwe Johnson, © Insel Verlag, Frankfurt/M. 1976.

Vorschläge zur Prüfung eines Romans – In: Uwe Johnson, a. a. O.

Wilhelm Tell von Schiller – Aus Privatbesitz. Das Typoskript trägt die handschriftliche Datierung 20. 7. 1957. © Suhrkamp Verlag, Frankfurt/M. 1989.

Einatmen und hinterlegen – In: Günter Eich zum Gedächtnis, Hrsg. Siegfried Unseld, © Suhrkamp Verlag, Frankfurt/M. 1973.

Zu Montauk – In: Über Max Frisch II, Hrsg. Walter Schmitz, © Suhrkamp Verlag, Frankfurt/M. 1976.

Rede zum Bußtag – In: Berliner Sachen, a. a. O.

Beisetzung Giangiacomo Feltrinelli – In: Portäts und Erinnerungen, a. a. O.

Uwe Johnson, Eine Reise nach Klagenfurt, © Suhrkamp Verlag, Frankfurt/M. 1974.

Identität des verstorbenen Autors zweifelhaft: Verleger verweigern Auskunft – In: Porträts und Erinnerungen, a. a. O. Johnson schrieb seinen Beitrag zu der Anthologie Vorletzte Worte. Schriftsteller schreiben ihren eigenen Nachruf, Hrsg. Karl Heinz Kramberg, Frankfurt/M. 1970 auf englisch unter dem Titel „Dead Author's Identity In Doubt; Publishers Defiant". Die Übersetzung stammt von Herbert Feuerstein.

Dank schuldet der Herausgeber Herrn Dr. Eberhard Fahlke, Uwe-Johnson-Archiv, Frankfurt/M.; Herrn Werner Gotzmann, Literaturarchiv, Sulzbach-Rosenberg; Herrn Hans-Joachim Griphan, Privates Fritz-Reuter-Literaturarchiv, Bonn; dem Ehepaar Anneliese und Dr. Hans-Jürgen Klug, Güstrow; Herrn Kurt Meurer, Buchhandlung Elwert und Meurer, Berlin (West); Frau Bibliotheksrat Schroeter, Deutsche Bücherei, Leipzig; Herrn Wilhelm Vietinghoff, Rostock.

J. G.

Inhalt

I. Themen

II. Stationen

* Titel vom Herausgeber

III. Geschichten und Deutungen

IV. Todesarten

1. Auflage 1989
Aufbau-Verlag Berlin und Weimar
Lizenzausgabe für die Deutsche Demokratische Republik
mit Genehmigung des Suhrkamp Verlags, Frankfurt am Main, und
des Insel Verlags, Frankfurt am Main
Der Vertrieb in der Bundesrepublik Deutschland, in Berlin (West)
und im Ausland ist nicht gestattet, ausgenommen die
sozialistischen Länder

Quellennachweis am Schluß des Bandes

Einbandgestaltung Lothar Ziratzki
Typographie Peter Friederici
Karl-Marx-Werk, Graphischer Großbetrieb, Pößneck V 15/30
Printed in the German Democratic Republic
Lizenznummer 301.120/48/89
Bestellnummer 613 787 0
01280

ISBN 3-351-01293-4

1. Auflage 1989
Aufbau-Verlag Berlin und Weimar
Lizenzausgabe für die Deutsche Demokratische Republik
mit Genehmigung des Suhrkamp Verlags, Frankfurt am Main, und
des Insel Verlags, Frankfurt am Main
Der Vertrieb in der Bundesrepublik Deutschland, in Berlin (West)
und im Ausland ist nicht gestattet, ausgenommen die
sozialistischen Länder

Einbandgestaltung Lothar Ziratzki
Typographie Peter Friederici
Karl-Marx-Werk, Graphischer Großbetrieb, Pößneck V 15/30
Printed in the German Democratic Republic
Lizenznummer 301.120/48/89
Bestellnummer 613 787 0
01280

ISBN 3-351-01293-4